总经理素养和能力的晋级阶梯 私营企业做大做强的黄金法则

总经理
决胜市场要懂
的
188条锦囊妙计

| 兰 马◎著 |

立信会计出版社
LIXIN ACCOUNTING PUBLISHING HOUSE

图书在版编目（CIP）数据

总经理决胜市场要懂的188条锦囊妙计 / 兰马著.
— 上海：立信会计出版社，2014.7

（去梯言）

ISBN 978-7-5429-4240-1

Ⅰ. ①总…　Ⅱ. ①兰…　Ⅲ. ①企业管理–市场营销学
–通俗读物　Ⅳ. ①F274-49

中国版本图书馆CIP数据核字（2014）第089487号

策划编辑　蔡伟莉
责任编辑　蔡伟莉　何颖颖
封面设计　久品轩

总经理决胜市场要懂的188条锦囊妙计

出版发行　立信会计出版社

地　　址	上海市中山西路2230号	邮政编码	200235
电　　话	（021）64411389	传　　真	（021）64411325
网　　址	www.lixinaph.com	电子邮箱	lxaph@sh163.net
网上书店	www.shlx.net	电　　话	（021）64411071
经　　销	各地新华书店		

印　　刷	固安县保利达印务有限公司		
开　　本	787毫米×1092毫米	1/16	
印　　张	20.75	插　页：1	
字　　数	369千字		
版　　次	2014年7月第1版		
印　　次	2014年7月第1次		
书　　号	ISBN 978-7-5429-4240-1/F		
定　　价	49.00元		

前　言

黄宏生说："民营公司是野生的，要生存下来很辛苦。"私营企业从无到有，从小到大，由大到强，这是每一位企业主、老板或经理人共同的愿望，创业者靠着巨大的勇气和耐心、敏锐的头脑和旺盛的斗志带领企业走过创业的艰辛之路，但所有人都面对着一个共同的难题：如何在大环境无法改变的条件下，使自己的企业能够生存与发展。

对此，华人首富李嘉诚也有过感慨："成功实际上是相对的。创业的过程，实际上就是恒心和毅力坚持不懈的发展过程，这其中并没有什么发达的秘密，但要真正做到中国古老的格言所说的勤和俭也不太容易。而且，从创立之初开始，还要不断地学习，掌握各种能力。我自己从创立开始到1963年这一二十年来，平均每天工作16个小时，而且每星期至少有一天是通宵达旦的。"

柳传志曾经在2002年时说："我从1984年起创办企业，18年间和我同台领过奖的许多知名企业家，今天回头去看，绝大部分已经销声匿迹。"

美国经济学家埃德蒙·费尔普斯曾说："市场竞争不同情弱者，生死存亡靠自己。"

孙子说："故兵闻拙速，未睹巧之久也。"（《孙子兵法·作战第二》）这是说：只听过指挥虽笨拙但追求速胜的，没见过只讲战术精巧而使战争旷日持久的。言外之意，打仗要速胜。由此推及到商业竞争上，因为竞争是企业的常态，所以企业要追求单个竞争的速胜，但在整个发展历程中，要善于打持久战。因为竞争的终极结果是谁活得最久，谁就是百年老店，而不是谁胜得最多。这就需要企业经营者能充满远见地为企业的发展精准地找到下一个要跨的栏。

企业的存在是为了获取利润还是另有其他目的，在管理学发展史上历来存在着两

种迥然不同的结论：20世纪60年代，美国商学院得出的结论是企业存在的意义是最大化每股的中期收益。但是管理界著名的预言家、哲学家查尔斯·汉迪亮出他关于企业的观点：创造利润是一个公司非常重要的任务，但绝不是它的最终目的。利润只是公司的一个手段，是为了更好地、更充分地开展工作或制造产品、提供服务，最终目的是让企业发展得更平稳、活得更长久。

对此，任正非十分赞同查尔斯·汉迪的这一说法。因为有着二十多年的企业经营阅历，任正非对企业"活下来是真正的出路"这一认知非常深刻，并且坚信不渝，甚至到了偏执的地步。他说，只有生存才是最本质、最重要的目标，才是永恒不变的自然法则。因为优秀，所以死亡。创业难，守业难，知难不难。高科技企业以往的成功，往往是失败之母，在这瞬息万变的信息社会，唯有惶者才能生存。

英特尔总裁安迪·格罗夫曾提出"只有偏执狂才能生存"的理论，当时风靡全球。任正非提出"唯有惶者才能生存"的观点，一度也成为提醒经营者加强危机意识的企业格言。

任正非认为，华为之所以能活到今天，是因为它有一种以客户为主导、以市场为先导的危机意识。这就是企业和个人的区别，他认为：作为一个自然人，受自然规律制约，有其自然生命终结的时间；作为一个法人，虽然不受自然规律的约束，但同样受到社会逻辑的约束。一个人再没本事也可以活60岁，但企业如果没能力，可能连6天也活不下去。如果一个企业的发展能够顺应自然法则和社会法则，其生命可以达到600岁，甚至更长。中国古人所讲的"道法自然"就是这个道理，现在讲的实事求是也是这个道理。私营企业的经营管理必须遵循自然法则和社会法则，必须不断地求"是"。

孟子曾说"生于忧患，死于安乐"，这是对治国者的劝告，经营企业也是一样。任正非正是用这样的思想找到了企业发展的根本目的：企业要一直活下去，不要死掉。而这就需要长存危机意识，在企业的经营管理过程中，可能会发生各种各样的危机，在面对市场中的各种不确定因素时，管理者将何去何从？

杰克·韦尔奇曾说："一头狮子带领一群绵羊，可以打败一头绵羊带领的一群狮子。"世界上破产倒闭的公司中，有85%是公司经营者决策不慎造成的。很多私企的创业者取得一点儿小成绩就忘乎所以，凭经验和感觉盲目求快求大，最终将使公司蒙受重大经济损失。众多私营企业领导者都有着对企业经营的执著与热情，却因为决策失误、资金短缺、用人不当、盲目扩张、故步自封、价值迷失、信誉失衡等诸多错误导致企业陷入危机甚至倒闭，实在令人扼腕长叹。

中国的私营公司不是不能做大做强，而是中国的私营公司只要做大做强，成本就很可能失控，而造成企业后续经营困境。中国的私营公司如要做大做强，在过程中就必须"控制成本、精益求精"。经济学家郎咸平如是说。

本书基于大量私营公司成长和发展成功的经典案例，全景式地论述私营公司做大做强的黄金法则——从私营公司的创立到发展、从市场到营销、从人才到管理、从危机处理到经营方略……深入浅出地分析了私营公司决胜未来，创造长续发展可能的各个层面，解决了私营公司的领导者在经营公司的过程中可能遇到的诸多问题。

如何提供最好的智囊样本，帮助中国私营企业经营者把公司做好、做久，打造基业长青和令人尊敬的伟业，让企业最终形成天时、地利、人和的三才一统的新气象——正是本书所有的立意、发愿的源头。

目　　录

第七章 绕开多元化陷阱，只有偏执狂才能生存

第八章 让品牌无疆界

第九章 静水潜流，文化天成

第十三章　未雨绸缪，对风险保持敏感度

第十四章　优化内部治理，让战斗力常青

第十五章　得人才者，得天下

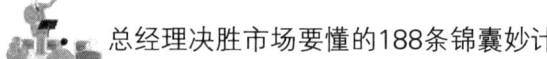

第一章

"赢"销时代，博弈没有诡计

1. 这是一个从物品短缺到客户短缺的时代

面对国内外硝烟弥漫的市场，海尔通过正确的战略部署，保持了持久的竞争力和旺盛的生命力。张瑞敏对企业竞争的观点是：我想首先是靠速度争取更多资源，我看很多经济学家写的报告，到底企业的核心竞争力是什么？很多人说是核心技术和核心产品，但我想没有这么复杂，企业的核心竞争力就是企业拥有客户资源的多少。谁拥有客户资源多，谁的核心竞争力就强。企业之所以争抢用户资源就是因为它是短缺资源，提出流程再造的哈默博士说现在我们处于从物品短缺到客户短缺的时代。原来是物品短缺，现在是客户短缺。

客户资源是有钱买不到的，有钱可以买到最好的设备，也可以买到很好的技术，但不一定能买到客户资源。那么怎样才能得到客户资源呢？

海尔不是简单地将产品推销给用户，而是在销售产品的过程中，把信誉放在第一位，把与用户的情感交流放在第一位，把产品质量和优质服务放在第一位，而把卖产品放在第二位。不同的营销理念，形成了不同的营销策略与营销模式。

在国内市场冰箱大战、空调大战、彩电大战愈演愈烈的情况下，许多厂商采取降价销售、买一送一、清仓大甩卖、特价销售等促销手段。统观这些促销手段，我们不难发现它们有一个共同的特点，也是一个共同的缺陷，即眼睛只盯着某种具体商品，希望通过这些宣传促销活动在某一特定期限内提高该商品销售额和市场占有率。这些行为在很大程度上仍然停留在以推销产品为中心的"市场营销观念"阶段。相反，海尔集团公司下属的三大公司所开展的每次宣传促销活动则不是针对某种具体产品而进行的，也不是以提高某种具体产品的销售额和市场占有率，或者说至少不是以短期内提高某具体产品的销售额和市场占有率为唯一目标，而是集中于一个共同的目标——在"海尔"的目标社会公众中塑造、传播和维护"海尔"良好的企业形象，说得白一点就是树"海尔"这块牌子。拿"海尔冰箱送万场电影下乡"活动来说，这项宣传促销活动如果没有超人的胆识和富有远见的经营观念做支撑，是不可能有这样独特创意的。

海尔的营销渠道也有着自己的独特之处，形式主要有店中店和专卖店。店中店主要面对城市市场，专卖店主要面对农村市场。专卖店一般开在社区、郊区、居民小区等比较边缘的地带，避免与店中店"重复建设"，产生冲突。

1996年年初，海尔先后在上海华联、环龙商厦、新世界商厦和市百九店开设了第一批店中店，成为家电同行中首家在大型百货商场设立店中店的生产厂家。店中店经营者虽不是海尔员工，但必须按海尔的规定定期向海尔地区营销中心提交发货明细等统计数据及汇总报表，并定期到海尔地区营销中心接受经理培训和新产品培训。另外，海尔还通过派驻直销员的方式，解答现场的各种咨询和疑问，向顾客及时介绍海尔最新的产品信息，向顾客提供面对面的导购服务。对直销员，海尔还会定期进行业务、技能、产品知识的培训和考核。

海尔专卖店始建于1994年，在青岛试点成功后逐渐推广到全国。近些年，由于房地产业的迅猛发展，在许多大城市的郊区建起了一批规模较大的新兴居民小区，由于配套设施不完善，居民购买家电要到距离小区很远的市内大商场，且售后服务也不方便。海尔看到了这一商机，在居民小区设立了专卖店的试点，于是上海彭浦海尔专卖店便应运而生。设立专卖店并不是海尔自建销售终端，而是海尔利用品牌优势以特许经营的方式整合了经销商的资源。有实力组建专卖店的经销商，在接受海尔考核和培训后，发给特许经营证书，店面按海尔要求进行改造，移植海尔文化，最终实现双赢。专卖店是一个独立的经济实体，货源由当地海尔工贸公司物流配送部统一配送，员工由经销商自主招聘，海尔不投入人力和财力。对经销商的店面投资，海尔根据其销售额逐年返还，既分散了风险投资的风险性，又激发了专卖店的积极性。

海尔把客户资源看作核心竞争力，用各种策略来维护好客户资源，这是海尔成功的关键因素。这是一个从物品短缺到客户短缺的时代，在同质产品多的情况下，企业绞尽脑汁搞差异化策略，力争从众多竞争对手中脱颖而出。但随着竞争水平的提高，每一个竞争对手都具有模仿对手的策略、服务甚至整个运作过程的能力。这表明，单一的差异化营销策略不会持续太久，只有客户关系的培植具有不可替代性，这是竞争对手无法轻易仿效或复制成功的。

2. 双赢的通途是：正和博弈

正和博弈，与负和博弈不同，顾名思义，是一种双方都得到好处（即双赢）的博弈。企业界有很多选择合作，实现共赢的案例。经常光顾麦当劳或肯德基的人不难发现这样一种现象，麦当劳与肯德基这两家店一般在同一条街上选址，或相隔不到100米的对面或同街相邻门面。很多超市的布局也同样存在这样的现象，如在北京的北三环相距不到15公里的道路两侧，已经驻扎了国美、苏宁、大中三大连锁家电约10家门店。从一般角度考虑，集结在一起就存在着竞争，而许多商家偏偏喜欢聚合经营，在一个商圈中争夺市场。

商业的聚集会产生"规模效应"，一方面，体现所谓的"一站式"消费，丰富的

商品种类满足了消费者降低购物成本的需求，而且同业大量聚集实现了区域最小差异化，为聚集地消费者实现比较购物建立了良好基础；另一方面，经销商为适应激烈的市场竞争环境，谋求相对竞争优势，会不断进行自身调整，在通过竞争提升自己的同时让普通消费者受益。正是因为这样，聚合选址使商家能够充分发挥自己的优势，吸引更多的消费者。

不同行业的企业也可以合作获利，下面的案例是商业正和博弈的典范。

苏泊尔是中国炊具第一品牌，金龙鱼是中国食用油第一品牌，两者都倡导新的健康烹调观念。如果两者结合在一起，岂不是能将"健康"做得更大？

2003年12月"好油好锅，引领健康食尚"活动在全国36个城市同步举行。活动期间，顾客凡是购买一瓶金龙鱼二代调和油或色拉油，即可领取红运双联刮卡一张，刮开即有机会赢得新年大奖，包括苏泊尔高档套锅、苏泊尔14厘米奶锅等奖品。同时，凭红运双联刮卡购买108元以下苏泊尔炊具，可折抵现金5元；购买108元以上苏泊尔炊具，还可获赠900毫升金龙鱼第二代调和油一瓶。同时，苏泊尔和金龙鱼还联合开发了新健康食谱，编纂成册送给大家，并举办健康烹调讲座，告诉大家怎样选择健康的油和锅。

活动正值春节前后，人们买油买锅的欲望高涨。此次活动，不仅给消费者更多让利，让其购物更开心，更重要的是，教给了消费者健康知识，帮助消费者明确选择标准。通过优质的产品和健康的理念，提升了国人的健康生活素质。这一活动一经推出，立刻获得了广大消费者的欢迎，不仅苏泊尔锅、金龙鱼油的销售大幅上涨，而且其健康品牌的形象也深入人心。

在当今市场条件下，企业能否取得成功，取决于其拥有资源的多少，或者说整合资源的能力。任何一个企业都不可能具备所有资源，但是可以通过联盟、合作、参与等方式使他人的资源变为自己的资源，增加竞争实力。正和博弈在市场竞争中大有用武之地。

3. 逆流而上，不做沉默的大多数

酒吧博弈理论是美国经济学家阿瑟于1994年提出的，其理论模型是这样的：假设一个小镇上总共有100人很喜欢泡酒吧，每个周末均要去酒吧活动或是待在家里。这个小镇上只有一间酒吧，能容纳60人。并不是说超过60人就禁止入内，而是因为设计接待人数为60人，只有60人时酒吧的服务最好，气氛最融洽，最能让人感到舒适。第一次，100人中的大多数去了酒吧，导致酒吧爆满，他们没有享受到应有的乐趣。多数人抱怨还不如不去，于是第二次，人们根据上一次的经验认为，人多得受不了，决定不去了。结果呢？因为多数人决定不去，所以这次去的人很少，他们享受了一次高质量的服务。没去的人知道后又后悔了：这次应该去呀。

在这个博弈过程中，每个参与者都面临着一个同样的困惑，即如果多数人预测去酒吧的人数超过60而决定不去，那么酒吧的人数反而会很少，这时候作出的预测就错了。反过来，如果多数人预测去的人数少于60，因而去了酒吧，那么去的人会很多，超过了60，此时他们的预测也错了。所以说，一个人要作出正确的预测，必须知道其他人如何作出预测。

这就是著名的"酒吧博弈"。酒吧博弈的核心思想在于，如果我们在博弈中能够知晓他人的选择，然后作出与大多数人相反的选择，我们就能在博弈中取胜。在市场竞争中，这样的策略叫作差异化战略。企业在全面了解、分析目标消费者、供应商需求的信息以及竞争者在目标市场上的位置后，再确定自己产品在市场上的差异化定位以获取成功。

随着中国家电行业价格战的不断升级，企业的利润不断摊薄，业内人士都戏称卖家电不如卖白菜；同时，大规模生产带来巨大的库存压力、原材料价格的上涨等都给整个行业带来了更大的不确定性，企业生存压力更大。

面对行业的整体困境，小天鹅率先采取了差异化战略，开发出全球领先的创新性产品——水魔方系列洗衣机，为其开启了一片全新的市场。小天鹅销售总经理焦为民说："我们就是要跨越现有竞争对手，改变市场竞争规则，重新整合市场竞争元素，开启新的市场潜在需求，创造洗衣机行业的蓝海。"

为了找到这片"蓝色的海洋"，每年年初小天鹅技术中心都分批组织设计人员进行市场调研和用户访问，发现顾客的潜在期望，及时捕捉市场信息，了解市场动态；还专门制定了"突破核心技术，提升相关技术，应用未来技术"的技术创新方针，集中优势进行自主创新。洗衣不缠绕的水魔方洗衣机正是在这种环境中孕育而生。此款洗衣机全面攻克了"洗衣缠绕、洗衣残留"的世界性难题，率先将波轮、滚筒、搅拌三大技术综合运用在水魔方系列洗衣机上，不但实现了随"衣"（衣服的质地、容量和污染程度）应变的智能化仿生，而且彻底地解决了一直以来波轮洗衣机"衣物缠绕导致洗衣有死角、多残留"的难题。同时，它还具有节水、节电、低噪音、长寿命等五大优势，水魔方系列成为业内极少数全面通过中国家用电器研究所A级检测的系列产品。

作为商家、作为开发商、作为企业经营管理者，一定要抓住市场的机遇，寻找竞争的突破口，找到非同质化竞争的产品，成为酒吧博弈中的胜出者。

4. 当信息不对称时

以前有个做古董生意的人，他发现一个人用珍贵的茶碟做猫食碗，于是假装很喜爱这只猫，要从主人手里买下。古董商出了很大的价钱买了猫。之后，古董商装作不在意地说："这个碟子它已经用惯了，就一块儿送给我吧。"猫主人不干了："你知道用这个碟子，我已经卖出多少只猫了？"

古董商万万没想到，猫主人不但知道，而且利用了他"认为对方不知道"的错误大赚了一笔。

由于信息的差异所造成的劣势，几乎是每个人都要面临的困境。谁都不是先知先觉，那么怎么办？为了避免这样的困境，我们应该在行动之前，尽可能掌握有关信息。销售员对于目标客户或常联系的客户，必须非常了解，如同对自己的身体一样熟悉。

有一位业绩辉煌的销售员谈过他的一次成功经历。他说那件事的经过让他获益匪浅。他讲道：

有一次我乘坐出租车，在一个路口遇到红灯停了下来，跟在右面的一辆黑色轿车也与我的车并列停下。从窗口望去，那辆豪华轿车的后座上坐着一位头发斑白但颇有气派的绅士正闭目养神。

就在一瞬间，我的潜意识告诉我：我的机会来了。记下了那辆车的车牌号后，我打电话到交通监理局查询那辆车的主人，事后，我得知那辆车是某高科技公司CEO张先生的车子。

于是，我对张先生进行了全面调查。随着调查的深入，我又知道了他是某某县人，于是我向同乡会查询，得知张先生为人幽默、风趣又热心。最后，我终于很清楚地知道了张先生的一切情况，包括学历、出生地、家庭成员、个人兴趣、某高科技公司的规模、营业项目、经营状况以及他住宅附近的情况。

调查完毕之后，就是追踪张先生本人。我早已知道张先生的下班时间，所以我选定在他公司的大门口前等候。

下午5点，公司下班了，公司的员工陆续走出大门，每个人都服装整齐、精神抖擞，愉快地在门口挥手道再见。他的公司的规模看来不大，但是纪律严明，而且公司的上上下下充满着朝气与活力。我把看到的一切立刻记在资料本上。

5点半，一辆黑色轿车驶到该公司大门前，我定睛一看，正是张先生的车。很快地，张先生出现了，虽然我只见过他一次，但经过调查之后，我对张先生已经非常熟悉，所以一眼就认出来了。

万事俱备，只欠东风。后来，我找了一个机会与张先生攀谈起来，他很惊讶于我对他的了解，看得出他对我的话很感兴趣。

接下来的事就顺理成章了，我向张先生介绍保险时，他愉快地在一份保单上签上了名字。

后来，我们成了很好的朋友，他在事业上也给了我不少的帮助。

通过这位销售人员的成功经历，我们不难看出他是得益于他对客户信息的掌握。

面对不同的客户，销售人员必须制作客户卡，将可能的客户名单及背景材料，用分页卡片的形式记录下来。许多销售活动都需要使用客户卡，利用卡片上登记的邀请书、请柬，以至于最终确定资料，发挥客户卡的信息储存与传播作用。当你上门探访客户、寄发宣传材料和发放活动定销售方式与销售策略时，都离不开客户卡。

在制作客户卡时，客户卡上的记录都依销售工作时间的延伸而不断增加，信息量也要不断扩展。如上门访问客户结束后，销售人员要及时把访问情况、洽谈结果、下次约见的时间地点和大致内容记录下来。至于其他方面获得的信息，如客户单位负责购买者与领导决策者之间的关系、适当的准备、初步预定的销售方法和走访时间也要一一记录，以便及时总结经验，按事先计划开展销售活动。

只有掌握了客户的信息，才能成功地将自己的产品销售出去，这无论是对销售个人还是企业都具有重要意义。

5. 诚实不但是最好的策略，而且是唯一的策略

下班回家的路上，人们像往常一样去菜场买菜，当其对某种菜的质量、口味等有疑虑时，卖菜的阿姨常会讲："你放心，我一直在这儿卖呢！"这句朴实的话中其实包含了深刻的博弈论思想：我卖与你买是一个次数无限的重复博弈，我今天骗了你，你今后就不会再来我这儿买了，所以我不会骗你的，菜的质量、口味肯定没问题。人们在听了阿姨的上述一句话后，常常也会打消疑虑，买菜回家。

任何想持久经营的企业跟客户之间的博弈显然是重复博弈，那么就要讲诚信，否则客户受骗一次之后彼此就很难继续合作下去。

南存辉，正泰集团董事长，《福布斯》杂志认定的2002年中国前100名富豪之一。他说："当年我修皮鞋的时候就是靠一针一线扎扎实实的技术在当地立足的。集资5万元办厂时，我把厂名取为'求精'，也就是想通过精益求精的精神在市场上求得生存。多少年来正泰正是靠认真和诚信在社会上开拓了一片天地，信用就是金钱！"

有一次，企业有一批货物出口希腊。在运输过程中，一只货箱出现了破损，重新装配时，偶然发现有一件产品不合格。南存辉得知后，要求全部开箱检查。由于开船的日期已经临近，如果不及时交付，将要付出巨额损失费。有人建议不要大动干戈，因为外商是老客户了，不会为了一件产品不合格退货。这个建议被南存辉断然拒绝。结果，所有的货物被开箱检查，确认合格。为了不影响交货，这批货物由海运改为空运。虽然这一事件使企业的运费多花了80万元，却树立了正泰集团的品牌。

温州民营企业说到诚信，就是仅凭法人代表签个名就可在银行贷到数千万元贷款。在所有的"金笔"中，南存辉的"含金量"最高。仅农行温州市分行给予他的授信额度就达两亿元。温州商界评议说，南存辉签名的含金量不仅体现出其本人的信用魅力，也是正泰集团长期奉行"诚信经营"的企业文化使然。

企业家要讲诚信，需要对客户负责的销售员也是如此。有些销售员和客户说起话来口无遮拦，随处许诺，甚至许下许多自己根本就实现不了的诺言。一些人是夸大自己的能力和产品的性能，另外一部分人是压根就没准备兑现自己的承诺，他们都是一帮前说后忘的人。

而"空头支票"不仅仅会增添他人的无谓麻烦，而且还会损害自己的名誉。华盛顿曾说："一定要信守诺言，不要去做力所不能及的事情。"因承担一些力所不及的工作或为哗众取宠而轻诺别人，结果却不能如约履行，是很容易失去客户的信赖的。

对于客户提出的众多要求，应坚持的原则是"少许诺，多兑现"。如果你向客户进行了许诺，那就一定要尽全力去实现，否则就会失去客户对你的信任，这种信任对销售人员来说极其宝贵。听听一些客户对那些优秀的销售员的评价，你就会对这种意义有所了解。

"虽然王先生的产品价格并不比其他人的便宜，但是我仍然愿意向他购买产品，这是因为他总能在最后给我带来许多惊喜……"

"那位推销员不像其他推销员那样善于言谈，不过我对他更放心一些，因为他为我做的事情要比那些夸夸其谈的家伙多得多……"

"在购买过程中我忘了问销售人员是否可以随时调换，本来是抱着试一试的心理，可是我没有想到这么容易就可以调换产品了……"

美国推销大师乔·吉拉德说："诚实是推销之本。"要使交易成功，诚实不但是最好的策略，而且是唯一的策略。不诚实的代价是很大的。美国销售专家齐格拉对此深入分析道：一个能说会道而心术不正的人，能够说得许多客户以高价购买低劣甚至无用的产品，但由此产生的却是三个方面的损失：客户损失了钱，也丧失了对他的信任感；推销员不但损失了自重精神，还可能因这笔一时的收益而失去了整个成功的推销生涯；对于整个推销行业来说，损失的是声望和公众对它的信赖。因此，齐格拉强调："信任是关键。"他说："我坚信，如果你在推销工作中对客户以诚相见，那么，你的成功会容易得多、迅速得多，并且会经久不衰。"

6. "赢"销中的智猪博弈

"智猪博弈"来自一个故事。笼子里面有大小两只猪，笼子很长，在笼子的一边有一个按钮，另一边是饲料的出口和食槽。按下按钮之后就会有十个单位的猪食进入食槽，若大猪先到槽边，大小猪吃到食物的收益比是9：1；同时到槽边，收益比是7：3；小猪先到槽边，收益比是6：4。还有，按下按钮之后跑到食槽边上消耗的体力需要吃两份猪食才能补充回来。

在这场博弈中，我们要按照"重复剔除严格劣策略"的逻辑思路进行分析：首先找出某参与人的严格劣策略，将它剔除，重新构造一个不包括已剔除策略的新博弈；然后，继续剔除这个新的博弈中某一参与人的严格劣策略；重复进行这一过程，直到剩下唯一的策略组合为止。

小猪的最佳策略是等待，让大猪去按控制按钮，原因很简单：在大猪选择行动的前提下，小猪也行动的话，小猪可得到1个单位的纯收益（吃到3个单位食品的同时也耗费2个单位的成本，以下纯收益计算相同），而小猪等待的话，则可以获得4个单位的纯收益，等待优于行动；在大猪选择等待的前提下，小猪如果行动的话，小猪的收入将不抵成本，纯收益为–1个单位，如果小猪也选择等待的话，那么小猪的收益为零，成本也为零，总之，等待还是要优于行动。

由于小猪有"等待"这个优势策略，大猪只剩下了两个选择：等待就吃不到；踩踏板得到4份。所以"等待"就变成了大猪的劣势策略，当大猪知道小猪是不会去踩动踏板的，自己亲自去踩踏板总比不踩强，只好为自己的4份饲料不知疲倦地奔忙于踏板和食槽之间。

由于无论大猪选择什么策略，选择踩踏板对小猪都是一个严格劣策略，首先加以剔除。在剔除小猪踩踏板这一选择后的新博弈中，小猪只有等待一个策略，大猪则有两个可供选择的策略。接下来大猪选择等待是一个严格劣策略，我们再剔除。剩下的新博弈中只有小猪等待、大猪踩踏板这一个可供选择的策略。

在很多市场博弈中，只存在重复剔除的优势策略均衡。所以，智猪博弈的分析思路大有用武之地，值得企业重视。

日本魅力公司的老板高原庆一郎原是一家特殊纸制品公司的普通职员。有一次，

他注意到百货店里妇女专用的卫生纸需求量非常大，一种牌子叫做"安妮"的系列卫生用品十分畅销，高原庆一郎觉得这一行业很有发展前途。

"安妮"卫生用品是实力雄厚的三美电机公司营销的产品。经过声势浩大的广告宣传，"安妮"卫生用品大受女性的青睐，不仅占领了大部分日本市场，还在世界妇女卫生用品市场上占有一席之地。

高原庆一郎决定采取新的促销手段，打破"安妮"的垄断地位。经过对"安妮"产品的仔细研究，他发现，在柔软性和吸水性方面"安妮"还有待提高。经过反复试验，高原庆一郎研制出了一种质量更好的卫生纸。

高原庆一郎认识到，要想将自己的产品推向市场，还需要有效的促销手段，自己资金微薄，不可能不惜成本地大做广告。

首先，高原庆一郎决定要为自己的产品取一个好名字。经过再三思考，他把自己开发出的新一代妇女卫生用品取名为"魅力"，这样避开了妇女们难以启齿之嫌。其次，他决定不花一分钱做广告，而是在产品包装上下工夫。他使用了乙烯树脂薄膜为包装材料，这种材料密封性能更好。他又请包装设计专家为产品设计了精美的图案印在外包装上，使它看起来比"安妮"更美观更卫生。最后高原庆一郎在行销策略方面更是别出心裁，运用借势思维，采取衬托营销的方法，这种方法就是把自己的卫生用品送到销售"安妮"的商店去，请求商店容许它与"安妮"并排摆放在一起，不动声色地利用了"安妮"的显要位置。这样一来，"魅力"在柜台上显得与"安妮"同样醒目。

高原庆一郎的搭便车策略收到了意想不到的效果。妇女们到商店看见"魅力"卫生用品同"安妮"并列摆放，并被它精美的包装所吸引，于是禁不住拿来同"安妮"相比较。出于一种对新品牌的好奇心理，女士们纷纷购买"魅力"试用，发现它一点也不比"安妮"差，质量上有过之而无不及，以后更是要购买"魅力"了。这种营销方式使"魅力"牌卫生用品销售量逐渐上升。

强者做势，弱者借势，企业资源肯定是有限的，需要节约使用，能搭便车的时候管理者一定不可错过。

7. 人类本性中最深层的需求是渴望赞美

人们总是更乐意同自己喜欢的人打交道，并提供力所能及的帮助。一个喜欢自己的人无疑更讨人喜欢，那么销售员就要养成赞美客户的习惯。

富商伊斯曼打算在曼彻斯特建立一所伊斯曼音乐学校，同时，为了纪念他母亲，还要盖一个戏院。当时，纽约高级坐椅公司的总裁亚当森想到这两幢大楼的坐椅订货生意。他同负责大楼工程的建筑师通了电话，约定拜见伊斯曼先生。

在见伊斯曼之前，那位好心的建筑师向亚当森提出忠告："我知道你想争取到这笔生意，但我不妨先告诉你，如果你占用伊斯曼的时间超过了5分钟，那你就一点希望也没有了。伊斯曼是说到做到的，他很忙，所以你得抓紧时间把事情讲完就走。"

亚当森被领进伊斯曼的办公室，伊斯曼正伏案处理一堆文件。过了一会儿，伊斯曼抬起头来，说道："早上好！先生，有事吗？"建筑师先为他俩彼此作了引见，然后，亚当森诚恳地说："伊斯曼先生，在恭候您的时候，我一直很羡慕您的办公室，假如我自己能有这样一间办公室，那么即使工作辛劳一点我也不会在乎的。您知道，我从事的业务是房子内部的木建工作，我一生还没有见过比这更漂亮的办公室呢。"

伊斯曼回答说："您提醒我记起了一样差点遗忘的东西，这间办公室很漂亮，是吧？当初刚建好的时候我对它也是极为欣赏。可如今，我来这儿时总是盘算着许多别的事情，有时甚至一连几个星期都顾不上好好看这房间一眼。"

亚当森走过去，用手来回抚摩着一块镶板，那神情就如同抚摩一件心爱之物，"这是用英国的栎木做的，对吗？英国栎木和意大利栎木就是有点儿不一样。"伊斯曼答道："不错，这是从英国进口的栎木，是一位专门同细木工打交道的朋友为我挑选的。"

接下来，伊斯曼带领亚当森参观了那间屋子的每一个角落，他把自己参与建造的部分一一指给亚当森看。他还打开一只带锁的箱子，从里面拿出他的第一卷胶片，向亚当森讲述他早年创业时的奋斗历程。伊斯曼情真意切地说到了小时候家中一贫如洗的窘境，说到了母亲的辛劳，说到了那时想创业的愿望，讲了怎样没日没夜地在办公室搞实验等。

"我最后一次去日本的时候买了几把椅子运回家中，放在玻璃日光室里。可阳光使之退了色，所以有一天我进城买了一点漆，回来后自己动手把那几把椅子重新油漆了一遍。你想看看我漆椅子这活干得怎么样吗？好吧，请上我家去，咱们共进午餐，饭后我再给你看。"

当伊斯曼说这话的时候他俩已经谈了两个多小时了。吃罢午饭，伊斯曼先生给亚当森看了那几把椅子，每把椅子的价值最多只有1.5美元，但伊斯曼为它们感到自豪，因为这是他亲自动手油漆的。对伊斯曼如此引以为荣的东西，亚当森自然是大加赞赏。最后，亚当森轻而易举地取得了那两幢楼的坐椅生意。

在所有的沟通技能中，最重要的当属在沟通中对人的赞扬，它不仅对销售行为有明显的促进作用，而且对客户关系的改善也有明显的作用。因此，对于推销员，赞扬

是销售沟通能力中一个非常重要的技能。对于企业，更应该将这种技能运用到员工的培训中去，这样才能赢得客户、赢得市场。

8. 利用迷恋权威的"晕轮效应"

人类普遍有服从权威的心理，相信权威头上的光环，这被称作"晕轮效应"。

比如，消费者第一眼看到的，可能是产品的外观与包装。晕轮效应会使消费者把对产品外观和包装的印象转移到产品的质量上，因此购买者往往会认为包装精良，外观优美的产品具有里外一样好的特点。苹果公司推出的手机所具有的独特外观给其带来不少好评，引来不少竞争对手的模仿；巴黎欧莱雅集团每次推出新的化妆品，包装费用都占总成本的15%~70%；而我国各地有许多老牌特产，包装和外观数十年如一日，已经不符合当下消费者的喜好，导致优质的产品本身也被埋没。

对于许多服务性产品来说，重点是具有差异性和独特的品牌形象。消费者接受独特的、与众不同的品牌形象后，也会认为服务本身是特别的、无可替代的，这为品牌筑起了防卫竞争者的感性屏障。

对于想要推出新产品或是延伸产品的企业，晕轮效应尤其关键。如果消费者对现有的产品或品牌有比较明显的正面印象，那么"爱屋及乌"地也会对新产品或延伸产品产生好的第一印象，特别是核心用户和忠实客户，很有可能会去尝试新产品或延伸产品。因此企业应该在推出新产品或延伸产品时，深入接触这两种客户！

此外，销售员还可以用公共权威来影响潜在客户的决策。

史蒂尔是一位经验丰富的推销员，每次成交后，他都让顾客签上自己的名字，特别是一些比较有身份、地位的顾客，当他去拜访下一位顾客时，总是随身带着这些顾客名单，那些名字都是顾客的亲笔签名。见到下一位顾客后，他先把名单放在桌上。

"我们很为我们的顾客骄傲，您是知道的。"他说，"您知道高级法院的理查德法官吗？""哦，知道！""这上面有他的名字，您也知道我们的布莱恩市长吧？"

史蒂尔兴致勃勃地谈论着这些名字，然后说："这是那些受益于我们产品的人。"他又读了更多有威望的人名："您知道这些人的能力和判断力，我希望能把您的名字同理查德法官及布莱恩市长列在一起。""是吗？"顾客很高兴，"我很荣幸。"接下来，史蒂尔开始介绍他的产品，最后成交了。史蒂尔就是凭借着这些顾客名单，取得了很好的销售业绩。

名人效应、公共权威在如今的市场经济中被成功地运用于各个领域，比如说广告。推销同样也可以利用有影响力的人增加推销本身的吸引力和可信度。这对于销售人员和企业无非是成功推销的一条捷径。

9. 没有人对利益无动于衷

人们都会对利益动心，客户所能获得的利益是销售员可利用的第一影响力。所有的产品都有其特征，是其他竞争对手的产品无法比拟的，但是如何用利益陈述法让顾客印象深刻才是关键。

小谢所任职的打字机商店生意不错，从早上开门到现在已经卖出去好几台了，当然小谢的功劳是很大的。此时又有一位顾客来询问打字机的性能。他介绍道："这类新投放市场的打字机采用电动控制装置，操作时按键非常轻巧，自动换行跳位，打字效率比从前提高了15%。"

他说到这里略加停顿，静观顾客反应。当小谢发现顾客目光和表情已开始注视打字机时，他觉得进攻的途径已经找到，可以按上述路子继续谈下去，而此时的论说重点在于把打字机的好处与顾客的切身利益挂钩。

于是，他紧接着说："这种打字机不仅速度快，可以节约您的宝贵时间，而且售价比同类产品还略低一点！"

他再一次打住话题，专心注意对方的表情和反应。正在听讲的顾客显然受到这番介绍的触动，心里正在思量："既然价格便宜又可以提高工作效率，那它准是个好东西。"

就在这时，小谢又发起了新一轮攻势，他用聊天拉家常的口吻对顾客讲道："先生看上去可是个大忙人吧，有了这台打字机就像找到了一位好帮手，工作起来您再也不用担心时间不够了。"小谢一席话说得对方眉开眼笑，开心不已。小谢发掘顾客的切身利益，抓住对方关心的焦点问题，成功地打开了顾客的心扉，一笔生意自然告成。

想打败对手也可以用利益分析法来实现。

格林推销保险许多年了，一次，为了拿下一家广告设计公司的保险业务，他连续工作了很多天，终于有一天，该公司总裁决定约他去见一面，以决定保险的事。这是桩大生意，竞争也非常激烈。除总裁之外，参加见面的还有广告设计公司的其他四个人。格林一坐下，就预感到这桩生意可能有变。事实证明格林的预感没错。

总裁："格林先生，我没有什么好消息给你，我们经过仔细研究，决定把这笔保险业务给别人了。"格林："您能告诉我为什么吗？"总裁："因为虽然他的计划和

你的相差无几，可是价格却低得多。"

格林："我能看看具体的数据吗？"总裁把别人的计划递给格林，他一看立即就发现这份计划有问题，把投保人的收益夸大了，这完全是一种误导。

格林："我能用您的电话吗？"总裁（略有些吃惊）："请便。"格林："您能不能在另一部分机上也听听，总裁先生。"总裁："可以。"

很快格林就接通了提供不精确数据的保险推销员所属分公司的经理的电话。格林："你好，我是弗兰克·格林，我想向您核实一些数据，您手边有《获得收益手册》吗？"经理："我有，请问吧。"格林："请查一下新修改的人寿险46岁投保人的收益。"经理向格林提供了收益数据，格林把数据和手中的那份计划作了对比。46岁正好是总裁先生的年龄。

格林："第一阶段的收益是多少？"经理把查到的准确数据告诉了他。格林："请告诉我第一个20年的收益数据。"经理："我没法向你提供，因为我们公司没有划定这一段的收益数据。"

格林："为什么？"经理："这是一种新的人寿保险合同，保险公司不知道那些投保人以往的情况。"格林："你们不能核算一下吗？"经理："我们没法预测未来的情况，而且法律上也不允许对未来的收益作预测。"但是，格林手中的那份计划书却极大方地核算出了未来20年的收益。格林："谢谢，希望很快能在生意上与您合作。"

挂断电话后，总裁一言不发。毫无疑问，生意是格林的了。

销售就是介绍商品所提供的利益，利益是产品能够满足顾客某种需要的特定优势，这种优势可以给顾客带来期望的或意想不到的好处，这个好处就是利益。它可能是优越的质量所带来的使用上的安全可靠、经久耐用；可能是新颖的构造和款式所带来的时尚感；可能是使用上的更加快捷方便；可能是操作上的简单易行；可能是省时、省力、省钱；也可能是著名品牌所带来的名望感等。

第二章
渠道为王，畅通才是硬道理

10. 消费者去哪儿买，产品就在哪儿卖

进行渠道设计时一定要以消费者的需求作为依据，这样才能保证销售通畅。美国的萨拉李公司在这方面做得非常好，可以说是针对消费者进行多渠道销售的典范。

根据美国全国针织业企业协会公布的统计数据，1993年中，全美最畅销的紧身裤袜品牌是萨拉李公司的里耶戈牌产品，约占整个市场份额的42%，紧居其后的是恺撒—罗斯牌，占市场份额的21.8%。

在里耶戈品牌和安得奥品牌销售中，萨拉李公司的渠道策略可以用这样一句话来概括："消费者去哪儿买，产品就在哪儿卖。"通过其里耶戈和汉兹分部，萨拉李一年能销出10亿美元的产品。在20世纪70年代初期，里耶戈就已成为紧身裤袜的领导品牌，称霸于杂货店等零售商店。在那之前，几乎所有的紧身裤袜都是在折扣百货店、传统百货店以及服装专卖店里销出的。

在安得奥品牌的营销上，萨拉李公司也采取了类似的渠道策略。对于女性热衷于在折扣店内购买针织品的趋势，萨拉李紧随不放。最初，安得奥产品只是在百货公司之类的大型零售商店销售。1978年，萨拉李公司首次将安得奥产品投入凯马特及其他折扣商店销售。到了1985年，安得奥彻底离开了传统的百货商店，进入了新阶段；1988年，公司将安得奥系列转到了里耶戈公司经营。在这里，安得奥被分销到了杂货店之类的大众零售商那里。

尽管里耶戈和安得奥两类品牌产品是在同一渠道销售的，但是萨拉李精心策划使两者互不混淆而各具特色。每一品牌都有自己的包装，如果在同一店铺展示时也是互不相同，价格策略也不一样。对里耶戈产品来说，无论其包装策略还是广告策略也都与安得奥截然不同，公司发言人对此解释说："我们之所以改变，是因为销售的潜力在第二类渠道中更好地增长，而这一改变之所以成功，是因为有里耶戈的成功先例在那里了。"

萨拉李公司在里耶戈和安得奥品牌上的渠道策略是以通过自助式推销来为消费者提供大量便利为基础的。其子公司的策略使得追求时尚的消费者们深受其益。萨拉李的这种多渠道营销策略堪称企业的典范，这种策略使得萨拉李可以使市场覆盖率最大化并能吸引多个细分市场。由于萨拉李在每一通路上所经销的品牌和产品都是不同的，这就减弱了通路成员之间的竞争。

由此可见，一定要针对营销需求设计营销渠道，离开消费者需求设计的渠道只会失去市场。当然渠道开发之后并不是一成不变的，它需要针对消费需求的不同而随时调整。这就要求渠道管理者密切注意市场动向，主要可以从以下几个方面收集市场信息。

（1）售后拜访倾听客户意见

这是保持以市场为主导的方式，在客户购买你的东西后，找出你的营销过程和产品交付有什么不一致的地方。找出售前与售后客户感受到的差别，这有助于你优化自己的营销策略。

（2）询问关键客户群的意向

直接询问客户，他们最大的困难是什么，他们对未来怎么看。尤其要仔细倾听最忠诚的客户和最不忠诚的客户在观点上有什么区别。虽然他们都在购买你的产品，但他们的动机、信念、态度可能大相径庭。

（3）经常询问客户有什么新情况

养成一种习惯，经常问你的客户和公司同事"有什么新情况"。在这个高度分工的世界，我们往往以为每个人都能注意到所有的变化，实际上，信息的流动常常缓慢而低效。通过非正式地询问"有什么新情况"，你就可能比竞争对手掌握更多的情况。

（4）更多地了解和讨论你的竞争对手

提出明确的问题，将你的产品与竞争对手的产品进行对比。客户在购买你的产品时也几乎毫无疑问地会这么做。很多情况下，你心目中的市场竞争对手不同于客户所想的竞争者。

（5）更多地学习以了解你的客户和所在行业

今天的电子信息系统非常发达，有耐心的学习者便能够有机会了解大量信息。你学习了解得越多，你最早发现机遇的可能性就越大。

11. 简化供应链上的环节

ECR（Efficient Customer Response），即"有效客户反应"，是1992年从美国食品杂货业发展起来的一种供应链管理策略。在20世纪80年代末90年代初ECR的概念被提出来，它主要是指生产商和零售商为消费者提供服务的概念。它最早的产生目的，是在生产商、零售商、消费者之间的价值链上的需求，在出现这些矛盾之后生产商和零售商考虑怎样合作，最后发现目标不是竞争在集中对手或者是生产商、零售商之间的矛盾上，而是怎样满足消费者的需要，这是ECR的一个产生过程。

宝洁公司总裁曾说过一句话，ECR的原则就是生产商和零售商在一起工作，能够

把在价值链没有价值的部分和成本从系统里拿掉，通过更有效的管理，给顾客带来更高的价值。ECR第一个阶段主要是贯彻了这个想法。优化价值链和提升消费者价值，在ECR没有之前，生产商和零售商之间的文件就很多，比较复杂，很多的票据，生产商到门店做结算的话，要拿很多的单据，要对票，要核算，效率很低，商品数很多，门店里什么商品都有，同时有很多不好的、错误的交付品等，而且冲突很大，可能发生争吵等。而ECR就使得这个管理被梳理得更清楚。

通过ECR，使价值更高，在满足顾客的同时，利润率和销售都有了很高的增长。ECR首先在美国成功了，后来就推广到欧洲。根据欧洲供应链管理委员会的调查报告，在接受调查的392家公司当中，制造商实施ECR后，预期销售额增加5.3%，制造费用减少2.3%，销售费用减少1.1%，仓储费用减少1.3%，总赢利增加5.5%。而批发商及零售商也有相似的获益，销售额增加5.4%，毛利增加3.4%，仓储费用减少5.9%，平均库存减少13.1%，每平方米的销售额增加5.3%。

ECR系统的构筑还有一个从传统ECR向定制ECR发展的过程。传统ECR引起供应链上成员企业的利益冲突，制约了ECR的进一步发展。因而提出定制ECR，通过刺激客户需求并有效满足需求，提升客户价值，实现成员企业共赢。随着时代的进步，定制ECR成为进一步完善ECR的关键领域，也是企业下一步制订合作方案的主要环节。在定制ECR的实施过程中，围绕刺激客户需求这个实施重点，经营者应首先进行客户分析，然后再制定ECR战略，客户分析主要分为以下两个方面：

（1）客户需求分析

定制ECR的关键任务，是找出客户需求中个性化因素的基础。通过对大量消费者的调查，得出客户需求的特点是：

方便——不想将超过所必需之外的时间花费在购物上。

提供建议和解决方案——购物不仅仅是为了补足所需的商品，还要寻求一种能满足需求的解决方案。

信息——不仅需要关于产品的营养、成分、原材料等方面的信息，而且需要关于产品的特定信息，如产品何时送达消费者、送货方式等。

价值——需要获得与所支付价格相对等的价值。

娱乐——如果客户每周将花费几个小时在商店里，那么他们希望在那里能获得刺激，提升兴趣。

控制——这也是最重要的，客户想要自己决定购买的时间、地点和方式。

（2）进行有效的客户价值分析

由于定制ECR模式为供应链管理带来了信息的充分共享，因此获得客户需求的各种信息并不困难，关键是如何利用这些信息进行有效的价值分析，使其为企业的正确决策作出贡献。因此，应对所获得的上述信息进行全面的分析和提炼。

客户价值用产品质量、多样性、企业信誉、服务以及需求反应时间、产品价格等指标加以量度。在定制ECR的实施过程中，链上成员企业通过上述所表述的各因素产生作用，最终影响并提升客户价值。

现在国内大的零售商，如联华、华润万家，或者家世界等，都几乎在用ECR。由于在流通环节中缩减了不必要的成本，零售商和批发商之间的价格差异也随之降低，这些节约了的成本，最终将使消费者受益。除了这些有形的好处以外，还有一些对消费者、分销商和供应商有益的隐性利益：对于消费者，增加了选择范围和购物的方便，减少了缺货单品，产品更新鲜；对于分销商，增加消费者的信任度，对顾客更加了解，改善了和供应商的关系；而对于供应商，减少了缺货，增加品牌信誉，改善了和分销商的关系。可见，简化供应链上的环节对于企业的运营以及收益有着相当大的好处，这是非常值得企业借鉴的管理策略。

12.　出现窜货问题怎么办

一大早，小王就慌忙跑进总经理室说："李总，据可靠消息，华北姓刘的又偷运过来1 500台，咱们怎么办？"李总听后，火腾地就冒出来了。作为某品牌显示器华东区的总代理，他把整个华东地区经营得极其火暴，不仅销量大，而且价格控制得也好，平均每台显示器利润比其他地区高出20块钱。虽然当时SARS流行，但华东地区市场基本没受什么影响。李总正想大干一番的时候，不想却出了这样的麻烦。

当时的情况是，紧邻的华北区是SARS的重灾区，当地的市场购买力急剧下降，华北区域总代理面临的局面自然可想而知。SARS是突发事件，在SARS出现之前，华北区域总代理刚进了一大批主流显示器，眼看着要砸在手里，当然得想办法赶紧出手。于是，华北区总代理心生一计，决定向华东市场渗透。就这样，华北区的显示器一批批地低价"流进"华东，扰得市场鸡飞狗跳，价格混乱不堪。本来显示器利润就薄，李总旗下的经销商看到华北区有便宜货，也就顾不上江湖道义，背着李总吃货。眼看着辛苦维护的价格体系和利润空间一夜间濒于崩溃，李总能不冒火吗？

虽然早已告到了供应商那里，但那家供应商对这种情况也是睁一只眼闭一只眼，嘴里说一定要惩罚，行动上却连个水泡也没冒一下。因为他们心里清楚，如果不让华北区总代理跨区域销售，货砸在华北，自己的日子也不会好过到哪儿去，还不如让华东区的老李帮着分担分担。

这就是令人头痛的"窜货"，在渠道管理中，这是时刻都会面临的一个大问题。对这种"窜货"的处理，如果厂商默许的话就很难办了。首先，华东区的交易一旦完成，尤其是产品已经到最终用户手中的话，要想退货几乎不可能；其次，在突如其来的SARS面前，也不排除厂商主观上会有让华东区"分担"的想法，从而防止公司整体业绩下滑。在这种情况下，最重要的就是要建立厂商一体化的关系，共同对付窜货。厂商应该尝试调整华东和华北的业绩平衡：华东区总代理的市场被华北区总代理抢占，就应该减少华东区总代理下个季度的销售任务，同时增加华北区下个季度的销售任务。当然厂商不可能主动去这样做，只有靠华东区总代理自己去主动争取。同时，厂商也应该面对现实，与总代理一起同舟共济，而不应该把所有的经营压力都转嫁给总代理，自己一点损失也不愿意承担。

所谓厂商一体，同舟共济，不失为处理渠道窜货的一个好手段。在这方面，爱多的经验值得很多企业学习。

爱多并非国内第一家VCD生产厂家（第一家是万燕），却是最成功的VCD企业。当其他厂家还在逐省建立销售分公司、逐城打攻坚战的时候，爱多就果断地采用了销售代理制，迅速打开了市场，一举成为VCD大王。爱多的销售网络覆盖了除台湾之外的整个中国，并成功地进入了东南亚市场和俄罗斯市场，销售网络包括33个总代理，457个二级代理，销售网点达1.2万多个。

经过不断发展完善，爱多建立起了自己的代理商管理模式。1998年5月23日，爱多在山东召开全国总代理会议，公司总裁胡志标在会上明确地阐述了爱多新的营销思想——终端零售管理网络模式。这一模式要求代理商务必将公司的政策、力量作用于终端销售者，保护零售商的利润，提高销货的积极性。代理商的功能不应简单地归结为去厂家提货、坐等批发，然后差价乘以数量，利润就到手了，而是应该为下级代理提供服务和管理，如现场促销、市场监管等。

他说到而且也真正做到了。例如，一次，一位二级代理发现一家零售店卖的货比别的店便宜20元钱，他马上召集属下开会，对这家违反"行规"的同行处以200元罚款。由于监管有力，当地市场90%的份额被爱多拿下了。有的代理商开玩笑说："以前只是到店里看看发了多少货，收了多少钱，现在要想的事太多了，要培训人，要鼓励人，自我感觉像个地委书记了。"

正是这种厂家和商家融为一体、同舟共济的方式，使得爱多VCD赢得了广阔的市场。虽然因为技术的进步和时代的变迁，爱多已经失去了昔日的辉煌，逐渐淡出市场，但是它的这种防止窜货的手段还是值得后来的渠道管理者们好好学习的。

13. 促销要规范，才能真正控制价格

宝洁公司的营销策略历来被视为经典。2000年度宝洁公司在中国的销量已高达100多亿元人民币，城乡密布、立体式营销网络成为宝洁在中国的一笔巨大财富。这一系列巨大成功的取得，无论是宝洁公司还是业内专家，都不能否认经销商发挥的作用。

宝洁公司代理营销策略的制定和成功执行，保证了宝洁全部品牌产品以最快的速度分销至终端卖场和消费者手中。但面对新增同类产品激烈的竞争，宝洁公司的经销商之间有时也爆发严重的价格战，从而削弱了宝洁品牌在中国市场高高在上的领先地位。

1999年，基于国内妇女卫生巾产品的竞争趋于白热化，宝洁公司制定了针对护舒宝品牌的渠道促销策略：经销商在一定期限内蓝色护舒宝销量达10万件，奖励一部新款"上海世纪别克"高档轿车（折合人民币36万元），以求带动经销商的销售积极性。

对经销商的这一促销策略一下达，全国经销商几乎在一夜之间采取近乎完全相同的方式，将36万元轿车款以价格的形式折扣在护舒宝产品的渠道价格中，护舒宝全部产品短短几天之内价格产生巨大变动，厂价扣15点甚至更高。

护舒宝在卫生巾市场中的高档品牌形象一夜之间因价格的骤降大大打了一个折扣。护舒宝经销商的价格战使经销商能迅速完成宝洁公司下达的10万件销售任务，宝洁公司的促销车辆款也返回经销商手中。

价格战一旦开始，全部经销商都只好应战。由于经销商过量提货，造成蓝色护舒宝在销售渠道中大量积压，而终端的价格战使蓝色护舒宝形象严重受损。从那以后，市场上再也见不到为消费者所熟悉的蓝色护舒宝，取而代之的是需要消费者重新认识、接受的绿色护舒宝。

这是宝洁的销售策略引发的经销商的价格战。但即使在宝洁产品正常的营销过程中，经销商之间的价格战也时有发生：同类宝洁产品山西市场经销商批价为"出厂价"，而河北市场的经销商批价是"出厂价扣3点"，同期洛阳市场经销商批价是"出厂价扣5点"。

宝洁公司严禁经销商异地窜货，但无法禁止两批客户的自由购货权，下游批发商"择价而选"而不是"择服务而选"，使本来依靠优质服务、良好配送能力吸引客户的经销商不得不"以价格应战"。

渠道的管理没有搞好，促销不规范，势必会引起价格混乱，就像宝洁的渠道促销

多搞几次，价格就会越卖越低，经销商卖产品几乎不赚钱，因为产品的价差越来越小，而价差是经销商主要的利润保障。经销商不能通过价差赚钱，就只能依赖厂家的赠品、促销品来赚取利润。如此形成恶性循环，价格越卖越低，中间价差越来越小，经销商的中间利润就越来越薄，经销商也就越来越依赖厂家的赠品等物质奖励来赚钱了。

更严重的是，一旦厂家停止对经销商的物质刺激，经销商就会无钱可赚。在这种价格"卖穿"的情况下，厂家要保证经销商的利润，只有两种选择：一是把给经销商的供货价降下来，扩大或恢复中间价差，保证经销商的合理利润。二是仍然继续不断地给予经销商各种物质奖励，补偿经销商丧失的中间利润。

企业原本想通过刺激经销商来销售更多的产品，但刺激的最终结果是导致价格"卖穿"，经销商不愿意再销售你的产品。究其原因，都是厂家自己造成的。所以，单纯靠向经销商"压货"来提高销量，只会把终端压死，最后反而减少了销量。

这种"强心针"式的渠道促销虽然能创造即时销量，而实际上呢？产品只是滞留在渠道中间环节，并不是最终被消费者消化了。这只是对明日市场资源的提前支取，是寅吃卯粮的销量透支行为。

其实，厂家要想切实控制价格，必须从管理渠道开始，只有让渠道规范，才能真正地控制价格。规范渠道最重要的就是要改善系统管理，可以采取以下做法：

①必须按争夺市场的要求展开协同，必须按有效出货、减少存货以及控制费用的要求展开协同。

②提高产品的竞争力。对于老产品，要加强产品系列的整合，明确一个时期的主打品种，一波一波，有节奏地冲击市场，同时在质量、外观包装以及定价上，要强过对手；对于新产品的开发，要突破原有的思维定式，努力创新，同时加强新品推出市场的系统策划，以及有计划地展开市场推广。

③加强市场信息的反馈。加强一线进销存数据的采集、整理、传递与统计分析。依靠数据制订生产与供货计划，有效地衔接产销量，减少产销矛盾，减少商品供应上过多与不足的矛盾。

④强化高层专业职能部门的功能。确保计划、营销、财务、配送与人力资源等子系统运行顺畅，尤其要强化总体策略制定的功能，确保有限的经营资源配置在产生成果的方向上，与对手展开竞争。

⑤促销时，必须通过程序与管理规范，进行有效控制，提高整体运行的效率，提高公司价值链的赢利能力。

14. 大客户才是真正的"摇钱树"

客户对品牌后续服务的满意度在很大程度上影响了客户对品牌的忠诚度，因此，销售人员要定期对大客户进行拜访。

在这方面，方正科技就是一个典型，它真正做到了设身处地为客户考虑，并通过"春风行动"将全面周到的售后服务带到客户的身边，完全秉承了"全程服务""想客户之所想，急客户之所急"的服务宗旨。除常规服务外，特别针对行业大客户提供备件专储、专线专人服务，以保证客户的需求能够随时得到满足，并主动上门提供软件更新、设备维护等增值服务，让客户从日常烦琐的办公设备维护工作中解脱出来。这些服务赢得了客户的赞许，更赢得了客户的信赖。

方正科技从上至下都对"春风行动"给予了高度重视，为使回访行动达到预期效果，方正科技领导层亲临各个区域指导当地的"春风行动"。在西安，方正科技有关领导带领分公司的工作组回访了西安实验中心。在回访中，方正科技工作人员首先详细地询问了设备的使用情况，现场解答了实验中心工作人员在使用机器中遇到的一些疑难问题，并就他们提出的具体需求当场做了详尽细致的安排，力求在最短的时间内以最优质的服务解决存在的问题。

在对大客户渠道进行有效拜访的时候，要切实弄明白"反馈"在交流中的重要性，因为我们对大客户的每一次拜访，都希望能得到客户的反馈，从而提高产品或服务质量。我们可以先来看个简单的实验。

让两个人背对背坐，每人面前放一张桌子，每张桌上摆放着相同的一套儿童积木。由一个人根据自己的设想指导两个人搭出同样的结构，而背后仿制的人（信息接收者）只能听从指导，不能以任何方式询问。由于缺乏反馈，这个任务很难完成，因为开始时的一些理解错误和小失误无法立即纠正，导致后来越来越混乱。

这个实验也表明，反馈越多越及时，交流就越迅速、越有效。这种反馈要靠什么获得呢？对大客户的定期拜访就是一种很好的方式。

在客户拜访过程中与客户交谈，研究客户的反馈更是必不可少的。这不仅可以及时了解客户是否得到并正确理解企业发出的信息，而且可以及时发现问题和策略失误以及客户变动趋势，以此作为改进产品和销售工作的依据。

销售过程中，拜访大客户，面对面地同大客户交流，是销售人员必须掌握好的阶段。虽然拜访还不是正式的谈判，但在拜访中，销售人员却可以达到以下几个主要目的：

①介绍公司的性质与产品。

②向客户提供选择该产品的理由。

③向客户表达提供良好服务的意念。

④让客户能在未来的一段时间中，不会忘掉这次拜访。

⑤当客户有需求时，首先想到的是与你合作。

如果能将以上目的完全达到便是最成功的拜访，拜访与成交之间往往会有一段相当大的距离，因此拜访应该尽可能淡化你的目的性。

销售人员在拜访大客户时有些细节是必须引起注意的，抓住细节将有助于客户拜访，通常在面对面交流过程中，我们可以通过观察对方的举止来判断其反应。例如，对方面部表情和细微身体动作的变化都可以表达生气或高兴、不耐烦或饶有兴趣等。声调同样可以传递信息，这在电话交流中最为有用，虽然看不到对方表情，但声调可以表明对方的态度。

在交流中认真倾听对方的信息是十分重要的。首先要倾听信息的直接内容，并且学习用"第三只耳朵"倾听信息的内在含义。在多数交流中信息都有一定的内在含义，当说话人带有某种感情色彩时，听话人不仅要理解字面意思，更要理解其内在含义。这种含义往往以非语言方式传递，所以很容易被忽略。因此，销售主管必须要在拜访大客户时特别注意这些细节。

上面只提到拜访中的细节，但是要真正做到成功拜访，销售人员还必须注意两个准备工作，即预约和撰写拜访计划。

预约是指用电话等形式向客户表达希望对其进行拜访的信息，因为大多数客户不喜欢销售者贸然登门，而且如果客户并不存在需求，那么贸然去拜访也是效率非常低的方法。

一个成功的拜访必然是在有充分准备的前提下才能够达成的，虽然不是每次拜访都要形成书面的文字。但在拜访之前，必须要想好以下几个问题的答案：

①这个客户与你过去的客户之间有什么相同之处？

②如何说服这个客户？

③如何给他留下深刻印象？

④客户打断了谈话怎么办？

⑤是否已了解了客户的信息？

⑥如何将客户的发展命运和自己企业的发展命运结合在一起？

15. 激发渠道活力，共同赢得竞争的胜利

企业开发市场、发展代理商也是为了利而已，但企业在为利的同时不要忘记了合作伙伴或对手也同样是为了利。经销商为什么愿意经销企业的产品，因为有利可图，他们能够从销售中获得自己的利益。企业与经销商打交道首先要明确这个最基本的出发点，然后因势利导并合理利用好双方的资源，帮助经销商赚钱，帮助他们成功，企业才能获得成功。

厂家在对销售终端进行激励时，因其数量多、分布广，会有鞭长莫及之感。因为不好对其进行管理，很多厂家都很头痛，一般的激励措施如返利、折扣等，效果都不尽如人意，那不妨试一下"超级目标法"，通过帮助终端树立超级目标来达到激励和帮助终端成功的目的。

1997年全球最大的感光材料生产商柯达公司斥资12亿美元全面启动中国投资计划，公司一直大力培育快速彩扩店网点，以求将具"半成品"性质的胶卷变成顾客满意的照片。到2000年年底，柯达已在中国250多个城市拥有了5 500余家专业冲扩店，相比之下，其竞争对手乐凯的冲扩店数目仅仅在2 000家左右。

在铺设零售终端时，柯达公司推出了"轻松当老板"计划，面对小本创业人士，柯达承诺"八九万当老板"。中小投资者只需投资9.9万元购置柯达的彩扩设备，便具备了开设彩扩店的基本条件。其后由柯达提供包括商圈分析、店面设计、品质控制、技术支援、培训、促销和零售管理在内的全方位协助，直至正式营业。加盟冲扩店用柯达的产品与品牌获得了丰厚回报，而柯达也获得了覆盖式的零售终端与广告效应，双方各取所需，合作愉快。

实施了这一计划后，柯达为经销商打开了创业天地，使之掌握了谋生之道，赢得了经销商的忠诚与信赖。据了解，许多柯达冲扩店业主不愿冲洗富士、乐凯等品牌的胶卷，甚至不愿在店内出售这些品牌的胶卷，自觉地将自己视为"柯达的一员"。由此看出，切切实实为经销商带来一份长远利益的激励效果要远远高于单纯地给予经销商价格折让。关系营销策略将渠道激励的重点放在授之以渔而不是授之以鱼。

推而广之，针对许多中小型经销商在素质上存在着以下的不足：自我提高能力不足；市场开发能力不足；促销能力不足；管理能力不足。生产商可以从各个方面展开经销商培训，除了协助经销商创业以外，帮助经销商识别市场机会、演练销售技术及传授管理经验等方式也可提高经销商的知识与技术。经销商发展壮大之日，当饮水思源，自觉地与生产商结为同盟。

柯达公司的这一"轻松当老板"的终端激励法，将企业自身发展与中间商的发展融为一体，这无疑是对设立超级目标的最佳脚注。当渠道面临对手竞争时，树立这样的超级目标是团结渠道各成员的根本，能够激发出渠道活力，共同赢得竞争的胜利。

帮助终端取得成功，企业应做好以下几步工作：

首先，要结合实际为经销商做前景分析，让他们看到希望，并能够全身心地投入到市场开发工作中。

其次，要了解经销商的经营品类，并一起分析各品类在销售中所占的地位和资源耗费。帮助经销商搞清楚各产品的投入产出比例是否合理以及下一步的工作重点。进行了品类分析后，要结合自己的产品进行市场分析。作为当地市场的新进入者，一般有自己独特的卖点，此时就要结合实际对市场容量进行大致的调研，找出同行的卖点和市场份额，然后根据自身产品的优势确定竞争策略和目标市场计划。通过此番工作，要让经销商看到明朗的市场前景和公司销售规划的专业性，这样由于利益的驱使，经销商就会积极工作。

最后，要和经销商一起制定市场开发计划和资源投入规划。在资源投入方面，切忌让经销商单方面投入，公司一定要协助经销商。因为开发任何一个新市场都不容易，靠单方面的力量效果也难以体现，所以在公司政策允许的范围内一定要多支持经销商，让他们以最小的投入、最快的速度获利。

获利后的经销商会更加感谢公司，也会更加忠诚，这样才会有更大的资源投入市场，从而市场能得以不断地发展和巩固。作为公司，赢得了市场也就赢得了忠诚的经销商，赢得了经销商的忠诚也就赢得了市场的稳固发展，帮经销商赚钱何乐而不为呢？无论何时，切实做到给经销商一份长远的利益，这种激励方式将会是最好的。这也是一些渠道管理者们最需要下工夫去做的。

16. 无处不在的20/80法则

越来越多的企业或商家发现，80%的收入是由20%的重点客户带来的，有时甚至90%的赢利是由不到10%的客户创造的。虽然这对于不同企业而言并不是绝对的数字，却反映了一种态势，那就是重点客户对企业的价值。

企业永远都是为利润而战，这个20：80的倒挂比例规律揭示的道理就导致了越来越多的企业把目光聚集在重点客户身上。在渠道管理中，更多的人纷纷把重点客户业务的发展提升到公司生存和发展的较高层面上，千方百计地去服务好重点客户，去争夺重点大客户，因为他们知道一旦失去了这20%的客户，那几乎就意味着80%的公司利润都将丢失。

　　花旗银行到中国拓展业务的最初阶段就是一个很好的例子。当时该银行在上海作出了一项规定：如果储户在该行的存款不足一定金额，那么花旗银行将按照有关规定收取一定费用。这项规定虽然没有在整个上海市引起轩然大波，但还是在很多上海市民心中产生了相当大的震动。长期以来，我国人民对于到银行存款，都已经形成了一个传统观点，即到银行存款就会获得或多或少的利息，这是天经地义的事情。可是如今，花旗银行居然开创了让储户倒付给银行费用的先例！

　　当时很多上海媒体都带着市民的疑问去采访花旗银行上海分行的负责人。花旗银行作出了这样的解释：因为储户在银行存款时，银行要承担相应的风险，所以理应收取一定费用。

　　许多金融界的人士都知道，储户的储蓄金额太少时，这部分存款根本无法通过银行进行有效流通，这样的话，银行不仅不能利用存款获利，而且还要承担相应的风险。

　　由此看来，花旗银行的解释是有道理的。当花旗银行开创了这一先例之后，当时国内的很多银行纷纷效仿，之后，上海的储户也渐渐接受了银行的这一规定。

　　虽然当时效仿花旗银行的国内银行很多，可是明白花旗银行这种做法真正用意的银行却寥寥无几。

　　原来，花旗银行并非是要通过这种做法来降低运营风险，因为小储户的那点零零星星的费用对于银行来说其实是微不足道的。

　　那么花旗银行的真正用意到底是什么呢？其实花旗银行是要通过银行严谨的数据库统计体系分析出哪些客户是大客户，哪些客户是普通客户，然后通过分析结果采取相应的措施对重点客户进行重点管理。

　　弄明白了花旗银行做法的真正含义后，我们不得不佩服他们的精明。正因为80%的利润都是来自这20%的重点客户，因此在渠道沟通中，要用80%的耳朵去倾听而用20%的嘴巴去说服。

　　上帝给了我们两只耳朵、一个嘴巴，就是让我们少说多听。与客户沟通的一个秘诀，就是用80%的耳朵去倾听客户的讲话，用20%的嘴巴去说服客户。如果在客户面前，80%的时间你都在唠叨个不停，有效沟通的希望将随着你滔滔不绝地讲解，从80%慢慢滑向20%。而客户的拒绝心理，将从20%慢慢上升到80%。

　　当有新产品需要你向客户推销时，要取得推销的成功，80%来自交流、建立感情的成功，20%来自演示、介绍产品的成功。如果你用80%的精力使自己接近顾客，设法与他们交友，这样，你只要花20%的时间去介绍产品的利益，就有80%的希望了；但

是，假如你只用20%的努力去与顾客谈交情，而用80%的努力去介绍产品，八成是费力不讨好的。

　　渠道管理中，企业在这20%的人身上投入的时间和精力远远超过其他客户：因为是重点客户，企业通常花费很多的工作时间、人力和物力来管理这种关系；此外特别强调的是，这些客户具有很强的谈判能力、讨价还价能力，因此公司必须费尽心思，花费更多的精力来进行客户沟通。

第三章
不赢利是可耻的

17. 不赢利是可耻的

管理大师德鲁克曾说：如果一个公司的投入和产出的比值过低的话，那么公司是不负责任的，因为它浪费了社会资源。作为一个商人，一个企业家，经营的企业不赢利是"不道德"的，因为你的工作就是要创造财富，为你的员工和社会打工，为社会创造财富，你要交纳税款，然后享受着税款带给你的便利，并且也让其他人享受这种便利，所以你必须努力。

同样是互联网行业，同样是知名企业家，马云却坚决表示不做网游，认为那是于民于己都不利的事情，他也一直被认为是注重社会责任感的代表。相比较而言，有人认为史玉柱是逐利性比较强的企业家，故有人向他提出疑问。

史玉柱表达了自己对平衡处理商人逐利和社会责任的关系的观点，他说："我认为自己和马云没有任何区别，都是一样的。从公平角度，如果你把他划入好的一类，那么我也应该被划进去。如果你把他往坏的一类划，也把我划过去。另外，关于社会责任和商人逐利，我觉得经营一个企业，追求利润是第一位的。你不赚钱就是在危害社会，对这个，我深有体会。我的企业1996年、1997年亏钱，给社会造成了很大危害。当时除了银行没被我拉进来，其他的都被我拉进来了。我的损失转嫁给老百姓，转嫁给税务局。企业亏损会转嫁给社会，社会在填这个窟窿。所以，我觉得，企业不赢利就是在危害社会，就是最大的不道德。另外一点，我觉得在运营企业时，第一不能违法，第二要尽量做大家认可的东西。我现在就经常跟我的团队说，要做一些有益的东西。比如我的知识问答题库，把游戏往健康的方向引。"

企业存在的目的是什么？现在的企业经营者，都普遍忘了一个最基本的命题，企业是要赢利的，不赢利的企业，浪费大量人力、财力、物力和社会资源，最后却没有创造价值，这是一种罪恶。这种罪恶的根源，与其说是管理水平低，不如说是因为经营者根本不重视利润。

利润是企业存在的根本，如果没有利润，企业就不可能存活。德鲁克说，企业的首要任务是生存。换句话说，企业经营的首要准则不是利润最大化，而是避免亏损。但企业时常会遇到风险，所以企业必须赚到能够抵御风险的利润。作为一个企业，对社会最大的贡献就是创造利润、纳税。

对于企业家的赢利和商业道德的关系，北京大学光华管理学院院长张维迎认为："一方面，在一个健全的市场制度下，企业追求利润、为客户创造价值以及承担社会责任之间，不但不矛盾，而且是基本一致的。利润是社会考核企业，或者说考核企业家是否真正尽到责任的最重要指标。没有这个指标，我们没有办法判断企业行为是损害还是帮助了社会。另一方面，在一个制度缺陷比较严重的社会中，利润可能不是考核企业行为的最佳指标。这时候我们应该想办法，使这个制度变好，使利润能够真正反映企业和企业家对社会的贡献。而不是抛开对社会制度的变革，用说教的方式解决这个矛盾。"

商业的本质就是在法律法规许可的范围内获得最大利益，而企业家的终极使命就是赢利，发不出员工工资是企业家的耻辱。企业就像是一个大家庭，必须得有钱维持这个家庭的开支，才能维系企业的正常运转。如果没有利润的支撑，一切美好的设想都只能算是天方夜谭，社会责任也成为空谈。

做企业重视利润，甚至利润导向，并非要坑蒙拐骗，那不叫追求利润，那叫赚黑心钱。我们所说的以利润为目标，是在保证产品质量，合法经营的前提下，在作决策和开展经营活动时要以利润为导向，赚取阳光下的利润。企业需要作的所有决策，都在于在保持品质和服务的前提下，如何使企业赢利最大化，这需要一种经营智慧和科学决策。不保证产品质量无疑是错的，但无限去追求质量，不考虑投入产出，则是愚蠢的；追求客户满意是对的，但不计成本地追求客户满意，也不是健康的。其实赢利的秘诀，就在于如何去对各种要素进行平衡，最终实现利润最大化。

总而言之，不重视利润管理的企业，是难以获得持续发展的；而所有快速而有规模发展的企业，都是因为有巨大的利润做基础。有了利润，才会有一切。

18.　为特定的客户群体量身定制

一位市场营销专家所说："锁定优质的顾客群体就像选老婆，选准永远比做好更重要！选准了，无论贫富顺逆，都会得到不离不弃的支持；选不好，对她再好，她还是会跟别人跑！"

世界上最优秀的企业，也只给特定的群体提供价值。

美国最大的房地产公司普尔特，十分注重对客户进行分类。普尔特公司有一个专门的市场研究中心，这个部门深入研究了50多万个顾客的相关数据，将整个美国市场划分为11个目标客户群，分为"初次购房者""再购者""不断攀升社会阶层的流动式家庭""退休家庭/独立家庭"等。这些详细的数据和分类开始在公司成为决策的重要依据。

有一块处于纽约和费城之间的地皮，分布着很多医院，却一直都没有受到开发商的青睐。普尔特公司通过调查和研究发现，如果在这里建房的话，将与55岁左右"婴

儿潮"一代人的需求极其匹配。于是，当机立断买下这块地皮。事实证明，这个地区确实吸引着这一特定的顾客群体，这块地皮的投资回报率超过了20%。这样的投资是普尔特公司收入的中流砥柱，每年针对这些老年人开发的房地产为公司带来了三分之一的销售收入。

任何企业都是通过向产业链下游提供产品或服务以获取利益的，而这些购买企业产品的产业链下游，就是企业的顾客。通常情况下，企业无法将自己的产品或服务丰富到可以服务对同类产品有需求的所有客户，于是，企业需要针对自身的能力，锁定特定的顾客群体，这些特定的顾客就是经理人需要重点关注的"目标顾客群体"。

随着经济市场化程度的不断加深及买方需求的多样化趋势，针对目标顾客群体的细分需求来制订市场营销方案，已经成为经理人打造企业核心竞争力的重要步骤。

经理人在制订营销方案的时候，需要解决的第一个问题就是企业的产品或服务卖给"谁"？这就需要锁定目标顾客群体。市场的广泛，消费者的众多，无疑给经理人的市场营销带来不少的困惑。所以，经理人在确定目标顾客群体的时候，首先要针对所有的消费者进行初步判别和确认。

经济学家帕累托的80/20法则有助于经理人的判断，根据该法则，企业利润的80%来自20%的顾客。如果能对这部分顾客提供更有针对性的服务，提高顾客的满意度，那么他们更有可能成为公司的忠诚顾客，从而持续不断地为公司创造利润。有了20%的优质目标顾客，企业的发展会更上一层楼。这些20%的优质顾客，能够创造80%的利润，所以，经理人在营销中要重点把握这些优质的目标顾客群体。

在锁定优质目标顾客群体的时候，经理人必须避免三个误区：

第一，区分标准单一化。顾客群体不能片面地来区分，因为顾客对于企业来说，很可能符合了某一个方面的要求，但是其他方面又会存在不合适。如果经理人只是拿单一标准进行衡量，就会判断错了顾客类型，就会出现营销的失误。因此，要用综合指标来评价目标顾客，从而找出企业的优质顾客群体。

第二，完全依靠优质目标顾客，放弃其他顾客群体。经理人在营销时，需要注重优质目标顾客，但又不能完全以其利益至上，而抛弃了其他中小顾客的利益。这样的做法，无疑是将企业安危置于悬崖边上，风险实在太大。经理人要研究小顾客群体的潜力。如果具备潜在价值，就有必要将其培养成优质顾客。

第三，企业给优质目标顾客的优惠政策愈多愈好。经理人清楚优质目标顾客群体为企业带来的效应，因而在营销过程中会为其提供更优惠的政策。但在给予优惠政策和市场支持时，经理人须把握好"度"的问题。优惠政策并非越多越好，太多不仅会引起其他顾客群体的不满，更容易放纵优质目标顾客的欲望，使其变质。

19．大道至简：直销赢天下

　　1998年末，美国《商业周刊》评出了本年度100名叱咤全球的巨人企业，戴尔公司被评为第一名，它不仅战胜了IBM、惠普等巨型企业，就连号称"软件大王"的微软公司也屈居其后。一个创立于1984年的公司，何以能够取得如此大的成就？

　　答案在于，戴尔的直销模式发挥了威力。传统的销售模式，往往是生产厂商通过总代理、区域代理商、下一级的分销商等一级一级地向目标市场延伸，这样的过程不但程序上烦琐、投资回收周期长，而且每一级的分销商都会在产品的价格上层层累加，致使其产品根本无法在价格上取得竞争优势。

　　针对这种情况，戴尔别出心裁，它打破了传统的渠道销售模式，直接通过电话、网络和面对面的接触与顾客建立直接的联系，这样，不仅减少了产品经过销售渠道到达顾客手中所产生的成本，也节约了大量的时间，从而提高了工作效率。更重要的是，戴尔由此可以更详细地了解顾客的需求并在最大限度上满足他们的需求。

　　另外，戴尔公司的网站，在戴尔直销的过程中也发挥了很关键的作用。戴尔试图通过现代互联网的方便和快捷来销售其产品，事实证明，戴尔成功了。戴尔在线商店于1996年7月开业，每天销售600万美元的PC机和辅助设备，现在这一数字已超过了1 000万美元。戴尔网址包括42个国家的站点，每周有超过200万人次的浏览量，通过这一网址，客户可以了解报价，比较产品，开展定购，获得技术支持。实践证明，Internet直销是一个强有力的促销手段，戴尔称80%通过网站购买计算机的人都是新客户。

　　经戴尔公司的网站，从而对戴尔产品感兴趣的顾客，只需登录戴尔公司的网站，根据系统的提示填写自己的具体需求信息，戴尔公司在跟顾客取得联系确认之后，就会按照顾客留下的订单信息来装配产品，然后再直接把产品寄送到顾客的手中。这样，不但可以满足顾客个性化的需求，而且在产品的质量上也有了显著的提高。由于销售环节的缩减，使得戴尔产品的成本大大降低，从而可以保证消费者以最低的价格购买到高品质的产品，成功地实现了产品的客户化。同时，通过对顾客留在网站上的信息进行整理和统计，戴尔还可以及时地了解未来的需求，由此对库存数量作出合理调度，这样就减少甚至避免了盲目库存所带来的资金积压，降低了产品卖不出去的风险和由此而产生的费用。

　　戴尔的直销模式省去了分销商、批发商和零售商的多重周折，使得戴尔公司实现了集中生产和销售活动于一体的经营模式。顾客也可以越过中间渠道直接从戴尔公司购买产品，这种销售模式使得戴尔的产品很快就在顾客群中建立起了一种独特性，使

许多顾客都"迷恋"上了戴尔的这种独特性。

直销近年来风靡全球，已经引起商界人士的广泛关注，且也不乏捷足先登的企业。直销在品牌形象和销售终端之间架起一道桥梁，使企业通过了解终身客户的价值，充分利用经营机会，从营销投资中获取回报。

直销是现代营销理念的新概念，时至今日，它主要包括以下几个方面：电话直销、邮递直销、电视直销、人对人的直接销售等。有人断言，当今之时代为营销时代，人类的一切活动都是营销活动，人的一切行为必将围绕营销而展开。直销正是营销时代的产物，它也是一种非常古老的经营方式，它作为商业活动的一种形式，随着人类社会的发展而发展，商业销售的历史中有相当一段时间是由直接销售组成的。因此，在一定的领域，直销的方式是一个好选择。

20. 一个好创意成就一个好企业

以往的盛味精的瓶子里都附有一支舀味精用的小匙。一次，一位味精公司的总裁对下属们说，如果谁对公司的制品及业务有改进的新创意请提出来，若公司采纳，将会重赏创意人。这一号召得到了大多数员工的响应。

有个叫近藤一夫的年轻人，他认为自己没有提出任何创意而有些不好意思，于是他开始动脑筋。数天之后，他突发奇想，并把这个精妙的创意写在一张纸条上——使用味精时，首先要把盖子打开，然后拿出小匙，再伸手舀味精，放好味精后，收起小匙，而后再盖上盖子，这一程序过于繁琐。如果在瓶子的盖子上面开一些小孔，那么使用时就不用大动手脚，直接把瓶子倒过来摇一摇就行了。这样写好后，他就偷偷地把纸条放在总裁的桌子上，当然，上面加上了他的签名。但他对自己的这一创意缺乏信心，本来就羞怯的他，遇到总裁时就更加不敢与总裁正面相对了。他认为自己这项羞于见人的创意，总裁见了肯定不快，没想到总裁却感到很满意，立刻把他的创意报告给董事长。果然，不久以后，他的提案被公司采用。后来，该公司的味精瓶子就一律使用有小孔的盖子，销售量也一下子增加了50%。怕惹人家嘲笑的这项创意竟然收到了奇迹般的效果。

这个公司就是闻名世界的铃木味精公司。这位年轻人也一跃而成为被人另眼看待的人物。后来，近藤因为这一卓越的提案，被提升为课长，同时得到500万日元的奖金。

可见，使产品充满智能化未必就一定需要特别高深的科学技术，有时候一个小小的创意就可以改变产品的命运。

在20世纪70年代销售额就超过10亿美元的英国电子音乐工业公司（EMI）是一家实力雄厚的跨国公司，其四年利润增长25倍。1936年，该公司制造了第一台现代意义上的电视。1952年，在英国开发了第一台计算机。这些发明都是划时代的。

1967年，在上述发明中都作出过杰出贡献的工程师霍斯菲尔德，开始试图寻找解决计算机编程问题的方法，以使计算机能识别写出的字并呈现在屏幕上。这一过程给他带来了意外的收获，他发现现有的收集、储存信息的方法是相当低效的。如用X光照射病人病变部位的拍片法，只有1%的信息能用得上。所以，这在当时存在一个如何利用计算机技术使浪费的信息重新收回的问题。此后，他的这一创新思维获得了资金资助。

霍斯菲尔德后来正是由于在这一领域的突出贡献而获得了诺贝尔奖。当时，他让一束光线通过一头猪的头部，辐射源与探测器相对地安装在可旋转的台架两端，收集的信息可储存在计算机上。光束照在物体的一片薄层切片上，改变仪器的横切面位置便可拍出其他层面的照片。在一开始，为了拍这一张照片，需花九天的时间，而计算机只用了两个半小时。计算机对整个薄层切片的拍照是这样完成的：台架可旋转，每转一度角便拍160次片，转半圈共拍160×180＝28 800次。计算机可将这些数据进行加工，并给出断层的一个集成照片。

1971年10月，该成果被用于临床试验，对象是人类大脑。因为只有大脑才能在较长时间内保持不动。在半年的实验过程中，放射学家Ambrose对此进行了重点关注。他完全确信，这一断层扫描仪（CAT）是自1885年X光发现以来放射领域的一次最大的突破。

1972年11月，该成果开始走出了迈向市场的第一步。他们送出一台样机，参加在美国芝加哥放射学会举办的展览会，Ambrose还分发了临床试验的报告，引起了科学家和商家的极大兴趣。人们开始购买CAT。1975年，EMI估计每年市场为400万英镑，但他们却收到了5 500万英镑的订单。从1972年至1976年，EMI的税前利润从100万一下子提高了25倍，这一成果是空前的。

霍斯菲尔德从如何利用计算机技术使浪费的信息重新收回的问题入手，发明了使EMI公司利润四年增长25倍的断层扫描仪，用一个不起眼的创意打造出了一家国际知名企业。因此，创新的思维、开阔的视野是优秀产品企划的重要条件。

一个好创意成就一个好企业。一个好点子既可催生新的业务，填补市场空白，满足市场需求，还可生成新的产业链条，成就新的企业。因此，企业应该注重创意的投资，以把握住企业发展的好机会。

21. 精准"打击"消费目标

在营销中，定位决定市场成功，定位就是要让自己进入消费者的大脑，让消费者对你的产品有个清晰的了解。这一理念，多年来一直影响着美国乃至世界企业的市场营销战略。

第一次世界大战以后，美国的年轻人习惯在嘴上叼着一支香烟以表示沮丧，同样也包括许多女青年。众所周知，香烟是男人的专利品。

开发女士香烟被莫利普·莫里斯公司认为是一个千载难逢的机会，他们决心从女士的腰包里大捞一笔。很快，人们在各种媒体上频频地看到这样的广告：娇丽的女郎叼着香烟吞云吐雾。有幸被叼在她们嘴上的，就是莫利普·莫里斯公司的杰作：万宝路香烟。

那些广告，制作就花了不少钱。公司里很多人为此感到不安，但经营层信心十足："大家不要担心，不出1年，万宝路一定会打开市场，到时候我们就等着数钱吧！"但事实上呢？1年，2年，10年，20年，万宝路的包装换了好几回，广告中的佳人也换得更加靓丽，但不知道为什么，经营者们心目中的热销场面始终未曾出现。大家都非常不明白其中的原因，是质量不过关吗？

万宝路在制作过程中，从选料到加工，始终把好质量关，选取优质的烟草，精心处理，万宝路是不折不扣的高品位香烟啊，绝对不会辜负姑娘们的红唇。是价格太高吗？在美国国内的香烟市场上，万宝路的价格，对于大众烟民来说都是可以接受的。

20年后的一天，公司一位高层管理人员极其偶然地闪过一个念头："是不是我们市场定位出现了问题呢？"他们当即请来广告策划专家，给万宝路把脉诊断。一番望、闻、问、切，专家也认为是定位出了问题，并当即指出，应该抛弃坚持了20年的广告定位，另起炉灶。

一个宣传了20年的品牌要割舍，肯定是一件痛苦的事情，抛开感情不说，仅花掉的钞票就让人心痛不已。但为了走出20年的低谷，公司经营层同意了专家的建议。

一个全新而又大胆的创意诞生了：以富有阳刚之气的美国男子汉形象来代替原来的娇俏女郎。广告公司费了很大的周折，在西部一个偏僻的农场找到一个"最富男子汉气质"的牛仔，并让他出演万宝路广告的主角。

新广告于1954年推出，一问世即引起了烟民的狂热躁动。他们争相购买万宝路，要么叼在嘴上，要么夹在指尖，模仿那个硬汉的风格。万宝路的销售额也直线上升，新广告推出后的第一年，销售额就增加了3倍，一举成为全美十大香烟品牌之一。

企业在全面了解、分析目标消费者、供应商的需求信息以及竞争者在目标市场上的位置后，再确定自己的产品在市场上的位置及如何接近顾客，这样才能使营销获得最大限度的成功。因此，企业要实施正确有效的定位，往往需要遵循如下的定位步骤：

（1）确定定位层次

确定定位层次是定位的第一步。确定定位层次就是要明确所要定位的客体，这个客体是行业、公司、产品组合，还是特定的产品或服务。

（2）识别重要属性

定位的第二步是识别影响目标市场顾客购买决策的重要因素。这些因素就是所要定位的客体应该或者必须具备的属性，或者是目标市场顾客具有的某些重要的共同特征。

（3）绘制定位图

在识别出了重要属性之后，就要绘制定位图，并在定位图上标示本企业和竞争者所处的位置。一般都使用二维图。如果存在一系列重要属性，则可以通过统计程序将之简化为能代表顾客选择偏好的最主要的二维变量。定位图选择的二维变量，既可以是客观属性，也可以是主观属性，也可以将两者结合起来。但无论是选择主观属性，还是客观属性，都必须是"重要属性"。

（4）评估定位选择

里斯和屈劳特曾提出三种定位选择。一是强化现有位置，避免正面打击冲突。二是寻找市场空隙，获取先占优势。三是竞争者重新定位。即当竞争者占据了它不该占有的市场位置时，让顾客认清对手"不实"或"虚假"的一面，从而使竞争对手为自己让出它现有的位置。无论采取何种选择，一种定位要想获得成功，满足以上三个条件将是关键。

（5）执行定位

定位最终需要通过各种沟通手段如广告、员工的着装、行为举止以及服务的态度、质量等传递出去，并为顾客所认同。

第四章
一流企业卖信誉，二流企业卖产品

22. 人无信不立，企业无信则衰

　　一个自称是某运输公司汽车司机的顾客走进一家汽车维修店，对老板说："在我的账单上多写点零件，我回公司报销后，有你一份好处。"维修店老板拒绝了他的要求。这位顾客不甘心，继续说："我负责整个车队的维修，我每年能给你带来30万元的营业额，你能从我这赚到很多钱！"老板不为所动，告诉他，这事他无论如何也不会做。

　　这位顾客很生气，大声嚷道："谁都会这么干的，我看你是太傻了。"老板也终于控制不住自己的怒火，对他大喊：请你立即离开！请到别处谈这种生意。就在这时，顾客露出微笑地握住老板的手："你正是我要找的那种人，我就是那家运输公司的老板，我一直在寻找一个固定的、信得过的维修店，我决定与您合作。"

　　"人无信不立，企无信则衰"，在社会主义市场经济条件下，诚实信用就是企业的生存之本，是创造基业长青、建立百年老店的基础。"诚则立，信则久"——诚信是企业支撑品牌的基石，基石永存，则品牌之树常青。把诚信放在什么位置，决定着一个企业的经营高度，决定着它能否长盛不衰，永续经营。

　　比如著名的海尔集团，多年来，海尔人本着"永远战战兢兢，永远如履薄冰"的经营理念，以市场为导向，以顾客为上帝，不打价格战，把海尔发展成为产品远销全球90多个国家和地区的国际化跨国集团。它被中国企业信誉协会评为"中国产品质量放心用户满意诚信企业"，海尔是同类企业中唯一一个获得此项殊荣的企业。

　　然而，有的企业却忽略了诚信经营这个成功企业核心的理念。2002年10月《解放日报》报道，日本大阪地方法院以做假账坑蒙投资者的罪名判处福特瓦克公司原总经理大桥渡有期徒刑2年，伙同大桥渡造假的注册会计师松川利一被判处有期徒刑1年。福特瓦克公司在过去的3年中共虚报利润424亿日元，把一个濒临倒闭的企业粉饰成一个赢利企业，坑害了许多投资者。

　　诚信危机在日本一些大企业非常突出。日本火腿、东京电力、三井物产、丸红、西友超市等著名企业不久前相继发生经济丑闻。日本火腿公司是日本肉制品企业的龙头老大，一直深受日本广大消费者的信赖和爱护。然而，就是这家公司将日本政府因"疯牛病"问题而宣布禁止进口的外国牛肉，作为国产牛肉转售给国家牛肉收购机构。同时，该公司还把次牛肉充当上等牛肉销售给消费者。

　　东京电力公司是日本最大的电力公司，拥有日本一半以上的原子能发电站。核电站的安全管理问题关系到国民的生命安全，日本政府有关部门对此有着严格的要求。

10多年来，东京电力公司不仅隐瞒了多起核电站事故隐患，而且还多次篡改核电站定期检查记录，致使政府有关部门不能及时了解核电站运营的真实情况。

日本综合商社三井物产公司最近涉嫌在政府开发援助项目中，采取贿赂、回扣等非法手段获取建设项目，干扰正常的市场秩序，违反了有关法律。日本国税局还查出日本另一家综合商社丸红公司在向阿尔及利亚出口大型印刷机器的过程中，为了获得这批订单，向有关人员支付了数亿日元的回扣。

上述日本著名企业的丑闻引发了投资者和消费者对日本企业整体的信任危机，投资者纷纷逃离股市，致使股价不断刷新19年来的最低纪录；消费者拒绝购买这些企业的产品。可见，市场不包容失信，市场也不相信眼泪。一个企业要在激烈的市场竞争中脱颖而出或处于领先地位，必须要在商品质量、价格、管理、服务等方面坚持信用至上，履行诚信承诺，抓好与诚信关联的系统工程。只有企业真正坚守住商业信誉这道大门，才能真正地获得成功。

23．信誉、诚实有时比生命更重要

李嘉诚说："资金，是企业的血液，是企业生命的源泉；信誉、诚实也是生命，有时比自己的生命还重要。"在塑胶厂陷入困境后，他用诚信的王牌博得了宝贵的机会。

在很早以前，潮州府城外有一座古寺。住持云寂知道自己在世的日子不多了，就将两袋谷种交给两个弟子——一寂、二寂，要他们去播种插秧，到谷熟的季节再来见他，看谁收的谷子多，谁就可以继承衣钵，做古寺的住持。谷熟时，一寂挑了一担沉沉的谷子来见师父，而二寂却两手空空。云寂问二寂，二寂惭愧道，他没有管好田，谷种没发芽。云寂便把衣钵交给二寂，指定他为未来的住持。一寂不服，师父说，他给的谷种都是煮过的。

这是李嘉诚在塑胶厂濒临倒闭的那些日子里，母亲用佛家故事来开导他。他悟出母亲话中的玄机——诚实是为人处世之本，是战胜困难的不二法门。

第二天，他回到厂里，召集员工开会，坦诚地承认自己经营错误，不仅拖垮了工厂，损害了工厂的信誉，还连累了员工。李嘉诚说了一番渡过难关、谋求发展的话，员工的不安情绪基本稳定，士气不再那么低落。

紧接着他又逐一拜访银行、原料商、客户，向他们认错道歉，并保证在放宽的期限内一定偿还欠款，对该赔偿的罚款，一定如数付账。他丝毫不隐瞒工厂面临的空前危机——随时都有倒闭的可能，恳切地向对方请教走出危机的对策。

李嘉诚的诚恳态度，得到了他们中大多数人的谅解。银行同意放宽偿还贷款的期限，但在未偿还贷款前，不再发放新贷款。原料商同样放宽了付货款的期限，但长江厂需要再进原料，必须先付70%的货款。客户态度不一，但大部分还是做了不同程度的让步。李嘉诚的"负荆拜访"达到初步目的。但是银行、原料商和客户，只给了他十分有限的回旋余地，事态仍很严峻。

李嘉诚抽调员工，将积压产品归为两类：一类是有机会作为正品推销出去的，一类是款式过时或质量粗劣的。正品卖出一部分后，他又以低廉的价格将积压品卖给专营旧货次品的批发商，在制品的质检卡片上，一律盖上"次品"的标记。在危机中，原来的一些亲戚朋友，有的对他敬而远之，生怕他开口借钱或带来麻烦。通过李嘉诚的坦诚相告和积极应对的措施，人们开始主动为他分担忧愁，安慰激励，献计献策，提供力所能及的帮助。

李嘉诚又一次体验到危难见人心，路遥知马力。他正是靠那些亲朋好友，获得新订单，筹到购买原料、添置新机器的资金。被裁减的员工，又回来上班了，李嘉诚还补发了他们离厂阶段的工资。长江塑胶厂出现转机，产销渐入佳境。

1955年的一天，李嘉诚召集员工聚会。他首先向员工鞠了三躬，感谢大家的精诚合作。然后，用难以抑制的喜悦之情宣布："我们厂已基本还清各家的债款，昨天得到银行的通知，同意为我们提供贷款。这表明，长江塑胶厂已走出困境，将进入柳暗花明的佳境。"话音刚落，员工顿时沸腾了起来。散会前，每个员工都得到了一个红包，是由他亲自发放的。

诚信是李嘉诚最大的资本。那时候为了销售塑胶花，李嘉诚四处奔波，终于找到一个批发商。对方快人快语，说他们早就看好香港塑胶花的品质和品种，是处于世界先进水平，价格不到欧洲产品的一半，他已经打定主意订购香港塑胶花，并且是大量订购，而且提了个条件，他认为李嘉诚现在的规模，满足不了他的数量，他知道李嘉诚的资金出了问题，但是他可以先做生意，条件是李嘉诚必须有实力雄厚的公司或个人担保。

第二天，李嘉诚去了批发商下榻的酒店。他拿出9款样品，默默地放在批发商面前。9款样品，每3款一组：一组花朵，一组水果，一组草木。批发商全神贯注，足足看了十几分钟，尤其对那串紫红色葡萄爱不释手。李嘉诚紧绷的神经稍稍放松了，这证明他对样品非常看好。

批发商的目光落在李嘉诚熬得通红的双眼上，猜想这个年轻人大概通宵未眠。他很满意这些样品，同时更欣赏这位年轻人的办事作风及效率，不到一天时间，就拿出9款别具一格的极佳样品。他记得，他当时只表露出想订购3种产品的意向，结果，李嘉诚每一种产品都设计了3款样式。

对方对李嘉诚说，这9款样品，是他所见到过的最好的一组，他简直挑不出任何毛病，他们可以谈生意了。谈生意，就必须拿出担保人亲笔签字的信誉担保书。李嘉诚直率地告诉批发商说，感谢对方对他公司样品的厚爱，他和他的设计师，花费的精力和时间总算没有白费，他相信对方知道自己内心的想法，是非常希望与对方做生意的，可是他又不得不坦诚地告诉对方，他实在找不到殷实的厂商为他担保，十分抱歉。

批发商久久地看着李嘉诚，并没有表现出吃惊和失望。于是李嘉诚用自信而执著的口气告诉对方，希望对方相信他的信誉和能力，他介绍说自己是一个白手起家的小业主，在同行和关系企业中有着较好的信誉，他是靠自己的拼搏精神和同仁朋友的帮助，才发展到现在这种规模的。因此，他真诚地希望双方能够建立伙伴关系，并且是长期合作。尽管目前他的公司生产规模还满足不了对方的要求，但他会尽最大努力扩大生产规模。至于价格，他保证会是香港最优惠的，他的原则是做长期生意，做大生意，薄利多销，互利互惠。

李嘉诚的诚恳执著，深深打动了批发商，对方告诉他，说他奉行的原则，也就是批发商自己奉行的原则，他这次来香港，就是要寻找诚实可靠的长期合作伙伴，互惠互利。只要生意做成，他绝不会利己损人，否则就是一锤子买卖。他知道李嘉诚最担心的是担保人，但是他坦诚地告诉李嘉诚，不必为此事担心，他已经为李嘉诚找好了一个担保人。

李嘉诚愣住了，哪有由对方找担保人的道理？批发商微笑道，这个担保人就是李嘉诚自己，李嘉诚的真诚和信用，就是最好的担保人。两人都为这种幽默感笑出声来，谈判在轻松的气氛中进行，很快签了第一单购销合同。从此李嘉诚甩开中间商，产品直销欧洲市场，这一年他才30岁。

李嘉诚珍视诚信与承诺，在他14岁其父去世时，他对父亲作出承诺："我们一家人一定会生活得好好的。"从此便拼尽全力工作及自学，这种一诺千金的品格，延伸到他对待商业伙伴和员工的态度那里，从此意义上，今天拥有23万名员工的和黄集团就是他的家庭观念的延伸。

"不只是商人，一个国家都是无信不立。"李嘉诚认为，事业上的"信"与对他人的"诚"是分不开的，一个公司一旦建立了良好的信誉，成功和利润便会自然而来。他认为：要有追求更高知识的决心，同时要有信用，令家人对你有信心。他做了这么多年生意，可以说其中有70%的机会是人家先找他的。其诚可嘉，人如其名。李嘉诚用自己诚实守信的道德准则，描绘出了商海无边的蓝图。

诚信是现代市场经济的生命，是企业从事生产经营活动的一个必备要素，是一种无形资产，是"资本价值中的核心成本"。一个成功的企业，卖给顾客的不仅是商品本身，往往还隐含着商品背后的文化。在现代文明社会的市场经济中，失信会使自己、企业付出高昂的代价，失信会使企业倒闭，失信等于自弃。无数事实证明，以诚信去创办企业、聚集财富，企业就会越办越好，财源也就会越开拓越广阔。相反，丧失诚信的企业必然是茫茫商海中的过眼云烟，最终将使财源枯竭。

24. 诚信是一种投资手段

聪明的商人很早就意识到，坚持诚信可能会在某些情况下吃点儿亏，但的确是干大事业者必不可少的素质。企业要拓展广阔的国际市场，就更需要具备诚信意识。

有一次，温州奥康集团国际贸易部接下了意大利客商的一笔订单，双方谈好产品单价为23美元，并签订了购销合同。但在产品投产时，他们发现在核算成本时将皮料的价格算得过低，若按实际成本计算，出口价格每双鞋至少还要增加1美元。

当该部负责人将情况汇报给总裁王振滔，并请示是否与外商洽谈加价时，王振滔表示：既然签了合同，就是亏本了，这笔买卖也要做。消息传到意大利客商的耳中，对方主动提出增加1美元，但被王振滔婉言谢绝。他说，多赚1美元少赚1美元并不重要，重要的是恪守信用。

意大利客商大为感动，当即将原来二十多万美元的订单追加到一百多万美元，并表示要和奥康集团建立长期合作关系，下更多的订单。

有时候不义之财的出现反倒是一种难得的机会，你可以借此向对方宣告你做生意的诚意，从而为长期的合作埋下伏笔，这种见便宜不捡的做法实际上是一种"投资"手段。

小伙子罗斯曼大学毕业后在一家外贸公司工作，由于工作出色，很快被公司提升为负责法国外贸的主管。一次，罗斯曼和法国一家大公司有个合作项目。经过艰苦的谈判，双方都获得了自己要求的利益，达成了协议。为了表示对这个项目的重视，法国公司的市场部主管亲自来以色列签约。签约之后，双方很快进行了交易。

可事后，公司的财务部给罗斯曼传来信息，说是公司账上多了5 000万法郎，要求查清楚。罗斯曼非常重视，他很快就发现是在和法国公司合作中，对方由于某种疏忽造成的一个失误。罗斯曼当时就打电话联系法国公司，随后亲自携带款项到法国，询问这个问题。

法国公司对罗斯曼这一举动非常感动，看出了罗斯曼不取不义之财，也看出了他们公司是值得合作的一个伙伴。为表示感谢，法国公司主动把合约条款放宽了很多，给罗斯曼公司每年增加了200万美元的收入。罗斯曼不取不义之财之举换来的是公司的长期财富。

价格竞争是企业之间竞争的传统手段，也是现代竞争的重要方法。企业的诚信首先要体现在价格的制定上。产品的定价需要考虑商品价值、生产成本以及利润等多种因素。折价经营是很多商家采用的营销策略。但是我们经常可以在商家的折价上看出问题。原价100元的商品，打七折、五折出售，商家还能赚钱。这种折价策略根本不能体现出商家的诚信。

企业要善于利用客户服务来体现诚信。"从客户中来，到客户中去"，这是基本的原则，企业要在与客户的互动过程中，建立起卓越的相互信任机制。就是说，作为企业，要时刻把握住客户需求的脉搏、流行时尚和细微变化，真正使"顾客利益高于一切"的口号落到实处。误导顾客，夸大事实，故意忽略其某些有关信息，利用顾客对商品知识的缺乏来误导顾客，这是最容易失去信任的行为。此外，管理者还可以把获得顾客忠诚度作为考核各级领导和全体员工业绩优劣的核心指标。就是说，作为企业的老板们，考核各部门领导尤其是营销部门领导，每次考核，第一位的指标不应该是销售额，而是获得了多少具有高忠诚度的客户。这样，企业的诚信意识便能广泛地建立起来，从而更好地为企业创造财富。

25. 一流企业卖信誉，二流企业卖产品

信誉是树立品牌的关键点。在当今市场，从牙刷到理财服务，每样东西都已成为商品。由于产品、服务和技术如此易于模仿，企业信誉成为决定顾客购买取向的决定性依据。

相信看过电视剧《大宅门》的人都知道北京同仁堂，这是一个难得的百年老店，也是中国医药界的一块"金字招牌"。同仁堂创建于清康熙八年，自1723年开始供奉御药，历经八代皇帝188年。在三百多年的风雨历程中，历代同仁堂人始终恪守"炮制虽繁必不敢省人工，品味虽贵必不敢减物力"的古训，树立"修合无人见，存心有天知"的自律意识，造就了制药过程中兢兢业业、精益求精的严谨精神，其产品以"配方独特、选料上乘、工艺精湛、疗效显著"而享誉海内外。

开业之初，同仁堂就十分重视药品质量，并且以严格的管理作为保证。1702年，创始人乐显扬的三子乐凤鸣在同仁堂药室的基础上开设了同仁堂药店，他不惜五易寒暑之功，苦钻医术，刻意精求丸散膏丹及各类型配方，分门汇集成书。乐凤鸣在该书

的序言中提出"遵'肘后',辨地产,炮制虽繁,必不敢省人工;品味虽贵,必不敢减物力",为同仁堂制作药品建立起严格的选方、用药、配比及工艺规范,代代相传,培育了同仁堂良好的商誉。

300多年来,同仁堂为了保证药品质量,坚持严把选料关。起初,北京同仁堂为了供奉御药,也为了取信于顾客,建立了严格选料用药的制作传统,保持了良好的药效和信誉。新中国成立后,同仁堂除严格按照国家明确规定的上乘质量用药标准外,对特殊药材还采用特殊办法以保证其上乘的品质。例如,制作乌鸡白凤丸的纯种乌鸡由北京市药材公司在无污染的北京郊区专门饲养,饲料、饮水都严格把关,一旦发现乌鸡的羽毛、骨肉稍有变种即予以淘汰。这种精心喂养的纯种乌鸡质地纯正、气味醇香,其所含多种氨基酸的质量始终如一,保证了乌鸡白凤丸的质量标准。

中成药是同仁堂的主要产品,为保证质量,除处方独特、选料上乘之外,严格精湛的工艺规程是十分必要的。如果炮制不依工艺规程,不能体现减毒或增效作用,或者由于人为的多种不良因素影响质量,不但会影响药效,甚至会危害患者的健康和生命安全。同仁堂生产的中成药,从购进原料到包装出厂有上百道工序,加工每种药物的每道工序都有严格的工艺要求,投料的数量必须精确,各种珍贵细料药物的投料误差要控制在微克以下。例如犀角、天然牛黄、珍珠等要研为最细粉,除灭菌外,要符合规定的罗孔数,保证粉剂的细度,此外还要颜色均匀、无花线、无花斑、无杂质。

从最初的同仁堂药室、同仁堂药店到现在的北京同仁堂集团,经历了清王朝由强盛到衰弱、几次外敌入侵、军阀混战到新民主主义革命的历史沧桑,其所有制形式、企业性质、管理方式也都发生了根本性的变化,但同仁堂经历数代而不衰,在海内外信誉卓著,树起了一块金字招牌,真可谓药业史上的一个奇迹。

企业卖的是信誉,而不仅仅是卖产品。消费者给予企业无任何企图的赞扬,有口皆碑,这就是美誉度。这种美誉度是无价的,是最可贵的最可靠的市场资源。

26. 诚信营销为企业保驾护航

当市场日益成熟起来之后,市场的选择功能和淘汰功能也随之增大:微利取代暴利,消费者主权取代生产者主权,买方市场取代卖方市场,企业只有在社会的认同下、需要下,才能寻求到自己的发展空间,而那些因缺乏诚信而得不到民众承认的企业和企业家,最终将会被淘汰出局。企业在市场浪潮中航行,诚信营销定会为企业保驾护航。

美国道格拉斯飞机制造公司为了卖一批喷气式客机给东方航空公司,创始人道格拉斯本人专程去拜访东方航空公司的总裁利贝克。利贝克告诉他说，道格拉斯公司生产的新型DC-3飞机和波音707飞机有一个共同的毛病，那就是喷气发动机的噪声太大，并表示愿意给道格拉斯公司一个机会，如能在减小噪声方面胜过波音公司，就可获得签订合同的希望。

这对道格拉斯公司来说，是一桩多么重要的买卖啊！但是，道格拉斯回去与他的工程师商量后，认真地答复说："老实说，我想我们没有办法去实现你的这一要求。"利贝克说："我想也是这样的，我这样做的目的，只是想知道你对我是否诚实。"由于道格拉斯的诚实打动了利贝克，赢得了他的信任，他终于听到了一直期待的好消息，利贝克说："你将获得1.6亿美元的合同。现在，去看看你如何将那些发动机的噪声控制到最小的程度。"

没法做到的事，最好不要给别人任何允诺。生意场上，没有什么事情是可以瞒骗多久的，一旦被拆穿，将前途尽毁。

卡维尔是美国的冰淇淋大王，经过50多年的苦心经营，他所属的卡维尔冰淇淋店已有1 000多家了，这些销售店分布在美国和世界的五大洲，年销售额超过10亿美元。

然而有一天，卡维尔却站在了被告席上，他的一间分店把他给告了。卡维尔被指控为"暴君"，因为他对所有连锁分店严格规定烦琐的质量标准，一旦有人违反就毫不含糊地给予处罚。但卡维尔站在被告席上也始终坚持己见，他不认为自己有什么错，他说："我就是要管他们，只要有一个孩子吃了我们的冰淇淋中毒，我们用了50多年时间发展起来的买卖就会毁于一旦。一个蛋卷应放上3.5盎司的冰淇淋，可是有的分店主为了赚钱，只放3盎司，一旦买冰淇淋的孩子知道你给的不够分量，你就会失去一个顾客。孩子们吃惯了我们的冰淇淋后，他们只要吃了一口就能分辨出核桃冰淇淋所含的核桃分量是足还是不足。"

最后，卡维尔斩钉截铁地说："我要是这样欺骗顾客，我这一行就维持不了50年！"这场官司打了足足9年，最后法院判卡维尔无罪。

足足打了9年的官司，被指控为严厉的"暴君"，但卡维尔始终坚持自己对顾客的诚信原则，可见这位被告的良苦用心，视信誉为命根子，对产品时刻不忘把牢质量关，虽为被告，也可亲可敬。为此，企业经营者首先要做到企业的产品质量有保证，建立起产品的诚信。一般意义上来说，建立起产品的诚信要把握好四个步骤：首先是产品的原材料。产品的生产离不开原材料，原材料质量的好坏，直接影响到产品的质量。其次是产品包装。包装应该与产品的价格或质量相适应，包装上的文字说明应该实事求是，显示产品的特点和独特的风格。再次是产品生产过程的管理。产品生产的过程中，每个环节都要把好质量关。上一道工序要对下一道工序负责，出现质量问

题，下一道工序有权拒绝接受。这也是内部客户的诚信建设问题，首先做到对内部客户负责，才能保证对外部客户的诚信。最后是检验。检验是产品出厂的最后一关，它的使命尤其重要，产品的诚信就在检验中充分体现。

总之，质量是产品的生命，产品是企业诚信诉求的第一载体，所以产品质量要严格把关，没有产品的质量做保证，任何意义上的谈论企业诚信都是空洞说教。

27. 一诺值千金

孔子说："言而无信，不知其可也。"言而有信，是做人的最基本的道德要求，对于员工，我们一再强调信守承诺的重要。

惠普公司所大力颂扬的"惠普之道"包括：信任员工、提供最高质量的产品和服务、对客户需求富有激情、彼此信任和遵守职业道德、重视团队合作、创建丰富而融洽的组织。

微软公司的核心价值观是：诚实和守信；公开交流，尊重他人，与他人共同进步；勇于面对重大挑战；对客户、合作伙伴和技术充满激情；信守对客户、投资人、合作伙伴和雇员的承诺，对结果负责；善于自我批评和自我改进、永不自满，等等。

在现代商业运营中，有人说"无商不奸"，其实，"奸商"的行径是遭人唾弃的，只有诚实守信才能取得真正意义上的成功。信守承诺，这样才能赢得人心，踏上事业的第一个台阶。

美国IBM公司发展迅速，正是靠公司服务人员在产品的售后服务中，具有的高度责任心、持之以恒的辛勤工作以及他们信守诺言的作风。

一天，菲尼克斯城的一个用户急需重建多功能数据的计算机配件。公司得知后，立刻派两位女职员送去。谁知途中遇倾盆大雨，河水猛涨，交警封闭了沿途的14座桥，交通阻塞，汽车已无法行驶。按常理，遇到这种特殊情况，女职员完全有充分的理由返回，但她们并没有被中途的艰险吓倒，仍勇往直前，巧妙地利用原来存放在汽车里的一双旱冰鞋，滑向目的地，平时只有20多分钟的汽车路程，却变成了4个小时的跋涉。女职员到达用户所在地后，又不顾旅途的疲劳，及时解决了用户的问题。

IBM公司正是以工作人员认真负责的工作态度和感人的行动，赢得了广大用户的赞誉。其计算机产品成了用户争相购买的俏货，很快，这个公司的用户就遍布了世界。

遵守承诺为君子，诚信待人显人品。一个信守自己承诺的人，是一个有人格魅力的人；而一个视承诺为儿戏的人，自然不会得到别人的信赖。

曾有一位知名的成功人士，他从小居住在一个小城镇里，他的父亲开了一个饭店。有一次，某建筑公司经理出差经过此地，他乘坐的小汽车发生故障，抛锚在路边饭店门前。时值中午，由于他的父亲热情招呼，这些人便一边点菜吃饭，一边在他爸爸的帮助下忙着找人修车。可找遍附近所有维修点，都说这位经理的车是原装进口车，缺少配件，修不了。

无奈之下，他们只好把车托付给他的爸爸照看，租车回去购买配件。他非常喜欢车，爸爸却不允许他靠近，爸爸告诉他：这位经理将这车托付给他照看，他就应该将车照看好，做人应该信守承诺。他将爸爸的这些话深深地印在脑子里，不但自己不靠近车，还守在车的旁边，不让那些淘气的小孩子靠近车。

也许是那个经理很不放心将这么贵重的车放在这里，第二天，那些人就风尘仆仆地赶回来了。当那个经理看到这个守在车边的小孩子护卫着车，不让别的孩子靠近时，他大为感动，就要给小孩看车费。他爸爸连连摆手：

"咱这又不是看车的，收什么看车费！谁出门不会遇上个难事，你在我这里吃饭，是我的顾客，我帮你看车是应该的。再说了，我已经允诺替你看车，我就会将车保护好，否则我就是失信，你再给我看车费不是小看我了吗？"

那个经理感激得不得了。后来，这个经理就决定在他们家乡那里投资1 500万元做项目，他的家乡一下子变成了一个富裕的城镇。

诚信是一个人的做人之本。我们应该将诚信贯穿在自己的所有行为中，用诚信要求自己，让诚信成为自己的习惯。当这种习惯形成的时候，也就是人格魅力增加的时候，也是企业无形资产增加的时候。

28. 信誉也是金钱

有一个年轻人大学毕业之后，和几个同学开办了一家电脑耗材公司。经过两年多的打拼，他成为一个拥有80余万元资产的小老板。可是天有不测风云，就在他事业蒸蒸日上的时候，一个皮包公司利用一份假合同骗走他们公司很大一笔钱。

由于资金周转困难，他们的公司在坚持了不到半年之后，便被迫宣布破产了。当他和那几个合伙人商量今后的出路时，他们纷纷表示要到外地发展，离开这个让他们伤心的地方。但是，他却选择留下来，为此他要承担公司30万元的债务。

尽管在这个艰难时刻，那些债权人并没有找上门来逼债，但是几天后，十几位债权人都惊讶地接到了他打来的电话，他诚恳地表示：在半月之内，会把所有的债务偿清。然后，他毅然决定将自己一处位于黄金地段，且极具升值潜力的房产低价卖了出去。果然，在不到半个月的时间里，他偿清了30万元的债务。

他讲究信用、一言九鼎的行动，深深打动了那些债权人，他们都把他视为真诚可交的朋友。在那一段布满阴霾的日子里，他几乎每天都能接到那些朋友给他打来的电话，有找他吃饭散心的，也有人给他介绍一些朋友，并为他以后的创业出谋划策。

第二年，国内一家有名的企业管理软件公司的一位主管人，听到他卖房还债的事情后，非常感动，找到他，要求他代理自己的产品，但前提是需要60万元的启动资金。而在当时，他全部财产加起来还不到8万元。当他那些朋友得知此消息之后，在不到两天的时间里，竟凑齐70万元，全力支援他。很快，他的事业开始有了转机，并一步步获得了成功，他始终坚持诚信的原则，为公司带来了更大的收益。

为什么诚信有这么大的魅力呢？因为诚信能使商品和公司人格化，征服人心。一个公司或商品如能长久"质量放心""斤两不缺""童叟无欺"，等等，就会慢慢使这个公司或商品树立起良好形象，甚至会使之人格化，被人们当成偶像。海尔形象、麦当劳大叔形象、万宝路牛仔形象等都是靠诚信和品牌树立起来的。产品质量是一种"死"物，而诚信是一种活的、有灵魂、有文化的"神"物，公司效益也会因此呈裂变式增长。为此，精明的商人信奉"利润诚可贵，诚信价更高"这样的为商之道。

最著名的交易网站eBay在网络商务领域取得了惊人的成功。作为最大的网上交易社区，eBay从成立到销售额超过5亿美元只花了五年时间，接下来，eBay又以销售额每年增加5亿美元的速度增长，并在创业的第八个年头突破了20亿美元。

eBay的成功在很大程度上依赖于它的电子信誉制度。eBay要求每一个买家对卖家做一个信誉评分，每一个卖家也对买家做出信誉评分。eBay上的每一个卖家都特别重视自己的信誉，如果其他人对他的评价不好，例如有2%以上的不满意，就会影响他未来的生意。如果不满意率达到5%以上，就不会有什么人愿意和他合作了。

eBay的卖家为了自己的信誉，在交易中总是提供特别好的服务，甚至比许多实体的商店还要好。eBay的首席执行官梅格·惠特曼认为，网上购物公司的成功，最基本的原因是，交换和买卖商品的人必须坚持诚信的原则，他们往往在交易完成后仍然在网上交流心得体会，形成了一个强大的、相互监督的信誉网。eBay的所有战略都围绕这一点展开，无论业务扩展到多大，都始终强调对用户的诚信，强调用户的参与和交流，并通过制定规则和用户参与，建立起"虚拟社区的诚信体系"。

富兰克林在《对一个年轻商人的忠告》一书中说过两句至理名言："时间就是金钱。""信誉也是金钱。"如今熟知前一句的人不少，对后一句有人则不以为然，其实，在人与人之间的交往和共处过程中，规定和秩序往往是靠守信来坚守的。守信更是市场经济的必要条件和内在要求，市场经济从某种意义上说也是契约经济。在市场经济的运转链条中，无论是生产、交换，还是分配、消费，哪一个环节都离不开信用。

29．勿以恶小而为之，勿以善小而不为

真正精于经商的人认为诚信经商是商人最大的善，所以这些人在生意场上最为看重诚信。对于不诚信的人，他们是无法原谅的。在这类人的内部，他们之间极为重视诚信，极为重视契约，一旦签订了就必须遵守，绝对不可以有任何理由不履行契约。

在以色列，曾经有一家经营光缆的公司，一直都是全国小有名气的光缆生产厂家。因一次工作的疏忽，在1997年全国邮电行业统检的产品质量公告中，发现在光缆全部39项考核中有38项合格，但内外护套之间渗水试验一项未能通过，被确定为不合格。

面对这样的检测结果，一般老板可能不会太关注，可是这个犹太老板却把这次事件当成企业生死存亡的大事来抓，向所有用户致信通报实际情况，承认他们生产的光缆有不足之处，并下大工夫找出问题出现的原因，着手解决它，用事实说话。

同年4月28日，改善过的光缆经权威机构检测，全部合格。这位以色列商人用磊落与诚实赢得了用户的信任。他在总结大会上说："在哪里跌倒，就在哪里爬起。如果没有这次的教训，也许本公司就不会发展到现在的规模，我们要质量和服务双管齐下。"这只是某些商人在经商中注意诚信的一个小环节，但这也足以反映出他们对诚信经营的肯定态度。

品格是世界上最强大的动力之一。讲求诚信的品格，是人性的最高形式的体现，同时也是最好的投资本钱，它能最大限度地展现出人的价值。

山本武信是做化妆品批发生意的。他10岁时就来到大阪，在一位化妆品批发商那里做学徒。他后来的生意窍门均来自学徒时的经验。他眼光独到，又重义气、讲交情，是生意场中难得的人。山本武信立志要做国际贸易，把生意做到海外去。

第一次世界大战期间，他的出口生意很火爆，赚了不少钱。由此，他便去银行贷款，备足大量货品，以适应市场需求。然而事情并不像山本武信所预料的那样，"一战"结束后，出口停止，货品立刻滞销，他只好把大量的库存降价出售。然而货款收不回来，开出去的支票很快也成了问题，虽然尽力挽救，却也无力回天了。就在这时，山本武信宣布破产，他把自己的所有财物都交给银行处理，甚至连他太太的戒指和自己的金怀表也交了出去。

山本武信表现出了与一般人不同的人格，本来按惯例，这种情况下个人是可以保留一些生活日用品的，尤其是太太的饰物一类，是可以不动用的，但是山本武信坚持要拿出全部的东西哪怕是一丁点值钱的东西。

后来银行经理对他说："山本先生，这一次的损失固然是你的责任，但战后生意的不景气，也不是你所能决定的。你负责任的诚意，我们很了解，可是也不必做到这种程度。你店里的东西，当然你要全拿出来，像这些身边的物品，就不必拿出来了，尤其是你太太的戒指……还是请你拿回去吧。"

对于银行的好意，山本领情，但执意不肯拿回。后来，银行为他的诚信所感动，非但派人给他送去了太太的戒指，而且还给他带去了数额巨大的一笔贷款，作为无私援助，这是他无论如何都没有想到的，也正是这笔钱使他最后渡过了难关，重新在生意场上站立起来。

在企业的经营中，无论经营何种产品，客户是谁，都应该体现自己的良心，用良心衡量自己的营销行为，始终坚持情义为重。钱是要赚的，但更重要的是不断为客户创造感动，"赚"到客户的情义。这就特别要讲究诚信，诚信是最珍贵的资本，比什么都重要。只有做到这一点，才能比对手发展得更好。

第五章
多元化之路：凤凰涅槃，只为浴火重生

30. 不要把所有的鸡蛋放在同一个篮子里

经商需要冒险，但是更需要保险，李嘉诚是一个坚持利润与风险平衡的精明人。不要把所有的鸡蛋放在一个篮子里，是因为风险太大，如果这个篮子被外力打翻，鸡蛋将摔得粉碎。企业也是如此，一旦它遭遇巨大的冲击，就会在狂风暴雨中轰然倒塌。所以，根据投资的法则，不要把所有的鸡蛋放在同一个篮子里。

1998年亚洲金融危机，李嘉诚并未受到太大影响。他将自己的鸡蛋分放到世界各经济中心的篮子中，进行跨国投资，增强了公司的风险规避能力。此处的围魏救赵，是指东方不亮西方亮，失之东隅，收之桑榆。李嘉诚靠这个法则在各国市场上叱咤风云，屡战屡胜。

20世纪80年代，在一般人看来，事业的发展，一般还是以本土较为稳妥，但是李嘉诚不这样想，这除了他生活在中国香港这个全面开放的港口城市之外，还因为他充分看到了世界经济一体化的大趋势，他在80年代中期就开始大举进军海外。

1981年，他在美国休斯敦斥资2亿多港元收购商业大厦；同年，他再次斥资6亿多港元，收购加拿大多伦多希尔顿酒店。在短短数年中，李嘉诚的公司，在北美拥有的物业有28幢之多。1992年3月，李嘉诚、郭鹤年两位香港商界巨头，通过香港八佰伴超市集团主席和田一夫的牵线搭桥，携60亿港元，赴日本札幌发展地产。李嘉诚的举动，引起亚洲经济巨龙日本商界的震动。李嘉诚曾在回答记者的提问时表示：正像日本商人觉得本国太小，需要为资金寻找新出路一样，中国香港的商人也有这种感觉。说一个大家都明白的道理，那就是不要把所有的鸡蛋放在一个篮子里。

放鸡蛋的篮子除了地点的含义外，还指产业多元化战略。

1986年12月，在加拿大帝国商业银行的撮合下，李氏家族及和黄集团投资32亿港元，购入加拿大赫斯基石油公司52%的股权。时值世界石油价格低潮，石油股票低迷，李嘉诚看好石油工业，做了一笔很合算的交易。这是当时最大一笔流入加拿大的港资，不但轰动加拿大，亦引起了香港工商界的骚动。1988年，鉴于西方有线电视的发展，以及香港电讯的垄断地位，港英政府计划设立第二电讯网络，这一网络将提供有线电视和其他非专利电讯服务（如移动电话、无线寻呼等）。李嘉诚的电讯大业由此大规模展开。

其后，李嘉诚又于1994年将电讯业务重新包装，改名为"橙"（Orange），推出GSM移动电话服务业务。起初并不被业界看好，但后来渐渐被接受。此举不仅使和黄集团获得1 130亿港元的巨额收益，而且成为德国最大流动电话公司曼内斯曼的单一股东，待两公司合并后，和黄集团更可直接控制市值7 000多亿港元的曼内斯曼，而曼内斯曼亦将成为欧洲最大的跨国电讯巨人，远远领先于第二名的意大利电讯。

此役之后，李嘉诚控制的资产市值暴涨一倍。根据美国《财富》杂志1999年年底的全球富豪排行榜，李嘉诚的排名由第12位跃升至第10位，成为世界前10位富豪排名榜上唯一的华人。

业务多元化、全球化、稳健的财务政策和不为最先，香港著名经济学家郎咸平这样评价李嘉诚的规避风险策略。不过，从资本运营的角度看，更能引起人们兴趣的与其说是李嘉诚跨国投资本身，不如说是他向国外投资的宏大气魄，而这一点，正是"不把所有的鸡蛋放在一个篮子里"的投资法则的具体体现。他没有局限在香港的地产业务上，也证明了他的视野超越了同辈许多企业家。

31．发挥品牌与产业互动的乘数效应

迪士尼，它的知识产权米老鼠，10次、20次以上地使用在不同的领域，米老鼠及其伙伴是将整个迪士尼王国连成一体的基石。以米老鼠及其伙伴为主题的形象出现在包括电影、电视节目、音乐剧、巡回演出、主题公园、录像、零售店以及版权转让等多个方面。每一种形式都为迪士尼带来了丰厚的利润。简单而言，企业最大限度地从知识产权中获取利润，这就是轮次收入模式。

迪士尼成立了一流的专业写作班子，并雇佣演员，保持较低的影片制作成本，严格财务预算，减轻了自己不是一流的制片厂的压力。不仅如此，迪士尼还有一个分散财务风险的绝妙办法。迪士尼与华尔街的赫顿经纪公司组建了银幕合伙人公司，投资人通过它向迪士尼的影片投资。如果一部影片未能赢利，迪士尼用5年的时间归还投资者的原始投资。投资者的本金是安全的。作为交换，迪士尼得到了一笔无利息成本的资金，它可以用这个钱把自己建成一家大型的电影制片厂。

从1985年到1989年，连续有三个合伙人向迪士尼电影投资了近10亿美元。在迪士尼新的企业设计下制作的15部电影中，有14部是赢利的。

卖座大片成功的关键因素，除了优秀故事以外，还有成功的市场宣传以及强有力的销售工作。上映后的头10天决定了一部电影是否具有票房号召力。这又反过来决定了它能否在利润丰厚的录像带市场上获得成功。以后，迪士尼又制定了两大主要战略，一是更关注销售渠道的利润，二是为家庭娱乐提供整体的解决方案。而这也催生了迪士尼的下个战略。迪士尼并不是以迪士尼乐园起家，公司的盈利来源也不仅仅是主题乐园，而是以影视娱乐业为源头，媒体网络、主题公园和消费产品三大产业为延伸的多元产业层级盈利体系。

开始，迪士尼制作动画、影视片，如《白雪公主和七个小矮人》《人猿泰山》等，通过发行出售，赚取第一轮利润；再通过媒体网络赚取第二轮利润。迪士尼公司的媒体网络业务包括拥有226家附属电视台的ABC电视网络、拥有超过8 900个节目和4 600个附属广播台的ABC广播网络和数家网站。在这两轮利润赚取的过程中，又为第三轮、第四轮利润作了铺垫：通过把电影和动画片里看到的故事变成了可玩、可游、可感的游乐园（迪士尼乐园），赚取第三轮利润（游客可以在这个奇幻国度共享欢笑：在乐园里找到他们最心爱的迪士尼人物；在探险世界里亲身感受亚洲及非洲地区的原始森林旅程；在明日世界里尝试充满科幻奇谈及现实穿梭的太空幻想，还可以在迪士尼乐园酒店举办真正的迪士尼特色的婚礼）；通过玩具、文具等消费品的出售，赚取第四轮利润。此外，迪士尼还通过米老鼠、唐老鸭、皮特狗等卡通形象申请专利，在法律保护下进行特许经营开发，获取利润。

在共同品牌的引领下，迪士尼的产业关联度比较强，赢利点比较多，极大地发挥了品牌与产业互动的乘数效应。2007年，迪士尼的营业收入超过了300亿美元。

一个强势品牌的品牌效应是巨大的，借助这个品牌效应，可以让更多的内部产业得到发展。这是一个非常有潜力的发展方式，值得众多中国企业深思、借鉴。

32. 在个性与多元之间

美国硅谷的大多数高科技公司有一个共同的特征：专注于少数几项产品。但苹果公司不同，它生产的是将会在下一时段流行的所有产品，如iBook和iMac的硬件、以iPod为中心的消费电子产品、Mac操作系统和IMove、IPhoto、Safari等应用软件、网络销售平台iTunes音乐商店。

苹果公司的掌门人自有他的小算盘。IT业是一个无法预测和无法确定的行业，随着用户口味和偏好的变化，IT技术也在飞速发展。业务单一的公司如果出现一次错误就可能被市场无情地抛弃，而苹果公司总裁乔布斯喜欢在多个领域进行产品创新的习惯帮助了他，当机遇降临其中一部分领域的时候，他就获得了成功，创造了辉煌。

1976年，史蒂夫·乔布斯和朋友沃兹尼克合作开办苹果公司。1977年4月，苹果推出了世界上第一台真正的个人电脑——AppleII，从此个人电脑行业创立。由于配置简单，AppleII的成本大大降低，普通老百姓花上几百美元就可以买到。苹果成为美国发展最快的电脑公司，到1984年，苹果的员工已经有4 000名，资产超过了20亿元。

后来，一帆风顺的乔布斯和CEO约翰·斯高利在未来发展的看法上产生了分歧，苹果的董事会站在了约翰·斯高利这边。那年，史蒂夫·乔布斯刚好30岁，在众人的眼皮下他被炒了。

性格倔强不服输的斯蒂夫·乔布斯重新开始创业。1986年，他独特的商业眼光再一次帮助了他——他以1 000万美元的价格，从"星战之父"——美国"电影电脑特技之父"卢卡斯手中买下了当时狭小的、很不景气的电脑动画制作工作室，并成立了皮克斯公司。

几经困难和波折后，1995年皮克斯公司制作的3D电脑动画片，也是世界上第一部用电脑制作的动画电影《玩具总动员》面世了。这部3D动画片的横空出世不仅在市场上大获成功，而且对传统的动画影片产生了巨大的影响。皮克斯公司当年迅速上市，并一举成为3D电脑动画的先锋和霸主。

史蒂夫·乔布斯从此成为娱乐界的大鳄，好莱坞开始有了他的一席之地。随后的《海底总动员》《超人总动员》等一系列动画电影的成功，不仅展示了皮克斯无可匹敌的技术力量，更体现出它的生机勃勃。它令梦工厂、华纳等行业老霸主望尘莫及，更使得成功垄断世界几十年的动画大佬迪士尼显得举步维艰。

就在皮克斯如日中天的时候，苹果却在新的竞争中江河日下，即便是连换几任总裁也无法挽回颓势。由于对苹果的深厚感情，1996年，斯蒂夫·乔布斯将Next公司卖给了亟待新技术支持的苹果，他因此担任了苹果公司的总裁顾问。后来，他采用了一些计策使得当时苹果公司总裁愤然离职，于是他当上了"临时总裁"。

重回苹果并夺回大权的斯蒂夫·乔布斯，对苹果进行了全面整顿。为了设计出独特的外形，他甚至向糖果公司的包装专家讨教。在他的强势领导下，苹果在短短的10个月时间中开发出了一款极具个性化风格的、塑料外壳包装的iMac电脑。iMac电脑的出现震惊了整个电脑界，并在市场上大受欢迎，沉寂已久的苹果终于重放光彩。但是，由于消费时尚的变化，苹果开发的各类个性化电子产品迅速被淘汰。2000年，苹果出现季度亏损，股价随之下跌。

在这关乎苹果存亡的阶段，斯蒂夫·乔布斯再度凭借他的天才创造力和独到的商业眼光拯救了苹果：他决定从单一的电脑硬件生产向数字音乐领域多元化转变，于是在2001年推出了个人数字影音播放器iPod。这款多元化的iPod成为苹果全面翻身的一支奇兵，2004年全球iPod销量突破45亿美元，到2005年下半年，苹果已经销售出2 200万枚iPod数字音乐播放器，而通过它的iTunes音乐店销售的音乐数量则高达5亿首，几乎一统天下。美国《商业周刊》撰文指出：自从2001年以来，凭借iPod，苹果创造了148%的营业收入增长。显然，斯蒂夫·乔布斯已经是数码娱乐时代的领头人。

斯蒂夫·乔布斯带给我们的启示是：多元化模式有时可以令一个企业和企业家起死回生。

在越来越激烈的市场竞争中，过于专业化的企业往往会出现前有封堵，后有追兵的困境，企业不堪挤压，市场份额越做越小，人才越走越少，效益越来越差。由于力量对比的悬殊，在其他大企业的挤压下不得不退出行业，结果被"挤死"了。多元化与专业化，一个是狼窝，一个是虎口，到底怎么办才能有出路呢？多元化究竟是死路还是出路？这也是我国很多经济学家和企业家多年来争论不休的一个话题。所以这个问题必须根据企业自身的情况来区别对待。走多元化战略是一个险招，但是如果具备了下面两个条件，就是有惊无险，还能摘到让企业起死回生的灵芝仙草。第一个前提条件是，企业的主业发展已经到了一个非常高的程度，市场占有率、技术水平、管理水平都无懈可击，产业的发展余地已经到顶，有着丰厚的剩余资本；第二个条件是进入的领域一定要有优势。

多元化、专业化本来并无优劣之分，都是企业因环境变迁，追求资本利益最大化的一种产业结构形式，本身就是一个动态的变化着的过程。是否要走多元化道路，关键还在于是否能够掌控住整个全局的正常运行。

33. 革自己的命，凤凰只需涅槃

1984年，由于受日本厂商的疯狂进攻，英特尔存储器业务开始衰退。他们生产出的产品像山一样堆积在仓库里，资金周转困难，英特尔陷入困境。幸好后来总裁安迪·格鲁夫创立了目标式管理方式，支撑住了英特尔运营的轴心，而且微处理器业务也逐渐成熟起来。有一天，安迪·格鲁夫与英特尔董事长摩尔讨论公司困境。当时他问摩尔："如果我们下台了，另选一位新总裁，你认为他会采取什么行动？"摩尔犹豫了一下，回答道："他也许会放弃存储器业务。"安迪·格鲁夫说："那我们为什么不自己动手？"一年后，安迪·格鲁夫提出了新的口号："英特尔，微处理器公司。"英特尔顺利地渡过了危机。

安迪·格鲁夫领导了英特尔这次生死攸关的大转折。后来，他为了向员工解释公司新的战略目标，亲自与公司的高层管理人员、中层经理和基础员工接触，竭尽全力地与他们交流沟通，表明他的意图。而且他还每天花上两个小时，通过电子邮件做员工的思想工作。最后，安迪·格鲁夫成功了，1987年，他头上又新添了一个重要的头衔：英特尔CEO。也就是说，他成了英特尔名副其实的掌舵人。

格鲁夫时常思考这样一个问题：领导人为何常常没有勇气去领导别人？格鲁夫认为，这让人很费解。格鲁夫渐渐发现，可能是由于领导人必须在同事和员工喋喋不休地争论该走哪条路之前作出决定。而这个决定必须果断、明确，并且它的成败需要多年之后才能看到成果。可以想象，这无疑需要十足的信心和勇气，对领导人来说，这是一次严峻的考验。

进行公司战略转型时，公司将从过去的形象向未来的形象作根本性的转变。这个过程之所以会十分艰难，是因为公司今天成形的各个部分都是在过去长时间内造就的。如果你和你的员工过去经营的是一家计算机公司，你能想象把它变成软件公司会遇到什么样的情况吗？如果你们原来经营的是半导体业务，那么它突然变成了微处理器公司又会怎样呢？可以确定的是，为了在战略转折点中求得生存，一些管理层的人员需要更换。

英特尔在进行战略转型时，曾经开过一个经理会议，讨论英特尔的"微处理器公司"的新方向。董事长戈登·摩尔这样说："我们若是认真朝这个方向走，5年之内，我们的行政领导中有一半将转变为软件型的领导。"言下之意是说，英特尔现在的行政管理层，若不转变专业方向，就要被人替代。格鲁夫扫了整个房间的人员一眼，心中想：今后谁去谁留？后来，果然不出戈登·摩尔所料，英特尔管理层的人员有一半转变了他们的方向，另一半人不愿改变则离开了公司。

带领企业跨越战略转折点，有点像在陌生的草地行军一样。企业的新规则还没有完善起来，有的只是刚刚建立，有的闻所未闻。这时候，你和同伴的手里没有新环境的指南针，你也不清楚自己的目的地究竟在何方。

事情有时会出现紧张的局面，常常在历经战略转折点的时候，最可能出现手下人失去对你的信心的情况，并且你也可能失去对其他人的信心。比这更糟的是，你的信心受到极大打击，管理层的人互相埋怨，内部矛盾不断涌现，争论战不断升级，前途渺茫而不知所措。这时，作为领袖的你，必须时刻注意到新方向的召唤。虽然这时你的公司可能已经士气低落，人心疲惫，公司维持到今天已消耗你大量的精力，但是这时你必须找到补充精力的方法，激起你自己和手下人的热情，恢复往日的战斗力。

格鲁夫提示企业管理者，把自己和自己公司正在拼命征服的穷山恶水看作死亡之谷——只能成功，不能失败，不然就意味着灭亡。它是战略转折点中的必经之地。你无处可逃，也无法改变其凶险的面目，你唯一能做的就是坚定自己的目标，想出有效的办法来克服它，从而引领企业走向更大的辉煌。

34. 企业的航向必须向着客户

1976年，26岁的约翰·钱伯斯只身来到加利福尼亚创业，他第一份工作就是在IBM的营销部门。在IBM的7年中，他亲身经历了IBM因为疏远客户、放弃个人电脑市场而

逐渐走向衰退的过程。约翰·钱伯斯由此深刻体会到同客户接触的重要性。1983年，他加入了王安公司，负责亚洲地区的销售。但是，王安的儿子接任公司大权后，也逐渐疏远了同客户的关系，加上其他原因，公司最终走进了死胡同。之后，王安公司提升他担任美国地区总裁，接着又强制命令他裁员4 000人。在公司员工的一片责骂声中，约翰·钱伯斯痛苦地离开了王安公司。

离开王安公司的约翰·钱伯斯在家里刚刚休整了两个月，起步不久的思科系统公司就向他发出了邀请函，请他出任思科副总裁，约翰·钱伯斯欣然接受了。他吸取了IBM和王安公司的教训，十分重视与客户的关系。在思科总部，人们很少能见到约翰·钱伯斯，因为他平均每天要会见12位客户，他40%的时间都在会见客户的途中。

1991年1月，当约翰·钱伯斯以高级副总裁的身份加入思科的时候，这家公司已经以85.5%的市场占有额称霸路由器市场，年销售额约为7 000万美元。这对于一个成立还不到7年的公司来说，已经是不错的成绩了。但对思科来说，有一个很重要的问题是：产品线极为单一，只有路由器。

就在这个时候，他们发现了互联网。思科的成功和互联网行业的兴起有着不可分割的联系。互联网产业代表着第二次工业革命，兴起第一次工业革命用了100年，而第二次工业革命只用了10年。所以在互联网带来的那些新的商业领域，它们的增长速度都非常快，大概每年增长30% ~ 50%。这些领域既包括用互联网改造了的传统商业，也包括像思科这样的新创造的商业机会。

但约翰·钱伯斯更愿意把这次市场转型的成功归功于他的客户。在加入思科之前，约翰·钱伯斯在IBM和王安试验室分别干了6年和8年，在他看来，正是由于忽略客户的意见，IBM一度沉迷于大型主机，而王安试验室则过于依赖微型计算机，导致它们错过了技术转型的大好机遇。"如果你能以正确的态度倾听客户的意见，他们会告诉你长期内市场变化的走向，他们能帮助你建立自己的产品或成为某个领域的领导者。"约翰·钱伯斯说。

约翰·钱伯斯也许是众多高科技公司中最重视客户的总裁。在他担任思科总裁后召开的第一次董事会上，他迟到了，原因是他的客户给他打电话，他每天晚上都会查看当天的客户反馈。

1993年，约翰·钱伯斯去拜访思科最大的客户之一——波音公司，该公司的网络经理告诉他，波音准备采用局域网交换机，因为他相信局域网交换机将取代智能集线器，而网络的未来将是路由器和交换机的结合。这次拜访完全改变了思科。从波音公司回来后，约翰·钱伯斯便决定，既然客户需要的是转换器，思科就要为顾客提供这一产品。如果思科生产不了的话，那就买。随后，思科先后收购了格里多通信公司、卡尔帕纳和格兰德结点网络，覆盖从高端到低端的整个交换机市场。接着，1996年有客户鼓励约翰·钱伯斯建立一种端到端的业务，于是一系列暴风骤雨式的收购展开了，约翰·钱伯斯把思科变成了一家提供全套网络产品的公司。

于是，约翰·钱伯斯又成了"互联网先生"，满世界宣讲互联网的功能。2000年，由于思科的快速成长，它一下子成为全世界最有价值的公司，甚至超过了年收入5倍于思科的GE。而后在经历了互联网的盛极而衰和起死回生后，思科依然领跑高科技行业，而且它又在酝酿新的转型了。

思科10年间一直都在调整经营的方向。在过去10年中，思科一直朝着客户需求的方向走，客户向什么样的技术和产品转移，思科就向什么样的技术和产品转移。这就是思科会在10年内7次调整方向的原因，也是它能从一个单一生产路由器的公司变成一个生产25类网络通信设备的公司，年销售额随之从7 000万美元增长到170亿美元的原因。

可见，满足客户的需要，才是一个企业机构的终极使命。企业的唯一目的就是创造顾客。顾客是企业生存和发展的基础，失去了顾客，企业就失去了生存的条件。只有以顾客的需要为导向，以占领市场为导向，以不断地创新不断地发现顾客为导向，企业才能更好地生存和发展。

35．增强企业黏性：一切以用户价值为导向

围绕自己的核心竞争力进行多元化发展是积极稳妥的做法。腾讯公司的成功在于充分利用自己的核心竞争力——由QQ带来的庞大用户群。

腾讯巨大能量在于QQ即时通讯社区的强大附着性，QQ拥有总计达到5.2亿的注册账户，每天同时在线人数接近2 000万，到2006年年初，中国只有1.13亿网民，平均每5个网民就有一个正在频繁地使用QQ。依靠这款"杀手级产品"，腾讯拥有可以进入互联网内任何领域的潜力，并且在其进入的领域都有获得足够量级的稳定用户群。

从腾讯的崛起过程来看，QQ已经成就了互联网行业的"花瓣形"扩张模式，腾讯公司围绕即时通讯社区平台广泛布局了新闻资讯、搜索引擎、BBS、Blog、即时通讯、电子邮件、网络游戏、C2C电子商务等全面覆盖互联网应用的服务，这也同时成就了腾讯从QQ即时通讯服务商向门户互联网服务商的顺利转型，成为腾讯扩张的新支点。

如何将强大的人气转化为真金白银，这是所有互联网公司最大的困扰。腾讯的即时通讯、新闻门户、网络游戏等全面业务线，为广告业务提供了更多的触点。腾讯总裁马化腾表示：腾讯网作为门户，是一个入口，腾讯的广告收入、娱乐游戏、电子商务都需要由这个入口来承载。依托于腾讯网的广告收入每年都以几倍的速度增长，可

口可乐、联想、摩托罗拉、诺基亚等知名企业都成为腾讯网的主要客户。此外，无线增值、虚拟形象、付费下载、网络游戏，以及其他互动娱乐增值服务都为腾讯公司带来了丰厚的利润。腾讯公司的总收入2005年比2004年全年增长36.6%。

门户、搜索、电子商务和个人博客都是"烧钱"的东西，需要金钱支撑，除广告收入之外，网络游戏是腾讯的一大收入来源。QQ游戏的同时在线人数如今经常保持在百万以上。腾讯上任互动娱乐事业部总经理任宇昕揭示了QQ游戏的成功之道："真正的快乐首先是健康的快乐，这种设计初衷再加上清新亮丽的画面、不受练功等级限制以及可随时退出和加入的功能，使腾讯游戏很快成为一个知名的全民休闲游戏系统。"

从QQ游戏的健康导向可以看出腾讯为人们创造美好生活的用心。腾讯公司不仅在短短几年内改变了年轻一代的沟通习惯，而且还创造了一种文化：时尚的青年男女们背着企鹅背包、穿着QQ服装、床头摆着QQ相架、床上扔着QQ靠枕……要做QQ一族；许多网民将QQ视为通往网络虚拟世界的"载人飞船"，在那个虚幻空间里，他们尽情展示着在现实生活中没有机会表现出来的才情、智慧和幽默，寄托着他们在现实生活之中未得到满足的许多情感和夙愿。它已经成为人们生活中必不可少的一部分，哪天没见到它，没听到它嘀嘀的声音，心里就觉得空荡荡的。

腾讯在构筑一个"大而全"的网络帝国，因为马化腾渴望网民到达腾讯后得到的是"一站式"服务，实现"在线生活"。马化腾说："在这个模式中，可以提供一种可信任的和时时联通的网络环境，通过网络开放性和交互性的特点，让用户在任何时间、任何地点，用任何终端、任何接入方式，都能满足他们日常生活中的基本需求。"

在马化腾看来，腾讯的核心发展策略就是紧密围绕用户价值：一切以用户价值为导向，发展安全、健康、活跃的平台，是腾讯获得持续、健康发展的金科玉律。广大互联网用户是腾讯价值的基础，脱离了用户价值，腾讯的所有一切都将不复存在。营销的第一原理是客户导向，企业在根据自己的核心竞争力进行多元化运作时不要忘记围绕客户需求来进行。

总之，客户对企业产品的认同，实际上就是对品牌的认同。因此，企业必须获得客户的支持。从某种意义上来说，企业的品牌与客户的认同是相互推进与影响的。品牌文化要从目标市场客户群体中去寻找，要通过充分考察他们的思想心态和行为方式来获得。而反过来，客户的认同又能够进一步提升品牌的影响力与竞争力，对品牌有认同感的客户很容易就成为我们的忠实消费者。

36. 在行业衰退期"华丽转身"

邵逸夫是邵氏兄弟电影公司的创办人之一，中国香港著名的电影制片人、电视剧制作人，其影院业务、录像业务也都雄霸中国香港、东南亚。

1930年，美国和欧洲出现了有声电影。邵逸夫觉得无声电影已没前途，有声电影将成为今后的发展趋势。他横下一条心，一定要拍出有声电影。邵逸夫循着有声片的发源地去了美国。他在美国购进了大批器材设备，又经过一个月才回到新加坡。回到新加坡后，他立即着手寻找合作者，合作拍有声电影。

1932年，邵氏兄弟在香港摄制成了第一部有声片《白金龙》，开创了中国电影从无声进入有声的新时代。到1937年，兄弟俩经过十多年的努力，在新加坡、马来西亚、爪哇、越南等南亚各地已拥有电影院逾110家，游乐场9家。游乐场设有舞台、剧场，每晚可容纳观众数万人，几乎雄霸了东南亚影业市场。

1959年，邵逸夫将新加坡的业务交给了三哥邵仁枚，来到香港开始创立他自己的电影事业。

邵逸夫自赴港坐镇后，在他的魅力感召下，网罗了许多一流导演、一流明星，更拍出了许多一流叫座的电影。香港老一辈的影人每谈及邵老板对他们的栽培，都感激不尽。一位香港影视界人士曾感慨道："没有大制片家，哪来的大导演、大明星？"

邵逸夫的成功之处还在于他从一开始步入电影界时就十分明确一点：电影院是电影制片事业的堡垒。搞电影必须产销结合，把生产发行联系起来，方有出路。从20世纪60年代开始，邵逸夫和邵仁枚共同展开了一个庞大的扩张计划，实行"每月一院"的办法，到处选择适当地点，大开影院，在香港和东南亚，邵氏影院星罗棋布，形成一张巨大的发行网络。进入80年代，邵氏公司已有超过300家自办或代理的电影院，每年拍摄的超过40部国产片可及时发往世界各地。这不仅娱乐了各国观众，对传播中华文化亦有莫大之功。

正当邵氏影业全盛之时，电影受到来自电视的威胁和挑战。在一些国家如日本、美国，电影已经成为"夕阳企业"，逐渐衰落，失去了昔日鼎盛时期的灿烂光辉。电影市场在日益缩小，竞争日益激烈。毕生从事娱乐业的邵逸夫敏感地意识到，必须把业务向多元化发展，向电影的姊妹艺术——电视进军。

早在20世纪60年代中期，香港政府以公开招标方式竞投无线电视广播经营权时，邵逸夫就与几位志同道合的投资者合作，闯进了电视广播领域，成为"香港电视广播有限公司"（无线电视台）的董事。70年代末期，电影业开始走下坡路，精明的邵逸

夫收缩制片业务，结束了一部分电影院的营业，把更多的金钱与时间投资在无线电视上。

当时曾有人批评他选择错误，然而邵逸夫却笑骂由人，我行我素。1980年，邵逸夫出任"无线"董事局主席，他将"邵氏影城"的明星和香港演艺的精英都网罗到门下，使"无线"制作的高水平、高质量的电视剧纷纷出笼，收视率急剧上升，压倒其在香港的竞争对手"亚视"，雄视港岛。时至今日，"无线"每年仍为他带来巨大的赢利。人们不得不佩服他的眼光。若干年后，香港《亚洲周刊》一语道破天机："从事后的发展来看，邵逸夫当年移情电视，看来是一项明智之举，因为电影业在六七十年代的全盛期后，受到电视、广播的严重冲击。"

到20世纪80年代，香港电影制片公司从邵逸夫手中夺得大批明星和导演，邵氏面临严重危机，但电视业务的发展，替邵氏摆脱了这一危机。同时邵逸夫又看准了录像业务，在马来西亚地区，80%的录像市场被其垄断，邵逸夫的代理人曾钦佩地说："现在是录像带的天下，邵逸夫把投资重点放在这里，是正确的选择。"

根据行业生命周期理论，大多数的产品市场最终都会走向衰退。这种衰退不是由于经营周期或者一些短期例外事件所造成的，而主要是由于技术革新创造了替代品或者通过显著的成本与质量的变化而产生了替代品等原因，导致顾客需求的下降。这种衰退也许是缓慢的，也许是迅速的，销售可能在一个低水平上持续许多年，也有可能会很快下降到零。要想在行业衰退期时生存下来，就要迅速认清行业的衰退状况，然后根据企业自身的内部条件，选择最有力的竞争战略，获取尽可能多的利益，避免对企业的今后发展带来不利的影响。需要注意的是，在衰退期，企业要尽早确定自身的战略选择并实施，迟疑不决的话，最终选择只能是被迫放弃，最终会造成更大的损失。

37. 形成互补、协同竞争的产品与服务体系

2005年12月，世界著名行销大师杰·亚伯拉罕称，在员工规模和培训人次上，深圳聚成管理咨询公司在世界企业培训业可以排到第一位。到2006年，聚成分公司数量超过20家，客户企业突破10 000家。庞大的客户资源和遍布全国的销售渠道，已经成为聚成在行业里独有的核心竞争力。

经过3年积累，聚成逐步有了应对客户的多元化个性需求的能力。聚成客户的需求层次逐渐清晰，有的只想听大课，有的还需要企业内训，有的需要管理咨询……由此，聚成展开相关多元化课程，一方面可以增加利润增长点，另一方面可更好地满足客户的需求，以留住客户。相关多元化战略是指企业所进入的领域，与现有业务能够

形成互相补充、互相协同竞争的新产品体系，它可以继续使用企业现有的社会资源，并不需要完全重新建立全新的资源体系。

聚成开拓了网络培训、华商书院、企业内训、国际项目、文化产品、大课现场广告等业务，不断巩固自身在培训领域的地位。例如，聚成高端产品——华商书院的诞生。

2005年，央视《百家讲坛》栏目中《揭秘红楼梦》系列讲座热播；2006年，《百家讲坛》的《易中天品三国》开始热播，深受老百姓喜爱，其后的《品三国》图书销量突破500万册；同年十月的讲座《于丹<论语>心得》，观众好评如潮。

此时，一些先行者开始通过传播国学来进军新领域，探寻教育和培训行业的蓝海。2005年年底，北京大学"乾元国学教室"正式开课，课程包括《四书》《道德经》《庄子》《周易》《坛经》等。一年届满还可以升入二年级，课程还有《诗经》《论语》《史记》《资治通鉴》，以及佛教、道教、阴阳家等。40个学员中，大多数人是企业界、银行界的成功人士，还有部分政府官员。学员普遍反应良好，对教学方式和内容都觉得非常满意。

此时的聚成也在分析这块蛋糕的前景。聚成通过分析发现，虽然国内的中小型企业发展速度很快，但因为人才因素而频频遭遇瓶颈，许多管理人员跟不上企业发展的速度和管理要求，因此困扰着企业的发展。而且，首当其冲需要提高素质的就是企业家群体。

有了深入的分析，聚成总裁陈永亮认为此时应该结合"国学热"的势头，提议开发高端产品——华商书院。这一提议立即得到聚成高层的认同，他们也觉得必须抓住这个天赐良机，着手兴办华商书院。

2006年12月，聚成旗下的华商书院一期"商界领袖博学班"顺利开学。《广州日报》在12月20日报道说："久未听闻的《论语·学而》的朗诵声一阵阵从孔府旁边传出，如一轮暖阳照耀着山东曲阜的寒冬。这就是50位来自全国各地的企业董事长、总经理，作为华商书院第一期'商界领袖博学班'的学员，在中山大学哲学系主任黎红雷教授的带领下共同研读《论语》，以求从华夏最深邃的智慧中找到企业管理、富强的理念和方法。"

华商书院作为聚成的高端产品，只为企业董事长、总经理开放，每期只招收50人。课程包括：八大国学宝典品读：《易经》《论语》《道德经》《韩非子》《孙子兵法》《人物志》《禅宗智慧》《黄帝内经》；五位历史人物研究：宋太祖、唐太宗、曾国藩、胡雪岩、毛泽东；企业家素质管理系统……

此外，华商书院还有一个形式新颖的特色：国学、帝王学的授课地点基本上都是

选择在历史人物、事件的发源地、转折地等地方举行，像学儒商思想就去曲阜朝圣孔子、朝拜子贡；研读诸葛亮就到赤壁遗址；研读毛泽东就去伟人故里韶山；学习道家思想智慧就去道教圣地青城山去游学；学习禅宗智慧就到佛门净土少林寺。

对于这种方式，业内培训专家认为，华商书院商界领袖博学班的成立，标志着中国第三代企业培训产品的出现。聚成靠低端产品企业大课培训积累客户资源，然后进军多元业务为广大客户服务的"抛砖引玉"之计值得借鉴。

可见，任何东西都是有体系的，做企业也是如此，企业要有体系化的思维，形成互补、协同竞争的产品与服务体系，这样做才有优势。

38. 如履薄冰，在否定之否定中前行

2002年中国内地百富榜上排名第42位的昝圣达只有39岁，任江苏综艺集团、江苏综艺股份有限公司董事长、总经理，涉足高科技投资、芯片、纺织等多个领域。

纵观综艺集团的发展历史，实际上就是一串不断否定自我、超越自我的脚印。昝圣达在设计师做得得心应手的时候毅然辞职创业，因为他隐隐感受到了中国民营经济发展的美好前景；在服装内销市场做得红红火火的时候，又突然改做外销市场，因为他预见到了国内市场竞争的惨烈和利润的稀释；在稳坐我国丝绸服装出口企业的冠军宝座的时候，他又将投资范围拓展到木业，因为他意识到服装企业的增长速度已接近极限，企业必须寻找新的"舞台"；在国内大多数企业还没看懂资本市场的时候，他已经开始果断行动，为企业上市倾尽全力；在传统产业生意兴隆、万事如意的时候，他又一步步地介入高科技领域，从软件流通到软件开发，再到芯片设计，步步为营，棋棋领先。

昝圣达说，他的指导思想是"远离竞争"，在一个行业如日中天的时候，必须考虑新的投资方向以分散风险。因为一个过热的行业会吸引过多的竞争者进入，市场很快会因为竞争激烈而降低利润。转型总是痛苦的，尤其是进入一个陌生的领域。可昝圣达相信："人无远虑，必有近忧，与其承受被动改变的痛苦，不如主动改变，先苦后甜。"

一些媒体认为昝圣达是个资本玩家，昝圣达不赞同这个说法，他觉得自己是个实业家。不过昝圣达对于资本运作倒是有一套颇为成熟的理论。他认为，传统产业做的是加减法，企业发展的速度相当有限；而运用资本经营做的则是乘法，速度大大提高；如果成功的资本经营再加上高科技产业，那么做的就是乘方了，能使企业以几何级数迅速壮大。正因为如此，发展到今天的综艺在项目选择方面，一定要科技含量高

又有市场，门槛低的绝不进入。

昝圣达最关心的关键问题有三方面：市场在哪里？技术优势在哪里？成本优势在哪里？有些产品有很高的技术，但没市场，你卖给谁？有的有市场，但技术很低，谁都可以进入。两个问题都解决了，就要看企业的成本优势在哪里。

综艺如今选择的项目，基本上都是在各个行业占据第一、第二的位置。昝圣达认为，一流企业卖标准；二流企业卖品牌；三流企业卖技术；四流企业才卖产品。过去我们是卖产品的，赚的是辛苦钱，而且受市场环境影响很大，行情好的时候能赚钱，行情不好就赚不到钱了。

2005年4月18日，科技部、中国科学院和信息产业部宣布，由江苏综艺集团投资的完全拥有自主知识产权的计算机芯片"龙芯2号"获得巨大成功，它结束了我国信息化建设没有"中国芯"的历史。而这样一个走在IT产业前端的现代企业集团是从一家生产刺绣服装的村办小厂起家的，这正是昝圣达与时俱进、不断否定自我的结果，是值得其他行业企业深思和借鉴的。

39.　把握大势，勇当弄潮儿

日本软件银行集团创始人孙正义早年十分崇拜日本麦当劳经理藤田，此人把麦当劳连锁店开遍了日本。为了与偶像见上一面，他专程坐飞机到东京。藤田对他说："我不能建议你将来做什么，但我建议你去美国留学，也许你会找到你的理想。"藤田还建议他学习英语和计算机。对藤田的眼光，孙正义是完全信服的。16岁那年，孙正义利用高一暑假，到美国加利福尼亚去学了一个月的英语。在那一个月中，孙正义完全被美国与加州所吸引，使他觉得"人生太短暂了，不能再在日本每天悠然地去上学"。一回到日本，孙正义就宣告："我要退学，到美国去。"他突如其来的想法让所有的人大吃一惊，母亲的哭泣和大家的嘲讽也不能让他退让。1974年2月，年仅16岁的孙正义孤身一人踏上了前往美国的征途。

孙正义曾反复向人提起刚到美国不久发生的一个重要事件：他与单芯片计算机的偶然相遇。1974年秋天，他偶然买到一本《大众电子》，里面刊有一幅英特尔生产的计算机芯片的扩大照片。"读了文章，我才恍然大悟，这就是电脑！""当我发现实际的电脑体积竟然如此之小时，我想如果将这些晶片大批量生产的话，将带领全世界进入个人电脑的时代。如果技术更进一步发展，也许可以创造出超越人类的人工智慧生物。想到这里，我感到一股前所未有的冲击与兴奋，不禁流下泪来，久久无法自抑。""我要搞计算机，企业家应走的路是计算机行业。"自那以后，孙正义把这张

照片当成心肝宝贝，晚上睡觉也要放在枕边。

历史上一共经历了三次革命，农业革命、产业革命，以及目前正在进行的信息革命。从年少开始，孙正义便经常将这句话挂在嘴边，不知讲过多少遍。

孙正义认为，在信息化社会的第三阶段，由提供数字化信息技术的微软、英特尔、思科、甲骨文等国际知名企业担纲主演。但是，只有信息化社会的第四阶段来临，提供数字化信息服务的网络公司跃出台面，革命才算是真正成功。那时信息产业的成长幅度也会比现在的个人电脑产业大得多。这是孙正义坚定的"宗教信仰"。

孙正义的梦想是："当信息化社会进入第四阶段，我希望软件银行能够名列世界前十大企业。老实讲，我的志向是成为第一，在我心目中只有第一，没有第二。"为实现这个目标，孙正义做了规模宏大的部署。他用别人觉得疯狂的方法，在20世纪的最后6年时间里，投资600多家IT公司。每当孙正义看到有前途的公司时，他就猛扑过去。其中对雅虎的豪赌让孙正义一战成名。孙正义的雅虎股票每股投资成本约2.5美元，市场价则冲高到250美元，升值整整100倍。到2000年，软银已成为国际网络业的最大股东。2000年年初，软银股价比发行价升值90倍，孙正义身价达到顶峰——700亿美元。

在日本，最大的在线游戏公司、最大的入口网站、最大的电子交易网站、最大的网络拍卖平台网络服务，都是孙正义的公司，他曾自豪地说道："在日本，我们就等于雅虎加Google加eBay。"

孙正义认为，从拨号到宽带，不过是网络革命性改变的第一阶段，接下来，手机宽带上网将会是下一个主流。现在，全世界一年卖出两亿台个人电脑，手机的销量是电脑的5倍，手机上网时代的到来是大势所趋。孙正义现在要抢的下一个第一名，就是手机宽带上网，2007年软银为此投入155亿美元。拿到手机上网主导权后，孙正义将要采掘下一个金矿：手机上网购物。孙正义说："这个大趋势刚刚开始。"

孙正义就是凭借自己的眼光看准一个趋势，并大举进入，成为了一个能"无中生有"的一流的企业家。

所谓条条大路通罗马，把握大势就是找到最近的那条路。"最近"是指离大势最近、离事物的发展规律最近。面对风云变幻的当今社会，一个企业要想基业常青，不在于一时一地的成败，也不在于一城一池的得失，关键在于它能否审时度势、把握好大方向，在一个又一个关键时刻调好船标，勇当弄潮儿。"对于一艘没有航标的船来说，任何方向的风都是逆风"，只有航标对了，才能达到"好风凭借力，送我上青云"的最佳境界。

第六章

激活蓝海思维，在红海中与鲨同游

40. 个性是经营之本

盲目从众的做法在当今的社会中是无法立足的。竞争的年代，不仅是才能的竞争，更是个性的竞争。一个人如不清楚自己的独特之处，不了解自己潜在的优势，就很难凭真本事去参与竞争，就很难在择优的环境中显出实力。

马云认为："中国古人提到过十二字的生意箴言'人无我有，人有我优，人优我特'，我认为做生意就一定要做到独特。靠什么吸引顾客，靠在经营上以独特的个性和少见的手法，靠在经营商品的新奇与稀有。"

在2006年第五届"西湖论剑"的现场对话中，马云讲道，"在中国做互联网，主要要作出自己的特色。像丁磊的网站是游戏，马化腾做QQ做成这个样子，不可思议，国外很多人都不看好QQ，但是QQ是现在最大的IM产品（网络即时通讯），我觉得未来3~5年的时间中，中国的用户肯定是全世界最大的互联网群体。

为什么你们有一亿用户收入还这么低？因为现在中国网民基本上是十几岁或二十几岁，最大的不过刚刚大学毕业。今后他们有钱了，愿意花钱，5年后的中国互联网机会会更加多一点。我觉得今天阿里巴巴从我的角度来讲，要跟着门户站点，跟着新浪、搜狐做新闻，机会不大。

让我跟着QQ做IM估计机会不大，你要我做游戏也不行。我怎么进去都搞不清楚，我觉得这些东西都很难。但是在电子商务领域里面我不仅可以与中资竞争，而且我特别希望跟eBay等世界一流的企业竞争，我们有更多的机会就是因为这个市场。

但是我觉得一定要个性化，我不仅仅希望把雅虎的品牌在国际上树立起来。我觉得还是要加入中国的东西，就像我在国外吃西餐的话，过两天还是要加入中餐的东西，我觉得雅虎跟美国一致也好，跟欧洲一致也好，只要跟中国一致，就是好的。"

在2008博鳌亚洲论坛上的演讲中，马云也讲道："人类已经从工业时代走向信息时代，工业时代靠规模、靠资本、靠技术，而信息时代就是靠灵活、靠快速反应、靠创新。创新的源泉就是与众不同，你必须与众不同，坚持走独特的路线，坚持自己的价值体系，坚持做事的原则，不要模仿工业时代的方法。"

也就是说，创新一定要有自己的个性，这样的创新才能有自己生存的优良土壤。例如：

"二战"结束后，美日的航线主要由美国航空公司控制，对于日航来说，要想发展自己的业务，非常艰难。为了改变生意清淡的状况，日航高薪聘请美国飞行员，购置一流的飞机，严保飞行安全和设施的先进，但由于竞争对手也都采取了同样的措施，所以日航在竞争中仍处于劣势。

如何改变这种现状呢？日航决定以改善服务为突破口：世界各大航空公司的服务都大同小异，如精美的食物、和颜悦色的空姐、彬彬有礼的服务……但如果日航能够在飞机上展现日本的传统文化，不就能吸引好奇的西方乘客了吗？于是，日航经过精心设计，让空姐身穿各种款式的和服，在飞机上向顾客展示日本的茶道；在送餐时以日本女性特有的温柔指导顾客怎样用筷子；为顾客服务时以日式鞠躬表示礼貌……这种种充满了浓郁日本风情的服务方式，果然引起了西方游客对日本文化的浓厚兴趣，一些原本没有打算到日本旅游的西方人，也纷纷乘坐日航的班机前往日本观光。日航通过改善服务，不与竞争对手拼硬件而赢得了市场。

日航和其他航空公司相比，既没有硬件上的优势，也没有资金上的长处，如果他们和竞争对手做同样的改变，他们也照样无法超越对手。他们选择了对手所没有的东西——日本文化为突破口，从而改变了自己在竞争中的弱势局面。日航这种主动开拓市场空白、不与竞争者竞争的企业经营思维叫蓝海思维。商业竞争中有"红海"和"蓝海"两种海洋。"红海"是在现有市场空间的"血腥"厮杀，红海思维这种流血竞争的结果往往是市场愈来愈窄，公司的获利越来越小，成长越来越慢甚至萎缩。而蓝海思维探索的是尚未开发的市场和消费者内心潜在的需求，其市场空间在不断地成长，公司的利润也越来越大。

根据研究表明，在企业创始阶段，往往有86%的精力用在"红海战略"上，仅有14%用在"蓝海战略"上——探索未开发的市场或科技；到了企业利润显著成长的阶段，则有62%精力用在"红海"，38%用在"蓝海"；最后在企业明显获利的阶段，往往把更多的精力投注在未开发领域的探索，此时花费在"红海"的精力仅有39%，而用在"蓝海"的则高达61%。由此可见，企业要取得更大的成功，必须由血流成河的红海竞争转向碧海蓝天的蓝海竞争。

不幸的是，邯郸学步往往是许多公司最喜欢采用的竞争方法。这就是正面跟进的理念，急躁、粗心而又缺乏谨慎的思考。比如凯马特，它曾是现代超市型零售企业的鼻祖。从1990年开始，为了与前景看好的沃尔玛进行较量的战略，它斥资30亿美元，花了3年的时间对原有的800家商店进行了翻新，又设立了153家新的折扣商店。当时，沃尔玛正从乡村地区向凯马特所在的市区扩张。作为回应，凯马特的CEO也效仿沃尔玛，用降低数千种商品的价格来提高自己的竞争力，进而发起了针对沃尔玛的直接进攻。为了弥补其他商品的降价损失，凯马特开始增加能够给企业带来较高利润的服装的销售。5年之后，这个付出巨大代价的降价战略被证明是不成功的。凯马特的新店在执行该战略的最初3年里，每平方米的销售额由167美元下降到了141美元。凯马特所采

购的服装要么积压在库，要么清仓大甩卖。同时，为了竞争，沃尔玛也将价格降到了同样水平。

这种直接的以硬碰硬、邯郸学步的竞争倾向是一种极具诱惑力的思路，而且一直误导着人们。这个推理过程是这样的：如果我们的竞争对手可以通过某种改变来取得成功，那么我们也可以做到。我们只需要效仿竞争对手一些很好的举措，就可以成为市场的领导者。也就是说，如果我们的竞争对手能够生产出一种很好的器材，那么我们也可以。但是，事实上，竞争对手的改变不一定都是对的，而且它们的改变是根据自身条件所作出的，所以这种急躁的竞争模仿战略会误导许多公司的经营者，总是针对强大的竞争对手的优势来进攻。而只有对市场反应最灵敏、冲在最前面的企业才能够占据最佳位置，从而最先获得市场机会，赚得超额利润。

41. 善于发现市场空白就是在创造蓝海

有一天，分众传媒总裁江南春外出办事的时候与众人一起等着电梯。大家抱怨电梯慢，等电梯时间总是很无聊。等电梯人的一句话提醒了江南春："如果有电视，人们在等电梯的时候就不会感到无聊了，效果也会比招贴画好很多。"江南春一下子被吸引住了，他想：我在电视上播广告怎么样？如果有比看广告还无聊的时间，我想大多数人还是会关注广告的。

发现了空白，就必须马上填补空白。江南春开始实施他的蓝海计划。2002年6月到12月，江南春说服了第一批40家高档写字楼。2003年1月，江南春的300台液晶显示屏装进了上海50栋写字楼的电梯旁。2003年5月，江南春正式注册成立分众传媒（中国）控股有限公司，分众从此开始走上飞速发展之路。

短短19个月时间，江南春领导的分众传媒利用数字多媒体技术所建造的商业楼宇联播网就从上海发展至全国37个城市；网络覆盖面从最初的50多栋楼宇发展到6 800多栋楼宇；液晶信息终端从约300个发展至超过12 000个；拥有75%以上的市场占有率。

2005年7月，分众在纳斯达克上市，股价全线飘红。分众传媒市值高逾8亿美元，拥有30%多股权的江南春，身价暴涨到2.72亿美元，一夜之间，江南春成了人们眼中的造富英雄。

随后，江南春得到软银等风险投资商的注资，他带领分众传媒展开了大规模的收购行动。2005年年底收购框架媒介，2006年年初合并聚众传媒，之后收购凯威点告，2007年3月收购好耶网络广告公司。仅仅用了4年时间，分众传媒就快速成长为行业内的领导者。

对于如何发现蓝海并成就今日之分众传媒帝国，江南春称："其实关键是要有洞察力。如果你是一个有心人，如果经常专注市场，你就会发现机遇。当你观察消费者——受众的消费形态时，会发现一些新的东西，当时我们看了户外，看到徐家汇都是户外广告，发觉也没有什么出路，后来我们想了一想，是我们的思维模式有问题，一想到户外就想到地理位置。最后一点是要有颠覆性的思考，这可能和我以前写诗歌有关，要打破原来的逻辑，就可能会成为全新的东西。"

江南春自己的一句话是："在创意面前生意是不平等的，有创意的生意和没创意的生意，最后投资回报率差得非常远。而且我后来越来越发现，想象力创造你的利润率。"从传统的广告代理到发现分众传媒的"大蛋糕"，在一定程度上得益于江南春独特的思维方式，这种主动发现蓝海的思维模式，使他坚信"发掘别人没发现的产业模式才能挣大钱"，在竞争激烈的市场环境中，善于发现市场空白就是在创造蓝海。

正是江南春这种善于发现市场空白的思维方式，才使得他可以用两年零两个月的时间，就把之前名不见经传的分众传媒带到纳斯达克，而且在美国时间2005年7月14日上午9点半，应邀按响纳斯达克开市的铃声，成为享受这一待遇的第一位中国上市公司领导人。

42. 变革思维，在红海中勇于突围

美兆医院是中国台湾一家默默无闻的小型健康检查中心，却突破了台大、荣总、国泰与长庚四大医院的围剿，成为中国台湾健康检查中心的龙头。

《蓝海战略》强调，企业要回过头来，重新找出并且提升行业竞争中所忽略掉的竞争要素，为顾客提供尚未满足的需求。美兆的创办人和董事长曹纯昌就是一位具有卓越蓝海思维的企业家。

曹纯昌经过调查，发现台湾健康检查有如下问题：

（1）台湾健康检查市场都由台大、荣总、国泰与长庚四大医院所独占，在医院附设项目，并设有独立经营的健康检查中心。

（2）四大医院的健康检查业务都是面向富裕阶层的，做一套完整的全身健康检查动辄三天两夜以上，上班族和中产阶层没有时间进行检查。

（3）健康检查的费用太高，台北荣总的健康检查收费近2万元。

（4）一般人并非不愿意去做健康检查，而是大肠镜等侵入式检查过程，使人望而却步，而且当时大型医院的客人都与病患混在一起，很容易交叉感染。

经过全面分析，曹纯昌认为大医院都把健康检查经营的重心放在金字塔顶端的

客户，却从来没有满足数量更庞大的中产阶层健康检查需求。而这正好给他提供了机会。在这之前，曹纯昌对蓝海思维已有多次成功运用。

1988年，曹纯昌开始创业，他选择在高雄起家，而不是健康检查人口最多的台北，"因为美兆的规模很小，可以避免被大财团吞并"。

但是，当时台湾的消费者只相信大医院与大牌医生，没有名气的美兆开业头三年，每个月仍然亏损300万元以上，会员数老是突破不了2 000位。

1991年，曹纯昌决定改变思维方式，把客户变成经营者，美兆的营销策略改用直销方式，并且把直销商的佣金由行业标准的四成提升到近六成以上，通过一系列的教育训练，美兆把客户变成营销者，推出以家庭为主的生活卡及企业用户的公司卡，一年内突破会员数1万人的大关，立刻扭亏为盈。美兆这种以顾客为导向的营销模式，也是典型的蓝海思维，运用了大医院所不能采取的营销方式，从而在竞争中处于有利地位。

在流程和服务方面，美兆再次运用了蓝海思维，鉴于大医院的健康检查流程缺乏规划，"客户大部分时间都是在等待，很浪费时间"，曹纯昌指出，一般的健康检查中心做了约90个项目检查，一个星期后还拿不到检查报告。相同的检查项目，美兆只要4个小时就可以完成检查，并且由专业医师为客户讲解检查报告，然后当场带走报告。美兆为什么能如此优秀？

曹纯昌指出，美兆成立研发部门，专职引进新技术。美兆把IT产业惯用的生产线管理应用在健康检查流程上，把所有的健康检查仪器与计算机系统连接在一起。

通过多次运用蓝海思维，曹纯昌所领导的美兆医院已成为中国台湾最大的健康检查龙头医院，其业务已扩展到香港、大陆地区。美兆的成功值得所有企业家和经理人学习和反思。

我们经常听到这样的话："市场越来越难做了。"我们经常看到这样的场面：为了争夺一块利润已经很低的市场，各商家纷纷打起了价格战，将已十分微薄的利润一降再降，最终两败俱伤，以一片猩红收场，这种红海竞争使企业竞争的成本越来越高。同类产品在市场上越来越多，竞争越来越激烈，消费者越来越成熟，市场也就越来越难以开拓。因此，企业要不断地更新观念，变革思维，打造蓝海商机，进入风平浪静、利润无限的碧海蓝天。

43. 重估一切行业规则

深圳聚成管理咨询公司是中国最大的企业培训公司，它的发展历程对应的业绩分别是：2003年300万元、2004年4 000万元、2005年7 000万元、2006年1.51亿元、2007年

3.1亿元。它的成功，是差异化战略的成功。

聚成的三位年轻创始人在合作之前，都是非常注重学习、渴望提升的热血青年，他们经常参加各种培训课程，对培训行业十分了解，对于当时的各类培训，他们的共同感受是：培训对中小民营企业非常实用，但是价格太贵。"只要能把价格降下来，我们就能成功。"这是三位年轻人共同的认识。

在三个人的头脑风暴激荡下，他们想到了将培训做成超市一样的模式，卖的东西既便宜又能让人自由选择，聚成资讯"培训超市"就此诞生。企业办理不同金额的学习卡，就可以在规定时间内自由选择课程，并派送不同数量的员工到聚成参加培训。

这种学习卡的出现，其实类似于健身卡、美容卡等形式，并非聚成的独家创新。或许是聚成董事长刘松琳曾经在美容美发业历练过，才将美容卡的模式巧妙地移植过来，人数和课程选择十分灵活。

例如，聚成首次推出的是价值10 800元的"企业学习成功王牌"学习卡，每场课人均价格在200～500元之间，每场12课时左右的课程甚至比家教还要便宜。这种新形式立刻受到客户的欢迎，因为在此前，大部分培训的价格都在5 000元以上，最便宜也要3 800元一场。聚成开发课程价格比市场均价便宜90%，这对中小民营企业的吸引力不言而喻。因低价而参加课程的人多了，每次课程聚成收的听课费总额也高了，双方可谓皆大欢喜。

当然，仅靠低价还不足以取胜，如今的消费观念强调物美价廉，价格如此便宜，聚成的产品质量又如何呢？是否可以满足广大客户的需求？在聚成的讲师中，既有郎咸平、曾仕强、易中天等名师，也有聚成自己培养起来的普通老师；既有供企业高层需要的MBA、顶级管理的课程，也有供中小民营企业的员工需要的行政管理、客户服务等课程。通过学习卡这个平台的捆绑销售，各种类型的课程都能得到有效的调节和配比，这样一来，聚成既能保证优质低价，又能保证利润。

聚成商业模式的创新，很快改变了整个行业的格局。首先，聚成的商业模式打破了那种"专家+助理"的落后培训模式；其次是解决了企业团队分模块学习的需要；再次就是培训成本大幅降低，达到90%以上。这就是后来业界和学术界誉称为"聚成模式"的企业学习卡培训模式。现在，不少其他管理培训机构也在学习这种"学习卡模式"。

以前在培训行业，一根电话线、一张办公桌、一位助理、一位专家的"四个一"模式，到现在已经很难行得通，就算是国际知名大师来到中国想单独推行一堂管理课，也得找专业管理培训机构来操作。聚成的新模式被同行纷纷模仿，在业内，"培训沃尔玛"这个名号越叫越响。正如诗中所言："忽如一夜春风来，千树万树梨花

开。"除西藏、新疆、宁夏等一些偏远地区和经济欠发达地区以外，聚成的61家分公司、子公司很快遍布全国的大中城市。可以想见，重估一切行业规则，开发行业新模式对于企业在竞争激烈的商业丛林中立足有着多么巨大的影响力。

44. 科技创新要牢记不能脱离市场需求

目前中国制造业仍处于世界制造业产业链的中下游。美国加利福尼亚大学的研究人员对一款iPod产品的成本分析显示，其299美元的零售价当中，中国工人的贡献不到3美元，创造其真正价值的是概念和产品设计。重视科技创新是今后中国制造的发展方向。

20世纪90年代，格兰仕利用地处广东珠三角的区位优势，充分利用廉价劳动力资源，通过引进生产线和技术，成功发展成全球最大的微波炉生产基地。进入21世纪，格兰仕遇到了新困难：原来成本领先的优势受到了挑战；消费者环保、节能意识大为提高；能源消费压力导致企业成本控制困难；全球家电行业集中度进一步提升，企业竞争更加激烈。格兰仕深刻地认识到了企业全面转型的必要性。而其中，以技术创新培育自主品牌成为重中之重。

格兰仕通过三个途径实现自主创新：一是原始创新，二是集成创新，三是在消化吸收国外先进技术的基础上再创新。2001年，世界上第一台成功应用数码光波技术的光波微波炉在格兰仕美国研究中心问世了。这个新产品的诞生，将整个微波炉产业带进了一个全新的时代。微波炉技术60年来首次有了重大突破。

与传统的微波炉相比，光波炉采用光波与微波双重杀菌的技术，能在短时间里彻底消灭各种病菌，杀菌能力大大提高。同时它在烹饪中不破坏食物的分子结构，使食物保持原汁原味，更加营养与健康。这些独特优势迅速获得了市场的青睐。在批量上市之前，格兰仕光波炉就已赢得了欧洲采购商的200万美元大单。2002年，格兰仕光波炉的国内销量达120万台。

在科学技术发展日新月异、产品生命周期大大缩短的新经济时代，企业产品面临的挑战更加严峻，不及时更新产品以实现差异化，就可能导致企业的灭亡。目前中国企业缺乏强烈的技术创新意识，这方面应向微软学习。

作为世界500强企业微软的总裁，比尔·盖茨最常想的是："每天早晨醒来，想想王安电脑，想想数字设备公司，想想康柏，它们都曾经是叱咤风云的大公司，而如今它们都烟消云散了。一旦被收购，你就知道它们的路已经走完了。有了这些教训，我们就常常告诫自己——我们必须要创新，必须要突破自我。我们必须开发出那种你认为值得出门花钱购买的Windows或Office。"

科技竞争，不进则退，比尔·盖茨从没有躺在已有的Windows或Office系统上吃舒心饭的想法。微软为手表开发软件，为电话开发软件，电视机、汽车上也有它的产品。这些东西有的需要很长时间才能被大众接受，例如，微软为有线电视网络开发的软件直到后来才赢得了大量的客户，而相应的开发工作历时已超过了10年。在盖茨的眼中，每一项新技术的发展对于微软来说都是福音。因为利用这些新技术、新产品，微软可以通过研发新软件的方式快速进入这些新的领域。

值得注意的是，科技创新要牢记不能脱离市场需求，企业单纯为创新而创新，这种心态下创造的差异化产品是没有价值的。山东有一家生产饲料的企业，2000年利润才100万元，浙江大学的鲁柏祥教授建议他们（包括董事长在内）每月必须保证10天在外接触终端客户。鲁教授告诉他们，你们的终端客户不是经销商，不是农户，是猪。那家饲料企业在终端客户那里找到市场后，再进行产品研发，结果一年后他们的利润突破了1 000万元。正如索尼公司创始人盛田昭夫所说："技术上的独创性，无疑是企业生存的关键。但是，技术创新必须与市场相结合，两者融为一体，才能产生真正的效益。"

45．为顾客提供差异化选择，做足竞争优势

2008年6月，贝塔斯曼宣布7月31日前将关闭在中国18个城市的36家实体零售门店。7月8日起，贝塔斯曼在中国经营的最为独特而成功的业务——"书友会"也停止接受所有订单，宣告解体。

回想在1995年，世界500强企业贝塔斯曼正式进入中国市场。会员制、印刷精美的书目、8折甚至更大的折扣、购书小礼品……这些都让当时习惯在新华书店买书的中国读者感到很新鲜。贝塔斯曼还举办了不少有品位的文化活动。例如已有莫言、刘震云、周国平等逾50名知名文化人士做客"贝塔斯曼蓝色沙发"，这种交流活动深受书友们及社会各界的好评。2000年，贝塔斯曼宣布中国书友会会员数已达到150万人，年销售收入超过了1亿元。

但当当网和卓越、亚马逊等购书网站的出现，使得贝塔斯曼书友会迅速过时。很早就加入贝塔斯曼书友会的张欣，在2006年以后就放弃了会籍。她的理由是："即便读者忠实于贝塔斯曼的订购模式，可书友会清单中的书籍，卓越、亚马逊和当当网上也都有，甚至价格比书友会更便宜，可书友会每年依旧要交纳30元的会费，而卓越、亚马逊别说会费了，现在电子商务公司普遍连运费都不要，作为消费者肯定会有自己

的选择。"

本土企业当当网发展了4 000万的客户，2007年，每天有上万人在当当网买东西，每月有2 000万人在当当网浏览各类信息，年图书销售额超过6亿元。与贝塔斯曼相比，当当网具有两大优势：

首先，网上书店有低价格优势，书打7～8折可以轻松做到，有时候甚至低至5折。

其次，网上购书方便。通过网上书店的搜索引擎，可以轻松查询到想买书籍的任何信息，一旦订购，等着送货上门即可。而且网上书店还可以24小时下单，是永不关门的书店，采购时间的自由也深受人们欢迎。

节省读者金钱与时间成本的网上书店凭这两条优势就足以横行天下，亚马逊网上书店就曾借此迅速淘汰了美国70%的实体书店，一跃成为全球最大的书店。

但即使网上书店有巨大的成本优势，它也不能将所有的实体书店打败。以光合作用书房为例，它没法跟网上书店比成本，但是可以和它们比客户价值。光合作用书房通过分析后认为，互联网、无线通信等带来的24小时全天候、跨地域的虚拟接触是光合作用这种实体门店最不擅长的，但是他们相信那些整天面对电脑屏和手机屏的顾客，一定会更加向往书店里提供的真实接触和自由行动的空间，所以，打造一流的阅读体验成为光合作用书房的努力方向。

光合作用书房对图书有一个突出的贡献，那就是创造并很好地倡导了"悦读"这个词。它将书店与咖啡厅结合，但在赢利上并不强调咖啡厅，只在空间组合和功能配套上营造出咖啡厅的感觉，创造出一种"悦读"氛围。来看一位读者笔下的光合作用书房：一、二层之间的台阶处可以通往一家"书店里的服饰店"，售卖波希米亚款式的应季时装；店里面不仅卖中英文图书，还有音乐CD、电影DVD、涂鸦本、奇异笔、明信片、抽象画；二楼有咖啡间、烛台和小台灯、沙发、留言册以及无线网络。顾客可以在里面自由走动，静默翻书，或者点一杯卡布奇诺，体味城市夜空中"流动的圣洁"……

"店"的概念就在这样的环境中淡化，光合作用赢得了"家庭书房"的美誉。在规模庞大、川流不息的大书城模式和方便低价的网上书店模式之外，它的模式也获得了成功（图书年销售额为1亿元），它营造的情调让20～40岁受过良好教育的都市人着迷。

纵观图书零售业的风云，企业得到的最大的启示是：为顾客提供差异化选择可创造新的竞争优势。差异化战略的关键是积极寻找市场空白点，选择目标市场，挖掘消费者尚未满足的个性化需求，开发产品的新功能，赋予品牌新的价值。差异化战略的依据是市场消费需求的多样化特性。不同的消费者具有不同的爱好、不同的个性、不同的价值取向、不同的收入水平和不同的消费理念，因而决定了他们对产品品牌有不同的需求侧重。所以，企业的差异化战略，一定要立足在消费者需求的基础上进行，并最大可能获得顾客的理解和认同。这样才能做足竞争优势。

46．剑走偏锋，另辟蹊径

20世纪90年代末以来，湖南卫视执意剑走偏锋，寻求在电视娱乐方面有所突破，在各个地方电视台抢夺观众群的血腥搏杀之间看准机会，寻找一片崭新蓝海的尝试，已经在将近10年的摸索之后大获成功。他们着力打造的崭新娱乐风格，赢得了广大观众的好评。

2006年4月，湖南省副省长甘霖宣布："从今年开始连续五年，劳伦斯颁奖典礼落户湖南！"国家体育总局与央视如此放心地将"中国劳伦斯"（"中国十佳劳伦斯冠军奖"创始于1979年）这个有着深厚历史积淀、对于中国体育而言又具有举足轻重意义奖项的颁奖典礼下放给一个地方电视台承办。这标志着湖南卫视终于在一向毁誉参半的舆论声中，赢得了官方的认可。

这个为全国电视观众带来欢声笑语与无限感动的《快乐大本营》究竟走过了怎样的路程？

1996～1998年，随着卫星电视技术的发展，各个省市的地方电视台纷纷通过卫星扩展了他们的播出范围。之前各省的观众基本上都只能收到中央电视台和本省市地方电视台的节目，而技术改革之后普通的卫星电视也能收到30套以上的电视节目。人们在看电视的时候，有了比从前更为广泛的选择可能。

对于各个省级电视台而言，"上星"是一个大好机会。对于企业来说，在地方台做广告所能收获的效应，在"上星"之前与"上星"之后，简直不能同日而语。因此，卫星电视台的广告价位自然也将水涨船高。于是，当时几乎每个省级电视台都野心勃勃地制订着自己的提高收视率计划。

然而不久之后，几乎所有的省级卫视同时发现，他们的收视率较之从前，并没有出现明显的提升，当地企业自然也没有对电视台产生信心，电视台的广告收入没有显著增加。于是各个地方台的负责人员和策划人员开始坐下来冷静地分析原因：第一，当时各个省级卫视的主打节目还不成熟，无法吸引固定观众群体，自然收视率很难有突破性提高；第二，当时很多省级卫视试图通过电视连续剧吸引固定观众群体，但这使得一部电视剧的版权、首播权等都成了最为抢手的商品，各个电视台为了一部电视剧的首播权甚至是播放权打得头破血流，付出了高昂的代价。

在这种纷乱的局势中，湖南卫视第一个跳出红海，发掘了观众对电视娱乐节目的

需求。《快乐大本营》和《玫瑰之约》是湖南卫视在娱乐化道路上的初期探索，他们获得了巨大的成功。

在当时，人们晚上在其他地方电视台看到的都还只是千篇一律的电视连续剧，而且常常出现的情况是：当某部电视剧热播时，多个省级地方电视台一拥而上，以同样的电视剧抢夺观众。

在这样的环境下，《快乐大本营》的推出给电视观众带来的震撼力和吸引力可谓大矣。

2005年8月26日晚，2005年"超女"总决赛在长沙国际会展中心举行。央视的调查结果显示：湖南卫视有31.38%的收视率，是卫视有史以来当之无愧的收视率之最。一时间"玉米"、"凉粉"、"盒饭"横飞，甚至连一些名人也不讳言，自己是哪位"超女"的"粉丝"。粗略估计，超级女声为湖南卫视带来的整体收益超过一个亿。

从"上星"到今天，湖南卫视同其他省级卫视一样，都走过了约10年的艰辛道路。在这10年的探索中，湖南卫视着意创新，另辟蹊径，终于脱颖而出，最终成为各个地方台的领头羊。这对其他行业的企业显然也是个借鉴对象。

市场经济充满竞争，也充满机会，观念就是效益，思维就是出路。企业负责人应该意识到，不论是开发产品，还是拓展市场，如果亦步亦趋地拘泥于旧有的思想，那将十分被动，我们应有"敢想别人所未想，敢做别人所未做"的创新思维，剑走偏锋，另辟蹊径，善于从市场中寻求空隙，从信息中捕捉商机，从观察中启迪灵感，敢于以一种全新的视角去看待事物，这样才能开发出竞争力强的产品，从而抢占市场先机，赢得主动，在竞争中取得胜利。

47. 充分挖掘"长尾理论"的潜力

"长尾理论"是网络时代兴起的一种新理论。由于成本和效率的因素，当商品储存流通展示的场地和渠道足够宽广，商品生产成本急剧下降以至于个人都可以进行生产，并且商品的销售成本急剧降低时，几乎任何以前看似需求极低的产品，只要有人卖，就会有人买。这些需求和销量不高的产品所占据的共同市场份额，可以和主流产品的市场份额相比，甚至更大。

长尾理论描述了这样一个新的时代：一个小数乘以一个非常大的数字等于一个大数，许许多多小市场聚合在一起就成了一个大市场。

过去人们只能关注重要的人或重要的事，如果用正态分布曲线来描绘这些人或事，人们只能关注曲线的"头部"，而将处于曲线"尾部"、需要更多的精力和成本才能关注到的大多数人或事忽略。例如，在销售产品时，厂商关注的是VIP客户，无暇顾及在人数上居于大多数的普通消费者。而在网络时代，由于关注的成本大大降低，人们有可能以很低的成本关注正态分布曲线的"尾部"，关注"尾部"产生的总体效益甚至会超过"头部"。安德森认为，网络时代是关注"长尾"、发挥"长尾"效益的时代。

要使长尾理论更有效，应该尽量增大尾巴。也就是降低门槛，制造小额消费者。不同于传统商业的拿大单、传统互联网企业的会员费，互联网营销应该把注意力放在把"蛋糕"做大。通过鼓励用户尝试，将众多可以忽略不计的零散流量，汇集成巨大的商业价值。

在对目标客户的选择上，阿里巴巴总裁马云独辟蹊径。事实证明，马云发现了真正的宝藏。

马云与中小网站有不解之缘，据说这与他自己的亲身经历有关。当年，竞争对手想要把淘宝网扼杀在摇篮中，于是同各大门户网站都签了排他性协议，导致几乎没有一个稍具规模的网站愿意展示有关淘宝网的广告。无奈之下，马云团队找到了中小网站，最终让多数的中小网站都挂上了淘宝网的广告。此后，淘宝网红了，成为中国首屈一指的C2C商业网站。马云因此对中小网站充满感激，试图挖掘更多与之合作的机会，结果让他找到了重要的商机。

在中国所有的网站中，中小网站在数量上所占比例远远超过大型门户网站，尽管前者单个的流量不如后者，但它的总体流量相当庞大。而且，中小网站由于过去一直缺乏把自己的流量变现的能力，因此，其广告位的收费比较低。这恰好符合中小企业广告主的需求。过去，一个网络广告如果想要制造声势，只能投放在门户网站上，而高昂的收费令中小企业很难承受。

以中小企业为目标客户的阿里巴巴获得了成功，这其实就是马云利用长尾理论所获得的成绩。

在日常经济生活中，有一些颇有趣味的商业现象也可以用长尾理论来解释。如在网上书店亚马逊的销量中，畅销书的销量并没有占据所谓的80%，而非畅销书却由于数量上的积少成多，占据了销量的一半以上。再如彩铃等数字音乐的出现，让深受盗版之苦的中国唱片业，找到了一个陡然增长的心甘情愿地进行多次小额支付的庞大用户群。

然而，在实际经营过程中，长尾理论并不一定能取得良好的成效。因此，在运用长尾理论为自己服务时，不能抱以太高的期望。

48.　商机藏在市场细分中

　　市场细分就是企业经营者根据消费者的不同需求，社会经济因素和地域因素等把整个市场划分成若干细分市场。海尔十分重视"市场细分化"，即依照消费者的需要与欲望、购买行为与购买习惯等方面的明显差异，把产品的市场整体划分为若干个消费者群；根据不同的目标市场，进行针对性开发。

　　细心的消费者会发现，海尔冰箱在上海买的就跟北京买的不一样，北京市场的海尔冰箱宽大、粗犷，上海市场的则瘦窄、秀气，这是海尔研发部门根据市场调研信息专门改进设计的。原来上海家庭住房普遍比北京窄小，消费者不喜欢冰箱占地面积过大，另外，上海人更欣赏外观比较小巧的冰箱，于是海尔就为上海市场设计了一种瘦窄型的冰箱，叫做"小王子"，推出后在上海非常畅销。

　　近几年，海尔注意到农村的冰箱需求量上升得非常快，但他们并没有简单地把现有的冰箱拿到农村去。因为海尔通过研究发现了两个重要原因：一个是农村的消费水平比较低，现在的冰箱价格农民难以接受；另一个是农村的电压波动上下往往超过5%。海尔专门测试了农村的冰箱用电环境，电压最低时只有160伏。冰箱最怕的不是高压，而是低压，低压时间长了，压缩机就会烧坏。所以，海尔在开发农村冰箱时，根据农民的需求进行精确定位，首先大幅度削减现有冰箱的功能，很多功能取消后，价格也就下降了。同时，把压缩机重新改造，使之适应低压启动。这种重新改装的冰箱在农村销得很好，市场份额上升迅速。

　　海尔的科研开发和市场销售人员将"市场细分化"归结为款式细分、阶层细分、外销细分和地域细分四类。其中，款式可分为欧洲风格、亚洲风格和美洲风格，欧洲风格特征是严谨，以方门、白色来体现；亚洲风格以淡雅为主，用圆弧门、圆角门、彩色花纹钢板来体现；美洲风格则突出华贵，以宽体流线造型出现。按阶层细分又可分白领、蓝领，其中白领为分体式、中小容量、外观要典雅；蓝领则要大中容量、豪华的外观。外销方向可细分为发达国家和发展中国家，发达国家如美国、德国、日本、法国、澳大利亚等，发展中国家如阿根廷、伊朗、越南、巴拿马等。市场按气候带或地域细分，可以分为北方和南方、城市和农村等。北方需要大冷冻能力冰箱，如直冷冰箱和单冷冰箱；南方需要宽气候带冰箱和冷热空调。农村需要宽气候带冰箱和双缸洗衣机；沿海则需要无霜冰箱和带烘干的洗衣机。

　　在西方国家，电冰箱作为食品储藏用具是摆在厨房里的，但在我国，很多人习惯将电冰箱摆在客厅或房间里，不仅作为一种用具，在某种意义上也当作一种装饰品。因此，用户对电冰箱的外在质量要求很高。海尔集团的设计人员深谙人们的此种心理，在保证电冰箱内在质量的前提下，还特别在外在质量上下了大力气，设计出外形、色泽等各方面都很讲究的多种规格的电冰箱，赢得了国内消费者的青睐。同时，海尔根据中国家庭室内面积小，需要灵活摆放冰箱以节约空间的实际情况，及时设计并生产出组合式电冰箱，不仅能上下、左右摆放，搬动方便，而且由于采用双压机、双电源，还可以根据需要开启一组或其中一个冰箱，具有明显的节能效果。组合式电冰箱推出之后，受到消费者的极大欢迎，成为领导市场潮流的新产品。

在国际市场上，海尔同样要求根据不同国家的文化和生活习惯，设计、生产不同的产品。空调进出口公司副总经理任成强有一次考察中东市场，发现阿拉伯人特别喜爱白色和金黄色。原来，白色、金黄色在阿拉伯人眼中象征着纯洁与富贵。细心的任成强把这个信息带回来，让设计人员把空调上经常触摸的按钮全部改成白色或金黄色，结果新产品大受阿拉伯人喜爱。

可见，市场细分的作用很大，其在于：能够鉴定营销机会，弄清潜在顾客的需求，哪些是潜在的顾客，潜在顾客对产品的满意程度；选择确定目标市场；针对目标市场制订相应的市场策略来满足各类消费者的需求。通过市场细分，企业能发现最好的市场机会，确定目标市场，从而集中使用人力、财力、物力，为目标市场服务，使有限的经济资源产生最大的经济效益。而市场细分和目标市场选择是企业活动的第一步，没有合理的市场细分和正确的目标市场选择，所有的营销活动将因不能针对目标顾客需求、不能聚焦优势资源或不能摆脱红海竞争而显得苍白无力。所以商家一定要重视市场细分中所蕴藏着的巨大商机。

第七章

绕开多元化陷阱，只有偏执狂才能生存

49. 在诱惑面前，坚持最初的道路与梦想

马云在回顾阿里巴巴的创业历程时，总结了企业创新发展的经验，其中有一条就是：坚持自己的理想。他说，初恋情人是最美丽的。任何创业者第一天创业的梦想都是最美丽的，永远要相信自己的直觉。

做企业一定要清楚自己在做什么，一定要坚信自己是正确的。马云表示：阿里巴巴从成立以来一直备受质疑，从刚开始他做阿里巴巴的时候便一路被骂过来，都说他不可能成功。但是他不怕被骂，他笑称在中国反正别人也骂不过自己。他也不在乎别人怎么骂，因为他永远坚信这句话：你说的都是对的，别人都认同你了，那还轮得到你吗？你一定要坚信自己在做什么。在困难的时候，他常以"学会用左手温暖右手"这句话来安慰自己。

马云说，他坚信互联网会影响中国、改变中国，坚信中国可以发展电子商务，他也相信电子商务要发展，必须先让网商富起来，如果网商不富起来，都没有赚钱，就会认为阿里巴巴只是一个虚幻的东西。他还记得前几年有一个企业家夸奖自己，说马云为他们公司创造了很多百万富翁。马云觉得很骄傲，特别为对方骄傲，更为骄傲的是自己和阿里巴巴所有的同事。那位企业家夸奖他之后，他回来就讲，他希望阿里巴巴为中国的网商、为中小企业创造非常多的百万富翁、千万富翁，如果阿里巴巴能创造这么多的百万富翁、千万富翁，马云自己不会穷到哪里去。

在发展的路上，马云也遇到过很多的诱惑，甚至在2001年、2002年，当时很多互联网公司都处于一种危机状态，于是他们都纷纷抛弃原来的发展方向，选择了一些比较挣钱，能暂时缓解压力的出路。阿里巴巴当时也遇到抛弃原方向，转投比较挣钱行业的诱惑，但是最终依然选择坚持走电子商务的道路，因为马云始终坚信自己是对的。

马云说，阿里巴巴还是坚定不移地做电子商务，尽管他相信电子商务也许3年挣不到钱，也许4~5年仍挣不到钱，但他坚信8~10年一定能够挣到钱。所以，他坚持把钱投到电子商务中，到今天为止他觉得阿里巴巴当时的战略举措是对的，在诱惑面前、在压力面前他们没有改变方向。

在经营和创业过程中，他曾经收购雅虎，与银行合作，与邮政合作，甚至进入软件领域。这在大多数人看来似乎是在走多元化的道路，甚至是偏离了他原来的战略，放弃了当初的理想，因为盲目追求利润和短暂的繁荣忘记了胜利的彼岸。但实际上这一切都是在为他完善自己的电子商务王国服务。电子商务需要解决信息流问题，所以，他要收购搜索网站；电子商务需要解决资金流问题，所以，他要与银行合作；电子商务需要解决物流问题，所以，他要与中国邮政合作……

自1999年创业，阿里巴巴以"让天下没有难做的生意"的强烈使命感和服务第一、顾客第一的经营理念，实现了惊人的跨越，从18人的单薄队伍发展到超过7 000人的超级团队，成为由5家企业组成的集团，产品市场占有率超过80%。马云认为，这就是坚持自己理想的结果。

任何一个企业都和个人一样，精力是有限的，会受到财力和物力的限制，而市场中的机会是无穷多的。市场竞争总是很激烈，不能因为看到别人在做，出现了一时的利益诱惑，就让企业随波逐流，这样注定会遭遇失败。

每一个有长足眼光的管理者都懂得"无见小利"的智慧。只有拒绝贪图小利的浮躁，才能够集中企业力量，发挥出企业的核心竞争力，以长远发展目标为指引，带领企业获得长足的发展。

50. 学习李书福的"疯子哲学"

英特尔公司前总裁格鲁夫说："只有偏执狂才能生存。"如今，这句话被许多人接受并且传诵，甚至成为他们的座右铭。其实在中国的传统思想里面，温和与中庸才是取得成就的重要因素，偏执狂在中国人看来，不是疯子就是傻子，或者是刚愎自用者的代名词。然而，正是越来越多这样的"自负者"取得了巨大的成就，才让人们对曾经深信不疑的观念产生动摇，李书福就是"自负者"之一。

1997年李书福开始造汽车的时候，中国的汽车市场已经被大众、通用、标致、丰田这样的跨国巨头蚕食得一片狼藉，根本没有国产自主品牌的立足之地。早在1991年11月25日，中国硕果仅存的国产轿车——"上海"牌轿车宣告停产。在此之前，国人曾经引以为傲的红旗轿车已经停产。至此，新中国成立后的两大轿车品牌均告消亡。如今的跨国公司各自带着自己的合作者，对中国迅速成长起来的汽车市场指点江山，细分着这个市场。以车型、价格和区域来分割市场的利润，并且在满足中国消费者交通需求的同时，通过合资造车、销售汽车、收取品牌费和设计费的形式来取得巨额的利润。当然，他们对中国汽车业的发展也作出了自己的贡献。

1997年，李书福不顾亲友反对，决意投资5亿元资金进军汽车行业，并抛出一句"汽车不过就是四个轮子加沙发"的疯话，无疑让跨国巨头们贻笑大方。而在1996年的时候，李书福改装两辆奔驰造车的故事在当地更是引起轰动，甚至有人去问他这两台改装车的价格。

李书福不止一次地对《第一财经日报》表示，他要打造一家百年汽车公司，要让吉利的车走遍全世界，而不是让外国车走遍全中国。为了实现他的造车梦，他还曾到国家各部门游说，当某官员曾告诉他"民营企业干汽车无异于自杀"时，他说"那你就给我一次跳楼的机会吧"，由此可见他对自己梦想的执著。

"蚂蚁要避免与大象正面竞争。我可以制造那些大企业认为利润少、不想制造的产品。"李书福是有策略的，他分析过，中国汽车工业发展近20年，从夏利到大众，从广州标致到别克、雅阁，从低档到高档，排量愈造愈高，级别也愈造愈高，价格越来越贵。对于普通老百姓来说，他们需要三四万元价位的车，因为他们口袋里只有那么多钱，买不起十几万元的车。"我的售价也就三四万元，只要成本比别人低，质量比别人好，价格比别人低，薄利多销，我就会有机会。而中国恰恰有这样一块市场没人去开发。"

李书福成竹在胸，一方面，他认为自己的企业经过近20年的发展，已经培养起来一大批高级专家、实用型管理人才，他们在控制成本、加速技术进步、提高质量上有着丰富的经验。现在他造小客车，也是在为3～5年后进入轿车市场积累资金和技术。自己的汽车制造厂与国内汽车巨头、国际老牌公司相比，就像刚出生的婴儿，体内没有脂肪堆积。那些老牌公司时间长了，体内堆积了厚厚的脂肪，成本就高了。自己的产品质量不比别人差，但价格可以比别人更低，这是自己的优势。对于这一点他很自信。他深知那些大企业是不愿意生产这种利润极薄的经济型轿车的。这就为吉利的生产留出了空间。李书福正在将自己的梦想一步步地变为现实。无论时空如何转换、环境如何变迁，这位中国民营汽车业的先驱人物，都像大多数中国富豪一样，在创富历程中坚守着自己的梦想。

李书福不是那种用商学院里的教科书可以定义的企业家，有许多人说他是"汽车疯子"。其实"疯子"是一种精神，一种战略，更是一种专注。正是这样的"疯子"精神，不仅让竞争对手和业界折服，也让许多年轻人视李书福为榜样和传奇。

毋庸否认，创业者要想取得成功，是需要一点"疯狂"的。成功者都是偏执狂，这也是为什么成功的人只有3％的缘故，而"偏执"中就有疯狂的因子。当然，我们应该认识到，这种疯狂不是指盲目的偏执，它代表的是一种大胆的想象、坚定的忘我和专注的执著。把自己的主要精力和时间放在热爱的事业上，最终利用聚焦原则把能量发挥到最大，取得的效果也会最佳。

51. 投资的第一法则：不熟不做

何享健认为，低调务实、清醒冷静、随时准备对自己说"不"的品格，曾帮助美的平安涉过无数险滩，也是将美的做成"百年老店"的核心企业文化精神。何享健说："美的成功的一点，就在于对经营理念的清晰把握，从不乱搞多元化。一来搞多元化的企业，成功案例不多；二来美的暂时还不具备搞多元化的能力；第三，从20世纪90年代以来，美的就明确要集中资源做专业化的白色家电（即洗衣机、冰箱、空调、电暖器等）市场。这是我们做强的关键因素。"

何享健说："早些年，很多人动员我去搞彩电、搞手机，我从不动心。如果当初贸然进入彩电、手机业，我们现在肯定会失败。""中国的市场需求很大，能做好白色家电就已经很不容易，何况白电市场还有很大的蛋糕。未来美的还将继续咬定白电市场不动摇，所有的收购兼并都将围绕白电业务，把规模做大，把产业做大，把区域布局得更合理，这样我们成为白电龙头成功的把握性才可能更大。"

从直流变频空调就可看出白色家电市场之大。直流变频空调代表着未来的发展趋势是整个空调行业的共识，直流变频空调现在还是高价的代名词，消费者的购买热情不高。直流变频何时能成为市场主流，主要取决于普及型产品的价格。

直流变频产品价格下降的瓶颈在于零部件成本。而解决零部件成本问题的条件有两个，即变频控制核心技术和变频零部件采购规模。美的依靠掌握直流变频核心技术，在2009年变频零部件大单采购签约仪式，美的一口气召集了三洋、松下、东芝、IR等在内的12家变频零部件的世界顶级供应商，抛出250万套、价值数十亿的直流变频零部件巨额采购大单。

看好白色家电市场前景的美的开展了大规模的并购活动。华凌、荣事达、小天鹅……十余起大手笔收购，全部克服水土不服的怪圈起死回生，且围绕美的的主品牌，生龙活虎。美的至今十余起并购项目，涉及数十亿元的投资，但收购一个成功一个，放眼广东甚至全国都是没有的，对此何享健很自豪。

美的拥有一整套并购的系统模式，没有十足把握何享健是不会轻易出手的。

首先，要看成本，看美的有没有能力并购，能不能承担并购失败的风险。

其次，系统评估并购企业的真正价值，看它能否给美的带来新的产业增长点。比如收购华凌进入了冰箱行业，并购荣事达则扩张了冰箱产能，同时切入了洗衣机业，收购小天鹅则能帮助美的确立洗衣机的行业地位，收购重庆美通则让美的一举奠定国内中央空调行业的龙头地位。

再次，要看双方企业文化是否能够顺利整合，美的有一个专业的评估团队。

最后，美的还有一套完善的决策机制，只有双方谈判顺利，何享健才去实地考察。

这就是美的成功的秘诀所在，不盲目多元化，集中资源做专业化的白色市场，使这只东方"神鹿"依然以稳健的步伐向前奔跑。

52. 咬定青山不放松，不达目标不罢休

美国商人希拉斯·菲尔德在退休时已经积攒了一大笔钱，然而这时他又突发奇想，想在大西洋的海底铺设一条连接欧洲和美国的电缆。随后，他就全身心地开始推动这项事业。

前期基础性工作包括建造一条1 000英里长、从纽约到纽芬兰圣约翰的电报线路（1英里=1.609千米）。纽芬兰400英里长的电缆线路从人迹罕至的森林中穿过，所以要完成这项工作不仅包括建一条电报线路，还包括建同样长的一条公路。此外，还包括穿越布雷顿角全岛共440英里长的线路，再加上铺设跨越圣劳伦斯海峡的电缆，整个工程十分浩大。

菲尔德使出浑身解数，总算从英国政府那里得到了资金。随后，菲尔德的铺设工作开始了。电缆一头搁在停泊于塞巴托波尔港的英国旗舰"阿伽门农"号上，另一头放在美国海军新造的豪华护卫舰"尼亚加拉"号上。不过，就在电缆铺设到5英里的时候，它突然被卷到了机器里面，被弄断了。

菲尔德不灰心，紧接着进行了第二次试验。在这次试验中，当电缆铺到200英里长的时候，电流突然中断了。船上的人们在甲板上焦急地踱来踱去。就在菲尔德先生即将命令割断电缆、放弃试验时，电流突然又神奇地出现了。夜间，船以每小时4英里的速度缓缓航行，电缆的铺设也以每小时4英里的速度进行。这时，轮船突然发生严重倾斜，制动器紧急制动，不巧又割断了电缆。

菲尔德并不是一个容易放弃的人。他又订购了700英里的电缆，而且还聘请了一个专家，请他设计一台更好的机器，以完成长距离的铺设任务。后来，英美两国的专家联手把机器赶制出来。最终，两艘船继续航行，一艘驶向爱尔兰，另一艘驶向纽芬兰，在两船距离不到13英里时，电缆又断开了；再次接上后，两船继续航行，到了相隔8英里的时候，电流又没有了。电缆第三次接上后，铺了200英里，在距离"阿伽门农"号20米处又断开了，两艘船最后不得不返回到爱尔兰海岸。

参与此事的很多人泄了气，公众舆论也对此流露出怀疑的态度，投资者也对这一

项目没有了信心，不愿再投资。这时候，如果不是菲尔德先生，如果不是他百折不挠的精神、不是他天才的说服力，这一项目很可能就此放弃了。菲尔德继续为此日夜操劳，甚至到了废寝忘食的地步，他不甘心。

于是，第四次尝试又开始了。这次总算一切顺利，全部电缆铺设完毕，而没有任何中断，几条消息也通过这条漫长的海底电缆发送了出去，一切似乎就要大功告成了，但突然电流又中断了。

这时，所有的人都绝望了，只有菲尔德始终满怀信心。正是由于这种坚持不懈的毅力，他最终又找到了投资人，开始了新一轮的尝试。菲尔德买来了质量更好的电缆。这次执行铺设任务的是"大东方"号，它缓缓驶向大洋，一路把电缆铺了下去。一切都很顺利，但最后在铺设横跨纽芬兰600英里电缆线路时，电线突然又断了，掉入了海底。他们打捞了几次，但都没有成功。于是，这项工作就此搁置。

后来，一种性能远高于普通电缆的新型电缆被制造出来。1866年7月13日，新试验又开始了，并顺利接通，发出了第一份横跨大西洋的电报。电报内容是："7月27日。我们晚上9点到达目的地，一切顺利。感谢上帝！电缆都铺好了，运行完全正常。希拉斯·菲尔德。"不久以后，原先那条落入海底的电缆又被打捞上来了，重新接上，一直连到纽芬兰。

有些创业者遇到了一次失败，便把它看成是拿破仑的滑铁卢，从此失去了勇气，一蹶不振。可是，在刚强坚毅者的眼里，却没有所谓的滑铁卢。那些一心要得胜、立志要成功的企业家即使失败，也不以一时的失败为最后的结局，还会为原先的那个目标继续奋斗，在每次遭到失败后再重新站起来，比以前更有信心地向前努力，不达目的绝不罢休。

53. 要么出局，要么做到数一数二

1981年之前，通用电气旗下仅有照明、发动机和电力3个事业部在市场上保持领先地位。2001年，杰克·韦尔奇退休时，通用电气已有12个事业部在各自的市场上数一数二，如果它们能单独排名，那么，通用电气至少有9个事业部能入选500强企业之列。这是杰克·韦尔奇推行"数一数二"战略的辉煌成果。

1981年，杰克·韦尔奇上任后，开始不断向投资者和下属宣传他的"数一数二"经营战略。他认为，未来商战的赢家将是这样一些公司："能够洞察到那些真正有前途的行业并加入其中，并且坚持要在自己进入的每一个行业里做到数一数二的位置——无论是在精干、高效，还是成本控制、全球化经营等方面都是数一数二……20

世纪80年代的这些公司和管理者如果不这么做，不管是出于什么原因——传统、情感或者自身的管理缺陷——在1990年将不会出现在人们面前。"

"数一数二"战略开始的时候并不被人们理解。在20世纪80年代，只要企业有赢利就足够了。至于对业务方向进行调整，把那些利润低、增长缓慢的业务放弃，转入高利润、高增长的全球性行业，这在当时根本不是人们优先考虑的事情。当时无论是资产规模还是股票市值，通用电气都是美国排名第十的大公司，它是美国人心目中的偶像。整个公司内外没有一个人能感觉到危机的到来。但其实当时美国的市场正被日本一个一个地蚕食掉：收音机、照相机、电视机、钢铁、轮船以及汽车。GE的很多制造业务的利润已经开始萎缩。而且1980年美国的经济处于衰退状态，通货膨胀严重，石油价格是每桶30美元，有人甚至预测油价会涨到每桶100美元。这对GE的制造业也是个冲击。

杰克·韦尔奇的战略非常简单明了：一项业务必须做到"数一数二"，否则就"整顿，出售，或者关闭"。杰克·韦尔奇对"数一数二"战略的诠释是："当你是市场中的第四或第五的时候，老大打一个喷嚏，你就会染上肺炎。当你是老大的时候，你就能掌握自己的命运，你后面的公司在困难时期将不得不兼并重组。"

在最初的两年里，GE出售了71项业务和生产线，回笼了5亿多美元的资金。尤其是中央空调业务的出售，在其周围的员工中引起了非常大的心理震动。因为空调业务部是基地设在路易斯维尔的大家电业务部的一个分部，恰好位于GE公司的中心地带。

中央空调业务部门的市场占有率只有10%，这样的市场占有率无法做到由自己掌握命运。GE品牌的空调产品卖给地方上的分销商后，他们带着锤子和螺丝刀"叮叮咣咣"地把空调器给用户安装上，然后他们就开着车一溜烟地回去了。用户们则把自己对分销商服务的不满都记到了GE的账上，他们经常投诉GE。而市场份额大的竞争对手能够获得最好的分销渠道以及独立的承包商。对GE来说，空调是一项有缺陷的业务。

出售交易完成一个月之后，杰克·韦尔奇给原来空调业务的总经理斯坦·高斯基打了个电话，他随同业务转让一起去了特兰尼公司。斯坦说道："杰克，我喜欢这儿。每次我早晨起来到公司上班，看到我的老板一整天都在考虑空调的问题。他喜欢空调，他认为空调非常了不起。而我每次和你通电话的时候，我们总是谈用户的投诉，或者是业务的赢利问题。你不喜欢空调，我知道。杰克，现在我们都是赢家，我们都能体会到这一点。在GE，我是个孤儿。"

这次通话让杰克·韦尔奇进一步认识到：把GE的弱势业务转给外边的优势企业，两者合并在一起，这对任何人都是一个双赢的结局。特兰尼在空调行业中占据领先位置，合并后，原GE空调部门的人员一下子成了赢家中的一员。面对各种反对意见的狂轰滥炸，斯坦的话坚定了杰克·韦尔奇的决心，无论如何，他都要把"数一数二"战略坚决实施下去。

杰克·韦尔奇的"数一数二"战略是对专业化精神富予新意的理解。

在任何领域，只有最大或第二的企业才能避开残酷的竞争，赢得巨额利润。对于众多中国的企业来说，"数一数二"不只是个目标，它还是企业进行整合发展的方式。事实上，对中国企业而言，现在谈"数一数二"最重要的不是排第几，而是在这一思想的指导下不断地积累自身的竞争优势。修正后的"数一数二"能为我们带来真正的效益。

54. 经营企业要耐得住寂寞

董明珠是寂寞的，至少在中国的制冷工业界是这样。她一直把踏踏实实做事的"工业精神"作为格力的发展信条之一，但真正读懂其中含义的人没有几个。

"工业精神"是董明珠进入商海多年提出的唯一概念。2006年3月，在全国人代会上，她提出要弘扬"工业精神"，并且提交了倡导这一精神的议案，她提出两个方面的建议：一方面要在技术研发和自主创新方面多干实事、少说空话、长期作战，要耐得住寂寞；另一方面更要关注消费者的根本需求。

同时，她还提议设立"中国工业家"奖项，由国务院每年举办一次评选，专项奖励中国制造业界具有独特精神内涵的企业及企业领导人，成就中国从制造业大国迈向强国的民族梦想。

很多人对董明珠的做法感到疑惑，一个做企业的人，努力把企业做好，让企业赚到钱就行了，没必要去参与这些不实际的"形而上"的东西，去为这一理想奋力疾呼、高声呐喊就更不应该了。再说，那是全社会的问题，不是一个人就能解决的。在很多人的眼里，董明珠这个人太不"实际"。

与"工业精神"相对立的是我们热情追捧的"商业精神"。改革开放以来，中国的大部分企业都在用"商业精神"来指导企业的发展方向，一切以赚钱为目的，完全抛弃了对社会负责任的精神。其实，这不仅是企业界的一种现象，即使是一些地方的政府部门，也在单纯经济利益的驱动下，忽视了社会的协调、整体发展。

与传统的"商业精神"不同，董明珠所理解的"工业精神"，是指少说空话、多干实事，全心全意关注消费者需求，主动承担社会责任，用企业的力量推动社会发展，所有行为都必须勇敢、自觉地承担起对未来的责任。简单地说，就是要发扬"吃亏精神"。有了这种"工业精神"，就可以把人的力量和智慧无限地聚合起来，实现

最大程度的自主创新，创立民族品牌，推动中国的制造业和经济向前发展，并与世界接轨。

在空调行业习惯于靠价格战来占领市场份额的喧嚣时期，格力却默默无闻地潜心于工业制造，每年都拿出巨资进行产品的研发试验，并且在原材料上涨、空调利润微薄的情况下，毅然采用名牌压缩机、电机以及优质镀锌钢板、螺纹铜管，丝毫不在材料上偷工减料，这就是"工业精神"的表现。可以说，"工业精神"不仅仅是一种"吃亏精神"，它还包含锲而不舍的创新精神。

董明珠说，过于强调商业精神容易使企业变得懒惰，这句话很有道理。为了赚钱，人们用尽各种方法，喜欢靠"捷径"赚钱的企业自然也就忽视了产品的研制开发，最后养成了依赖他人的习惯，往往受制于人。总想着在短时间内赚取暴利，时间久了，产品的技术跟不上市场的需求，最终还是要被市场淘汰。

从短期效益来看，"工业精神"确实是一种"吃亏精神"，因为企业要耐得住寂寞，要投入巨资潜心进行技术开发，这一切，在短时间内都看不到效益。长时间来看，这种做法都是非常值得的，不管是做企业还是做人、做事，都不是短期行为。格力在这种精神的指导下，已经取得了巨大的成功，而且，它正受到越来越多人的关注。

2007年1月20日晚，"2006CCTV中国经济年度人物"评选结果揭晓，首次出现了名副其实的"世界冠军"。董明珠这位"工业精神"的提出者与倡导者，捧走了经济年度人物桂冠。正如颁奖辞所说的那样："十年磨一剑，她永不妥协，专注如一，用'中国制造'创造世界纪录。她让全球为东方明珠喝彩：好产品，中国造。"

清华紫光老总李志强说，企业常常有一种很奇怪的现象，那就是鲜有饿死的，多为撑死的。他说，做企业如做人，如果把企业的规模比作一个人的个儿，把企业的利润比做一个人的劲儿，那么健康的人应该是高大而有力的。但在成长过程中，是先长劲儿还是先长个儿？这其实并不重要，重要的是一定要健康，心态要好。作为企业舵手的企业家，一定要有良好的心态，耐得住寂寞，经得起诱惑，稳扎稳打，进退有度，将企业这条大船稳稳当当地停靠到安全的港湾。

55. 制定准确的发展战略，才能形成有效突破

到2002年年底，经过10多年的经营与市场竞争，李宁公司已经取得了显著的业绩，但也存在不少问题，因此请来IBM的战略咨询服务团队。

IBM分析道，李宁品牌是体育用品行业内第一家中国品牌，"李宁"借中国改革开放、振兴民族产业的历史性契机，完成了"第一冲击波造牌"，先发优势明显：品牌

认知度远高于国内其他品牌，甚至高于耐克和阿迪达斯；产品的综合表现得到广泛认可；沟通成本相对低；以"中国第一家民族品牌"身份抢先建立了与政府和公众的良好关系；专业运动属性有良好基础：创业者本人是专业运动员（自然品牌联想），国家专业运动队赞助活动起步早，国内唯一有潜力以专业属性（单项运动）带动综合性经营的品牌。这在理论上来说，"李宁"有了先发优势，抢占市场后，后继竞争者要以成倍的投入来追赶，才能取得"李宁"今天的成绩。

但拿"李宁"的专卖店与耐克、阿迪达斯的对比，会感觉到"李宁"的专卖店缺少一种气氛，让人觉得不知道在表现什么。而在耐克、阿迪达斯的专卖店空气中都弥漫着一种运动、时尚的味道。另外，李宁公司这么多年虽然做了许多体育赞助活动，但这些体育赞助活动，效率并不是很高。"不做中国的耐克，要做世界的李宁"，这样的口号还是太虚，并不能成为公司的发展战略，公司必须要明确制定自己的发展战略，才能形成有效的突破。

因此，基于对李宁公司问题分析以及"李宁"优势的分析，IBM认为，"李宁"必须在业务发展方向上有所舍弃，应当聚焦资源，将原来"李宁"的品牌优势放大。"李宁"需要把体育专业化作为自己的发展战略。李宁公司欣然同意了这一提议。

有了战略方向感的"李宁"，在十多年积累的基础上，开始注重自己的战术活动一致性。"李宁"原来的情况是：核心消费群老化，产品定位偏向休闲，缺乏专业运动属性，亲和力作为品牌个性没有迎合和满足年轻消费者诉求，营销推广以传统媒体和情感型广告方式为主。改进的方向是定位15～25岁的年轻消费者，淡化对产品休闲性的宣传和推广；塑造专业运动用品形象，塑造运动的、个性的、成功的品牌个性，采用合适的体育代言人，中短期内以产品功能型广告为主，辅以情感型广告，加大运动营销投入。以此策略为指导，2003年2月，李宁公司与"足球先生"李铁签约，双方共同致力于专业足球产品的开发，标志着李宁公司已走向专业足球领域。2004年2月，第一款李宁牌专为足球明星李铁设计的"Tie"专业系列足球鞋问世；2004年9月，第一款李宁牌专业篮球鞋Free Jumper问世，标志着"李宁"进入专业篮球产品领域。实际上，李宁公司已经在2004年年底成功开发了不同体育类别的新型专门鞋类系列，如足球、篮球、网球、跑步及健身等。

在广告方面，"李宁"同时推出了针对提升大众对"李宁牌"运动产品及新型鞋系列认话的功能性广告，2004年4月推出以"李宁带给中国运动飞的力量"为主题的全新广告系列及"一切皆有可能"的品牌理念，这一切在中国市场都取得了令人鼓舞的市场反响。

此外，"李宁"早期就开始了对渠道的调整，李宁公司除了要求经销商必须开专

卖店以外，公司还花大力气为经销商做培训，为经销商培养合格的店长。实际上，到2004年年底，"李宁"的店铺总数量达2 887间，其中，特许经销商经营零售门市2 526间，自营零售店120间和自营特约专柜241间。此外，在北京及上海的黄金地段开设了三间店面较大、陈列及装修现代化的"旗舰店"。而到2005年，这些店面的形象，已经进行了第四次升级，以符合新的发展潮流。

市场是最好的检验者，2002年李宁公司营业额达到约9.58亿元人民币，2003年达到12.76亿元人民币，2004年为18.78亿元，较上年大幅上升47.2%，纯利上升42.0%，而2005年，"李宁"的营业额突破了20亿元。我们看到，"李宁"自2002年年底确定专业化发展战略，短短的两年多时间，便取得了快速发展。

"三年发展靠机遇，十年发展靠战略"，一个只想赚一些钱的企业只要抓住一次好的机遇就足够了，但是对于一个想在十年时间内连续取得成功的企业，没有正确的战略指引是非常困难的。因此，对于想谋求长远发展的企业，建议必须重视战略管理。

56. 将分散资源专注集合成产业化

新东方刚创立的时候，整个出国考试培训市场鱼龙混杂，教学水平良莠不齐，而且由于出国考试是短期培训，创办者的心态大多也是目光短浅、急功近利，北京培训市场也是如此。但是几年过去了，许多竞争者都已经销声匿迹，退隐"江湖"，唯独俞敏洪和他的新东方挺立潮头。

有人曾经将"疯狂英语"创始人李阳与俞敏洪的运作模式进行比较，李阳的煽动能力比俞敏洪强，但是后者的产业化思路比前者好。产业化是一个集合概念，它是指具有某种同一属性的企业或组织的集合，形成社会普遍承认的规模程度、通行法则，并在全社会范围内达到通变，从而完成从量的集合到质的激变，真正成为国民经济中以某一标准划分的重要组成部分。

英语培训是教育行业中具有明显产业化特征的组成部分，它具备充分条件：从20世纪90年代的出国热，到后来人们在职称、晋升、学习中对英语的多样化需求，以及中国加入WTO等国际、国内形势的变化，为英语培训提供了前所未有的大好环境。据统计，2007年我国有5万多家外语培训机构，他们演化出层出不穷的教学手段，让传统英语教育产生分工，产品链逐渐建立，成为知识经济时代的新产业。

俞敏洪认识到，培训学校虽然很多，但是普遍没有做大，主要原因就是对个别教师过分倚重，依赖性太强，而每个教师又可以开一个公司，但是公司却没有做大。所以，俞敏洪需要找更多的合作伙伴，帮他提高英语培训各个环节的质量。这些人不仅专业知识和能力要过硬，而且要和俞敏洪本人有共同的办学理念。他首先想到加拿大的徐小平、美国的王强等同学或者好友。他相信这些人在思维和能力上能够担当起办好新东方的使命，合作也会坚固和长久。

后来，徐小平、王强、包凡一、钱永强等人陆续加盟新东方，他们分别在出国咨询、基础英语、出版、网络等方面各尽所能，为新东方学生搭起了一整条顺畅的英语领域的通道。比如，有学员报了俞敏洪的出国考试培训班，他可以领取由包凡一出版的学习教材，还可以就出国相关事宜咨询徐小平。同时可以参加钱永强负责的"在线教育"进行学习。方法和途径几乎考虑到出国的方方面面，这既迎合了学生的多样化要求，也反映了新东方的产业链模式。

随着俞敏洪和他的团队不懈的努力，新东方取得了很大的发展。2000年，俞敏洪及领导团队成立了东方人投资有限公司，向教育产业化运作迈出了一大步。同年，新东方与联想合作，由联想注资5 000万元，新东方出品牌资源，各占50%股份，成立了联东伟业科技发展有限公司，专门从事新东方远程教学。这是新东方与外界第一次正规合作，新东方的教育理念与教育精神通过现代化科技以更快的速度渗透到社会中的各个角落。

此后，新东方逐步完善对英语培训市场的细化，它在几乎每一块市场都占有一定份额，在每一个领域都有专业人士负责。到2001年，新东方已建立了比较完备的出国培训、基础外语培训、出国留学服务教学体系和其他相关产业体系，市场拓展到中国20多座主要中心城市，奠定了自己在中国外语培训市场的霸主地位。

俞敏洪这条产业化发展之路，走得坎坷、曲折，但是没有失去方向。中国有不少新兴行业，身处其中的企业可参考这种产业化思路。

57. 卖指甲钳也要卖到全国第一

1998年4月的一天，圣雅伦创始人梁伯强顺手从茶几上拿起一张用来包东西的旧报纸，一则名为《话说指甲钳》的文章中提到朱镕基以指甲钳为例，要求轻工企业努力提高产品质量，开发新产品的讲话。他突然有了一个念头——做一个响当当的中国品牌指甲钳。

指甲钳在世界各地都被列为"夕阳产业"，即使在指甲钳生产量最大的韩国。梁伯强在别人的放弃中看到了品牌的希望。整个行业处于品牌的混沌状态，正是大有可为的时候。

梁伯强马不停蹄地考察了世界上五十多个国家，其间，他的一条腿在一次车祸中受伤，但这没有阻止他前进的脚步。当他一瘸一拐地完成了全球长征后，得出结论：这是一个潜力巨大的市场。德国、美国、墨西哥、日本、印度……从最发达的国家到最落后的国家，他都去过。在德国，他见过世界上最好的指甲钳，这是一把德国"双立人"指甲钳，但就是这样一家企业，也只是把指甲钳当作一个附属产品来生产。"双立人"的主业是做厨房用品，由此拉动了指甲钳。日本的绿钟、玉立等品牌，也是贴附在卡通产品上，进行代理生产。

在指甲钳生产力最强的韩国，真正做指甲钳的企业也没有认识到指甲钳的品牌价值。韩国年销售额在1个亿以上的企业有5家，2个亿以上的有2家。这些企业的老板年纪多在60~70岁，而且他们太有钱，已经没有了创业的压力和冲动，有的老板整天喝得醉醺醺的，毫无斗志，在业务操作、产品分销渠道等方面全无品牌意识。纵观全球，世界上没有一家企业想到要做指甲钳品牌，这也是至今世界上还没有一个指甲钳品牌的原因。

品牌的空白正是大显身手之时。梁伯强想，吉列不就是把一个小小的剃须刀片做成了全球最大的品牌而获得成功的吗？自己为什么不下决心做全球最大的指甲钳品牌？

全球指甲钳一年的销售额有60个亿，韩国有超过20亿，中国接近20亿，这两个国家基本垄断指甲钳市场，剩下的分布在一些零星的国家。而高档指甲钳也是以中国、韩国为主。因此做好这两个国家的市场，指甲钳市场就基本完成。中国与韩国的生产力水平差距并不大，关键是体制和资本的积累有差距。中国企业意识不及韩国，资本没有韩国强，同等条件下，技术层面和人的理念不比韩国差。而劳动力工资中国是韩国的10%，中国制造综合成本只是韩国的60%左右，包括原材料、厂房、租金等。因此，中国的指甲钳要与韩国产品竞争并不是太难的事情，因为成本低廉，自己的产品只卖到韩国产品六成的价格，有了价格优势，也就有了打败对手的把握。

如今，摆在我们面前的是各种款式的"非常小器·圣雅伦"产品，有手指甲钳、脚指甲钳，还有小孩子专用的平指甲钳，非常精致。"圣雅伦"已经成为该行业中国第一、世界第三的品牌。

随着韩国产业能力的提高，产业必然会有一次新的更新换代，韩国的指甲钳行业将会进行一次产业转移。梁伯强分析，韩国20亿生产力肯定会流向中国，不可能流向东南亚等其他国家。因为从制造能力来看，从劳动力成本来看，中国比其他地区具有更大的优势。如果不放在中国，就要冒成本增加和品质下降的风险。因此，从世界产业发展来看，中国必将成为指甲钳生产的一个中心，关键是中国如何做好准备来迎接这次产业转移。为了迎接世界指甲钳生产力的转移，梁伯强在小榄征了300亩地，欲打造世界上最大的指甲钳生产基地。

山中无老虎，猴子称大王，进入一个不受重视的行业拼搏是一种一流的竞争策略。貌似赚钱的行业不一定赚钱，而貌似很多人都嫌其小的行业，却赚到了很多钱。行业不在大小，关键在于是否能够赚到钱。本着这个原则，即使在很不起眼的行业，也会因为竞争不太激烈而成为行业老大。

第八章

让品牌无疆界

58. 与外资合作，加强品牌影响力

家电企业是中国最具成熟产业性质的企业。但是在国际化进程中，仍然会犯些冒进主义的错误。而美的，却在低调中凭借谨慎的外资合作和海外策略迅速崛起。

2008年7月，美的电器与开利亚洲公司在广州签约，合资成立美的开利制冷设备有限公司。新公司初始注册资本为2亿元人民币，美的电器出资1.2亿元，持有60%的股份。与开利展开大规模合作，对美的而言是一次机遇把握和质的飞跃。

合资项目定位于空调技术和整机的研发与制造，双方在渠道、制造和产品方面优势互补。新企业主要生产开利海外订单的家用空调和轻型商用空调，不生产"美的"品牌的产品。同时，公司还将依据订单需求进行产能规划，分步进行项目投资与场地布置。

开利亚洲成立于1985年，是美国开利公司的附属子公司。美国开利则是全球最大的暖通空调和冷冻设备供应商，2007年销售收入高达146亿美元，旗下拥有18个研发中心。美的相信，此次合作成功，必将有助于美的空调一直以来的战略目标"国内第一、全球三强"的实现。

据相关人士透露，这份合作协议签署的条款具有"排他性"：开利以后在中国采购的所有家用空调产品必须由合资公司提供。同时，开利交给其他空调厂商的订单也将逐步转给美的开利生产。如此一来，美的能够锁定开利国际市场订单，保证出口数量和合理的利润水平。这样就能拥有庞大的订单数量，美的还可以借此消化部分闲置产能。2007年，美的产销量为1 200万台，但其产能已达到1 500万台。

除了获得订单，美的与开利合作，主要还是希望提升自身水平。借助新合资公司，致力于成为双方稳定与长期的资本、产品、技术甚至品牌合作联盟，美的将充分利用这一契机对接国际品牌制造、技术与管理。

近年来，中国空调业面临困难，内外严峻的形势致使许多中小品牌消失。然而，美的却因对技术的重视跻身空调品牌第一阵营。现在，美的空调的产业链非常完整，像压缩机和电机等核心部件，不仅能实现完全自给，还可输出，从而获得不菲的利润。这就是美的通过产业链高效整合所获得的结果。

其实，美的与开利的合作，也存在一定的风险。其中最值得注意的是，美的的整体实力弱于开利。而开利之所以选择美的，是因为看到对方已经成为国内领先的空调制造及出口企业。它希望通过联手，巩固其全球空调老大的地位。

所以有人认为，美的岂不是在为外国企业打工？对此，何享健非常坦然，他非常务实地说："美的在国内是一个强势品牌、领导品牌，但在国际上最多只是一个中等规模的企业。目前的格局决定了，你不愿意与外资合作，就可能丧失发展机会。很残酷的现实，没办法。通过合作，慢慢积累实力，提高管理水平，提高国际化的能力、产品国际化的程度，才能去战胜它。这是一个企业无法跨越的阶段，你必须交这个学费。保护是保护不出一个企业，保护不出一个产业的。只有参与全球化的竞争，中国的一些企业才能脱颖而出。"从整个环境来看，目前的中国制造和当年的美国制造、日本制造相比，是有竞争优势的，有成本优势，有大规模制造优势，有市场优势。日本造和美国造都发展成中国造，虽然今后的脸孔不同，是美国脸、日本脸，但都是中国造。

任何一个企业想把自己的品牌移植到国外的土壤上去，都需要冒水土不服的风险，所以我国不少在海外推广自有品牌的中国企业都以失败而告终。美的在国际化方面"宁可走慢一两步，不可走错半步"，采取了与国外企业合作的方式，增加了自身的适应能力，也顺利地推广了自己的品牌。这种方式非常值得进行海外扩张的企业吸收借鉴。

59. 最好的救市方式就是谋求更大的发展

当众多商家都在凛凛寒风中裹着衣服"猫冬"，寻求生存之时，2008年11月18日，在央视2009年度黄金资源广告招标会上，居然之家以总额5 900万元的大手笔买下央视一套和二套重要标版广告段位，一时间让家居业界为之震动。

对此居然之家总裁汪林朋说："最好的救市方式就是谋求更大的发展。"无论经济形势怎样，永远只有灭掉的企业，没有灭掉的行业。北京家居品牌向全国市场的渗透，预示着全国性品牌与地方性品牌的份额争夺战将更加激烈。家居行业要发展，居然之家就会走在前面，这将是品牌的力量。

居然之家对央视广告志在必得，主要原因在于居然之家已经走上了全国扩张的道路，在全国范围内拥有了知名度。目前，居然之家在武汉、太原、沈阳、西安、济南、哈尔滨、昆明、重庆、呼和浩特等城市开了分店。并且，居然之家不会因为金融危机的影响而放弃既定的全国拓展计划，还要在已经拥有15家分店的基础上，在石家庄、郑州和武汉如期开设分店。

一般来说，每年3～6月是销售回升的重要时机，居然之家这时打广告无疑能够配合"五一"前后的新店开业。央视二套的全年广告则是天天向全国消费者强化居然之家的品牌和服务，让"装房子、买家具，我只来居然之家"这句广告语传到千家万户，变得耳熟能详。

汪林朋表示："居然之家的全国拓展战略不会变，我们对2009年的消费需求持乐观态度。越是在市场艰难的时候，越应该保持自己的战略步伐。只有战略持续稳定，才有可能抗击风浪袭击。"而居然之家的逆势投入，无疑为"寒冬"中的家居行业"打了气"。北京市场协会家居市场分会秘书长刘晨认为，居然之家的举动是给低迷的家居市场注入了一剂强心针，有助于大家对行业的未来看得更清楚，那就是：发展将是最重要的主题。跟随居然之家拓展全国市场的意风家具董事长温世权表示，居然之家这样做，一是打响居然之家"第一家居渠道"的知名度，让商户不用担心赚不到钱；二是给消费者建立信心，增加对居然之家的关注度和认可度，"无论从哪个角度说，居然之家此举都对整个行业发展起到了积极作用"。

还有，业内人士认为，无论经济形势良好还是恶劣，市场上永远只有倒闭的企业，没有倒闭的行业。居然之家作为北京家居卖场的领军企业，以提升品牌的方式增强自身影响力，当是明智之举。

据了解，在很多家居同行大喊"冬天来了"，并采取减租、免租等措施之时，居然之家尚维持原有租金水平不变，原因是，在同一城市居然之家同比销售要好于其他卖场。"从卖场统计及商户反映看来，居然之家内的建材品牌还是赚钱的，卖场租金与卖场销量及商户收益直接挂钩，要减租，居然之家也一定是最后一个！"居然之家运营总监张志良说。

居然之家大手笔在央视打广告的另一个弦外之音，是要告诉所有入驻厂商：居然之家有信心、有实力、有准备在市场形势不好之时，带着大家一起赚钱。

温世权承认，意风是跟随居然之家扩张的受益者，在各个城市都很受欢迎，这首先源于意风家具品质好，其次就是得益于居然之家这一强势渠道的良好形象。"居然之家不间断在央视投放广告，并结合当地媒体情况安排宣传计划，比当地卖场在品牌宣传上就胜出一筹，销售情况好是自然的。"他说，进入2008年10月份，意风家具的整体销量也出现了下滑，甚至部分市场下滑幅度达到了中高端家具平均下滑度，但他仍然很乐观："这个时候谁说不下滑那是假话，我们现在的原则就是'剩者为王'，意风要做'剩者'是没有问题的！"

如果说过去由于市场的自然暴涨形成的强劲消费力增长让很多品牌、卖场都挣钱的话，那么现在需求处于平稳甚至下滑状态之时，各个企业要在相对固定的蛋糕里分切一块自己的份额，就意味着此消彼长。谁的品牌好，谁有更好的服务，谁就能抢得更多的蛋糕。正如汪林朋所说，家居市场格局的重新分配早晚会出现，只有最适合市场需求的卖场才能生存下来并逐渐形成寡头。居然之家的品牌策略，正是为那一天的到来预备坚实的基础。

60.　严把质量关，以高质量赢得客户和市场

1991年，格力电器刚成立的时候，一条破旧的窗机生产线年产能不过2万台，而竞争对手却已经达到几十万台甚至上百万台的产量。格力经营举步维艰，甚至连员工的工资都快发不出来了，多次到银行借款都被别人婉拒，或者干脆吃闭门羹。

但格力创业者们没有气馁，在公司成立之初的一次全体员工大会上，朱江洪激昂地说："既然选择了做空调这条道路，我们就要义无反顾地走下去，做好它，并做成中国最好的空调！"就是靠着这样的信念，格力的设计人员夜以继日地工作。

20世纪90年代初，整个空调市场形势一片大好，产品还没下线，就已经有大批订单等着，无论质量好坏统统被搬上货车销往全国各地。创立之初的格力还处在模仿制造初期，为了赶产量，疏忽了质量上的管理。

有一次，有些刚安装的格力窗机居然无法启动。经过检查，发现是在运输过程中空调的铜管被震断了。最难堪的事情发生在1994年，在意大利首都罗马，一家正在装修、即将开业的餐厅里，当工人们正在安装从中国运来的格力空调时，一台正在试运行的空调发出"哗哗"的响声。

当时朱江洪正好在意大利进行用户调查。客户盛怒之下将他奚落了一番，面红耳赤的朱江洪亲自拆机检查，机子打开后，大家都傻眼了——一块海绵正在风叶上飘动。得罪客户的罪魁祸首居然是一块没有粘紧的海绵，这种耻辱让朱江洪痛定思痛，下了一个影响企业发展的关键性决定：狠抓质量，打造精品。

从1995年开始，格力开始进行全面的质量整顿。设立零部件筛选分厂，进厂的每一个零配件，都要经过各种检测，合格后方能上生产线。当年年底，格力公司开始推行精品战略，制定了《总经理十二条禁令》，对生产过程中最容易发生问题的操作做了严格规定，任何员工只要违反其中的一条，一律予以辞退或开除。

在质量管理方面，同为家电企业的海尔很早就以重视质量闻名业界。张瑞敏有位朋友在他那里买了台冰箱，但挑了很多都存在着各种各样的毛病。朋友走后，张瑞敏将库房里的超过400台冰箱全部检查一遍，结果发现有76台冰箱都有不同程度的问题。

面对这种情况，有人提议把这些冰箱以低价处理给职工。当时，把残次品低价格处理是很多生产厂家都采用的"老办法"，但张瑞敏不这么认为。他一声令下，76台冰箱被砸成了废铁。当时，一台冰箱的价格是800元，相当于一个职工两年的工资，很多职工砸冰箱时都心疼地流下了眼泪。

格力在质量上下的决心和力度与海尔相比毫不逊色。为了严把产品质量关，格力

下设的技术部、质检部、企管办、总装分厂联合向公司实行空调器质量承包。为了提高质量意识，朱江洪让人在总装分厂厂部放了一把大铁锤，只要有产品质量不达标，就由这四个分部的负责人当众用这把大铁锤砸烂，并对有关负责人进行处罚。若是质量达标了，就给予重奖。

"我们始终坚守这样的信念——只有质量才是企业的灵魂，要从质量入手提升品牌含金量，以高质量开拓市场、赢得消费者。"格力总裁董明珠这样说道。

美国盖洛普商业调查公司曾做过一项民意测验，题目是"你愿意为质量额外支付多少钱？"其结果甚至使那些委托进行调查的人都感到吃惊：大多数用户只要产品质量满意，就愿意多花钱。较高的质量直接带来了顾客的忠诚度，同时也支撑了较高的价格和较低的成本，并能减少顾客的流失和吸引到更多的新顾客。如果说20世纪是生产率的世纪，那么21世纪就是质量的世纪，质量是平和占领市场最有效的武器。

61. 从中国制造到中国创造

美国发生次贷危机的时候，我们并未预料到它的蔓延程度如此之快。直到我国江浙广东沿海大量企业纷纷倒闭的时候，才有点惊心动魄的感觉。这次金融危机的确有些让人防不胜防。据中国金融危机调查报告显示，目前我国半数企业处于危机状态。

巴菲特曾说过："只有在退潮的时候，人们才知道谁在裸泳。"在经济形势一片大好的时候，很多问题都被我们有意无意地给忽略了。即使没有这次金融危机，我国企业现在的发展模式也必然会出问题，不过是一个时间问题而已。我国的很多企业都是从劳动密集型加工工业起步的，这种发展模式的门槛比较低，主要依赖大量的土地、能源、资本、劳动力投入来支撑。长期处于有"制造"无"创造"的状态。特别是现在，低端制造业的不可持续性也越来越明显了：产能过剩、出口受阻、内需不足、原材料上涨、劳动成本增加、国外企业的入侵和吞并……

早就有专家预测说，2012年中国中小企业总数将超过5 000万！盲目扩张，重复性建设，没有核心竞争力的血腥竞争。最终结果是：各领风骚30天，前面的倒下了，后面的又补上来了。结果使钱都让外国人赚了，苦都让中国人受了。由于竞争压力日渐加剧，企业不得不在排污、员工待遇、社会责任等方面下手以减少企业的压力。没有办法，因为你不做，别人会做，世界工厂、中国制造是用我们的生存环境换来的！是用我们国人的血汗换来的！

并且，根据规律，这次经济大洗牌是迟早要来临的。战后全世界所有的主要经济体大致都经历了30年的高增长，然后出现瓶颈，这是一个大循环。我们经济增长到现在刚好已经30年了。30年之后的这次大淘沙，真的很残酷。在国际分工中，我国绝大多数企业被分配到的是附加值最低、最消耗资源、最破坏环境、不得不剥削劳动者的制造环节。而其他有价值的环节基本掌握在欧美各国的企业中。当我们破坏环境、消耗资源、剥削劳动者创造出1美元的产品之后，我们同时也在替美国创造出9倍的价值。所以，中国越制造，美国越富裕。

我国制造业在2006年，还有可能达到5%的净利润回报，2007年降为2%，2008年金融危机一来，大量企业就倒闭了。讲到这里我们就会发现，其实我们大多数的企业都是用已经过时了的商业理论来指导企业的。我们一开始就将自己定位在整条产业链结构中最没有价值的那部分里。根据末位淘汰理论，最先被淘汰的也就是我国这些没有产业链优势的企业。劳动力的优势对个别工厂而言可能是优势，但在整条产业链的竞争下，我们毫无优势。唯一的出路就是转型，从中国制造到中国创造。

从中国制造到中国创造，其实就是思维的转变和创新问题。比如我们的纺织业，平均利润仅为3.9%，而且该行业大多数企业理论上连1%都达不到。我们曾经把国内的廉价劳动力当成是一种与外国企业PK的重要筹码。但是西班牙的飒拉80%都是在欧洲生产的。也许我们会怀疑，欧洲那么高的劳动成本，怎么可能跟国内的低廉劳动力PK呢？但事实上刚好相反。它卖的衣服，不但款式新颖、时尚，而且还特别便宜，比我们国内生产的还要便宜。瑞典的HM进入中国，它的价格比国内还要便宜50%，并且还是名家设计，我国的纺织业又如何与人家竞争呢？

实际上，劳动力成本只占了整条产业链的25%，劳动力成本在整条产业链中并不重要，真正能节省成本的是产业链的高效整合。这才是符合现代商战的创新理论。飒拉为了加快运输的速度，在物流基地挖了200公里的地下隧道，用高压空气运输，速度奇快无比。他们用飞机而不是用轮船将成品运送到上海和香港，虽然飞机的运费很高，但是高效整合下来，总成本还是降下来了。更令人叫绝的还有另外两招。第一招是，他们有意减少需求量最大的中号衣服，故意弄成供不应求的假象。当各位爱美的女性想买中号衣服却买不到的时候，相反会更进一步勾起她们的购买欲。毕竟，人都是这样的，越是得不到的东西越觉得是好的。这样不但加快了周转率，同时吸引了更多的客户。

更令人跌破眼镜的是他们的第二招：放弃自主创新！假设他们一共向市场推出了100件衣服，前天卖了12件，昨天卖了6件，今天卖了7件，他们就根据这三天卖掉的衣服的共性来设计衣服，根据趋势变化稍作修改，而不要创新。这样不但大幅度缩减了产品设计的速度，而且可以在市场需求还没有变化之时迅速推向市场，抓住市场动脉。而他们设计的衣服推向市场的时间不会超过12天。这种新的商业理论就叫作"市

场快速反应"。这种比较前沿的商业理论使得他们的衣服总是最新潮、最受消费者的喜爱。

思维的创新在于源头上的理论和模式创新，当我国很多企业仍然在过时理论的沼泽地里走二万五千里长征的时候，正是国外对我国企业大肆围追堵截的时候。其实很多创新的东西，是已经在国外经过了长期的考验并已经成功了的东西。创新并不是无中生有的创造，而是在模仿的基础上根据国内的实际情况进行创新的。师夷长技以制夷，国外已经有成功的模式摆在那里，我们为什么不直接移植过来用呢？为什么还要很偏执地钻已经没有希望的牛角尖呢？

62. 借口碑搭建快捷通道

自从2004年一曲《2002年的第一场雪》唱响后，刀郎迅速走红，创造了流行音乐界的一个传奇。随后，其第一张专辑更是以超过200万张的销量开创了内地唱片销量的神话。一时间刀郎成为大众热议的对象，刀郎现象更成为人们研究的焦点。

作为刀郎音乐的唱片发行公司，大圣文化其实最初对刀郎音乐的营销策划也是传统的方式。将刀郎的歌曲寄送给各大电台，结果反响并不大。对此，大圣文化作出一个决定：电台不播就自己播。

于是他们将刀郎的专辑免费派发给唱片店、饭店、美容店，让他们循环播放刀郎的这张专辑，以音乐吸引听众前来购买。最开始，他们在青岛的两家唱片店这样播出，效果很快凸显出来，这张专辑在青岛的销售量大增。攻打广州市场期间，他们沿用这种方式，同样取得了成功。

在随后三个多月的时间里，大圣公司的工作人员带着几万张免费唱片在全国范围内展开了一次地毯式的店面销售。从2004年3月份开始，青岛、海南、重庆、成都、温州等城市开始了大量要货。

就这样，刀郎火了。而从刀郎火了的背后，我们看到了刀郎音乐在营销中的一些创新。传统的营销方式是完全按照流程进行，打榜、采访、歌友会，可是这样既专业又成体系的营销方式不一定适合每一个人。并且，有很多人并不关心电台、不关心音乐，更不关心什么排行榜。所以传统的方式在这个信息多样化的时代失去了很多意义。

而大圣文化在营销过程中，就聪明地看到了这一点，发现传统模式不可行，马上转换方式开始进行口碑传播，也就是借别人的嘴树立自己的品牌。

刀郎音乐本身特有的魅力使得它比别的音乐给听众的印象更深刻，人们乐于传播它。同时因为喜欢刀郎音乐的人群很广泛，各个年龄层次的都有，这就为其好的口碑传播提供了巨大的传播人群。更为重要的是，大圣文化的创新营销方式为刀郎音乐的口碑传播搭建了一个快速、畅通的通道。

大圣文化采用的营销方式，虽然看起来要比传统方式复杂、烦琐，但他们也舍弃了中间环节，让刀郎音乐直接面对消费者，通过传唱，将口碑传播的效果发挥到最大，直接刺激听众购买这张唱片的欲望。正是借助于大街小巷各类商店与人群畅通的口碑传播通道，最终成就了刀郎音乐的销售神话。

无独有偶，河北光磊炉业有限公司是国内最早从事民用采暖炉的研制、开发和生产的企业之一，企业依靠过硬的产品技术，经过几年的打拼逐渐在市场上站稳了脚跟。光磊将目标市场定在了农村家庭。据他们调查发现，很多村子往往使用的是同一个品牌的采暖炉，对这一现象，光磊进行了深入的调查。

调查发现，由于条件的局限，农民和外界的接触渠道很有限，很多人一年难得出几次村子，打交道的都是左邻右舍、亲朋好友，聚在一起的时候，他们会交流购物心得，这时，亲朋好友、左邻右舍的意见尤其是有采暖炉使用经验的现身说法，往往会激起购买者的强烈兴趣。而安装队，作为村民眼中的技术专家，又是抬头不见低头见的村里人，他们的推荐更起着决定性的作用。安装队通常是村子里第一批使用炉子者，他们用什么样的牌子，对全村人都起着良好的示范效应。

所以，光磊决策层认为，在农村这个特殊的市场，口碑才是打开市场的利剑，如何塑造良好的口碑成为营销成败的关键。所以，经过深思熟虑，光磊提出了实施口碑营销的战略思路。光磊通过多种宣传，一家买了采暖炉，用着不错，然后通过一传十，十传百的口碑效应赢得了农村市场。

口碑宣传虽然是一种传统的宣传模式，但是确是一种非常有效的手段，但使用这种手段有一个前提就是，一定要让顾客认可，质量是顾客认可品牌的前提和基础。没有质量一切都是空话，甚至会起到一定的负面作用。所以，要想做好口碑宣传，首先要把好质量关，然后深入消费者，让消费者真正了解和认可产品后，才能做到借别人的嘴树立自己的品牌。

63. 树立强烈的商标保护意识

2003年年初，一家名为"加拿大中华老字号商标股份有限公司"的加拿大公司，在当地的面食商品上申请注册了桂发祥十八街商标。天津桂发祥麻花饮食集团公司闻讯后，随即委托天津市一家商标事务所，向加拿大当地法院提出异议。桂发祥经过3个

月的时间终于打赢了官司，拿回了自己的商标。

天津著名化妆品品牌普兰娜也遭遇过商标被抢注事件，普兰娜是在俄罗斯经营得最为成功的中国化妆品品牌之一。而波兰一家代理商以"波兰普兰娜"公司的名义，在欧洲12个国家注册了普兰娜英文商标，并自行生产在俄市场上销售完全不同于国内普兰娜的化妆品，影响了普兰娜的销售和声誉。

由于在俄销售受阻，该企业只能赶快在当地注册普兰娜中文商标，同时申请英文的普兰娜商标，重新改换印刷、制版，以新品牌做市场。可没想到这家公司又在俄抢注了普兰娜的设计包装，并且向中国天津美伦医药集团化妆品科学技术研究院提出侵权质疑。

近年来，我国知名品牌遭遇商标抢注事件在国内外屡有发生，而这暴露了知识产权保护的软肋。

国家商标管理部门最新统计显示，我国商标在国外被抢注的案件每年超过100起，主要涉及化妆品、饮料、家电、服装、文化等多个行业。国外抢注者专挑知名度较高、市场信誉好的企业下手。所以，一个企业品牌要想得到长足发展，就必须要树立产权意识，运用正当的手段保护自己的商标所有权。浙江大虎打火机有限公司无疑是使用这一手段的领先者。

浙江大虎打火机有限公司创建于1992年，是一家专业生产打火机的民营企业。大虎打火机有限公司是中国打火机行业龙头企业，企业积极投入巨资用于科研开发工作，取得丰硕成果，多款打火机的外观、功能设计取得国家发明专利，其中研制开发的直冲式打火机系列产品填补了国内空白，获得浙江省星火科技奖。

大虎打火机有限公司董事长周大虎还联合一批温州打火机生产企业，以振兴民族工业为己任，积极拓展国际市场。他给自己制定的第二步战略是：在较短时间内，以虎牌的优势，领导中国打火机行业，全面占领世界打火机市场，创世界打火机行业的名牌。这样的战略并不是没有根据的，因为除了虎牌的产量和质量以外，大虎打火机已经在30多个国家注册了虎牌商标，设立了总代理和专卖店。产品已形成直冲式、防风式、明火式、燃油式、花样式五大类，几十个系列，上千种款式。

但是，大虎打火机的第二步战略在美国却遇到了阻碍。这还要源于大虎公司董事长周大虎与温籍美国商人邵福宁之间的一段情重于利的故事。

在20世纪90年代初，邵福宁就与周大虎有生意上的来往。当时，邵福宁看到虎牌打火机在美国的市场前景非常好，便于1994年在美国申请注册虎牌商标，1999年注册成功。

近年来温州大虎发展迅速，之前其虎牌商标还被商务部确定为重点培育和发展的出口名牌。要创世界品牌，美国市场至关重要，商标在美国被抢注给虎牌创世界品牌带来了很多不利。为此，周大虎下定决心讨回，并表示不排除用法律手段。据悉，在美国打一场类似的官司需要花上几十万美元。

但当他们与邵福宁交涉之后，邵福宁的一番话让周大虎甚为感动："当年在美注册虎牌，就是为了保护这个商标。如今为了让虎牌有更好的发展空间，争创世界名牌，商标你尽管拿回去吧。"

周大虎立即表示愿意承担2.5万美元商标注册和维护费，并让邵福宁成为大虎的美国总代理。之后，6万只虎牌打火机从温州起运，运往大虎打火机有限公司美国总代理邵福宁那里。据悉，这是温州大虎拿回美国虎牌商标以后，首次向美国发货。这对原以为将对簿公堂的"冤家"，如今已成为"亲家"。

据悉，从1997年开始，大虎已经在超过80个国家和地区注册了商标，但在西班牙、澳大利亚和韩国等多个国家的虎牌商标还是被他人抢注了。周大虎表示，为了创世界名牌，他将不惜代价，努力将商标一一拿回来。

一个知名企业在打造世界品牌的同时，要学会保护自己的品牌不受伤害，这就需要企业树立起品牌保护意识，提前注册自己的品牌，当商标遭到恶意抢注时，应该拿起法律的武器保护自己。

64. 依托优秀的品牌管理系统

在《福布斯》杂志"2008中国潜力企业"评比中，名不见经传的中国动向位列榜首。中国动向所处的运动服饰行业竞争激烈，这里既有以研发和营销见长的耐克、阿迪达斯等跨国公司，也有众多以低成本制造立足的中国本土企业。中国动向能够脱颖而出，依靠的是出色的品牌管理与市场运作能力，还有就是公司管理者在视野与思维方式上的超越。

2006年，中国动向从意大利Basic Net集团买下世界知名运动服饰品牌Kappa在中国内地及澳门市场的所有权。与国际品牌相比，中国本土运动服饰企业的竞争力较弱，制造能力依然是许多本土企业参与行业竞争的核心竞争力。目前，中国各类运动服饰生产制造企业超过400万家，约占全球产量的65%。但是，中国动向避开众多跨国体育巨头短兵相接激烈竞争的专业体育用品市场，将Kappa在中国市场品牌运作定位于运动、时尚、性感、品位，以此让Kappa这样一个有悠久历史的国际品牌在中国内地焕发了青春。

中国动向管理层分析认为，在运动服饰行业各主要品牌中，耐克公司商标是一种

抽象图案，阿迪达斯、锐步的商标是几何图案，彪马使用动物图案，只有Kappa使用人物图案。因此，从产品内在精神表现角度看，Kappa品牌更亲近，易于将社会关系、社会文化等方面联系起来。一直以来，Kappa产品在全球范围的品牌诉求也恰如其分，在融合意大利社会的时尚文化与体育精神方面，在时尚运动休闲市场拥有重要影响力。在中国市场上，与Kappa定位趋同的品牌主要有彪马和斐乐，但两者目前的销售额还很小。根据ZOU Marketing统计，按销售额计算，2006年彪马的市场占有率仅为2.9%，Kappa为6.2%，斐乐的销售额更小。

自2005年9月成立以来，中国动向经历了三个发展阶段：代理、买断和上市。公司管理层在不同阶段提出了不同的企业发展目标，总体而言是：打造中国优秀的运动品牌管理团队。进一步解释，中国动向以在中国打造国际运动时尚顶级品牌Kappa为起步，推动公司整个产业链条紧紧围绕"运动时尚"的差异化路线，锻造核心竞争能力。

中国动向格外注重Kappa品牌的管理与运作，并由此展开包括研发、生产及销售等各项运营工作。中国动向采用与产品定位一致的市场推广及宣传策略，具备产品组合的"运动"及"时尚"两项主要元素。中国动向策略性地提供赞助，并选择公司认为最适合推广Kappa产品的形象及文化且有效针对客户市场的广告渠道。

例如，在2006年德国世界杯期间，中国动向赞助了由中国名人组成的"梦舟队"。身穿Kappa运动服装的梦舟队成员在每场比赛结束后在中国全国性的电视节目中提供赛后评论，这一策略极大彰显了Kappa产品组合的"运动"及"时尚"两项主要元素，取得较好的市场效应。

中国动向还选择品牌理念与其相近的国际品牌进行联合品牌推广活动，如与百事可乐的合作。中国动向还选择能够密切配合其风格及文化的广告媒体，向消费者宣传Kappa的品牌形象及产品信息。除了在杂志上刊登广告外，中国动向还利用室内及室外广告、互联网、广告牌及口碑，为Kappa产品进行宣传，推广品牌知名度。

充分运用"以全球应对全球"思维，进一步整合全球产品设计与研发、人才、市场与渠道、营销与品牌管理等方面资源，夯实产业链竞争力与控制力，提升公司赢利能力与竞争力，从而实现"单一品牌国际化"等企业发展目标。这是众多优秀企业脱颖而出的关键。后起的企业应该吸取他们的经验，充分发挥后发优势，努力成为青出于蓝而胜于蓝的后起之秀。

65. 大事件营销的魅力

2008年8月9日零时7分，北京奥运会最后一棒火炬手李宁在鸟巢上空，经过3分钟的祥云迈步绕场一周后，到了引燃棒前，略微停顿之后，点燃了巨大的祥云火炬。李宁不仅仅点亮了中国百年奥运梦，还点燃了"李宁"品牌的国际化道路。

1990年，广东李宁体育用品公司正式成立，同鼎鼎大名的耐克相比，李宁公司的诞生显得有点微不足道。而经过近20年的发展，李宁牌系列产品逐渐赢得了众多荣誉，李宁牌服装和运动鞋系列不仅被推选为中国明星产品，而且被评为全国服装行业十大名牌之一。

"李宁"虽然在国内市场上取得了不错的成绩，但是同耐克相比，"李宁"还是显得势单力薄。但"李宁"借着谦虚学习的态度，在与耐克的竞争中采取跟随战略，亦步亦趋，步步为营。

在品牌推广上，"李宁"跟耐克非常相似。耐克公司从1980年开始赞助中国国家篮球队，已经与中国28个奥运项目中的22个项目的运动协会或运动队建立了合作关系。

1996年亚特兰大奥运会以及2000年悉尼奥运会，李宁的运动装一直是中国运动员的标准装备。李宁公司还常年赞助了中国乒乓球队、体操队、射击队、跳水队，甚至一些省体育队。为走向世界做准备，2004年8月，李宁品牌伴随着西班牙篮球队扬威雅典奥运会，借势推出专业篮球鞋Free Jumper系列，成为国内第一个进军专业篮球市场的品牌。李宁公司不断加大其体育营销的力度，进一步加快品牌的国际化进程。

面对百年的奥运梦想，李宁对于家门口的奥运会更是暗下决心，打算一展拳脚。但是，李宁的梦还是无情地被击碎了。2007年1月3日，在北京2008奥运合作伙伴的体育用品竞标大战上，李宁根据自身实力确定的竞标出价上限为10亿元，而阿迪达斯最后的出价是13亿元，李宁还是被财大气粗的阿迪达斯击败了。

这就意味着，北京2008年奥运会和残奥会的所有工作人员、志愿者、技术官员，以及参加北京奥运会的中国代表团成员及运动员上台领奖时都必须穿着印有"Adidas"标志的体育服饰。

在此之前，李宁公司调整国际化战略为"先打国际品牌，再做国际市场"，并从2005年开始设计了一系列富有中国元素的产品。因为没有任何一个国家比中国更重视奥运，作为中国本土最大的体育用品公司，奥运营销必须放在战略制高点。

故而，李宁公司还做了两手准备，在失败后的两天内就迅速签约了中央电视台，

赞助所有北京奥运比赛期间的出镜主持人、记者，这个令人拍案叫绝的传播创意甚至成为众多商学院MBA课堂上必讲的教程。李宁公司CEO张志勇表示："投入1块钱拿回10块钱，才是我们这家小公司的战术。"他认为李宁品牌需要颠覆性的思维来开拓体育营销。

奥运会开幕后，很多观众发现，在奥运赛场上为祖国披金夺银的体育健儿，比赛装备多为李宁牌，其实，这正是李宁公司赞助中国射击、体操、跳水、乒乓球四支夺金"梦之队"的又一妙招。据调查显示，在中国运动服饰业里，高达37%的民众"误认"李宁是北京奥运赞助商，只有22%的民众知道真正的赞助者是阿迪达斯。

按照李宁公司一贯的作风以及考虑可能引起的商业利益冲突，万众瞩目的奥运会开幕式点火之后，李宁和李宁公司拒绝了短期内所有媒体的采访，李宁公司政府公关与对外事务总监张小岩表示："李宁点燃火炬并不代表李宁公司，而是代表个人，只是代表13亿中国人。"

尽管如此，李宁公司还是没有放过这次机会。其实，除了李宁公司官方网站的大幅宣传外，李宁还在全国各地推出了各种奥运促销活动。而在一些终端专卖店里，尽管现场没有宣传画，但销售人员无不把李宁"飞天点火"一事挂在嘴边。

对此，北京大学品牌研究中心主任江明华教授说："不用讳言李宁点火对公司品牌的宣传效应，这是客观存在的。李宁点火使得李宁品牌不再是一个简单的Logo，不再是无数的中国品牌之一，而是变得生动立体，成为中国品牌的代表。"

全球第二大广告行销集团WPP总裁苏铭天爵士评论称："不论是对个人还是品牌而言，都令人难以置信！"未花一毛钱，李宁即可在数十亿观众前露面，这对砸下重金取得奥运全球赞助商的阿迪达斯来说，有苦难言。因此，广告业内人士形容李宁点火为：奥运"突袭行销"历史上的最伟大经典作之一。

事件营销是近年来国内外十分流行的一种公关传播与市场推广手段，集新闻效应、广告效应、公共关系、形象传播、客户关系于一体。它就是通过制造具有话题性、新闻性的事件引发公众的注意，使得我们的产品可以在同质化泛滥的产品信息中脱颖而出，走入消费者的视线，因而获得被购买的可能。

也就是说，我们所销售的产品如果能刺激到消费者的"好奇心"，那么，就赢得了销售的第一步。只要我们的产品信息引发了顾客的兴趣，如对产品的广告代言人，或是所推行的新理念、新功能产生兴趣并愿意了解和关注，那么，他就可能成为最后的购买者。

66．精准定位，打造深入人心的强势品牌

众所周知，品牌比产品本身更重要。目前，市场上各类品牌竞争激烈，那么怎样使自己的品牌在竞争之中脱颖而出呢？品牌与品牌之间仍然有强有弱。品牌竞争力强，就处于强势地位，就是名牌、强名牌。反之，品牌就处于弱势或劣势，时间长了，就会危及品牌的生命。

一个国家品牌是否强盛，可以反映出这个国家的国力是否强盛。有的品牌专家甚至说，强势的品牌可以立国。比如，美国人对"可口可乐"高度关心，但是美国社会对于饮料产业并不十分重视，这说明了一个强势品牌在人们心中的地位和影响，它甚至成为了一个国家经济实力的象征。对于一个企业来说，拥有了强势品牌，就等于拥有了特别经营权和品牌忠诚度，它在市场上也就有了"独领风骚"的魅力。那么，怎样打造强势品牌呢？

要打造强势品牌，就要进行品牌宣传推广，扩大品牌的知名度，提升品牌的形象。以前我们常说"酒香不怕巷子深"，但在市场成熟的今天，各种各样的"酒香"都被数量所掩盖。消费者经常受到广告的影响而进行购买活动，品牌的知名度对产品的销售业绩有很大的影响。经济学者郎咸平说："要打品牌战略就要给自己的品牌赋予精神，首先肯定选择打广告、找代言人。但如何打广告却有很多值得注意的地方。比如'李宁'，面对耐克、阿迪达斯的入侵而节节败退，再也没有做过第一。而耐克和阿迪达斯在打广告时选择刘翔、贝克汉姆做代言人，并用一些经典的广告词抓住了品牌背后的运动精神。'李宁'当年之所以成功是因为它打出了运动精神，但是最后的失败也是'淡忘了李宁精神'，因为它'脱离了运动精神'。"

很多时候广告让消费者产生购买欲望，形成首次购买。接下来，品牌的质量让消费者产生继续购买的欲望，并形成对品牌文化的长期认同。要注意品牌的知名度并不是越高越好，品牌的形象是正面还是反面非常重要。有些广告打得很响亮，短期内即迅速提高了品牌知名度，但这样很可能会使消费者形成对品牌的反面印象。只有那些具有精准市场定位的品牌才会有较强的竞争力，才会获得良好的生存空间。

近年来，饮料行业的一匹黑马，罐装饮料王老吉脱颖而出，"怕上火，喝王老吉"的广告语早已深入人心、一鸣惊人。透过下面一组数据，我们不难看到王老吉的增长速度：2002年王老吉销量1.8亿元，2003年销量6亿元，2004年销量15亿元，2005年销量超过25亿元，2006年销量更是超过了35亿元。是什么原因使王老吉迅速飙红，引爆凉茶市场的呢？那就在于它精准的品牌定位。

很多人不知道，早在2002年以前，王老吉已经不好不坏地经营了7年多，虽说小日子过得也还算小康，但却一直默默无闻，固守一方。2002年，专业品牌公司为其做品牌诊断时发现，王老吉没有红起来的最根本的原因在于品牌定位而不在于市场推广。王老吉虽然经营多年，但它的品牌缺乏一个清晰明确的定位，原来的广告语"健康永恒，永远相伴"其实是一个较模糊的概念，企业无法回答"王老吉"是什么，消费者更不会理解。

经过细致的市场调查，专业品牌公司发现，消费者在享受煎炸、烧烤、香辣美食时，特别希望能够预防上火，但是目前市场上的茶饮料、可乐、果汁、矿泉水等显然不具备"预防上火"的功能，而王老吉的中草药配方、125年历史、"凉茶始祖"的身份等要素为其成功打造"预防上火"的形象提供了有力的支撑。最终王老吉明确了自己品牌定位——"预防上火"，这一关键性的定位改变了王老吉的命运，王老吉的销售量随着"怕上火，喝王老吉"的系列广告等品牌推广活动的展开而直线上升。

有了精准的品牌定位之后，有效的品牌推广则是使品牌深入人心的重要手段。王老吉的广告投入可谓大手笔，随着在报纸广告、车身广告、市中心路牌广告、终端广告以及公关促销等方面进行的全方位品牌推广，使"怕上火，喝王老吉"迅速成为路人皆知的口头禅。王老吉强大的品牌推广攻势引爆了其销量的井喷，王老吉的销售额以直线飙升。最终，一个默默无闻的区域性品牌在短短几年里遍地开花，成为全国性的主流饮料。

由此可见，王老吉的成功，关键在于确定了自己特殊且能打动消费者的品牌定位，"预防上火"这一定位具有高度差异性，同时避开了同国内外饮料巨头的直接碰撞竞争，开辟了自己的生存空间，为王老吉迅速引爆凉茶市场奠定了良好的基础，这是值得企业借鉴和吸收的。

第九章

静水潜流，文化天成

67. 对工作投入初恋一样的热忱

"不知疲倦地工作、积极竞争、完全投入。"这句话可以说是微软狂热而又充满激情的文化氛围的最佳注脚。比尔·盖茨每周通常都会工作60～80个小时。无疑，这种狂热的工作精神本身就是一种无形的鞭策，全体员工在他的带动下也变成了工作狂。正是在这种狂热文化的鞭策下，微软的全体员工不断开拓创新，生产出适应市场需求的先进软件。

在公司刚刚创立的头几年，公司聘用了一位42岁的女秘书——米丽亚姆·卢宝，微软的工作氛围让她大吃一惊，因为公司员工都是工作狂，尤其是老板比尔·盖茨。

在和比尔·盖茨朝夕相处的过程中，她发现自己的老板工作极为努力，每星期工作7天，从不休息。有时，他一连好几天都不离开办公室。当她早晨来上班时，常常发现他睡在办公室的地板上。比尔·盖茨一个人的时候，他时常忘记了吃饭，所以米丽亚姆开始像一个母亲那样关心他，提醒他去吃饭，常常在中午饭的时候给他带汉堡包。当他会客时，米丽亚姆看着钟表，主动地来提醒他："比尔，你们快停一停，先吃午饭吧。客人们可能饿坏了，现在已经下午两点钟了。"

微软的工作氛围感染了米丽亚姆，米丽亚姆把公司的绝大部分的管理工作都包下来了，同时她还要尽可能地让那些程序编制人员在最舒适的环境中工作。

比尔·盖茨曾这样说道："每天一醒来，一想到所从事的工作和所开发的技术将会给人类生活带来的巨大影响和变化，我就会无比兴奋和激动。"比尔·盖茨的这句话阐释了他对工作狂热的激情。比尔·盖茨认为，一个能够成就事业的人，最重要的素质就是对工作的狂热激情，这种对工作的狂热态度，已经成为微软文化的核心。

比尔·盖茨的这种工作方式对于好逸恶劳的人来说实在是一种挑战，特别是对于注重休闲生活的美国人而言，夜以继日地为电脑奋斗实在是难事，但微软还是能够吸引大批的人才。

与此同时，比尔·盖茨能够让微软公司的全体员工，或者称工作伙伴，在微软公司里长时间毫无怨言地工作。看来，比尔·盖茨的确已经在微软公司内部营造出一种气氛、一种企业文化，让大家有长时间工作的动力。在比尔·盖茨的带动下，全体员工也变成了工作狂，就此，他说过："这些人，每天都是一边工作，一边想着'我要赢'。故此，在周末工作并不是稀罕的事。"

有怎样的老板就有怎样的员工，激情就是在老板的带动下大家一起创造的，文化其实就藏在每个细节中。因此，企业的管理者只要对工作投入初恋般的热忱，就会形成一股自然的感染力，使其员工也怀有激情地共同创造企业的辉煌。

68.　"松下电器是制造人才的公司，兼做电器产品"

松下电器致力于为人类提供无限丰富的物质产品，并且要为顾客提供第一流的服务，这都需要大量的优秀人才。松下幸之助曾问过业务部的下属："在拜访客户的时候，如果客户问你们：松下电器到底是制造什么产品的公司，你们会怎么回答？"业务部的人事课长回答道："松下电器是制造电器产品的。"松下幸之助说："松下电器是制造人才的公司，兼做电器产品！"

松下幸之助认为，自己一个人的能力是有限的，松下电器公司不能仅仅靠总经理经营，甚至依靠所有干部经营也不行，而是要靠全体职工的智慧来经营。培育人才，开发他们的智慧，这是松下公司实现伟大理想的基础性工作。

那么，松下是如何"造人"的呢？松下幸之助有自己独到的见解：

①注重员工的品德培养。如果员工缺乏应有的品德锻炼，就会在商业道义上产生不良的影响。

②注重员工的精神教育。松下幸之助力主培养员工的向心力，让员工了解公司的创业动机、传统、使命和目标。

③要培养员工的专业知识和正确的价值判断。员工如果没有足够的专业知识，就不能满足工作上的需要，人与知识相结合才能拥有强大的力量；没有统一的价值观，公司就是一群乌合之众，员工如果总能依据公司的价值观判断事务，做事时就能尽量减少失败。

④训练员工的细心。细节往往足以影响大局，如果员工犯一点差错，就可能招致不可挽回的局面，因此培养员工的细心至关重要。

⑤培养员工的竞争意识。无论身处政坛或者商场，都应产生督促自己向上的力量，有竞争意识才能彻底地发挥出潜力。

⑥教育的中心，是以培养一个人的品格为第一。一个具有良好品格的人，在工作条件好时，能够自我激励，一天天地进步；在形势不好时，也能承担压力，以积极的态度渡过难关。

⑦人才搭配要合理。在用人时，必须考虑员工之间的相互配合，如此才能发挥个

人的聪明才智，这是人事管理上的金科玉律。松下幸之助举例说，有三个能力、智慧高强的企业家合资创办了一家公司，他们分别担任会长、社长和常务董事的职位。但没想到三个顶尖人才一起经营的公司却不断地亏损，让人觉得很不可思议。企业集团的总部研究解决对策，最后的决定是请这家公司的社长离开。不可思议的情况再次发生。在留下的会长和常务董事两人的齐心努力下，竟然发挥了公司最大的生产力，在短期内就使生产和销售额都达到原来的两倍。而那位离开的社长，自从担任别家公司的会长后，反而更充分地发挥了他的经营才能，也创造了不错的业绩。

⑧用一个人，就要信任他；不信任他，就不要用他，这样才能让下属全力以赴。用人最重要的技巧就是信任和大胆地委派工作。通常一个受上司信任，能放手做事的人，都会有较强的责任感，会自动自发地去努力。相反地，如果上司不信任下属，会使下属觉得他只不过是奉命行事的机器而已，对于交代的任务也就不会全力以赴了。领导者如果能培养起信任别人的肚量，不但可以提高办事效率，还可以营造光明与和谐的公司氛围。

⑨创造能让员工发挥所长的环境。在日本，越大的机构愈不容易发挥效率。公务员和大企业的员工并不是不想好好地干，而是缺少使他们勤奋工作的环境。身处不能施展才干的工作气氛中，容易有"多一事不如少一事"的思想倾向。企业越大，官僚作风就越浓厚。

⑩适时地提升员工是最能激励士气的方法，也有助于带动其他员工的努力。提升员工，应以员工的才能高低作为职位选定的主要标准，资历应列为辅助材料。如果确信某个员工有60%的能力，便可试用另一较高的职务。这其中有40%是冒险因素，他不一定能胜任，但被提拔的员工常会因公司的信任和支持而努力工作，最终不负众望，将业务管理得有条不紊。可见，对于员工的职位提升，还不能缺少冒险的勇气。

由于松下幸之助长期坚持对人才的培养，最终极大地提高了工作效率，改善了产品及工作质量，使企业获得了持续快速的增长。

员工决定企业的成败，员工弱则企业弱，员工强则企业强。员工进步，企业才能进步。所以，明白这样道理的企业管理者要重视对员工的培养，在不断改善员工的薪资、工作环境的同时，也要加大培养力度，以员工的进步推动企业的进步。享有世界性知名度的企业都把员工培养作为企业发展的重要途径。

69. 用生命的微光，在茫茫黑暗中艰难引领

在任正非的《天道酬勤》这篇文章中有这样一段文字：艰苦奋斗是华为文化的

魂，是华为文化的主旋律，任何时候都不能因为外界的误解或质疑动摇华为的奋斗文化，任何时候都不能因为华为的发展壮大而丢掉华为的根本——艰苦奋斗。

在华为创办近20年后，任正非重新强调"奋斗文化"这一主题，显然是有缘由的，这要从2006年的"胡新宇事件"说起。

胡新宇，2005年成都电子科技大学硕士毕业后，进入深圳华为公司从事研发工作。2006年4月底住进医院之前，他经常在公司加班加点，晚上就在办公室打地铺熬上一宿。他被送入医院后，连续几天的抢救依然没能挽回这位劳累过度的工程师年轻的生命。

任正非刚创业的时候，由于管理体系不完善，加上客户对产品的需求不断增加，员工经常要工作到深夜，累了就铺一张垫子休息，因此在华为有"床垫文化"之说。胡新宇病故后，国内许多大媒体对这一事件纷纷报道，并将胡新宇的病故归因为"过劳死"。当时在社会上引发了一场针对华为"床垫文化"气势汹涌的批判浪潮，认为这种只顾进攻而不顾人性的文化已经不合时宜。其实，任正非从2000年开始就不大提"狼性文化"了，而"床垫文化"属于华为艰苦奋斗精神的重要组成部分，艰苦奋斗是华为文化的魂，是华为之所以能走到今天最重要的推力，是华为在任何条件下都必须坚持不懈地保持的重要文化。

华为不战则亡，没有退路，只有奋斗才能改变自己的命运。任正非指出，华为走到今天，在很多人看来已经很了不起、很成功了。有人认为创业时期形成的"床垫文化"、奋斗文化已经过时了，可以放松一些，可以按部就班，这是很危险的。

任正非说，十几年来，华为高层管理团队夜以继日地工作，有许多高级干部几乎没有什么节假日，24小时不能关手机，随时随地都在处理发生的问题。现在，更因为全球化后的时差问题，总是夜里开会。华为没有国际大公司积累了几十年的市场地位、人脉和品牌，没有什么可以依赖，只能比别人更多一点奋斗，只能在别人喝咖啡和休闲的时间努力工作，只能更虔诚地对待客户，否则就拿不到订单。

任正非继续鼓励说，为了能团结广大员工一起奋斗，华为创业者和高层领导干部不断地主动稀释自己的股票，以激励更多的人才加入从来没有前人做过和先辈从未经历过的艰难事业中，大家一起追寻着先辈世代繁荣的梦想，背负着民族振兴的希望，一起艰苦跋涉。公司高层领导的这种奉献精神，正是用自己生命的微光，在茫茫黑暗中，带领并激励着大家艰难地前行，不论前进的道路上有多少困难和痛苦，有多少坎坷和艰辛。

华为开发国内市场已经充满艰辛，可是在进行海外市场的开拓时，才发现那里的竞争更为激烈，生存更加艰难，如果没有艰苦奋斗的精神，华为的国际化将寸步难

行。如今获得的国际化成就，就是源自无数华为人舍身忘己的奉献精神。

任正非在演讲时充满激情地说，中国是世界上最大的新兴市场，因此，世界巨头都云集中国。华为创立之初，就在自己家门口碰到了全球最激烈的竞争，企业不得不在市场的夹缝中求生存；当华为走出国门拓展国际市场时，放眼望去，所能看到的良田沃土，早已被西方公司抢占一空，只有在那些偏远、动乱、自然环境恶劣的地区，对手动作稍慢、投入稍小，华为才有一线机会。为了抓住这最后的机会，无数优秀华为儿女离别故土，远离亲人，奔赴海外，无论是在疾病肆虐的非洲，还是在硝烟未散的伊拉克，或者是海啸灾后的印尼，以及地震后的阿尔及利亚，到处都可以看到华为人奋斗的身影。

任正非继续说，华为有员工在高原缺氧地带开局，爬雪山，越丛林，徒步行走了八天，为服务客户无怨无悔；有员工在国外遭歹徒袭击，头上缝了三十多针，康复后又投入工作；有员工在飞机失事中幸存，惊魂未定便开始救助他人，赢得当地政府和人民的尊敬；也有员工在恐怖爆炸中受伤，或几度患疟疾，康复后继续坚守岗位；华为还有三名年轻的非洲籍优秀员工在出差途中飞机失事不幸罹难，永远地离开了人间。

十几年的历程，十余年的国际化，伴随着汗水、泪水、艰辛、坎坷与牺牲，华为一步步艰难地走过来了，面对漫漫长征路，华为还要坚定地走下去。可见，良好的企业文化是员工努力奋斗的精神动力，对于企业的发展有着不可泯灭的重大意义。

70. 一页备忘录：把问题搞清楚，把事情搞透彻

想要做成百年老店很难，宝洁之所以做成了百年老店，关键是其有着深厚的文化底蕴。宝洁的企业文化注重以人为本，充分调动员工的积极性和创新精神。同时强调实施品牌战略，把企业文化与市场开拓完美结合起来，并在跨国经营中实现了不同文化的深层次融合，获得了巨大的成功。因此宝洁公司的制度文化也为宝洁成为百年老店奠定了坚实的基础。

宝洁公司的制度具有人员精简、结构简单的特点，并且该制度能与公司雷厉风行的行政风格相吻合。经理们常谈到"深刻明了的人事规则"，宝洁公司的这一制度推动顺利、沟通良好。该公司的标语是"一页备忘录"。

该公司的前任总经理理查德·德普雷强烈地厌恶任何超过一页的备忘录。他通常会在退回一个冗长的备忘录时加上一条命令："把它简化成我所需要的东西！"如

果该备忘录过于复杂，他还会加上一句："我不理解复杂的问题，我只理解简单明了的。我工作的一部分就是教会他人如何把一个复杂的问题简化为一系列简单的问题，这样我们才可以更好地进行下面的工作。"

一次，宝洁公司的一位经理向总经理理查德·德普雷递交了一本厚厚的备忘录。在这份备忘录上，他详细地介绍了他对公司问题的处理意见。没想到，理查德·德普雷连看都没看，就在上面加了一条批语："把它简化成一页纸！"

曾任该公司总裁的爱德华·哈尼斯在谈到这个传统时说："从意见中择出事实的一页报告，正是宝洁公司作决策的基础。"

一页备忘录解决了很大的问题。首先，因有少量的问题有待讨论，复核和使其生效的能力大大加强。一页备忘录使人们的头脑明朗化。其次，建议条目按序展开，简洁、易懂。总之，模糊凌乱与一页备忘录无缘。

查尔斯·埃姆斯是雷兰斯电器公司的前任总裁，现任阿克米·克利夫兰公司总裁。他发表了一个相关的观点："我可以让一位部门经理连夜赶出一份长达70页的意见稿，但我看来做不到的是得到一份只有一页长的稿子、一个图表，只注明趋向和根据这些趋向所作出的预测，然后说：'这三个因素可能会使其表现得更好，这三个因素可能会使其变得更糟。'"

一位金融分析家曾评价宝洁公司说："他们干的是费力活，把事情搞得很透彻。"另一个补充说："他们处理问题很精细，甚至追求完美。"旁观者质疑，如果说报告只有一页长，他们是如何使其处理得如此透彻、如此精湛的呢？部分答案是，他们不遗余力地努力将其浓缩为一页。传统上讲，由助理品牌经理或是年轻的品牌经理起草的第一份备忘录，至少要有15页。另一部分答案是，他们做大量的支持性分析，正如其他人的做法一样。宝洁公司的不同之处就在于，它不会把这些备忘录强加于人。一页备忘录这一风尚的另一个令人信服的特征便是用纸张的数量尽量要少！

这就是宝洁的风格。在宝洁公司随处可以见到"一页备忘录"这条标语。他们坚持只用一页便笺进行书面交流。宝洁的管理者要求员工不遗余力地将报告的精华浓缩到一页纸上，把问题搞清楚，把事情搞透彻。

任何制度都可以简化，为了提高效率，企业可以采用简便的方法加强企业内部的沟通，一页备忘录就是一种行之有效的手段，同时一页备忘录成了宝洁企业文化的一种折射，在公司内部形成了一种风尚。

一页备忘录能把问题搞清楚，把事情搞透彻，能将工作化繁为简。马上行动，追求简单，事情就会变得越来越容易。反之，任何事都会对你和你的员工产生威胁，让你感到棘手、头痛，精力与热情也跟着低下。就像必须用双手推动一堵牢固的墙似

的，费好大的劲儿才能完成某件事情。化繁为简，可以让你的工作变得可行，你的信心和幸福感也会跟着大增。

71. 人尽其才，兼容并包

三星创始人李秉哲把80%的时间用在积聚和培养人才上，其用人特色也成为企业文化的重要组成部分。重视人才，教育、培养人才，大胆起用人才是三星一贯的理念。

三星是韩国最早的采用公开招聘制度的企业，被韩国企业界称为"人才学校"。三星的"人才经营"新战略是：注重吸纳"天才"；善用"个性"人才；敢用奇才、怪才，向全球猎才，为己所用。

在三星人看来，拥有天才或者天才级的人才是最关键的。三星从美国、英国、法国等国家设了MBA课程的一流学府挑选出三星未来的战略人才，其中包括美国的哈佛、沃顿学院，英国的伦敦商业学校，法国的INSEAD等。三星目前已经拥有不少具有世界一流技术水平的天才员工和一大批企业首脑和技术转化，正是这么多的天才级人才构成了三星大厦。

三星是出了名的善用"个性"人才的企业。所谓个性人才，就是整体看起来不算十分优秀和出色，而特定方面有着常人所不及的能力，这些个性人能够在特定的领域里独树一帜。但是，这样的人通常都是不合群的，在协调公事方面有很多的不足，许多企业经营者不喜欢，甚至不会雇佣这样的人才。但是三星认为，"个性"人才对事业极为执著，有可能成为所在领域的专家，一旦经营者能够"用其所长，避其所短"，就可以将大任交给他们。

另外，三星还敢雇佣"奇才、怪才"。三星一直坚持在不同部门大胆任用多重类型的人才，甚至有曾经做过电脑黑客的程序高手，因为其技术出众而被聘请进公司从事开发工作。这些"专家们"并不像人们想象的那样毕业于某个名牌大学，他们大多数都从来没有接受过任何正规的教育，更不用提大学教育了。事实上，在三星的很多高层管理者当中，最初他们所学的专业或者最开始进入的领域，和他们目前在三星的职位一点关系都没有，但是，他们都在三星找到了新的位置和发挥才能的舞台。如三星电子北美市场营销策略高级副总裁彼得·维法德，年轻时是一个音乐厅的钢琴师。后来他还是很喜欢弹钢琴，但他在三星的职位却不再是一个钢琴师，而是一个领导者，为北美的三星市场拓展开发出谋划策。

英雄不问出处，三星注重人才的潜力而不是一纸学历。只要你有本事，你就可以在三星获得相应的位置，是金子在三星就会发光。同时，对三星而言，无论是天才、"个性"人才还是奇才、怪才，在三星都会有用武之地。

在三星，对人才的使用几乎到了"疯狂"的地步。上司会下达让员工感觉近乎疯狂的、看似不可能完成的任务，但他会提供与任务相适应的资源支持，等你埋头干下去，就会发现原先看起来近乎疯狂的任务量，其实还是完全有可能完成的。在三星完成70%的任务量，你就是及格的；而完成80%以上的任务量时，你就是很优秀的了。三星的做法就是给你压力，让人在压力下充分激发潜能和创造性。这种看似缺乏人性化管理的方式，恰好是对人才最大潜能的激发。做到人尽其才，是企业和个人双赢的最佳境界。

"海纳百川、为我所用"的企业文化为得到三星赢得了全体员工对企业的高度认同，对企业战略目标高度的理解，让他们高度自觉地为企业付出劳动，使企业的效率发挥到极致。正是这种理念和精神，使三星以及其所属企业得到了蓬勃发展，并使其能够走出国门，成为世界一流企业。可见，对人才的重视就是对企业未来的一种创造，一个优秀的企业必定重视人才，并能够人尽其才，将人才的力量发挥到极致。

72. "是教你做事，而不是叫你做事"

一个世界级企业的成功绝非偶然。诺基亚的成功是其独特的文化理念的成功，而让人最为感叹的是它独特的"管理之道"。成熟有效的企业文化表现在管理上，使其管理不仅具有相关策略，而且拥有人性化的文化基点，从而使公司保持一个完整的管理系统，使公司的管理系统能够持续激励员工勇于承担责任和创新。诺基亚本身给予员工很大的自由，领导不会催促员工该怎么做，他只会在员工需要的时候提供帮助，为员工搭建一个合理运转的系统平台，与员工共同分享公司的管理。

现代大企业中的通病就是官僚主义。总裁办公室附近的员工，工作几年甚至没能和总裁说上话，在这样的体制下怎么会不犯错误？怎么能获得建设性的意见？这样的企业前途是暗淡的。

诺基亚从不这样，诺基亚强调与员工进行分享式管理，与全体员工分享企业的一切，让每一名员工都知道企业的方向在哪里，如何共同努力去实现它。在实现这个共同目标的过程中，每个经理都相当于一个教练，他的责任就是帮助员工做得更好。"是教你做事，而不是叫你做事"，这是在诺基亚工作的经理牢牢记住的一句话。这样做可以发挥每个人的潜能，而不是仅仅像那些"官僚企业"一样依靠行政命令使其机械地工作。

诺基亚也许是世界上最不官僚的跨国大公司，在公司里经常让人搞不清谁是负责人。每个部门都享有自由，当然必须以遵守一定的制度为前提。这种自由的管理模式，激发了每个人的激情。例如，诺基亚CEO奥利拉让诺基亚成功的秘诀之一就是使员工可以抓住机会，积极采取行动。

奥利拉是个随和的人，作为公司的领导，他还是会让员工们感到敬畏。他是个非常急切地想表达自己的人，据说公司在开业务会时，大家在会议中的争论达到一定的激烈程度时，奥利拉总是站出来，将大家的意见归纳为几点，并指出各自的优劣，然后让大家从中进行抉择。一旦某一条为大多数人所赞同，奥利拉会毫不犹豫地说："好，就这么办。"他知道，任何一个决定都会有风险，而一个决策者应该做的就是在实践中对决策不断修正，而不是在实践之前犹豫不决。

"其实没有什么秘诀，主要是我们这个组织创造了一种让人们的思想互相交流的方式。在这个公司可以用超越常规的思维方法来思考，可以犯错误。"奥利拉这样说，这就是诺基亚能抓住大机遇的秘诀所在。

诺基亚的做法是永远让最具备某项知识的人作出与之相关的决定。诺基亚采取的是循序渐进的方法，它的独特之处是：每个部门都享有自由。这是一个公司上下共享的主题，让其他人来发挥他们的所长，就需要我们去构建一个人员网络。结果，诺基亚成了世界上最不官僚的大公司之一，并且将这种不官僚的气氛渐渐融入诺基亚公司的文化中。可见，给员工一定的自由，让员工自由地发挥他们的特长，对于企业文化的构建以及企业的发展有着重要作用，诺基亚的管理策略值得所有企业管理者学习和思考。

73. 从"要我干"变成"我要干"

张瑞敏首席执行官在接受《中外管理》杂志采访时曾表示："我佩服GE的韦尔奇，他既能把企业做大，同时又能把企业做小。在全球企业中，只有他做到了。"张瑞敏所欣赏的，也正是海尔正在做的。海尔要把每个员工经营成SBU，就是要充分发挥每位员工的创新精神，成为海尔发展的动力，从而保持企业安全稳定、快速永续的发展。

SBU是Strategical Business Unit的英文缩写，即"战略事业单位"的意思，不仅每个事业部，而且每个人都是一个SBU，那么集团总的战略就会落实到每一位员工，而每一位员工的策略创新又能保证集团战略的实现。

海尔的做法是使企业中的每个人都是一个公司，都能够进行自主经营，海尔把这个思路叫作"每个人都成为一个SBU"，其本质是将创新精神作为基因植入员工体内，在这个基础上创造有价值和竞争力的订单。SBU经营作为一种倡导员工自我经营的领先的经营理念和经营方法，一方面赋予每个人一片独立创新的天地，可以最大限度地激发员工的潜能、创造性和积极性，实现员工创新空间和自我价值的最大化，是一种真正的本能管理模式；另一方面，每个人都是一个市场，每个人又直接面对一个市场，每个人的报酬与他的市场订单直接挂钩，按效分配，体现了市场经济时代分配的公平性。

SBU对员工来说，意味着要成为创新的主体，应该通过在为用户创造价值的过程中体现自己的价值，就是经营自我；对企业来说，如果每个人都成为SBU，形成企业的核心竞争力，这才是竞争对手不能模仿和复制的；对用户来说，意味着在网络时代对企业和品牌的忠诚度。如果每个员工都在创新，用户的需求无论怎么变化，企业都能抓得住用户的心。

海尔推行SBU机制的真正意图，就是让海尔的员工不再甘心成为其庞大企业机器里只知被动完成任务的僵化的"螺丝钉"。"因为这种螺丝钉精神和海尔目前的目标——让企业整个系统贴近顾客、迎合市场——存在矛盾。螺丝钉的本位意识是诱发身躯僵硬、行动迟缓的'大企业病'的原因所在。"张瑞敏一语道破"螺丝钉心态"的弊端。

因此，看企业发展前景，不是看它的规模大不大，关键是看它的细胞有没有活力。搞企业的最大问题，就是如何使每个企业的细胞都是活的，而不在于活一天还是活五天。应该保持整体细胞的活力，虽然有老化死掉的，但还会有新的细胞生出来，不断进行新陈代谢。为未来创造价值，为未来活着是海尔永葆活力的关键所在。

海尔这个独特的经营思想正在逐步地被国内外企业界接受和效仿。张瑞敏在第八届"亚洲的未来"国际交流大会上，将刚刚创建的SBU思想献给了听众。三洋电机的井植敏会长评价说："张瑞敏不仅是中国的经营大师，也是世界的经营大师。日本的企业应该向海尔学习，从而也变成快马。"

SBU的真正难点在于实际执行，但是技术上的难题也不容易解决，因为SBU的基础是首先对岗位进行分析，岗位分析的实质是给岗位定价，给人定价。海尔现有3万多员工，按随机抽样调查的样本，至少应发500张调查表，需要做大量的调研和核算工作。

张瑞敏表示，海尔做的就是打通员工与市场的壁垒工作，让每个人都直接面对市场。海尔员工现在每个人都直接面对市场的销售利润，如果员工自己参与的产品在市场上亏损，就不能得到收入，只能从海尔集团借工资、借生活费，而且最多只能借6个月，到时候市场利润再上不来，就会请他离开。所以，SBU把市场的压力直接转移给了

员工。

海尔物流推进本部的采购经理张永劭就是一个典型。他感叹说，SBU把他从一个普通的采购员变成一个采购经理。他以前作为采购员，只管买材料就行了，可现在要参与设计、生产和销售的过程中不少"分外事"。例如他所采购的钢板被用到冰箱上投放市场，一旦用户在这个环节上发生了质量问题，责任一直要追究到他。SBU给了员工最大化责任，还给了员工同样大的创造空间，而后者才是管理者最想赋予员工的东西。

2002年，全球钢板价格不断上扬，张永劭不但保证了集团对钢板的需要，还争得了同行中的最大价格优势。2003~2004年，他更是把客户从海尔扩大到外部，做起了"第三方采购"。在业务越来越多，一个人忙不过来的情况下，他自主决定雇佣了几个人。海尔鼓励像张永劭这样经营几个亿的"微型公司"，让张永劭以老板自居去经营，使企业给他的资源增值，使个人的价值增值。

马斯洛在需求层次论中，明确指出追求自我实现是人的最高需求动机，它的特征是对某一事业的忘我献身。高层次的自我实现具有超越自我的特征，具有很高的社会价值。实际上，这种自我实现体现的就是成就感。

SBU一下子道出了现代企业管理中最本质的东西，即人的最高追求应是自我实现，激活组织中的每一个细胞是每一个领导者最大的梦想。海尔正是通过SBU机制，把创新思维和员工自我实现需求有机融合，使海尔人在一步步的前进中品尝到了成就感，充分挖掘自己的潜能，并进一步形成了海尔人独有的使命感，从"要我干"变成"我要干"，拥有一种掌控全局的责任心。这对于其他企业来说有着重要的启示意义。

74. 不背包袱，不扛大旗，不冒进，要量力而行

长期以来，"实干闯未来"一直是粤商真实而传统的经商心态，而商业功利意识过浓、文化底蕴不足又反映了广东民营企业浮躁、急功近利的心态。

然而，比起其他国内大型企业，美的在何老总的带领下却表现得相当低调。因为美的不想获得政治荣誉，不想树典型、被标榜，也不想要虚名，美的关心的是赚钱，所以很务实。长久以来，在"少说、多做、悄悄干"原则的指引下，美的不仅很少被媒体追踪，甚至连扩大企业知名度的宣传造势也很少涉足，但美的的年增长率自20世纪80年代以来却一直保持在35%的增长势头，这不能不说是一个奇迹。

几十年来，一路低调走过来的美的是稳健的、务实的，它在这个个性张扬、普遍浮躁的社会中继续保持着戒骄戒躁、求实创新的作风，经过大浪淘沙的残酷洗礼，至

今仍保持着持久稳定的增长率。20世纪80年代，美的的年均增长率为60%，90年代为50%……2003年，美的集团实现销售收入175亿元，同比增长30%，其中出口创汇5亿美元，同比增长60%。这些成绩背后，是美的人埋头苦干的务实心态，也正是这样的心态成就了美的。

然而，低调处世也会带来一些问题，比如，可能缺乏二次创业的激情、缺少强势的霸主态势和必要的全球化视野，以及过于微观的操作等。但聪明的美的人巧妙地回避了这些问题，他们用一轮接着一轮的科技创新掀起了创新的激情大潮；他们用宏观的战略眼光果断出击，成就了今天强势的霸主地位；他们用客观务实的海外战略布局，将美的的旗帜插在了大洋彼岸……

从这些成绩中，我们看出了美的所具有的独特优点，这就是美的一直坚持的价值伦理，比如充分尊重顾客的利益，不乱吹、不乱讲，不去编造一些子虚乌有的"概念"等。而这恰恰是中国很多企业最缺乏的，又是最基本的营销道德观。很多时候，虽然我们口口声声说保护消费者利益、消费者至上，可谁又真正把消费者的利益放在首位？谁又能真正做到顾客至上呢？美的的成功，让我们在看到希望的同时，也看到了一些企业的软肋——浮躁、急功近利、好高骛远。

多年来，美的不仅在作风上追求低调，在品牌传播上同样也坚持自己的风格。美的的风格偏向于女性化，有活力，比较柔，比较年轻化，但很清新、很脱俗。因此，美的在传播形式上并不搞铺天盖地的广告战和视觉冲击，而是将重点放在店面设计上。清新典雅的风格、小家碧玉般的脉脉含情，将美的产品的内在韵味表达得淋漓尽致，而追求品位，不搞低俗化、庸俗化的东西也一直是美的的精神所在。对此，美的的一位员工说："我一直反对新闻炒作！市场部曾给了很多方案，包括炒作'非典'……但我说不凑这个热闹。虽然这些对我们的短期效益是有点影响的，但我们还是必须坚持自己，并尽可能从这种坚持当中渐渐得到一些益处，比如注重品牌的提升等……"

2004年，当TCL收购汤姆逊和阿尔卡特为中国企业打开国际化之窗时，何老总没有头脑发热跟风而上，而是表现出超乎寻常的冷静和理智，并对当前形势表现出一贯的低调风格。同年，美国第三大家电巨头美泰克最终耐不住性子主动找到美的，并希望美的能够出手接盘，但何老总给出的意见是：可以接触一下，但送给我，我都不要。因为他非常清楚需求的边界和能力边界，他宁可让机会白白流走，也绝不谋求边界外的任何东西，不去做超出能力的任何事情。

"不背包袱，不扛大旗，不冒进，要量力而行"，这是对美的务实低调、埋头苦干精神的精辟总结。无论是在商场还是在人生的旅途中，一步一个脚印，踏实前进，

稳扎稳打，量力而行都是成功的必要条件。只有稳，才能长久；只有稳，才能越走越远。

75. 给顾客一种家的感觉

在星巴克，有这样的一个理念，他们视顾客为尊贵的上帝，还把顾客当作自己的朋友。

在德国的一家星巴克分店里，有一对情侣经常光顾这家分店，他们被星巴克浓浓的咖啡、热情周到的服务所吸引，再加上星巴克所散发的浪漫氛围，这对情侣简直视星巴克为自己的家，每天下班以后都要在星巴克品尝香浓的咖啡。同时，他们与星巴克的侍者建立了良好的关系。

一天，侍者发现这对情侣只来了一个，小伙子坐在昏暗的角落里叹息不已、郁郁寡欢，失去了往日的潇洒与浪漫。侍者小心翼翼地走近，耐心地询问发生了什么事。年轻人很无奈但很坦诚地告诉侍者，他因为一件小事与女朋友吵架，他现在很后悔，不知道该做什么。侍者用温柔的目光看着年轻人，告诉他要主动向女朋友道歉，坦诚地面对自己所犯的错误，年轻人点了点头。一天、两天、三天过去了，第四天，那对情侣又出现在星巴克的咖啡店里，小伙子用感激的目光看着星巴克的侍者——他的朋友。

顾客至上、文化亲情，给顾客一种家的感觉，这就是星巴克成功的文化基础！

舒尔茨初次来到星巴克时，首先闻到的是咖啡浓浓的芬芳香味，就像没有被打磨成型的钻石那样原汁原味，而他却有信心将这颗钻石打磨得更加璀璨。这种感觉让舒尔茨更加坚信，他今后的生活肯定是与咖啡分不开的。他毅然辞去了悠闲高薪的工作，去星巴克做了一名营销总监。

米兰的一次出差成为舒尔茨人生中的一个重要转折点。在米兰，他进入一家咖啡店喝当地的意大利咖啡，突然有一种重新改造星巴克的灵感产生——一种放松的气氛、交谊的空间、心情的转换，才是吸引顾客的精髓所在。

营销学的第一原理就是满足客户的需求。舒尔茨认为星巴克的产品不单是咖啡，还有在咖啡店的体验。舒尔茨在美国推行了一种全新的"咖啡生活"："星巴克是人们的第三个场所，第一个是家，第二个是办公室，星巴克则介于两者之间。在这里待着，让人感到舒适、安全和家的温馨。"在中国一些有关小资生活方式的文章中经常提到这样一种场景："写字楼里的高级白领们一般上午在办公室，下午则在星巴克泡着。"

"舒适、安全和家的温馨"主要靠在咖啡店中同顾客进行交流来打造，特别是咖啡店服务生同顾客之间的沟通。每一个咖啡店服务生都要接受严格的培训，包括客户服务、基本销售技巧、咖啡基本知识、咖啡的制作技巧等。咖啡店服务生要能够理解客户的需求，在耐心向顾客讲解咖啡的不同口感和香味的同时，也要能大胆地与顾客进行眼神接触。星巴克靠员工的耐心和经验，慢慢地建立与顾客的关系。最初他们以一对一方式教导稍有品位的顾客，告诉他们如何区分各种咖啡的不同，并指导顾客磨豆以及在家泡煮咖啡的技巧。这种与顾客分享咖啡资讯的方法不但为星巴克打响了知名度，也培养了一群忠实顾客。

舒尔茨的策略是循序渐进的，是按一次一个顾客、一次一家商店或一次一个市场来做的。星巴克的标准是：煮好每一杯咖啡，把握好每一个细节。你可能今天面对的是第100位客人，可对客人来说，喝到的却是第一杯咖啡，他对星巴克的认识就是从这杯咖啡开始的。如今每周光临星巴克的人数达到了2 500万人。星巴克的成功证明了一个耗资数百万元的广告不是创立一个全国性品牌的先决条件，充足的财力并非创造名牌产品的唯一条件，顾客的口碑才是最好的品牌效益，只有与客户交朋友，把客户的感觉尊为第一，企业才能长久地发展下去，并创造出永久的品牌。

76. 日落以前解决所有问题

今天的工作必须在今天日落之前完成，对于顾客的应求要在当天予以回应，做到日清日结，绝不延迟。沃尔玛各连锁店的生意都非常好，店员非常忙碌，大家相互依赖，而当天的事情在太阳下山之前必须干完是每个店员必须做到的，不管是乡下的连锁店还是闹市区的连锁店，只要顾客提出要求，店员就必须在当天满足顾客。这就是沃尔玛的工作原则之一。

这条原则规定了所有沃尔玛员工应该在接到顾客、供应商或其他员工的电话的当天对这些电话进行答复。这正是沃尔玛对顾客作出友好服务承诺的一个例子。迅速回应顾客表明关心顾客，沃尔玛不一定要在日落之前解决每一个问题或者完成每一项任务，但它会与顾客保持联络，这体现了沃尔玛公司的一条基本原则——沃尔玛关心顾客。

某一个周末晚上沃尔玛快关门的时候，有一家四口走进沃尔玛设在夏季旅游景点的一家商店。虽然这家店就要关门了，可是店员还是把他们迎进店里，询问他们需要什么帮助。原来这家人刚刚来到镇上自己的夏季别墅，却发现没有水，他们急需买根水管。店员领他们到卖管道的柜台，可是并没有他们需要的水管。这事要是在其他商

店里，并且是周末过了关门时间，多数店员大概会说："对不起，我们这里没有您要的水管，您到其他商店问问吧，再见！"

但在沃尔玛不会这样，当时店员马上打了几个电话帮助订购他们需要的水管。后来他们在一家管道商那里找到了所要的水管，店员和他们一起到管道商那里，帮其挑选出合适的管子，然后送到这家人的别墅里，直到帮其把水管安装好，看到水管里流出水才离开他们居住的别墅，这时已是午夜12点多。沃尔玛店员的热情服务使得这家人在经过长途旅行后可以舒适地享受一下。可以肯定，在以后的日子里，这家人绝对会成为沃尔玛忠实的顾客，并且他们还会给沃尔玛带去更多的顾客。

还有一次，在一个星期天的早上，阿肯色州哈里逊沃尔玛商店的药剂师杰夫接到店里打来的电话，一位同事通知他，有一个顾客是糖尿病患者，不小心将她的胰岛素扔进垃圾箱处理掉了。杰夫知道，一个糖尿病患者如果没有胰岛素就会有生命危险，所以他立即赶到店里，打开药房，为这位顾客提供了胰岛素。

这就是实现沃尔玛商店的日落原则。在这个忙碌的地方，大家的工作相互关联，当天的事情当天完成，即日落以前完成，是员工的做事准则。无论是楼下打来的电话，还是顾客的要求，人人都应该当天答复每一个请求，员工要努力做到日落以前解决所有问题。

就是这样的一种原则，激励着员工时时刻刻为顾客着想，急顾客之所急，想顾客之所想。朴素的原则中孕育着无穷的力量，正是企业发展的成功之道。

第十章

融资、融智、融天下

77. 从做产品到做企业，从做企业到做资本

2007年6月14日上午11点，在深圳证券交易所大厅的显示屏上，深圳成分指数大跌14 520点，跌幅达105%。就在股民叹息时，却见"万绿丛中一点红"，一只代码为000527的股票让人眼前一亮。刚刚还在原地踏步的股价，短短几分钟内，一路直线上扬，丝毫没有震荡的迹象。到下午收盘时，这只股票已经飙升猛涨了58%。

股民们发现，原来这只股票是美的电器。在2007年6月4日股市大跌以后，十天内这只股票已经3次涨停，5次涨幅超过5%。如果从2007年1月起持有这只股票的话，按复权价格计算，股价已经翻了5番，这份巨额收益让人晚上做梦都会数钞票。

究竟是什么让美的股价一路走高？原来美的电器收到了商务部签发的关于非公开发行股票方案的批复文件，原则上同意美的公司向美国高盛集团全资拥有的子公司定向增发75595183股人民币普通股，要求定向发行价格不低于董事会决议公告前20个交易日内公司股票收盘价均价的90%。这意味着美的电器出售10%股权引进高盛作为战略投资者的方案终获商务部的通过。在解决一系列技术问题之后，只需中国证监会的最后核准，一场精心准备三年的资本盛宴就要开始了。

拥抱高盛，是对美的创始人何享健几十年商业经验和生存智慧的肯定和鼓励。在2007年正月初八这天，也就是春节长假后上班第一天的内部高管会议上，低调稳健的他竟然喊道："我要否定自己，去变革！"后来，他在《中国企业家》的独家专访中详述了过去三年中他对美的未来、家族事业、资本市场、经理人与接班人等重大问题的思考与行动。

"我们要从做产品到做企业，从做企业到做资本。下一步，我们的企业不光要讲效益、讲现金流，更重要的是看企业的市值，进行市值管理。现在的世界靠的是科技和资本，只要有钱、有科技，就什么都能做到。"何享健说。

由于家电行业早就高度成熟，要想在全球做大，必须引进资本，才能获得快速成长和持久竞争力。许多国内民营企业认为这是"烧钱"或者"玩钱"的做法，普遍难以接受。他们觉得还是踏实做事赚钱比较实在，用资本来扩张企业风险太大，害怕企业改"姓"，不归自己所有。其实，这种观念需要改变，如果在新一轮资本市场上企业没有眼光，不敢放手进入，等这一轮过后，就很可能被别人远远甩在身后。而且，如今我国经济的腾飞速度举世瞩目，资本市场早已欣欣向荣，虽然尚有不规范之处，但朝气蓬勃的势头令人振奋。这充分说明企业竞争将发生在产业领域之外，新的游戏规则将从此展开，资本说话的年代也将到来。

根据美的集团的"十一五"规划，到2010年，美的将实现1 200亿的销售收入，50亿元的净利润和50亿美元的出口。对此，何享健说："我从来没有说过1 000亿对美的意味着什么。美的的1 000亿是实实在在的，它意味着美的将进入世界500强，意味着美的要进入白色家电亚洲前两名、世界前五名。别人要用几代人、上百年才能做到，我们是一代人、几十年就完成了。"从他轻松的言语中，我们不难体会到其中蕴涵的豪气。

　　与此同时，困扰他多年的家族事业传承问题，正在以一种更加现代化、科学化的方式予以解决。或许不久之后，美的将从一个专注于白色家电及周边产业的传统家族企业升级为一个横跨制造、地产、汽车、金融等多元化投资的控股公司，何氏家族未来也可能不仅仅局限于在一个400亿市值的公司绝对控股，而更愿意在一个1 200亿市值的公司里持有相对多数的股份。

　　截至2007年6月15日，美的旗下的上市公司美的电器的市值高达491亿元人民币，为A股和H股市场所有家电类上市公司之首。其主要竞争对手格力电器的市值为290亿元，青岛海尔为225亿元，而2005年年底，美的电器的市值还不足50亿元。如此大的进步，如此快的增速，令许多人始料未及。这样发展下去，美的集团转型成为控股公司，不做投资也不行了。那美的该如何运作呢？何享健表示："现在我们又开始提收购了，我们在考虑如何通过收购、兼并使美的更产业化、更规模化，龙头地位更高，产品档次更高。我们引入高盛，也是希望能提升我们的资本运作能力，更国际化，有更完善的治理结构。现在整个世界就是靠科技和资本的力量去衡量。有钱，有科技，什么都能做到。"

　　拥抱高盛，是何享健几十年商业经验和生存智慧的积淀擦出的火花、作出的正确选择。他与时俱进的思想也为中国的民营家族企业和传统制造业找到了一条升级之路。对于企业来说，稳扎稳打是必然的，但是在企业丛生的商业丛林中，要想不被人覆盖遮挡就需要不断寻找成长之路，让自己变得越来越强。只有跟上时代的脚步，不断创新，开阔视野，才能不断地发展。

78. 引进资本是实现产业突围的重要路径

　　2008年7月，广东万和集团以1亿元资金注册的顺德首家民营专业性风险投资公司——硕富投资正式挂牌运作。传统制造企业试水风投，对万和来说这并不是什么新鲜事，因为万和已在资本市场闯荡了15年。

　　早在20世纪90年代初，万和集团总裁卢楚其就看到了一个大趋势：中国制造已经

兴起，金融业和制造业紧密相连，但是中国内地只有七八家银行，但中国香港有上百家银行，中国内地如果办银行肯定是大有发展的。因此卢楚其于1993年出资600万参与发起设立中国民生银行——中国首家主要由非公有制企业入股的全国性股份制商业银行。当年的600万股如今已达市值1亿多元，增值高达1 400%。

万和集团也有过投资失败的经历。万和集团与海南立德产业有限公司合作经营一个信息产业公司国科兆信，1999年，海南立德向万和转让国科兆信40%的股权，万和集团落入了对方设下的投资陷阱，有5 000万元的转让金及5 000万元的银行保证金被这个项目牢牢套住。经过长时间的法律诉讼，万和挽回了超过8 000万元资金，最终损失2 000万元左右。而且由于1亿的资金被套牢2年，万和失去了一个极好的投资机会。这件事情的发生让万和获得了宝贵的经验教训：做企业最为重要的就是规避和控制风险，作为投资者，不仅要想到好的收益，更要想到最坏的结局。

万和集团不仅有上述抓住赢利机会的投资，还有一种以渡过危机为目的的投资。1992年，卢楚其研发出中国第一台超薄水控全自动燃气热水器，从供应商向生产商转变，组建万和集团。但同行相互间恶性的竞争使得燃气用具这个行业几乎无利可图。作为集团的主营业务，即便是零利润，万和也没有退路。卢楚其坚信，通过行业的优胜劣汰，三五年后燃气用具的利润肯定会恢复到一个正常水平。万和需要确保自己能在残酷的生存环境下生存下来。万和的策略是借助资本运作实现产业突围，提升品牌影响力并向其他行业渗透。

2002年，万和收购海国实，进入航运等领域。2005年，万和再次斥资并购鸿特精密压铸有限公司，进入汽车零配件产业。卢楚其认为，汽车零配件在中国刚刚兴起，2003年的汽车零配件业就像是20世纪80年代末的家电业。另外，万和同为制造业出身，相关的生产和管理经验都能够直接进行复制和移植到汽车零配件业。万和的航运和汽车零配件产业已经开始实现赢利了。这些多元化经营，帮助万和主业——燃气用具度过了生死攸关的三五年时间。2008年，万和集团公司拥有全资企业3家，控股企业3家，参股企业2家，员工近5 000人，固定资产达10亿元。这其中资本运作起到了很大的作用。

对付外患靠资本收购，对付内忧靠股权改造。1999年后，卢楚其为了应对企业内部体制和管理的危机，逐步着手万和集团股份制改造，形成了"家族核心控股+职业经理人参股"产权模式，创造性地解决了集团中"发展问题"与"安全问题"（卢氏家族对万和的控制力）的对立。

卢楚其说："如何避免发生股东之间的纠纷，这就是怎么选择合作者的问题。这个是最困难的事情。你别看我两个弟弟一个徒弟，应该都听我的，但是他们也有他们的思想，所以不可避免会有意见不合的时候。这样的关系就像一只领头羊和一个羊群的关系。领头羊要冲在前面，有陷阱的话，它肯定是要首先掉进去的。它要地一直领着这个羊群以最快的速度奔跑，在这个过程中，就要建立羊群对它的信任。但是如果你这个领头羊碰到陷阱，就放一只羊先去跑，那早就完蛋了。为什么有人做不了领头羊，因为有好处就先自己捞了。"

资金是企业的血脉，很多企业就是倒在了资金链失血上面。在企业遇到困难的时候，融资显得尤其重要。这个时候引进外资，是实现产业突围最重要的路径。

79．牢牢掌握控股权，才能抓住企业根本

史玉柱认为，对于公司的股权，只有牢牢掌控，才能抓住企业的根本，不至于陷入被动的境地。史玉柱说："我从此再也不搞股份制了。母公司一定是我个人所有，下面的分公司我可以考虑控股。中国人合作精神本来就很差，一旦有了股份，就有了和你斗的资本，会造成公司结构不稳定。"

之所以如此坚决，源自于他的前车之鉴。1989年8月底至9月初，经朋友介绍，史玉柱招聘了三名员工。到10月份，其中一名员工说："我们每个人都应该持有股份。大家应该将赚到的钱分掉。"史玉柱不同意，主张继续打广告。他对员工说："股份的事情可以商量，但每个人25%不可能。软件是我开发的，启动资金是我出的。我至少应该控股。可以给每人10%~25%。"但是，这两位员工嫌太少，闹僵之后，史玉柱非常愤怒，将电脑摔在地上。管财务的员工不参与，另外两名员工只好抱着剩下的几台电脑和打印机，扫兴地夺门而去。

这次经历对史玉柱的影响很大，他坚持认为，以后所有的"根公司"必须自己一人独资。对高管，他采用高薪加奖金的形式，从不许诺股权。他说："后来我就给我的高管高薪水和奖金，就是给比他们应该得到的股份分红还要多的钱。我认为，这个模式是正确的，从此以后，我的公司就再没发生过内斗。"

股权集中的重要性在史玉柱心中的地位始终是不容动摇的。2001年，他复出之后，在央视《对话》节目中谈道："民营企业，开创初期不能股权分散，凡股权分散的企业，最后只要这个公司稍微一有起色，从赚了第一笔钱开始，马上就不稳定，就要开始闹分裂，很多企业垮掉，不是因为它长期不赚钱，而是因为它赚钱，马上就垮掉了。"

万通董事长冯仑也认同这一观点，他说："企业第一阶段都是排座次问题，第二阶段是分经营问题，第三阶段是论荣辱问题，所以我同意史总的意见，一开始产权相

对集中，有利于企业的稳定。"

事实上，股权集中并非百利而无一害。史玉柱也意识到股权过分集中，在企业稳定发展的阶段对企业发展会有不利的影响。他表示："珠海巨人没有及早进行股份化，直接的损失是最优秀的人才流失，更严重的后果是，在决策时没人能制约我，以致形成家长制的绝对权威，导致我的一系列重大决策失误。珠海巨人的决策机制难以适应企业的发展。巨人集团也设立董事会，但那是空的。我个人的股份占90%以上，具体数字自己也说不清，财务部门也算不清。其他几位老总都没有股份，也无法干预我的决策。总裁办公会议虽然可以影响我的决策，但拍板的事基本由我来定。现在想起来，制约我决策的机制是不存在的，这种高度集中的决策机制，在创业初期充分体现了决策的高效率，但当企业规模越来越大、个人的综合素质还不全面时，缺乏一种集中决策的体制，特别是干预一个人的错误决策乏力，那么企业的运行就相当危险。"

虽然史玉柱看到了股权集中的弊端，但他认为股权的过分分散，对于企业的发展也有很多坏处。对于新浪较为分散的股权，他发表了自己的看法："太分散了对企业长期发展不好，我觉得新浪现在需要一个大股东，就像张朝阳、丁磊那样，但它现在形成大股东难了。那些很有钱的，比如说基金，进来对它帮助并不大，我觉得它需要一个灵魂人物，这个灵魂人物是个大股东。它现在盘太大了做不到。"

史玉柱进一步总结了股权在企业发展的各个阶段的作用，他说："企业小的时候，就是一个人决策。企业中等规模的时候，它就要靠一个小的集体来决策。企业再大了，就按上市公司的规则来做。最终一个企业真要做大，它必须要把这个公司社会化了，就是上市了，让社会成千上万的人持有它的股份。"

事实上，随着股份制在中国的快速发展，史玉柱的初衷也有所改变。在史玉柱涉足网络游戏行业后，他在巨人网络中大约占三分之二的股份。刘伟、张路、何震宇、宋仕良、袁晖、汤敏、陆永华都拥有股份，这些都是长期跟着史玉柱的人，他第一次采用股份制的方式和他们合作。也许这个改变是因为史玉柱想更好地激发他们积极性；也许是觉得这么多年了，应该给旧部一次总回报。但母公司巨人公司仍然是史玉柱独资，巨人网络在上市之后，才使股份制发挥了它最大的作用。

80. 大规模进行股权"手术"

正泰的成长过程，是一个非常好的中国本土草根企业转变为大型现代商业组织的样本。

截至2003年，正泰集团已经拥有31亿元的总资产、101亿元的当年销售额和在国内低压电器市场30%的市场份额，并已跻身全球五大低压电器巨头之一。在正泰集团不断成长的过程中，创始人南存辉以过人的胆识和谋略将股权不断稀释，从而以较少股份控制了一个庞大的企业集团，使得一个家族企业走向了社会化。南存辉稀释股权经历了家族成员入股、对加盟企业进行股权改造和要素入股三个阶段。

　　1984年，南存辉与小学同学胡成中每人出资1.5万元加破旧的厂房设备共5万元投资兴办求精开关厂，约定每人股权一半。但这种股权分配存在一个问题：两人在企业重大决策中出现冲突时，谁说了算？尽管两人后来约定厂长和法人代表每年轮流做，但终究不是企业长久发展之计。于是两人在1991年"分家"。

　　1991年9月，南存辉在妻兄黄李益的帮助下融资15万美元，成立了中美合资温州正泰电器有限公司。此后，南存辉又把自己的弟弟南存飞、外甥朱信敏和妹夫吴炳池以及另一位关系稍远的亲戚林黎明揽入正泰公司成为股东，正泰公司成为典型的家族企业。南存辉的个人股份下降到60%。

　　南存辉的第二次产权革命源于国家对柳市假冒伪劣电器的打击。当时存活下来的电器企业不足20%。正泰公司在这次风波中凭其质量过关脱颖而出。在此情况下，柳市的许多电器企业和正泰达成合作，由他们给正泰贴牌生产，正泰收取1%的品牌费和少许管理费。但由于很多加盟企业都有独立的法人资格，很难管理。

　　1994年开始，正泰开始了对48家加盟企业的股权改造，最终完成了对48家企业的兼并联合。"这次改造中，有独立法人资格的企业取消法人资格（给予其股份），健全了股东大会、监事会和董事会，并且实行了所有权和经营权的分离，加强了对分公司的控制力，使集团成为真正的集团。"正泰的股东增加到40名，而南存辉个人的股份也下降到40%左右。

　　正泰在这次股权稀释中获得的好处不只是管理规范化。"想想看，那时候能够出来跑跑码头，把自己的工厂开起来的人，都有各自的资源和能力，股权稀释了，却把一群有能力的人带进了正泰，产品、市场、规模都迅速飙升。"正泰集团因整合了大量的社会资源，净资产从400万左右飙升至5 000万元，南存辉个人的财富也在3年间增加了近20倍。

　　虽然正泰集团在规模上达到了一个空前的高度，但是正泰仍然是一个家族掌权的企业。为了留住家族外的人才，实现正泰的可持续发展，南存辉第三次对正泰动了大规模股权"手术"。

　　1998年，南存辉开始推行股权配送制度，即"要素入股"：管理入股、技术入股、经营入股，这样吸收了几十名"知本"型股东。此时，南存辉个人的股份空前地

下降到不到20%，118位核心股东中，南氏家族成员也只占20%左右。

正泰集团股份有限公司副总裁王永才总结说："正泰的股权开放，股东从1人到现在的400多人，南存辉个人股份从最初的100%到后来的60%再到40%，最后不足30%，现在大家可能更多的会觉得这是南存辉的眼光和胸怀所致，但其实放在当时，也是形势所迫。正是这种'形势所迫'导致的离散型股权结构、非家族资本的介入，使得南存辉领导下的正泰很早就开始实践两权分离（所有权、经营权）和两会制衡（董事会、监事会）的现代企业治理模式。"

南存辉认为："中国当前特定经济环境下，出现了很多有代表性的法人治理模式，如大股东意志治理、强人治理、行政治理、能人治理。正泰治理模式代表家族企业发展的一种探索，治理模式和以上都不同，它是中国式家族企业文化结合了西方现代公司治理理论，虽然不一定成熟，但具有鲜明的时代性。"

中国企业有一个很有意思的现象。一方面，有一大批担心权利被稀释的经营者们、企业家们高喊MBO（管理层收购）。结果股权增加了，权利也增强了，在员工和公众中的影响力却鲜有根本改变；另一方面，有一批从来不控股，甚至要继续减持股份的企业领袖们，用一种独立于股权之外的力量领导着他们的企业。比如，通信设备制造业老大华为公司，施行全员持股，公司创始人任正非个人持股比例不足1%；联想教父柳传志在联想集团持股仅0.28%；马化腾在腾讯公司也只占有12%的股权。但是，没有人否认，这些人在他们的公司里都是绝对的精神领袖、灵魂人物。员工在团队中为共同的目标而努力，这样的团队才是真正有力量的团队。

81. 评估企业的核心是人才

比尔·盖茨在美国与温总理会谈的时候，温总理问比尔·盖茨："你们公司创新的基础在哪里？"比尔·盖茨回答说："我们创新就是靠人创新。"比尔·盖茨曾坦言："如果把我们公司顶尖的20个人才挖走，那么我告诉你，微软会变成一家无足轻重的公司。""在市场竞争的条件下，首先是员工素质的竞争。"

微软公司最根本的财富是什么？代码？还是固定资产？都不是！是那些在微软工作了多年，开发过多个重要产品的开发团队和程序员。为了建立和维持这个一流的研发团队，比尔·盖茨建立了一套很好的网罗顶尖人才、珍惜顶尖人才的机制。这套机制中最重要的就是股票期权激励。

微软是第一家用股票期权来奖励普通员工的企业。公司有年度奖金和给员工配股。一名员工工作18个月后，就可以获得股权中25%的股票，此后每6个月可以获得其中12.5%的股票，10年内的任何时间兑现全部认购权。微软公司职员的主要经济来源并非薪水，股票升值是主要的收益补偿。公司故意把薪水压得比竞争对手低，创立了一个"低工资高股份"的典范，微软公司雇员拥有股票的比率比其他任何上市公司都要高。这种薪酬制度将员工个人利益同企业的效益、管理和员工自身的努力等因素结合起来的做法，具有明显的激励功效。在微软工作5年以上的员工，很少有离开的。有人估计，近3 000人在微软被打造成百万或亿万富翁。

星巴克也是用股权凝聚团队。星巴克创始人舒尔茨出生在一个犹太人家庭，在纽约贫民区长大。他与家人挤在一个狭窄的小公寓里，与兄弟姐妹分享着一张小床。屋外的地面肮脏不堪，飞往肯尼迪机场的飞机每天在屋子上空无情地吼叫。有一天当舒尔茨一进家门，就发现自己靠打杂工维持生计的父亲躺在了床上，原来他的脚踝断了。从此他失业了，由于没有医疗福利，家里的经济更加拮据。舒尔茨说："我永远忘不了这一幕，我父亲是个快垮掉的蓝领工人，他的价值没有得到体现，没有受到尊重，这使他觉得很辛酸和愤怒。所以我下定决心绝不会让这种事情发生在我的雇员身上。"舒尔茨的平民主义思想直接影响了星巴克的股权结构和企业文化，这种股权结构和企业文化又直接导致了星巴克在商业上的成功。他坚信把员工利益放在第一位，尊重他们所作出的贡献，将会带来一流的顾客服务水平，自然会有良好的财务业绩。

星巴克在1991年就设立了股票投资方案，允许以折扣价购买股票，所有员工都有机会成为公司的主人。在星巴克公司，员工不叫员工，而叫合作伙伴，这使得员工有了自己是公司股东的想法。星巴克通过股票期权把员工和企业连在一起，企业要创造利润，公司股价上升，员工手上期权才能获利。例如有一个从肯尼亚移民来美国的普通员工，6年后执行了自己的期权，得到2.5万美金，为自己寡居的母亲建了一栋房子。

20世纪90年代中期，星巴克的员工跳槽率仅为60%，远远低于快餐行业钟点工140%～300%的跳槽率。这充分证明了舒尔茨所建立的激励制度获得了巨大成功。

人才，是企业和社会发展最核心的要素。特别是企业，人才更加重要，企业的职能是"整合资源，创新价值，创造财富"。唯有人才，才能创造。所以，评估企业的核心是人才，人才也是企业最应该重视的资源。

82.　改变"上市就是为了圈钱"的想法

百丽集团旗下拥有百丽、天美意、真美诗、思加图等八大鞋类品牌的超过4 000多家连锁店。同时也是耐克、阿迪达斯在中国最大的运动分销商。百丽于2007年5月在香港上市，短短3个多月，百丽的总市值已逼近800亿元人民币，悄然超越国美，一举成

为港交所市值最大的内地零售类上市公司。百丽集团作为一家产品设计开发、生产、营销和推广、分销和零售纵向一体化的鞋业公司，此次只是把零售连锁店的资产全部装入上市公司，并在招股书中将募集资金主要投入到零售店面的扩张计划之中。

在百丽随后展开的系列并购中，以16亿元并购森达集团最为业界瞩目，以一线城市为主要市场，以主营女鞋为主的百丽收购以生产男鞋为主的森达，将对国内分散的鞋业竞争格局产生深刻影响。这将提高百丽在消费市场的覆盖率、增加整体收益和利润，以及进一步巩固其市场地位。"最近睡不着了，"奥康集团董事长王振滔说，"原来觉得大家目标客户不同，所以没什么担忧。但前几天我带团队去百丽参观，我突然发现百丽已经在大力推广自己的男鞋了，做女鞋的百丽一只脚已经伸到我们男鞋这里来了。"

据中国行业企业信息发布中心数据显示，森达在2006年中国十大鞋品销售收入名列第五，这只北方的老虎被百丽并购激活后更加凶猛，这震惊了中国鞋企，也极大地刺激了中国鞋业品牌上市融资后进行扩张的欲望。

其中，触动最大的当是有"中国鞋都"之称的温州。这个拥有约2 200家制鞋企业，其中规模以上制鞋企业526家、销售年收入亿元以上企业64家的"中国鞋都"，目前竟没有一家企业上市。对上市的不热衷，或许与温州人的天性及所处的创业氛围有关——温州人市场嗅觉敏锐，但同时为人谨慎、低调，因此一直对实业偏爱有加，而对资本运作关注较少，因而理解不深也不感兴趣。

2007年9月，作为内地最大的民营制鞋企业，奥康与全球最大的战略管理咨询公司之一科尔尼结成战略联盟，为登陆港股"备战"。"资本市场大热之时，内地鞋业市场正从产业经济向资本经济转变，市场份额的进一步集中已可预。"王振滔表示，在这个追求速度的时代，温州制造企业也开始考虑资本的力量。

温州市上市办上市工作处处长陈基义认为："上市并不是为了'圈钱'，很多民企逐渐意识到要想把众多资源聚集起来，最有效的方法就是资本运作。"温州鞋企如奥康、红蜻蜓、康奈、意尔康等这些一线品牌均具备上市的条件，因为其从品牌知名度、产品研发、产能、品质、渠道掌控、销售网络、终端形象、资金、人才储备以及赢利能力都比较强。百丽的上市与并购，让温州鞋业老板认识到企业只有借助上市学会资本运作才能做大做强，才能继续在市场上生存。由于2008年遭遇前所未有的资金困难，原材料涨价、劳动力成本上升、人民币升值等给企业带来巨大压力，大企业要解决融资难题，上市已成共识，这使得温州鞋业上市的步伐进一步加快。

俗话说"甘蔗没有两头甜"。任何事情都不是只有好处，没有一点儿坏处的。我们应该客观看待。企业上市肯定是有好处的，比如可以不断利用增资配股筹集资金，还可以增加企业的净市值和债务/股权比，借到低息贷款。如果企业能成功进行境外上市，其在业务市场上的地位自然会大幅度地提高，公司的名声及信誉也会提高，这有助于公司巩固现有的业务，拓展新的业务，也方便兼并收购，促进公司超常发展。

但是，上市也有不少值得我们注意的弊端。网易CEO丁磊公开自己对于网易上市的看法时说，上市就像裸奔，我现在追悔莫及，好像是年轻时犯下的美丽错误。网易于2000年成功登陆美国纳斯达克。丁磊说，上市"会导致公司过于透明"，在这方面在美国上市的网易吃亏尤大。丁磊介绍，美国股市每期季报都要求公司披露详细财务报表，网易每款游戏的盈利收入、玩家的增减和增减比例都需要详尽介绍，对于公司近期的战略安排也要披露。与不上市的对手相比，网易就成为了一个"透明人"，"好像裸奔嘛，一举一动对手都清清楚楚"。

雅虎的创始人杨志远在旧金山举行的Web2.0会议上说，如果他有机会重来，他不会让雅虎这么快上市。过早上市使雅虎公司成为2000年初互联网泡沫破裂的最大受害者之一。

由此可见，创办一家伟大的公司比上市更重要，上市并不是为了圈钱，等企业各方面发展都比较成熟了再上市，对企业和股民都是比较好的交代。上市的目的是让公司运转得更好。但是上市需要具备很多的条件，只有当时机正确、公司内部管理比较完善的时候上市，公司行走得才会更稳妥一些。

83．上市的"马太效应"，让强者更强

马太效应的含义是"富者越富，穷者越穷"。市场竞争中优秀的企业可以上市，上市融资之后可进一步做强做大，最后弱者被淘汰出局，这正是马太效应的体现。碧桂园就是马太效应中的强者的代表。

碧桂园于2007年4月20日在香港联交所挂牌上市，创造了两个财富神话：一是股价当日大涨近1/3，公司总市值由此升至1 163.2亿港元，成为中国内地房地产企业的市值老大；二是公司25岁的大股东杨惠妍，身价暴涨至692亿港元，变身内地新首富。投资者在二级市场的追捧使杨惠妍的财富一日剧增。实际上，碧桂园发行价并不低，但公开发售仍然获得255.7倍超额认购，投资者为什么如此看好碧桂园呢？

首要的也是关键的一点是，碧桂园固定资产比较优质，并有丰富的土地储备与持有物业。知情人士透露，碧桂园已经展开全国布局，"江苏已经拿了超过2 000亩地"。在北京和天津，均有项目储备，"2 000万平方米的土地储备是肯定有的"。随着国家土地节约政策的日益加强，拥有大量土地储备的房地产公司无疑更有发展潜

力。

其次，碧桂园的商业模式也受到了投资者的认可。碧桂园网站有这样一段话："我们的主要业务是开发大型住宅区项目及销售各种类型的产品，包括单体住宅、联体住宅、洋房、车库及商铺。作为综合房地产开发商，我们亦参与建筑、安装、装修、装饰及物业管理业务。同时我们亦开发及管理若干项目内的酒店，使房地产项目具有更完善的配套服务和更大的升值潜力。"以"大规模社区+优美环境+优质产品+五星级管理服务+超级配套体系+合理定价"为内容的碧桂园家园模式受到了市场的普遍青睐，为碧桂园品牌实现从佛山、珠三角走向全国打下了基础。

最后，碧桂园的财务运作思路使其实现了快速扩张。碧桂园通过大规模开发和资产快速周转，以最大限度提高回报。曾有记者问碧桂园现时负债率是多少，财务总监说截至2006年年底负债40亿元，董事长杨国强就打断他说："人家问你现时负债率多少！但其实负债多少不是问题，我们有能力现在便还清所有负债，我们要借钱是为了回报，你要看我们为股东带来多少利益。"2004～2006年，碧桂园每年的营业额及纯利的复合增长，分别达56.5%及141.1%，这对投资者显然很有吸引力。

碧桂园上市之后有诸多好处，从碧桂园的发展来看，不断做大、做强的碧桂园经过十余年的积累已经具备相当规模，尤其是在成功走出广东省，积极进行全国布局的关键时期，为了稳固高速的发展状态，此时进入资本市场运作无疑是最佳时机。

碧桂园在港上市后酝酿大发展，2007年已在广东省内的惠阳、肇庆、韶关，省外江苏泰州、辽宁沈阳、内蒙古满洲里等城市，开拓在建和待建的楼盘近30个。碧桂园的负责人表示，碧桂园将抓住中国城市化快速发展的庞大商机，借助公司在香港上市融资的良机和品牌在全国的知名度，把成功的商业模式拓展到全国新兴的经济高增长地区。

可见，企业要想做大做强首先要具备优越的条件，让自身得到完备发展才能承载更强大的规模，而只有强者才有可能通过必要的途径变得更强。

第十一章
耀眼、温和而沉静的商业典范

84. 成事三要素：天时、地利、人和

《孟子·公孙丑下》曰："天时不如地利，地利不如人和。"《孙膑兵法·月战》有云："天时、地利、人和，三者不得，虽胜有殃。"不管是古代的大圣人孟子，还是大军事家孙膑，都十分强调天时、地利、人和，它是君王治理国家的根本，是军事家制胜的法宝。治商如治国，商场即战场，如今"天时、地利、人和"这六个字也是众多经营者事业有成的秘诀。

所谓天时，就是指机遇，机遇无处不在，但不是每个人都能抓住它。1957年初的一天，李嘉诚阅读新一期的英文版《塑胶》杂志，偶然看到一小段消息：意大利某公司利用塑胶原料制造塑胶花，全面倾销欧美市场。这给了李嘉诚很大的灵感，他敏锐地意识到，人们在物质生活有了一定保障之后，必定在精神生活上有更高的追求。种植花卉等植物，不但需要每天浇水、除草，而且花期短，这与当时抓紧时间工作的生活节奏很不协调。如果大量生产塑胶花，则可以达到物美价廉的效果，他预测塑胶花也会在香港流行。李嘉诚抓紧时机，亲自带人赴意大利的塑胶厂"学艺"。后来的事实证明，他的判断和行为是正确的，他的长江塑胶厂也由默默无闻的小厂一下子蜚声香港塑胶业界。

中国香港是亚太区乃至全世界的金融中心、国际航运中心、地区贸易中心，拥有邻近很多国家和地区不可替代的优越地位。这颗"东方之珠"从20世纪50年代起经济开始复苏，一时间被称为"冒险家的乐园""投机者的天堂""精明商人的世界"。李嘉诚当然十分珍惜每寸土地。他旗下产业横跨地产、酒店、电讯、能源、基础建设、港口、零售、生物技术等领域，事业跨越55个国家，他是华人历史上横跨最多产业、最多国家的企业家。在香港，李嘉诚的产业更是无处不在，食物、香水、美容、服装、药品、家具、计算机、日常用品等，全得经过这家公司。他充分利用香港的地理优势，构建他的商业王国。

一个篱笆三个桩，一个好汉三个帮。李嘉诚懂得，自己本事再大也需要别人配合。他能与任何人成为朋友，甚至对手也可以，这是非常难得的。1991年11月，新上任的财政司司长（主管财政的最高行政长官）麦高乐因宣布增加楼宇转让印花税和限制内部认购比例与李嘉诚结怨，矛盾愈演愈烈，双方剑拔弩张，各不相让。于是，李嘉诚借助招待来访的加拿大卑诗省总督的机会，同时宴请李兆基、郑裕彤、郭炳湘、郭鹤年、何鸿燊、罗嘉瑞等地产巨头作陪，以此与政府"对抗"。后经香港银行公会主席浦伟士调停。地产商们虽然马上妥协，声明接受规定，并无意与银行对立，但是日后的事实证明，李嘉诚等地产巨头只是作策略上的退让。在这场与政府博弈的过程中，地产商能放弃小利纠葛联合起来，无疑是李嘉诚平日里积攒下的人脉关系在其中发挥了重要的作用。

李嘉诚说："不敢说一定没有命运，但假如一件事在天时、地利、人和等方面皆相背时，肯定不会成功。若我们贸然去做，失败时便埋怨命运，这是不对的。"他一辈子奋斗不息、积极进取，善于把握机会，利用条件，和气生财，天时、地利、人和在他身上可谓是完美结合。他的经商智慧也充满哲学的味道，而他制衡的经商艺术更是将以上三者的作用发挥得淋漓尽致。

成功讲究天时、地利、人和。每个人的具体情况不同，性格不同，天赋不同，角色不同，处境不同，机遇也不同，只有结合天时、地利、人和来做企业，才能获得成功。

85.　人气就是生产力

市场永远是千变万化的。一个循规蹈矩的时代刚结束，一个吐故纳新的时代就会立刻来临，混乱中免不了有机会主义者大行其道。于是有人说："世无英雄，遂使竖子成名。"事实并非如此。起码，史玉柱的几番起落，从保健品到网络游戏，都能搅得行业和市场风生水起。他凭借超人的胆识和敏锐的洞察力，成就了一个"山重水复疑无路，柳暗花明又一村"的营销神话。

但是，仅靠个人品质和智慧显然不能在商海翻云覆雨。史玉柱之所以成功，更多的要归功于他对市场和行业的了解，准确和深层次地说，是对消费者的了解。他了解消费者的需求，品读消费者的心理，引导消费者的意识，完全成了引导消费潮流的领航者。

史玉柱认为，消费者是建立品牌最好的老师。正是因为他始终把握着事业成败最关键的因素，始终铭记服务和赖以生存、发展的对象，开展一系列的营销策划，他才能一次次地上演商界的传奇。

崛起，失败，再崛起，贯穿史玉柱传奇的道具很简单，不仅仅是广告和渠道，这也是所有企业拓展市场时必不可少的两件最基本的武器。但在许多营销人看来，市场环境日趋复杂，消费者愈发理性，竞争者层出不穷，媒体不断细分，受众被欺骗，营销更难开展，致使这两件武器不再具有神奇的力量。

一根铁棒，在东海龙王手里只能作为定海神针，到了孙悟空手中却成了降妖除魔、变幻无穷的超杀伤力武器。一样的工具，不一样的思维，所呈现的效用也大相径

庭：以工具的思维模式思考工具的用途，营销人沦为工具的奴隶，为其所役使；以人的灵性发掘工具的价值，从战略高度驾驭工具，营销人才能够化腐朽为神奇，点石成金。

事实上，史玉柱从来都没有蔑视工具、蔑视规则，而是自己琢磨规则，琢磨工具的灵活运用，这背后隐藏的更大学问在于"消费者至上"。无论营销工具如何组合、如何创新，消费者始终是营销的原点，营销人一旦偏离这一原点，产品研发、品牌定位、广告传播、渠道构建、市场开拓只会南辕北辙，背离正确的方向，在错误的道路上渐行渐远。这样一个朴素的道理，其实才是史玉柱传奇的原点，是其营销的传神之处。

但是，明确消费者的地位只是成功的前提条件，史玉柱的高明之处在于始终围绕这根主线营造气氛，大造声势，将所有消费者的目光聚焦到他要进行的销售行为上来。他不惜力气和金钱，通过各种途径翻江倒海，将市场弄得风起云涌，让消费者的神经跟着营销行为跳跃，让对手的策略跟着自己的节奏变幻。他要让自己通过营销手段汇聚起来的人气，通过营销渠道和手段转化为滚滚财源，最终将人气汇聚成财气。这是一种策略，值得民营企业吸收和学习。

86. 变在变之先，方能把握全局

被誉为中国经济领域"奥斯卡"的2006年CCTV中国经济年度人物评选于2007年1月20日晚在北京揭晓，格力电器股份有限公司总裁董明珠榜上有名。

董明珠，她从一个普通的销售员，晋升为国内知名企业珠海格力公司的总裁；她领导的格力集团在各个领域均硕果累累；她改变了行业一个又一个游戏规则；她也让人们对当代女性刮目相看。她充满商业智慧的传奇奋斗经历，用"铿锵玫瑰""营销凤凰"等雅号来形容毫不为过。

无论做什么事，她都把公司的利益放在第一位，时刻提醒自己必须作出正确的判断，实行正确的决策。她深知每一次决策的制定，都关系企业的兴衰存亡。正因如此，她总是能够掌握主动权，高瞻远瞩，运筹帷幄。

无论是初入营销行业所推行的"先付款后发货"方式，还是当上经营部长后的"打大户"行动，董明珠给我们的都是一副牢牢掌握主动权的印象。永远掌握主动权，决不允许自己处于被动的位置，这才是董明珠成功的真正原因。她在进军淮南市场的时候，几经挫折，最后自己总结出了一条经验教训，那就是要"牢牢掌握谈话的主动权，细心观察对方的反应，必要时可以退让半步"。

曾经有记者问董明珠：家电零售连锁的兴起，给现有家电的营销模式带来变革冲击，怎样与渠道合作成为家电企业躲不过的命题，这条路怎么走？董明珠回答，她觉得很多家电企业应该冷静下来，认真分析市场，寻找适合自己的路。她的观点是，企业要适应市场，但是不能随着市场，要有一种主导和改变市场的能力。这就是格力的一种风格。

汤姆·弗里曼在《世界是平的》一书中写道：在过去，全世界只有欧美真正实行资本主义，创造各种产品，而他们只占世界人口的一小部分，全球商业也就是8亿人左右的规模；而现在，技术的发展，以及中国和印度这样的国家发生巨变，让市场规模扩大为40亿人。无论这市场是人才的、制造业的还是销售导向的，这一规模变化导致的都不仅是量变，更是质变。

企业的发展也将面临全球性竞争，激烈程度和压力难以想象，"一招不慎，满盘皆输"。面对变幻莫测的商海，应变也好，预防也罢，其实都不是解决问题的根本，因为无论应变还是预防，主动权都在别人手上。要想真正在瞬息万变的市场中处于主动地位，我们就要学会重定游戏规则，唯有如此，我们才能把握全局，在商战中纵横捭阖，处于不败之地。这需要我们改变原有的思维，需要我们有能够主导未来变化和抢占先机的"变在变之先"的思维。

董明珠就是这样的人。在一个加速度变化的时代，企业家如何才能避免因行动迟缓而带来的损失？"兵来将挡，水来土掩"的应对方式显然过于被动。董明珠似乎给出了答案：要有一种主导和改变市场的能力。她的商业智慧和变革思维让业界为这朵美丽的奇葩而动容，是企业管理者学习的榜样。

87. 有志不在年高，无志空活百岁

戴着硕大眼镜、高高瘦瘦的尹明善原本应该以一个退休书商的身份颐养天年，但是，尹明善偏信我命由我不由天，进入摩托车行业。尹明善这个外行用了10年的时间，成为这个行业的翘楚，进入了富豪排行榜。

当时的情况是，在20世纪90年代号称"摩托车之王"的"嘉陵"和全国名列第二"建设"的眼皮底下，"连摩托车轮子怎么转都搞不清"的尹明善却一心要做摩托车。

1992年，尹明善不顾众多亲友的反对，用东拼西凑的20万元资金，带着仅有的9名员工，创办了重庆轰达车辆配件研究所。

依靠技术创新，2001年全年，力帆集团出口创汇（包括间接出口）2.02亿美元，在

全国摩托车企业中首家出口创汇突破1亿美元，成为全国当之无愧的摩托车出口老大。2002年又被外贸部评为中国进出口500强、全国自营出口企业第23名。此时，力帆的产品已远销东南亚、西亚、欧洲、非洲、南美等40多个国家和地区，彻底改变了人们对民营企业"内战内行，外战外行"的普遍看法。

力帆在摩托车行业已是第一，但摩托车市场已无发展空间。力帆必须寻找新的产业支点。老尹找到了汽车业作为突破口。

2005年，尹明善的力帆集团宣布进入汽车行业。他拿出了24亿元，砸出了一款力帆520。"不信神州无此时，家家买得香车归。"老尹以诗言志，要拿全部身家进入汽车行业。

此前，向汽车行业大举进军的民营企业奥克斯，黯然退出了这一炙手可热的行业，涉足汽车业的波导也低调退出。然而尹明善在民企造车转入低潮的关头，率力帆果敢杀入，既令人钦佩其勇气，又令人担心其前途。对此，尹明善显得很从容。他表示，其他企业退出汽车行业，有其自身发展策略的考虑，力帆的企业性格、产业资源决定了进入汽车行业会有良好的发展空间。

尹明善称力帆造车之路为第三条造车之路。他说，合资造轿车是第一条路，其成就有目共睹。但合资造车没有给国家和民族留下什么技术、品牌积累。合资之路给国外品牌积累了知名度，淡化了上汽、一汽、长安。此外，合资之路还给外资创造了高额利润。外资用30%的资本，占了50%的股本，获得了70%的利润。当然，以合资为主导的第一条道路也有成绩，比如它解决了众多人口的就业问题，为国家创造了巨额税金，增加了中国的GDP，也使中国有了百分之十几的造车技术。

尹明善称第二条造车之路以吉利为代表："一切从零开始，初期绝大多数甚至全部国产化，是自主知识产权，做民族品牌。"但是，尹明善同时声称："这条路无疑将为国家民族积累技术、积累品牌，但方向正确，道路曲折。"

显然，第三条路不同于"合资"之路，也不同于"从零开始"之路。起点在高、低之间，技术在全开放和全封闭之间。第三条造车之路，即核心为坚持自主知识产权，做大民族品牌的"开门造车"之路。他说，力帆将尽一切可能，通过采用世界先进的软硬件技术，采用世界先进零部件，聚集全世界造车人才，来实现自己的目标。

力帆之路和第二条路的吉利、奇瑞等是同盟军，都是着力打造自主知识产权、民族品牌，既着眼于国内市场，又瞄准国外市场。然而这第二、第三条路都是漫长、曲折的，为此尹明善呼吁：民族品牌需要民族市场孵化，中国技术需要中国社会扶持。尹明善对汽车产业发展政策的汽车新政大加赞赏，认为这给民企造车打开了一扇门。

在尹明善看来，自己就是那伺机而动的猫。在外人看来，这只猫有些固执和偏执，而尹明善让我们看到的是老骥伏枥，志在千里的创业精神。一个人的成功是不分年龄的，只要找对了，一直坚持走下去，终会到达目的地。

可见，"胸中有了大目标，泰山压顶不弯腰"。小草有根才能发芽，野心越大，动力也越大。有志不在年高，无志空活百岁。成功的前提就是先立志，先有个目标。

88. 无心插柳柳成荫

卢文兵属羊，自称酷爱吃羊肉，每顿饭都离不开。在外界看来，卢文兵加盟小肥羊的经过有点"无心插柳"。

由于当时小肥羊快速扩张，实行总代理制度，结果不少不合格的加盟店出了问题，严重影响了小肥羊的品牌形象。此时，小肥羊急需外援。小肥羊董事长张钢曾透露，他首先相中的是蒙牛的一个副总裁，力邀其加盟。在张钢第三次发出邀请后，那位副总终于亲自来到小肥羊考察，与他同来的就有当时蒙牛的财务投资总监卢文兵。这件事的结果是张钢将小肥羊5%的股权给了那位副总，而那位副总拿出2%给了卢文兵，两人正式成为小肥羊的股东。

回忆起加盟小肥羊之初，卢文兵说："董事长张钢当时对我说，小肥羊以后要上市，要走资本市场。我对他说，不管上市不上市，想做百年老店必须对加盟商进行管理。"回忆起那段时光，卢文兵记忆犹新。"如果这么大规模地发展下去，对品牌的影响是很大的，因为在快速发展时期，小肥羊在全国发展了很多总代理，这时候发展起来了很多的门店。总代理对加盟店的管控和服务能力比较弱，有的总代理的管理跟不上，店面服务和产品质量达不到小肥羊的要求，反映在消费者那里就是小肥羊的服务和质量的退步。"

"中国餐饮业的一个特点就是，很多店开始的时候做得很好，但是有一定知名度后，质量就下降了，这样自然做不长久。"卢文兵如是说。为保证品质，他们配套建立了中国最大的羊肉物流运输系统，能够做到食材的集中采购和统一配送。由于羊肉需要冷藏，所以现在在他们的物流公司又成为中国羊肉冷链储运第一大企业。

后台建立之后，标准化供应让企业经营方法和商业模式都发生了深刻变化，食品质量和食品安全得到了高度保证，对店面销售也形成有力支持。

2003年是小肥羊战略转折的一年，企业发展重心开始由快速发展转向整顿加盟市场，小肥羊品牌开始走向正确的发展道路。

短短几年过去了，小肥羊已经从一家个体餐厅发展到规模近400家的餐饮连锁企业，收购农副产品金额累计超过150个亿，年均发展速度超过40%。如今小肥羊年营业

收入突破60个亿，全公司员工约3万人。这只"小羊"在中国餐饮行业中仅次于肯德基和麦当劳。而这一切的取得，在卢文兵看来就是得益于建后台、抓管理和用资本这三个方面。

现在，成立于1999年8月的小肥羊，已经发展成中国内地最大的中餐企业，也是中国内地第三大餐饮集团，在世界各地都可以看到小肥羊的招牌。虽然卢文兵自认为不是一个优秀的管理者，但是不能否认他将小肥羊带到了一个新的高度。在未来几十年中，打造百年老店的努力仍将继续，卢文兵说，"我们都在路上"。

2009年1月16日，卢文兵做客某电视台知名栏目《围炉论道》。4天后，被誉为中国经济领域"奥斯卡"的2008年CCTV中国年度经济人物颁奖盛典在国家体育馆落下帷幕，卢文兵获选2008中国年度经济人物，成为这项评选活动自启动以来首个入选的餐饮企业代表。小肥羊的快速扩张，解决了超过20万人的就业问题，也使卢文兵荣登经济人物榜单。

卢文兵的经营之道告诉我们，一个企业要想做大做强做长久，就必须在产品的质量上下工夫，保证产品的质量才是保证企业长久获取市场的关键。虽然卢文兵是无心插柳，但是只要做了就做到最好的信念是"柳成荫"的决定要素，这是所有企业家都应该遵循的成功法则。

89. 不断打破现有的平衡，建立一个又一个新的不平衡

从计划经济一路走来，美的经历了新中国历史上最重大的变革——改革开放，这一历史变革不仅是中国市场经济的起点，更揭开了美的科技创新的序幕，为美的注入了一股新的生命之源。从1997年前实行责任制考核模式，到1997年后实行的事业部制，美的初步完成了整个管理机制上的重大变革，从根本上解决了管理体系上长期存在的管理不到位、沟通不畅、职责混乱的问题。后来，美的又将事业部制管理机制改成超事业部运作模式，实现了生产和管理齐头并进的局面。

这一系列的改革创新让美的的运作模式随着企业的发展不断创新，形成了多产业、多区域、多层级的经营模式。但随着美的集团1 200亿销售目标的临近完成，企业面临着实现1 200亿后如何继续保持可持续发展的新课题。经过缜密思考，美的提出的管控模式向控股公司转型，即将成为这一课题的有效解决方案。

2006年7月底，美的根据企业发展需要对公司经营模式进行了大幅度的变革调整，将整个集团朝着控股公司转型的变革方向迈出了具有战略意义的一大步。美的总部向二级平台进一步放权，同时强化二级平台的职能和权力；二级平台对三级经营单位进一步下放权力，使经营单位成为产品经营的主体。这样，美的通过权力下放，进一步激活了基层经营单位的战斗细胞，使整个公司各部门都能在一个相对独立的空间里充分施展自己的才华。这对于美的来说，是一次重大的变革。

回顾美的的发展历程，何享健有一个非常深的感触：充分放权是美的历次变革的一个主题，也是美的40年来取得辉煌业绩的一大法宝。此次向控股公司转型的变革也不例外，它将权力下放到一个前所未有的极限，充分发挥出了三级经营单位的能量。

在高层会议上，何享健明确指出："作为未来控股股东的集团，要向下属单位充分放权，将经营管控的主体委托给二级平台。按照这一变革方向，今后集团将主要从事资本经营，追求集团整体利益价值的最大化，定位为价值管理的主体。而二级平台则是产业经营的主体，负责对经营单位的战略牵引。三级经营单位为产品经营主体，追求企业的成长和利润的最大化。"

当然，要保证企业持续、健康、稳妥地发展，在充分放权，激发各单位活力的同时，绝不能对企业运作的所有环节放手不管。相反，该管的不但不能下放，而且必须加强。

譬如，美的基本制度建设、财务监控、审计监察、信息化建设以及公共服务职能等都必须加以强化。总而言之，就是将与经营相关业务和权限全部下放，在充分激发各单位经营活力的同时，集团必须注意对整体价值的把控，要逐步构建成董事会、监事会、经营层"三权分立"的运作机制，形成决策、监控和经营的"三权分立"模式。如果只有放权，没有监控，美的就无法持续有效地发展，就可能出现无可挽回的损失。

纵观经济发展史，我们发现，由于监管不力而造成国有资产流失的企业比比皆是。如美国世界500强企业安然公司的倒闭、英国巴林银行的垮台、美国泰科公司的徇私舞弊案等，都是由于企业总部缺乏有效的风险管理、内部控制和完善的财务体系和监管体系而最终导致企业土崩瓦解的典型案例。

从美的的发展历程来看，这次大变革是美的从优秀到卓越的关键，也是美的基业长青的根本。它在美的成功运作，让今日的美的更加焕发出勃勃生机。虽然有了这样的成绩，但是美的并不能因此松懈，因为在这一转型过程中，随着内外部环境的不断变化，将会出现很多新的问题，美的需要继续顺应形势，不断变革、创新，需要在各种配套制度健全的基础上，凭借经营团队的智慧去解决、去超越。

未来的路会更艰难，未来的竞争也会更加激烈、残酷，这需要美的的领军者们不断开拓进取，用创新科技引领一个时代的潮流。有人说过，企业不断高速发展，风险非常大，好比行驶在高速公路上的汽车，稍微遇到一点障碍就会翻车。而要想不翻车，唯一的选择就是要不断创新。创新就是要不断战胜自己，也就是确定目标。不断打破现有的平衡，再建立一个新的不平衡，在新的不平衡的基础上，再建一个新的平衡。

当然，企业创新也有风险，但并不是说不创新没有风险，相反，不创新风险会更大。何老总说："不变就是死路一条，只有不断变革才有生存空间。"这就是美的和其他企业不一样的地方。美的有一种文化氛围，使所有的人认识到必须战胜自我去创新，如果不创新，就没有立足之地。

何享健是美的改革创新理念最坚定的倡导与执行者，他将创新的观念贯彻到企业发展的整个过程当中，不仅使美的的创新文化有了广度和深度，而且形成了一种创新无止境的大好局面，是众企业管理者学习的商业典范。

90.　基层是最好的课堂

在全国政协十届五次会议上，刘永好委员提交了一份名为《关于支持现代农业产业链建设，促进新农村建设》的提案。在这份提案中，刘永好以养猪业为例，指出目前我国畜牧业发展的核心问题，即小规模养殖模式难以抵御自然风险和市场风险，同时还涉及食品安全隐患。

半年之后，当养猪业的困境与矛盾纠结终于以肉价急涨的方式暴发时，刘永好也在忙着将他上述提案中的内容变现——做中国的第一猪倌。

他麾下的新希望集团斥资几十亿元打造了一个"养猪集群"。他的计划是，在全国各地建立一个涵盖饲料、育种、养殖、屠宰、深加工、销售于一体的养猪体系。目前他已建立了四川江油和山东海洋两个商品猪养殖基地，可生产商品猪2 000万头，销售收入达到200个亿左右。未来的3~5年他将投资40亿~50亿元，在全国建立100个左右的养猪合作群体，每个群体年产15万~30万头猪，形成真正的养猪集群。新希望是这个集群的组织者，将承担其中的饲料、育种、屠宰、技术服务等重要环节，同时在全国各地找那些在城里挣到钱的农民回家养猪，承担养殖这个环节。

这个体系，除了庞大，还有安全。刘永好说："我们的饲料是'国雄'饲料，种猪是'荣昌猪'、'海波尔猪'，屠宰加工环节是'千喜鹤'、'美好'，每一个环节都是名牌，形成一个'名牌猪肉产业链'。再过几年，居民购买猪肉肯定会选择品牌，不会和现在一样，随便买都一样。相比之下，我们的每一块猪肉都是可追溯的：祖宗三代是什么血统，在哪个养猪场养大的，什么时候吃过什么，用过什么药。这是真真正正的、彻底的'放心肉'。"

这也是刘永好工作的重中之重。新希望集团中80%的员工都在从事农牧业的工作，农牧业在整个集团的产值达到了60%。他说："我们正在培育禽、猪产业走向国际，并且在现在250个亿的基础上，未来3~5年将做到500个亿，我们就是要做这个行业的领跑者、创新者和实践者。"

新农村简单地说就是农民收入提高，农业生产力提高，农业产业规范化、规模化协调发展。农业产业化龙头企业，在这个建设过程中要引领农业结构的转变，在规模、产业链、科技转化等一系列的转变过程中，争当排头兵。

刘永好认为要做世界级的农牧企业，从内到外还有10个方面的工作要做：一是规模，要力争超过500亿元的销售收入；二是争取成为引领中国畜牧业增长方式转变的重要力量和主要推动者之一；三是禽猪鱼产业链的建设要走在前列；四是在同行业保持技术领先、设备领先；五是引导市场，提升品牌的影响力；六是在原料、贸易、设备采购等方面有主导性、主动权；七是建设高素质、稳定、有活力的团队；八是要跟国际接轨，与国际的大公司合作、沟通交流，走出去，成为世界的企业；九是公司治理结构、激励机制要更加完善；十是有适合企业自身的优秀企业文化。

要实现这样的目标，首要的问题是加大资金投入。钱不是问题，新希望是六家国家级农业产业化重点龙头企业之一，是国家重点扶持的对象。

农民是一个合作共赢的统一体。在合作过程中，新希望提供种苗、提供技术、提供服务、提供饲料、提供最终产品的收购。而农民负责养殖，能够得到一个基本稳定的收益。农民有了利益，才会有种养积极性，集团才能得到发展，这就是共赢的格局，这就是具有中国特色的公司、农户、市场相结合的农业产业化发展路子。

前几年，新希望在化工、金融、房地产方面投入了一定的精力，但对农牧产业的开发一直没有停，这是他们的战略重点。他们向下游产业延伸，把饲料业、养殖业、屠宰加工业这个产业链尽可能地衔接起来，这样的话，风险就小了，综合效益就多了。

作为一家上市公司，最大的责任就是规范运作，认认真真地搞好生产经营，为股东创造价值。新希望自1998年上市以来到现在，其总资产比上市之初增长了约24倍，净资产增长了近14倍，无论资产规模和质量都得到了大幅提高，连续两年被评为"中国最具发展潜力上市公司50强"，入选中国企业500强。在日常的生产经营中，新希望没有搞委托理财，没有违规对外担保，没有受到任何一级证券监管部门的查处。新希

望可以自豪地说："我们没有愧对股东的希望。"新希望所蕴含的内在价值迟早会得到市场的认同。

91. 追求卓越，挑战极限，从绝望中寻找希望

20世纪40年代，中国著名的诗人、学者、民主斗士闻一多先生为民主而伸张正义，为弱者呼唤和平，拍案而起作了著名的《最后一次演讲》，然后被反动派暗杀，让全中国人民铭记。20多年后，在美国，同样有一位伟大的黑人民权运动学家值得我们尊敬，他同样为民权和自由而奔走呼号，同样最后被刺客暗杀，他同样也有一篇传遍全球的演讲——《我有一个梦想》，感动和激励了无数人，他就是马丁·路德·金。

马丁·路德·金在演讲中有句非常有名的话：有了这个信念，我们就能从绝望之山开采出希望之石。这句话30多年后被一位中国企业家反复引用，他和闻一多先生同是教师，他从一位农村少年成为名誉海内甚至海外的校长，他创办的新东方为成千上万的学生解决学英语的困难，他因此让全中国的大中小学生都知道自己的名字，他就是被人誉为"中国最富有教师""留学教父"等雅号的俞敏洪。

俞敏洪最常提到的两个词是"绝望"和"希望"。他说，绝望是大山，希望是石头，只要你能砍下一块希望的石头，你就有了希望。他还认为在日常生活中，除非你不去想"希望"和"绝望"这两个词语，一旦你想到"希望"和"绝望"这两个词语，你想的更多的是你生活中最绝望的一面。他说我们生活的80%～90%是由绝望组成的，而你要保持精神不垮，就是要从这种绝望中找到一线希望。

新东方不仅教会数以十万计的学生出国考试的应试技巧和知识，掌握签证的方法，而且还要让他们知道这样一种人生精神——"从绝望中寻找希望"。这句话也成为新东方著名的校训，是"新东方精神"的重要组成部分。

后来俞敏洪将校训进行了扩展和补充：追求卓越，挑战极限，从绝望中寻找希望。他始终认为哪怕是最没有希望的事情，只要有一个勇敢者坚持去做，到最后就会成为希望。事实上俞敏洪的创业经历，正是诠释新东方校训意义的最好例证。

1991年，俞敏洪从北大辞职，学校就把分给他的房子收回去了，他和妻子只好租住平房，开始骑自行车在电线杆上贴招生广告招生。1993年新东方正式创办时只有13名学生，却依然给他莫大的鼓舞和希望。

即使身处困境，生性乐观的俞敏洪依然善于从中找到哪怕一丝亮色。某年冬天晚上停电，俞敏洪发给每个学生两根蜡烛，窗外寒风呼啸，室内烛光摇曳，他们继续上

课。俞敏洪笑着对学生说，你们看，这样的困难我们根本不怕，只要我们勇敢面对，以后还有什么事情能让我们绝望呢？

俞敏洪就是凭借这样的精神，让新东方成为了一个奇迹，让自己成为了一个创业的典范，他也一度成为中央电视台《赢在中国》创业节目的评委，激励无数人走上创业的道路。闻一多和马丁·路德·金是用自己的生命，换来人们对专制和统治的绝望，唤醒和平与自由的希望，俞敏洪则用自己奋斗不息的创业经历，用"从绝望中寻找希望"的信念，培养学生们成为栋梁之才，激励人们走出困境，追求成功的希望。

第十二章
要想不被超越，唯有精益求精

92. 树立高标准的质量观念

产品质量是指产品适合一定用途、满足消费者需要所具备的特性，即产品的使用功能。质量是消费者最关心的内容，也是产品在竞争之中能否立稳脚跟的关键因素。企业管理者要善于发现产品的不足。贺曼公司针对欧洲市场实行的贺卡策略就是一个典型代表。

就美国市场的贺卡而言，商家早已在贺卡上印好了种种贺词。贺曼公司早期进入欧洲市场时，也如同在美国市场一样，在贺卡上印好各种贺词，结果很不受欢迎，销量很低，这让贺曼老总感到十分不解。于是他决定把自己当作一个店员在商店里近距离接触顾客。很快他就发现，欧洲人喜欢自己在贺卡上亲手写下祝贺的话语，以表示对别人的尊重和亲近。

因此，贺曼公司特意在贺卡上留下一片空白之处，以便消费者自己填写祝福之词，此举极为迎合欧洲人在特定节假日和场合互送贺卡的习俗。发现自己产品的不足，从而调整自己的产品策略，完善产品，使其与市场需求高度契合，贺曼在欧洲成功打开市场。

在福建有一个影像器材企业，成立于2004年，主要从事各类摄像机头灯、新闻采访灯，特别是LED灯的开发和设计。虽然真正从事广电行业也不过几年的时间，但是相比较那些已经从事广电行业十几年的企业而言，该企业的发展速度却是不容小觑。该企业的产品在国内已经站稳脚跟，并出口到欧美市场。

能够在短短几年的时间获得迅猛发展，得益于该公司老总朱先生曾经的摄影师经历。在没开公司前，他自己本身是摄影师出身，对摄影、摄像时所需要的光照度、色温等都非常了解。过去他在自己买或者使用灯光时，总会发现产品有些大大小小的不足之处，因此他知道用户心里到底需要何种产品，所以虽然在技术上该公司产品的优势还不够，但朱先生丰富的实践经验，就是其优势所在。缘于此，该公司在短短几年之内就取得了骄人业绩。

在善于发现产品不足，改进产品方面，微软公司可谓佼佼者。1999年，为了改进自己产品的安全性能，微软在自己的防火墙外增设了一台运行最新β版Windows 2000操作系统安全性能更高的互联网信息服务器（IIS），公开向电脑黑客们发起了挑战，邀请他们前来设法取得微软放置在这台服务器中的用户账号和目标文件。微软表示这样做的原因是希望通过公开测试可以帮助自己制定出最安全的操作系统。

2007年，微软又宣称将对Vista内嵌的运行方式和搜索产品进行改变。这些改变将随着Vista的第一个升级包发布。微软之所以这么做，很大程度上是受2002年Google控告微软违反《反托拉斯法》的影响。更改后的Vista，用户可以像选择自己喜欢的多媒体播放软件、Web浏览器以及安全程序一样选择自己喜欢的搜索程序。

改后的Vista同时保留了微软的Vista搜索对控制面板以及开始菜单的搜索能力，而且微软的搜索将是Vista的默认搜索产品，不过用户可以按照不同需要来把它换成第三方的产品。微软还会为开发人员提供一些有用的信息，以方便他们去优化第三方的搜索产品。有人评价微软的这种做法，表面上看是为了规避法律风险，其实是使Vista因为具有更大的自由度和灵活性而日趋完美，从而赢得用户的选择、信赖和好评。

发现产品质量问题是企业成长的第一步，未雨绸缪才是成就百年品牌的成功之道。假如企业不会发现问题，那么它的发展就永远只能原地踏步，不会有任何提高。很多企业经营不善而形成巨大的亏损，最后走向破产就是因为不能及时地发现产品本身的问题。所以，作为一个企业的管理者，要乐于发现产品的不足，并善于利用质量定位的方法来管理产品质量。而质量定位的关键是树立高标准的质量观念。企业要以质量优势来定位产品，必须清楚了解目标顾客的需求以及他们是怎样评价产品质量的。例如，在购买新车时，顾客会非常重视车的"性能"。而且，不同的顾客对性能的重视程度是不一样的。对有的顾客来说，加速度是至关重要的，而有的顾客则更加关心汽车的最高时速。通过市场调查，不断倾听顾客意见，企业可以系统地了解顾客的需求和看法，进而发现改进质量的途径。

93. 要想不被超越，唯有精益求精

德鲁克说，古语所说的一个人意识到的博学并非学问，而是卖弄，同样适用于一个企业对特定知识的认知——清晰地定义出一个企业特定的知识，这很困难。企业要想寻找自己特定的知识，就必须做到精益求精。所有的消费者都是理性的，他们总是希望获得最优的产品。只有出色才能超越对手，才能获得市场的青睐。

劳斯莱斯是一个全球知名的汽车品牌，更代表了一种汽车文化。汽车市场竞争激烈，劳斯莱斯面临诸多强大的对手，如通用、福特和宝马等。为了能在竞争中脱颖而出，劳斯莱斯塑造了个性化的品牌文化。劳斯莱斯培训员工不要带着他们只是在制造冷冰冰的机器的观点进行工作，而要以人类高尚的道德情操和艺术家的热情去雕琢劳斯莱斯轿车的每一个零件，每一道工序制作出来的东西都是有血有肉的艺术极品。所以，劳斯莱斯公司出售的不仅是品牌汽车，还代表更高的艺术品位。

劳斯莱斯的品牌标志——"飞翔的女神"也很独特，它集中体现了劳斯莱斯个性

化的品牌文化意蕴：她是一位优雅的飞翔女神，她代表人类的崇高理想，她代表人类生活的快乐之魂，她代表高贵与财富，她将道路旅行视为卓尔不凡的享受。因此，她降临在劳斯莱斯车的车首上，整个世界都能听到她振翅的动听声音。劳斯莱斯历经百年不变的"飞翔的女神"和汽车徽标的文化品位，完整地体现了劳斯莱斯公司和劳斯莱斯轿车的独特品牌文化内涵和精髓，因此更吸引人，更具有激情，更能打动人心。

至今，人们只要看见那"飞翔的女神"，就会马上联想到雍容华贵的车中极品——劳斯莱斯轿车的形象。同样，当人们驾驶劳斯莱斯轿车行驶在道路上时，更相信这飞翔的女神一定会增加他们的荣誉感，给他们带来好运道、好福气。劳斯莱斯已经不仅仅是代步工具了，对渴望成功的有志之士，劳斯莱斯轿车更能激发他们追求理想的动力。可以这么说，劳斯莱斯这种个性化品牌文化使得世界上每一辆劳斯莱斯轿车都包含着一个成功人士的传奇故事，都成为文化的旗帜和跳动着艺术的音符。

1904年劳斯莱斯汽车正式问世，它的制造者是英国的一位名叫亨利·劳斯的男子。当时，有很多人都说，劳斯是个技术狂，这一点也不假。因为，他在制作每一辆车时，都如同是在创作一件美术品。即使是小到一颗螺丝，他一般也不采用全自动化生产的方式，而是亲自精雕细刻。对于车身底盘、引擎，他还可以根据订货人的爱好，选择制造方式。

这种精益求精的结果是，每一辆劳斯莱斯汽车都具有坚固、耐用、无故障，几乎听不到噪音，觉不出晃动的特点。无论哪一型号的劳斯莱斯，以每小时100公里的速度行驶时，放在水箱上的银币可以长时间不被颤动下来。当你坐在车子里时，你听不到马达声，只听到车内钟表上的分针、秒针的轻微移动声。因此，这种车被公认为是世界上最优良的汽车，拥有它的人都会感到一种自豪和荣耀。

在英国皇家汽车俱乐部监督下的苏格兰汽车性能评审会上，经过伦敦到格拉斯哥之间1.5万英里的路程测试以后，劳斯莱斯以领先3天的时间获胜。经过评审，它的零件损耗费仅为3.7英镑，轮胎磨损及汽油的消耗平均1英里大约4便士。劳斯莱斯的名声早在"一战"之前就响彻世界各国。第一次世界大战后，劳斯莱斯更是获得了"世界第一"的光荣称号。

企业要想获得成功，不是干过多少事，而是干成多少事，尤其是在哪几件事上做得极端出色。只有极端出色，企业才具有竞争力，才能在市场大潮中获得胜利。精益求精成就企业核心竞争力。只要我们做到极端出色，我们就拥有了最好的屏障，对手就没办法来超越我们。

核心竞争力是指企业内含的核心能力在企业竞争中的具体体现。在现实生活中，核心竞争力已被广泛地看作是企业获取持续竞争优势的基础。劳斯莱斯的成功在于它的"精益求精"的理念，这种理念就是企业的核心竞争力。要想不被超越，长盛不衰，唯有精益求精。

94．追求完美永无止境

产品质量是企业的生命。企业的领导者是产品质量工作的第一负责人。企业要想在激烈的竞争中基业长青，就必须建立运转有效的，从产品设计到售后服务全过程的质量保证体系，以完美之心要求自己，打造完美产品。

长沙市某厨具有限公司是一家集研发、生产、销售与服务于一体的专业厨具公司，产品深受广大消费者的追捧及赞赏。它专业生产陶瓷合金无油烟超硬不粘锅、不锈钢系列等厨具产品，在国内外同类产品中占有领先地位，同时也引发了新的厨房革命，倡导了无油烟、健康、环保的厨房潮流。

该公司无烟锅成功的秘诀就在于，项目总经理刘先生对无烟锅的质量看得非常重。随着业务量不断增多，刘先生始终没放弃对质量的把关，相反，他对无烟锅的质量管理更加细致入微、严格把关。每次产品进入包装盒之前，他都与质检人员一起进行质量检查。有一次，在例行进厂检查时，他发现有一口无烟锅的锅底磨得太平了，于是马上召集全体技术人员开了一个小会。

在会上，他捧出那个无烟锅对大家说："其实，如果把这个无烟锅放到包装盒里，完全可以卖出去，它只不过是锅底部磨得平一点而已，但锅身处理得相当好，可是我要把它拿出来作为不合格产品，以后，类似产品一律不准出厂，也不准再回炉利用。因为我们的无烟锅应该是最完美无缺的产品。"他的话一讲完，大家都鼓掌表示赞同。

后来，刘先生还把每一个不合格产品都挂在厂门口的墙壁上，并且注明生产日期，是谁生产的、用哪台机器操作出来的。慢慢地，出厂的无烟锅质量合格率几乎达到了100%。

英国戴森电器公司的产品是常见的吸尘器、洗衣机、干手机等家用电器，它的产品在全球44个国家获得了成功。在很多人看来，家电这个成熟的行业里，产品研发分量似乎没有那么重，企业更多的是靠成本优势和规模取胜。但是戴森公司主要依靠创新，把产品的好用、易用和耐用性都推向了极致。

戴森电器公司的老总说："我们希望我们所生产的产品不同于现有的其他产品，一定要比别人做得更好，所以我们进行新产品开发时，要确保产品的高品质和可靠性，耐久、耐用性。"实际上，做到这一点其实是非常不容易的，因为所有的产品都

是5年保修期，所以产品的可靠性非常重要。戴森公司的几百名工程师每个月用3万个小时来测试产品，以确保其性能可靠。

戴森的测试项目包括方方面面，例如碰击实验。一个健壮的成人站在已经安装好的干手机上拿大铁锤来砸等，目的就是要保证它在20年中都保持稳固。比如Airblade公司开发手机，在研发中不但经过了大量的生物科学实验，还通过了多个独立权威机构的测试和评定。从立项到工业样机完成，一共用了3年的时间。事实上测试从很早就开始了，从原型机到生产，要测试成千上万个小时，包括24小时不间断对产品的塑料、电机、金属等部分进行长时间的持续测试。

戴森电器公司的总裁戴森经常说：失败是相当有用的，因为从失败中可以寻找完善产品的灵感。除了实验室测试，戴森电器公司还用很多其他方法来完善产品。比如，公司组建一个非正式小组的成员，每周小组成员都会在公司里找一个舒服的角度坐下来，观看另一些人使用新产品。他们的任务就是发现产品在使用过程中令人不舒服的地方。同时公司员工也在努力扮演一个"消费者之声"的角色，努力地达到消费者使用产品的高满意度。他们会尽力理解消费者怎样看待他们的产品，又会有什么样的使用体验。这样做就需要反复寻找产品的失误之处。

在公司的服务网站和热线电话上，戴森电器公司会鼓励消费者提意见。他们非常注重消费者的体验，重视他们的反馈意见，做到不是让市场牵着自己的产品走，而是自己要推出比别人好的产品。另外，戴森电器公司还会做在全球不同的市场众多的市场调研，公司员工都会在周末去店里或者消费者家里，听取他们的意见。仍以干手机为例，公司在安装每一台干手机的时候都附上一个卡片，上面有公司的电邮地址，因为他们期待客户能把他们的体验告诉自己。

没有最好，只有更好，追求完美永无止境，打造著名品牌，奉献完美产品，是企业生产永恒的追求。

只有无止境地追求完美，才会使企业不断学习、不断奋进、不断拼搏。而有追求才能有收获——对于企业管理者而言，更需要有一颗追求完美之心。只有拥有了追求完美的坚定信念，才会做到今天比昨天好，明天比今天好。

95. 没有一个质量差、光靠便宜的产品能长久

对质量的保证就是对企业最好的回报。没有产品质量保证的企业必然死亡。华硕总经理徐世明认为，全世界没一个质量差、光靠价格便宜的产品能够长久地存活下来。通用电气总裁杰克·韦尔奇更是鲜明地指出，"质量是维护客户满意和忠诚的最

好保证，是企业对付竞争的有力武器。"质量对营销的影响力是无法预计的。

1993年，荷兰海内肯啤酒公司在啤酒的生产过程中检测出了个别混有玻璃残渣的产品，他们并没有隐瞒这个消息，而是火速回收了已经投放在澳大利亚、瑞士、英国等八个国家和地区的瓶装啤酒，并大力进行了宣传，请上述市场的消费者不要购买它的产品。

这种做法对于很多缺乏诚信的企业来说，简直有些不可思议，他们往往在遇到这种问题隐瞒都来不及呢，怎么还这样大张旗鼓地家丑外扬呢？可是，他们的结局完全不同。藏着掖着虽然看似安全，但纸是包不住火的。一旦东窗事发就很有可能会使整个企业垮掉。

在日本，奶制品市场份额占65%的雪印公司发生人员中毒事件，一夜之间，雪印食品在世界范围内退出市场。山西发生假酒事件，致使整个山西酒业一蹶不振。陕西省一位领导痛心疾首地说，假酒事件毁坏的不仅仅是一个酒厂，而是整个行业，甚至整个地区的形象。使广大儿童深受其害的三鹿奶粉事件一下子就变成了三鹿自杀的毒酒鹤顶红。从这个角度来说，海内肯公司举动相对聪明得多。

海内肯公司是世界第二大啤酒公司，其产品长期雄踞国际市场。仅因怀疑可能会有漏检的"危险品"，就收回已经投放到八个国家和地区的啤酒，如此耗心费神的行为所带来的经济损失也是非常巨大的，并且风险也是非常巨大的。搞不好就砸了自家的金字招牌。

但是，海内肯啤酒公司这一冒着极大市场风险的举动，向消费者传达了企业高度的责任心，不仅使消费者从今往后对它绝对放心，而且赢得了顾客对其产品的绝对忠诚。等到回收完以后，当新的海内肯啤酒重新在市场上出现时，消费者掏腰包购买它的啤酒肯定是毫不怀疑的，海内肯的市场占有率也随之得到扩展。

产品质量与其美誉度呈正比例发展关系，质量每提高1%，美誉度就提升0.5%。而产品美誉度又和品牌形象有着密切联系，美誉度每提高0.5%，品牌形象就提升1%。品牌形象与销售量又有着直接关系，品牌形象每提高1%，销售量就提升0.5%。依次推演，当质量提高1%时，美誉度提高了0.5%，品牌形象提高了1%，销售量提高了0.5%。

美国营销专家瑞查得和赛斯在研究中发现，顾客的满意与忠诚已经成为决定企业利润的主要因素，有的企业在市场份额扩张的同时利润反而萎缩，而有着高忠诚度的企业往往获得了大量利润。据调查，多次光顾的顾客比新顾客可以多为企业带来20%～85%的利润。因此，顾客的满意与忠诚已经成为决定企业利润的主要因素。特别是在我国现在的市场环境下，市场份额和利润的相关度已经大大降低，顾客的忠诚度更是成了影响企业利润高低的决定性因素。

96. 要保证质量问题投诉率为零

被誉为"全球质量管理大师""零缺陷之父"和"伟大的管理思想家"的菲利浦·克劳士比（Philip·Crosby）在20世纪60年代初提出"零缺陷"思想，并在美国推行零缺陷运动。后来，零缺陷的思想传至日本，在日本制造业中得到了全面推广，使日本制造业的产品质量得到迅速提高，并且领先于世界水平，继而进一步扩大到工商业所有领域。

在我国，荣事达是成功实行零缺陷管理的典范。荣事达集团公司的最初形式是集体所有制小型企业，其前身新新机具厂转产家用洗衣机。20世纪80年代，经济体制改革启动，开始放开对轻工日用消费品生产和销售的计划管制，在政策的推动下，荣事达全面面向市场。

涉足市场不久，管理危机便接踵而来。最早暴露的问题是，在洗衣机实行流水线制造、达到批量生产时，产品质量不够稳定，质量管理显然滞后。因此，在荣事达生产家用洗衣机的早几年，经营相当艰难，连打两个品牌"佳净""百花"均没能在市场打响。

为了摆脱危机，在20世纪80年代后期，荣事达引进了日本三洋公司洗衣机生产技术，接着又与上海洗衣机厂实行联营，借"水仙"品牌抢占市场。这个时候他们已经认识到质量管理的重要性。在陈荣珍的带领下，荣事达管理层提出：质量管理的目标是"提供给消费者的产品必须是百分之百的合格品"，"要保证质量问题投诉率为零"。

据此目标，荣事达重新构建了质量管理体系，加大了质量管理的有效控制力度，健全了各项质量制度和操作手段，从而使企业的质量管理面貌焕然一新。企业产品质量的零缺陷，果然带来了产品销量的提高，标名"合肥制造"的"水仙牌"洗衣机赢得了消费者的特别青睐。

然而好景不长，1988~1989年，全国市场陡然发生全面疲软，刚刚火爆没几年的洗衣机市场顿时冷落下来。在新的危机形势下，荣事达人以抓质量管理的劲头大兴销售管理，较快地建立起以"零缺陷销售"和"零缺陷服务"为核心内容的销售及其售后服务管理体系。最终，在这种服务管理体系的支撑下，荣事达再一次成功渡过发展危机。

这次危机促使荣事达管理层认真思考企业的管理体系，他们认识到，企业管理在全部企业活动中居于基础性工作的地位，一个健康发展的企业必须有一个健全的管理系统，在企业不断发展的历史进程中，应当先期打好企业管理这个基础，不能再等事到临头之时才去应急补救。于是，荣事达下工夫建立健全企业管理体系，展开了一场脱胎换骨式的管理创新。

他们在已有的经验基础上，借鉴了国外的"零缺陷生产"管理方法，把"零缺陷生产"的精神和规范导入供应环节，形成了"零缺陷供应"管理；将"零缺陷"精神和要求注入销售过程，形成了"零缺陷销售"与售后"零缺陷服务"，使"零缺陷管理"形成了立体化、系统化管理体系。

荣事达的努力换来了丰硕成果：不仅市场业绩喜人，并于1996年顺利通过了国际通行的ISO9001质量体系认证。荣事达"零缺陷管理"在各项指标上均达到世界公认的先进水平。

零缺陷质量管理的背后透露的是企业管理者对顾客的承诺：不要让顾客对企业或产品有任何一丝一毫的怨言。企业要想兑现承诺，唯一的选择就是要保证产品零缺陷。

零缺陷管理能够确保企业产品质量的稳定性，把零缺陷管理的哲学观念贯彻到企业中，使每一个员工都能掌握它的实质，树立"不犯错误"的决心，并积极地向上级提出建议，就必须有准备、有计划地付诸实施。实施零缺陷管理可采用以下步骤进行：

1. 建立推行零缺陷管理的组织

事情的推行都需要组织的保证，通过建立组织，可以动员和组织全体职工积极地投入零缺陷管理，提高他们参与管理的自觉性；也可以对每一个人的合理化建议进行统计分析，不断进行经验的交流等。公司的最高管理者要亲自参加，表明决心，作出表率；要任命相应的领导人，建立相应的制度；要教育和训练员工。

2. 确定零缺陷管理的目标

确定零缺陷小组（或个人）在一定时期内所要达到的具体要求，包括确定目标项目、评价标准和目标值。在实施过程中，采用各种形式，将小组完成任务的进展情况及时公布，注意心理影响。

3. 进行绩效评价

小组确定的目标是否达到，要由小组自己评议，为此应明确小组的职责与权限。

4. 建立相应的提案制度

直接工作人员对于不属于自己主观因素造成的错误原因，如设备、工具、图纸等问题，可向组长指出错误的原因，提出建议，也可附上与此有关的改进方案。组长要同提案人一起进行研究和处理。

5. 建立表彰制度

零缺陷管理不是斥责错误者，而是表彰无缺点者；不是指出人们有多少缺点，而是告诉人们向无缺点的目标奋进。这就增强了职工消除缺点的信心和责任感。

97. 消费者是验证产品好坏最好的老师

在中国，有的人可能不知道史玉柱是谁，但一定知道脑白金是什么。因为很长一段时间，只要你打开电视，不管哪个频道，它都在你的眼前、在你耳边进行轰炸。因此它铺天盖地的电视广告被人斥为"恶俗"，它的产品本身被舆论批评为"无用"。

其实，脑白金的成功一直伴随着尖锐的批评，有专家曾分析说："脑白金的成分是什么？是一种抑制性成熟的激素。滥用激素可能会增加中风的危险。"类似的说法一直不绝于耳。

史玉柱对这些言论已经习以为常。根据史玉柱的分析，批评脑白金的人多数没吃过脑白金，而吃了脑白金的人一般不会主动对媒体说，他们没有对媒体宣传的义务。脑白金在消费者中靠口碑宣传，赢得的是回头客，却由于老大的身份而背负起保健品行业的骂名。脑白金刚成功的时候，很多人说用不了一年就垮掉，结果卖了11年，至今还是同类产品的销售冠军。历史证明，过去那些对脑白金的批评没有根据。

史玉柱说："骗消费者一年，有可能。骗消费者十年，不可能。"史玉柱认为消费者的口碑是最重要的，消费者是验证产品好坏最好的老师。

史玉柱说："我这十年总共做了三件事，保健品、金融投资、网游。都是成功的，没有失败，但都遭到非议。脑白金主要是靠回头客，我骗了人们十年？不可能！还有黄金搭档、施尔康、善存，主要元素就是维生素和矿物质，怎么骗人？配方还不是我自己设计的，是中国最权威的中国营养学会设计的。

"这样的产品，即使销一百年也不会衰退。随着科学的进步，产品本身也会不断地更新调整，黄金搭档的牌子可以一直延续，因为每个人都需要这样的产品。"

既然有了做一个"百年产品"的想法，史玉柱当然会全力以赴，他开始了紧锣密鼓的安排：同中国营养学会合作，取得黄金搭档的配方；与瑞士罗氏维生素公司签署《战略联盟合作协议书》，由后者供应原料药；煞费苦心打造"中国人的维生素产品"的概念。

在史玉柱看来，"黄金搭档"跟"脑白金"是性能迥异的产品，它没有脑白金那些遭人质疑的功效宣传，其配方遵循了"营养素平衡"的原则，全面均衡补充中国人所缺乏的营养素，能充分发挥营养素的营养效果，可谓经得起考验。而且它是来自中国营养学会的研究成果，不像脑白金那样"出身可疑"。

罗氏维生素公司是全球维生素工业的领头羊，也是黄金搭档的合作方。时任罗氏（中国）维生素总监曾伟明介绍，和健特合作打造"黄金搭档"的形式是：中国营养学会的配方和科研，罗氏公司的原料和工艺，健特药业的制造，上海黄金搭档公司的营销。引入跨国公司进行合作，正是史玉柱要"加快中国保健食品市场与国际接轨进程"的一个重大战略调整。史玉柱当然希望借与罗氏维生素公司的合作，使黄金搭档的销量取得突破性增长。

当脑白金红遍大江南北时，有关脑白金的各种声音也不绝于耳，其中自然不乏质疑之声。市场表现和利润数据才是衡量企业的唯一标准。在2003年，整个保健品行业处于低迷的盘整时期，史玉柱却递交了一份出色的答卷：脑白金和黄金搭档两大产品前10个月的销售收入突破12亿元。

脑白金从诞生开始，其发展道路就充满了曲折，一直面临着市场的猜疑。脑白金面市不久，就有人评论"脑白金不行了，其生命周期只有三年"。后来，这种说法改为三五年，而后又是五年，2002年，脑白金迎来了它五周岁生日，市场又改口了，那一次脑白金的生命周期被预测为六年。

脑白金从1997年8月底试销开始，至今已经销售十几年了，脑白金并没有像很多人期望的那样，销售出现大幅下滑。相反，它一直都在高位徘徊，而且始终遥遥领先——每年的销售量都是行业排名第二和第三的产品销量的总和。

虽然脑白金的销量也曾出现过一定的波动，但是对于这个行业来说，15%的波动属于正常的波动。不能说销售额稍微有点下降就有危机，因为产品销售的好坏受制于多种外部因素——市场购买力、保健品总量等的影响。而脑白金这两年的波动正好与保健品市场的总体波动相吻合。

这些都是对市场质疑之声的有力反击，史玉柱认为，做生意靠的不是欺骗，不是忽悠，不是广告，不是夸张，真正要吸引回头客，还是要看效果，靠口碑，用事实说话。因此，史玉在总结保健品的产品战略时表示：

"第一要有效；第二是产品给消费者带来的好处要使他们能感觉到，并愿意主动跟周围的人说。必须同时具备这两个因素，产品才能做大。历史上最成功的保健品开发费用是500万元，骗人的产品的成本也不可能是零。这样，何不做好的产品呢？所以第一点是相对容易做到的，难做到的是第二点。"

"做网游时我们就平移了这种策略，一定要做中国最好玩的游戏，让玩家主动告诉别人这个游戏好玩。在线人数跟宣传没什么关系，跟题材和形象代言人也没有什么关系，这一点跟保健品很相似。所以从保健品到网游，产品的内在逻辑是一致的。"

史玉柱是精明的商人，他不做杀鸡取卵、竭泽而渔的事情；他也不做坑蒙拐骗、泯灭良心的生意。他知道，要想成大事的人，是不会理会那些短期的小利益的。

消费者是验证产品好坏最好的老师，企业家的任务就是把顾客心中有，但却无法满足的需求挖掘出来。这是一个发现新大陆的过程，它比跟着千军万马抢独木桥高明得多。

98. 质量评价以结果为导向

制造业的质量管理存在于内部：通过内部控制来决定产品质量的好坏，无论是企业内部还是顾客，对产品质量的评价都有清晰而统一的标准。而服务业却与之不同。服务业的质量评价是由外部客户的满意度来确定的，因此服务业的质量管理要更加注重与顾客的关系。

我们以美国快递为例。美国快递与其竞争对手们的不同之处在于对质量服务和客户的重视。美国快递从1978年起就采用了质量循环以保持并改善其质量。这也就是多年来美国快递成功的原因所在。

美国快递认为，质量的好坏是由外部客户的满意程度来确定的。而客户的满意程度是由快递是否及时并准确地达到目标所决定的。该公司质量保证主管希蒙斯说："客户对质量的看法很重要。谈到服务时，客户不会在意我们采取哪些步骤来安排快递，他们只关注最终结果。因此，我们的质量保证计划是以结果为导向的。"

美国快递使用质量小组来识别和解决问题。质量小组能在工作场所发生变化时最大限度地减少由此给人们带来的忧虑和担心。它们能促进部门之间的合作和让员工重温当初的基本训练，即牢记客户就在外面。

美国快递对其服务客户的质量水平进行不断地测定。诸如客户多久能收到卡片，接受快递请求的服务中会出现多少错误，补发一个被偷走的信用卡要多长时间，等等。员工和经理通过这些测定结果采取正确的行动。

今天，美国快递在全世界大约有250人对服务质量进行测定、监控和改进。这些人中的大部分处于实地运作之中，只有很少一部分人在总部坐办公室。总部每个月监控全球服务质量，帮助各分部来分享信息和实施质量计划，就像总部财务办公室每月从全球接收财务报告一样。

在美国快递公司，他们通过质量管理循环来监控和改进质量。通过测定质量水平，为员工提供质量水平的反馈，改进质量的计划，采取正确行动等方式提高了质量。

服务业的服务质量比制造业的产品质量更难衡量。顾客往往对其所接受的服务进行好几方面的比较。若某个服务业企业提供的服务不具有其中某项特性，该企业可能就会被排除在选择范围之外。在这个过程当中，许多次要品质在与竞争对手的相比中可能占有重要地位。

通过与顾客广泛、深入的交谈，我们找出十种决定服务质量的特点：

①可靠性指作业绩效的稳定性和可信赖程度，包括可用性与实际服务实际表现的一致。这意味着服务作业一次性圆满完成。

②竞争性指应用所需要的技能和知识完成某项作业的能力。

③安全性指免于危险、风险或疑虑的程度。

④可接触性指能够与顾客接触的难易程度。

⑤可沟通性指通过语言沟通使顾客知晓所需信息，并能够聆听顾客的要求或抱怨，这也许意味着公司对不同的顾客使用不同的话语。

⑥可显示性指服务过程的可辨认性。

⑦可信度指真实性、可信任程度和诚实性，时刻将顾客利益放在心中。

⑧理解用户的程度，是指为理解顾客需求所付出努力的多少。

⑨友好程度指员工在待客过程中礼貌、尊重、周到和友善的程度。

⑩响应程度指员工为客户提供服务的热情程度和及时性。

消费者对服务质量的感性认识来自于将实际体验的服务与预期的相比较。换句话说，服务质量好坏是由它是否符合顾客的预期来判断的。服务过程及其结果决定了顾客对服务质量的感性认识。对顾客来说，服务的方式与服务本身一样重要。

正常的和例外的是服务质量的两种类型。首先是正常服务的质量水平，如银行出纳员办理一项业务手续。其次是对例外情况进行处理时的服务质量水平。这意味着质量管理体系必须具有应付意外情况的能力。此外，当发生问题时，企业与顾客的联系马上就会多起来。因而，不管是对于哪种类型服务业，企业与顾客保持良好的关系，对保证服务质量是非常重要的。企业管理者一定要在与顾客的关系上下足工夫，这样才能确保企业的服务质量不下滑。

99. 全面质量管理是创造价值和顾客满意的关键

越来越多的企业开展了全面质量管理（Total Quality Management，简称TQM），并将其作为达到顾客满意的重要途径之一。什么是全面质量管理呢？所谓全面质量管理就是指围绕着整个组织的、从供应商到顾客对质量的重视。它所强调的是在全公司范

围内进行全面化的质量管理活动，持续追求顾客所重视的在产品与服务的各方面的卓越品质的承诺。

如果一个企业为了持续不断地改进其质量工作，而对它所有的生产过程、产品和服务进行一种广泛的、有组织的管理的话，那么就可以说它实行的是一种全面质量管理。

全面质量管理代表了质量管理发展的最新阶段。它起源于美国，后来在其他一些发达国家推行、发展并各有所长。日本推行全面质量管理以来，所取得的丰硕成果引起了世界各国的瞩目。20世纪80年代后期，全面质量管理得到了进一步的扩展和深化，逐渐由早期的TQC（Total Quality Control）演化成为TQM（Total Quality Management）。它已不仅仅是一种一般意义上的质量管理的领域，而成为了一种综合的、全面的经营管理方式和理念。

著名营销专家——菲利普·科特勒给质量下的定义是：一个产品或服务的特色和品质的总和。这些特色和品质将影响产品或服务去满足各种明显的或潜在的需要的能力。科特勒的这一定义是一个顾客导向的质量定义，它概括了质量本质的两个方面的内涵：第一，质量是一个产品或服务的特色和品质的集中体现（总和）；第二，这种体现不仅满足了顾客对产品或服务本身的要求（明显的需要），而且满足了顾客对产品或服务以外的、附加的或额外的要求（潜在的需要）。

质量本质的这两方面内涵对应着质量的两种划分：适用质量和性能质量。适用质量是顾客追求的根本所在，是产品或服务能够满足顾客需求的核心标志内容；性能质量则是产品除了能够满足顾客的基本需求之外，另外赋予顾客的其他价值。例如，本田汽车和梅塞德斯汽车都是世界汽车的名牌，它们在满足顾客对交通的需求这一点上并无二致，因此可以说这两种汽车的适用质量相同。但是，本田汽车行驶更平稳、更快速、更经久耐用，因此，它比梅塞德斯汽车有更高的性能质量。

凯特皮勒公司的目标就是生产出最好的、全世界最高效的拖拉机。一位《商业周刊》的分析家深表赞同地说："凯特皮勒公司上下员工都把'质量至上'当作教义来奉行。"《财富》杂志的一篇文章简明扼要地指出："该公司营运的原则，就像童子军法则一样，主要有质量过硬，可靠耐用，以及经销商之间诚恳的内部关系。"当人们在两位高级农艺师面前谈及有关凯特皮勒公司的事情时，他俩眼中都会出现尊敬的神情。类似的，有一位曾一直为驻越南的海军订购建筑设备的人员也如此看待凯特皮勒公司，他说："我们总是不遗余力地将指标用到极限，以便能够将本已很昂贵的凯特皮勒公司的设备列入采购单。我们必须这样做，因为我们知道那些野战指挥官们对凯特皮勒公司的产品情有独钟，如果我们不能够设法弄来这些设备的话，他们非绞死我们不可。因为在将推土机运到敌方领土以在敌后建设简易机场时，始终需要性能良好的机械。"

凯特皮勒公司的前任董事长威廉·璐曼描述该公司从成立至今始终坚持的一项基本政策，即"不论内外，凡是凯特皮勒制造出的产品或零件，都必须保证相同的质量和性能"。这样，不论在哪儿，顾客都不必担心换不到该公司的零件。

璐曼同时指出，凯特皮勒公司这种对产品的质量、可靠性和标准化的决策已经成为公司发展过程中一股强大的动力。"一个厂家生产出的机器应是另一厂家生产出的同类机器的替代产品，并且有些部分应是全世界通用的。"

全面质量管理是创造价值和顾客满意的关键。全面质量管理中的"全面"包括两个方面的含义：一是表示质量管理的内容涉及企业的方方面面，从设计、生产、储运到企业内部人员的工作态度和协作精神，以及企业整体和个人对外的形象辐射等内容；二是表示质量管理涉及的人是"全面"的、"整体"的，不存在独立于质量管理之外的"特殊观众"。它不是企业某一个或少数几个人的事情，而是包括总经理和一般雇员在内的全体职员的事情。

总之，全面质量管理是通过尊重顾客来赢得顾客满意的。顾客的购买过程是一个在消费过程中寻求尊重的过程，企业的一切活动都应体现其对顾客的有形或无形的尊重，而提供优质的产品和服务质量，就是对顾客消费行为和动机的最大尊重。这是任何企业都应该遵从的管理准则。

第十三章

未雨绸缪，对风险保持敏感度

100. 避免出现广告违法行为

广告违法行为，是指违反国家广告管理法律法规，出现危害社会的行为。广告管理法律法规不仅指那些专门约束广告活动的法律、法规和规章，而且还包括有关法律、法规中涉及广告管理内容的规定。广告违法事件并不鲜见。

上海某生物基因科技发展有限公司为推销一款渐变多焦视力镜医疗器械产品，于2006年1月至3月多次利用报纸发布广告宣称"解决青少年近视有了新方法、沪上近视青少年有救了""有效治疗近视，恢复健康视力"等，超出监管部门核准的"有效控制青少年近视的发展"的相关内容。被上海市工商部门处罚21.9万元。

无独有偶。与该生物基因科技公司一起接受惩罚的还有一家生产数码产品的影像器材公司。该公司为推销其DV摄像产品，于2006年年初利用电视媒体发布广告宣称是"一款最高可达1 100万像素的DV"。经查，该产品的实际最大像素仅为500万，电视广告中所表现的产品拍摄效果也并非出自该款产品本身。为此，上海市工商部门责令其停止发布，罚款15万元。

通过广告宣传，扩大企业的影响力，是市场营销中的重要手段。在这个过程中，管理者需要避免出现广告违法行为。

1. 发布虚假广告及其法律责任

虚假广告，是指以欺骗方式进行广告宣传。发布虚假广告包括：商品或服务本身即是虚假的；自我介绍的内容与实际不符；对产品、服务的部分承诺是虚假的。

《广告法》规定，利用广告对商品或者服务做虚假宣传的，由广告监督管理机关责令广告主停止发布，并以等额广告费用在相应范围内公开更正消除影响，并处广告费用1倍以上5倍以下的罚款；对负有责任的广告经营者、广告发布者没收广告费用，并处广告费用1倍以上5倍以下的罚款；情节严重的，依法停止其广告业务。构成犯罪的，依法追究刑事责任。

2. 发布违禁广告及其法律责任

违禁广告，是指广告主或广告经营者违反《广告法》规定，使用国家机关和国家机关工作人员的名义做广告。对发布违禁广告的行为，《广告法》规定，由广告监督管理机关责令负有责任的广告主、广告经营者、广告发布者停止发布、公开更正，没收广告费用，并处广告费用1倍以上5倍以下的罚款；情节严重的，依法停止其广告业务。构成犯罪的，依法追究刑事责任。

3. 发布有产品获奖广告及其法律责任

《广告管理条例》第十一条第二款规定："标明获奖的商品广告，应当提交本届、本年度或者数届、数年度连续获奖的证书，并在广告中注明获奖级别和颁奖部门。"第三款规定："标明优质产品称号的商品广告，应当提交政府颁发的优质产品证书，并在广告中标明授予优质产品称号的时间和部门。"

《广告管理条例》第二十六条规定："广告客户违反《条例》第十一条规定，伪造、涂改、盗用或者非法复制广告证明的，予以通报批评，处5 000元以下罚款。广告经营者违反《条例》第十一条第（二）、（三）项规定的，处1 000元以下罚款。为广告客户出具非法或虚假证明的，予以通报批评，处5 000元以下罚款，并负连带责任。"

4．发布无合法证明或证明不全的广告及其法律责任

广告证明，是指表明广告客户主体资格和广告内容是否真实、合法的文件、证件。根据《广告法》的规定，广告经营者代理、发布无合法证明或证明不全的广告，由广告监督管理机关责令负有责任的广告主、广告经营者、广告发布者停止发布，没收广告费用，并处广告费用1倍以上5倍以下的罚款。

5．伪造、涂改、盗用或擅自复制广告证明及其法律责任

伪造是指广告主假造广告证明文件；涂改是指广告主对广告证明文件证明的内容进行改制，变换其内容，以适合其需要；盗用是指广告主将不归自己所有的广告证明窃为己有，非法使用；擅自复制是指广告主非法复制法律规定不能自行复制的广告证明。

根据《广告法》第四十四条规定，广告主提供虚伪证明文件，由广告监督管理机关处以1万元以上10万元以下罚款。伪造、变造或者转让广告审查决定文件的，由广告监督管理机关没收违法所得，并处1万元以上10万元以下的罚款。构成犯罪的，依法追究刑事责任。

要想使广告远离法律风险，管理者要做到以下三点：

①如实宣传。对产品品牌的广告宣传，应本着实事求是的态度，如实地宣传本企业的产品品牌，而不可采取夸大其词等虚假手段去宣传。诚实是最好的宣传方式，这是因为一旦消费者发现你的企业采取夸大其词等虚假手段去为产品品牌作广告宣传的话，就不会作出购买选择。所以，高明的企业经营决策者在对其产品作广告宣传方面，往往都会采取实事求是的诚信态度。

②表里如一。近年来，有关部门曾经多次组织人员对市面上所出售的一些袋装米、袋装食品、瓶装饮料等进行检查，结果发现不同程度地存在着分量不足的问题。高明的企业管理者不会在缺斤短两上做文章，而是通过切实提高产品质量，提升产品

价格和销量来促进利润的增加。

③售后服务要符合广告承诺。说到的就要做到，这是赢得消费者信任的一个重要因素。赢得消费者的信任，使消费者更乐意购买你的产品，从而提高产品的销售量，这样企业才能在日趋激烈的市场竞争中站稳脚跟。

101. 小心遭到消费者的控告

美国曾有过这样一个案例：一位79岁的老太太到麦当劳用餐，服务员没有注意咖啡的温度，把温度调得过高。结果老太太不小心将自己的腿烫伤，医院诊断为三度烫伤。

这只是一个很小的意外，不过老太太还是将麦当劳告上了法庭，要求赔偿。法院的最终判决令世人惊诧：法院判麦当劳公司赔偿老太太270万美元。

对此，法官的解释是：这样的判决是一种惩罚性赔偿，对于麦当劳这样的跨国企业，应该重视消费者权益，如果不赔偿这么多钱，便起不到惩罚的效果。这就是服务管理方面未尽安全保障义务的问题。

麦当劳的惨痛教训，提醒管理者必须紧绷起消费者权益这根弦。在企业进行市场营销时，首先要了解《消费者权益保护法》中对经营者规定的各种义务和责任。如果不能紧绷消费者权益这根弦，轻则遭受经济损失，重则名誉受损，而名誉受损对企业来说往往是致命的。

美国交通部在2010年4月5日宣布，拟对丰田汽车公司的大规模召回事件处以最高可达1 637.5万美元罚款，这将是美国政府迄今对汽车公司作出的最大金额民事处罚。此前因召回不及时而遭处罚的最高罚金为100万美元，由美国通用汽车公司2004年创下。

美国交通部长拉胡德说："我们现在有证据表明丰田公司没有履行其法律责任。更糟糕的是，他们在长达数月的时间内向美国官员故意隐瞒一项危险的过失，没有采取措施保护数百万驾车者和他们的家庭。由于这些原因，我们将根据现有法律寻求对其处以最高额罚款。"

美国交通部全国高速路交通安全局局长戴维·斯特里克兰说："安全是我们的首要任务……我们将在正在进行的调查中继续密切关注丰田公司是否还有其他违法行为。"依照美国法律规定，汽车生产商一旦发现汽车可能存在缺陷，必须在5个工作日内向监管机构通报。而有证据表明，丰田汽车公司最迟在去年9月29日已经得知这项潜在缺陷。

报道称，当时丰田在31个欧洲国家以及加拿大发布了相应的修复程序，以解决这些地区顾客因油门踏板突然卡住引发意外加速的投诉。不过美国消费者也遇到同样问题，但丰田公司直到今年1月份才开始在美国召回汽车。丰田汽车有两周的时间就政府提出的罚金作出反应，如果丰田决定反对这项罚款，政府可以将其诉诸法庭。

不过，美国国家公路交通安全管理局仍然在调查丰田的另外两项召回，以确定是否对其征收更多的罚款。因一系列车辆质量安全事故，丰田最近从全球召回了约850万辆汽车，其中在美国召回约600万辆。另外，根据美国官方的统计，约有52人可能死于丰田车突然加速而造成的车祸事故。为调查丰田的这一系列事故，美国国会召开了一系列听证会。

《消费者权益保护法》以其独特的价值尺度，规定消费者享有九项权利，经营者负有十项义务，使原本强弱悬殊的利益群体之间趋于平衡。当消费者的权益因经营者的原因无法行使或受到损害时，消费者权益保护法规定可采取相应的措施对违法者予以制裁。

《消费者权益保护法》第七章对侵害消费者合法权益的行为区分不同情况，规定经营者应分别或者同时承担民事责任、行政责任和刑事责任。

企业要想不被消费者所控告，就必须紧绷消费者权益这根弦，切实做好以下两个方面的工作：

（1）企业要成为消费者权益的第一责任人。《消费者权益保护法》赋予消费者组织对商品和服务进行社会监督的权利。这种监督虽然也是切实有效的，但是，最根本的还是企业本身要负责任，诚实信用，切实肩负起维护消费者权益的第一责任人的重任。企业要为消费者负责。企业要确立这样的经营理念：维护消费者的合法权益，是企业的本分之事；维护消费者的合法权益，就是维护企业自身的长远利益。

（2）要充分利用中国消费者协会建立的争议和解机制。中国消费者协会就是基于对企业责任、诚实信用的要求，在消费维权工作中，注重创新维权方式方法，建立了企业与消费者之间的消费争议和解机制。争议和解机制是消协组织搭建的和解机制平台，每当消费者有消费争议投诉，他们都会在征求消费者同意的情况下，及时把消费者的投诉转交给相关企业。企业利用这种机制，可以在第一时间内和消费者做好沟通工作，达成谅解和问题解决方案，使企业的官司风险及时得到消除。

102.　注意保护知识产权

自从我国加入WTO以来，国内企业涉外知识产权的问题也越来越多。随着外贸环境的不断变化，如果不能有效解决涉外知识产权问题，企业的生存和发展都会受到严

重威胁。

根据有关部门的调查数据显示，从2002年至2006年，我国法院共审结涉外知识产权民事一审案件931起，年均增长48.29%。到2006年年底，我国企业因涉外知识产权纠纷引发的经济赔偿累计超过10亿美元，波及企业数以千计，涉及行业范围超过20个。显然，对于涉外知识产权问题，企业和管理者们再也不能坐视不理了。

2006年5月，美国新墨西哥州联邦法院下达的马克曼命令以及意见书，采纳了浙江通领科技集团有限公司对美国莱伏顿公司"558"专利保护要求和技术适用范围的解释。所谓的马克曼命令，是审理专利侵权纠纷的美国法官解释专利权利要求、确定其保护范围的司法裁决。这是中美知识产权纠纷案中，美国法院首次因中国企业获得全胜而下达的马克曼命令，被称为中国企业知识产权保护由被动维权转入主动维权的第一案。

浙江通领科技集团，是一家名不见经传的民企，却能够成为第一家在涉外知识产权诉讼中胜诉的中国企业。与通领相比，国内相当一部分企业在面对涉外知识产权问题时，仍是一头雾水。有些管理者会认为知识产权主要是依靠谈判解决，只要弄清了谈判规则，有好律师的帮助，问题会很快解决。实际上，像前面提到的浙江通领，之所以能够胜诉，在于企业扎实地走自主创新之路，创造出自己的知识产权，从根本上立于不败。

深圳有一家名为朗科科技的公司，发明了世界上第一款闪存盘。朗科公司很注重知识产权的保护，于2004年12月在美国申请了发明专利，这也是中国科技企业在全球计算机移动存储领域获得的第一项国际发明专利。

2004年与2006年，朗科公司分别起诉索尼与PNY等跨国企业侵犯其美国专利，要求这些跨国公司停止侵权行为并赔偿损失。最终，朗科因为拥有最早的自主知识产权，获得胜诉。这一事实，告诉管理者要想在涉外知识产权纠纷中取得主动，拥有自主知识产权是根本。

为了增强企业的核心竞争力，在自主研发上必须加大投入，建立起强大的研发队伍，提高企业的研发实力，这样才能拥有更多的自主知识产权，在竞争激烈的国际市场中占得先机。即使某项核心专利已被外国企业占领，企业可采取迂回包抄的战术，进行知识产权的争夺，比如申请较多的外围专利包围核心专利的策略，这样一旦出现涉外知识产权纠纷，企业不会处于较大的被动。

管理者应加强涉外知识产权的防范意识，尽量做到未雨绸缪。在进行涉外贸易前，应对出口产品涉及的知识产权全面分析，弄清出口国对相关产品的知识产权保护情况及相关专利的保护范围，确定企业产品不存在侵权问题。在这一方面，管理者要帮企业做好全方位准备，尽量减少知识产权诉讼的出现。

在涉外知识产权的纠纷中，面对不了解的情况，可以聘请专家和律师对涉及的问题进行分析，弄清是否有抗辩理由，以便在诉讼中占得先机。常见的抗辩理由有两种，一种是对方的知识产权无效或不可执行，另一种是根本不构成侵权。在涉外知识产权纠纷中，除了法庭解决方法外，企业还可通过其他渠道寻求和解，尽量避免增大损失。

另外，要充分发挥行业协会的作用，加强行业合作。行业协会作为群体性组织，能够有效整合行业资源，使各企业间保持信息畅通，起到协调企业利益，增强行业合作的作用。温州打火机协会，就曾通过积极交涉，迫使欧盟撤销了反倾销调查，为中国企业赢得了胜利。

103．专利进攻战略与专利防守战略

在知识经济时代，"卖知识"是大势所趋。各大研究机构、全球顶尖公司往往是主要知识产权的拥有者，他们通过"卖知识"获得巨大的利润，进行技术授权、出售一部分知识产权或者通过建立拥有产权资产（IP–BACKED）的合资公司，来坐收渔利。

荷兰飞利浦公司多年以来一直从事专利的转让工作，从最初的录音磁带和CD的业界"标准"，到目前转让的各种知识产权。2001年飞利浦公司的专利转让收入增长了45%，共申请注册了近2 100项专利。

英国电信是在不到一年前才开始出售专利的，英国电信申请的专利有1.3万项，开始转让专利之后6个月内，公司就创造了1 400万美元的专利收入。

IBM对知识产权的管理也有着丰富而成熟的经验。最近10年里，IBM拥有2.2万余项美国专利和3.7万余项世界专利，IBM连续10年名列全球专利之最。2000年在IBM的81亿美元利润中，专利转让费就高达17亿美元，专利转让收入已成为IBM公司增长最快的利润来源之一，专利战略已成为IBM商务战略的重要组成部分。

近几年中国企业和国外企业面临越来越多的知识产权争端。例如，深圳某灯饰公司甲生产的一种新型装饰灯灯头产品，是樊某于1999年4月12日向国家知识产权局申请并于2000年9月6日被批准授予实用新型专利权。2002年2月1日，该公司与樊某签订了专利实施许可合同，樊某授予该公司独占使用，该公司每年向樊某支付独占使用人民币20万元，合同期为3年。而2001年6月，深圳另一家灯饰公司乙在未经专利权人樊某及甲公司许可的情况下，擅自以生产、销售、出口等方式实施甲公司合法拥有的

上述专利技术，冲击了甲公司专利产品的国外市场，侵犯了甲公司的合法专利权益，造成了其经济损失。于是，甲公司向深圳市中级人民法院提起诉讼。经过深圳市中级人民法院的调查取证，该院认为：原告依据其与专利权人樊某签订的专利实施许可合同，其合法权益应受法律保护。根据有关法律法规，该院判决被告立即停止侵犯专利权，销毁用于生产侵权产品的模具，并赔偿原告损失人民币22万元。

企业能否赢利，通常取决于三个条件——机会、特权和运营得当。而专利就是一种特权，拥有特权获利会更加轻松。如果两家企业机会均等，经营管理相当，有专利权的企业一定会在竞争中胜出。

专利是知识产权的重要组成部分，也是企业实力的标志。判断一家企业的实力，可以通过看该企业的专利数据。国外很多大企业都拥有数量巨大的专利，比如杜邦、菲利浦、柯达等。那些大型跨国企业每年的专利申请量都在千件以上，拥有如此众多的专利，企业就可以利用法律的力量保障对新技术的垄断，维护其在竞争中的优势地位。

专利权并非伴随着发明创造的完成而自动生成，它需要申请人按照专利法律的程序和手续向专利机关提出书面申请，经审查合格，才可获得。专利权是法律赋予申请人实施其发明创造的专有权，任何人要实施专利，除法律另有规定的外，必须得到专利权人的许可，并按双方协议支付使用费，否则就会构成侵权。

获得专利权后，企业可以利用其进行生产经营。在专利权的使用过程中，最大的法律风险是专利侵权。不仅有专利权人遭到他人的侵权，也有专利权人不当使用专利时侵犯其他人的专利权利的情况。

侵犯专利权的行为，各国专利法的规定大致相同，只是在规定侵权行为的范围上略有不同。一般情况下，专利侵权的构成条件有四点：第一，有被侵犯的有效专利权存在；第二，未经专利权人许可；第三，侵权行为以生产经营为目的；第四，行为不属于法律另有规定的情形。

专利，是企业知识产权中最富有创造性的组成。在现有的法律保护与激励手段中，专利权的取得、维护及保护是企业技术竞争能力最为安全可靠的保护措施。随着知识经济时代的到来，知识产权的纠纷会越来越多。专利的法律风险已经不仅仅是简单的运用不当或合同问题，专利战略失误给企业造成的损害有时是无法估量的。因此，企业的管理者不能忽视对企业专利的管理，要熟练运用专利战略，让企业在知识产权的斗争中笑到最后。

在企业的专利保护上，管理者需要掌握企业专利战略，它可以帮助企业有效避免与专利有关的法律风险。企业专利战略，是指在专利的创造、管理、保护和运用中，为提高企业的核心竞争力和谋求最佳经济效益，运用已有的专利制度进行的整体性规划和采取的一系列策略及方法。企业专利战略包括两大类：专利进攻战略与专利防守战略。专利进攻战略是指积极、主动地申请专利并取得专利权，以使企业在激烈的竞争中占得先机，赢得更大的经济利益的战略。专利防守战略，是指防御竞争对手的专利进攻或反抗其他企业的专利对本企业的阻碍，而采取的一种保护本企业并将损失降低到最小限度的战略手段。

104. 提前避免劳资矛盾

2008年，随着《中华人民共和国劳动合同法》《劳动合同法实施条例》《劳动仲裁法》的相继出台，劳动者的维权意识增强，诉讼成本极大降低，越来越多的企业深陷劳动争议之泥潭不能自拔。集体诉讼、群诉案件更是让企业焦头烂额。不可否认，随着新的劳动法律法规的相继实施，多数企业已对传统的用工理念和模式进行了调整，但部分历史遗留的社会保险、加班费等问题仍让企业不知所措。

2008年8月13日，某公司以员工甲工作态度不端正、纪律观念散漫为由，将其调至公司待岗中心，工资下调至每月600元。甲不服从公司的安排，第二天起便拒绝上班。一周后，甲以该公司未为其办理社会保险为由，向劳动争议仲裁委员会提出申诉，要求与公司解除劳动关系，同时要求公司为其补缴社会保险费并支付1个月的经济补偿。仲裁委员会在确认双方的劳动关系后，支持了甲的全部请求。该公司表示不服，起诉至法院。公司的理由是，已为甲办理了失业及工伤保险，甲的请求没有依据，仲裁委不应支持。法院审理后认为：甲作为公司职工，在劳动关系存续期间有权享受国家规定的各项社会保险待遇，因此法院驳回了公司的诉讼请求。该公司仍不服，继续上诉，二审法院以同样理由维持了一审的判决。

在这个案例中，企业没有熟练掌握相关法律规定，因而在用人过程中遭遇到了用人纠纷。在《劳动合同法》出台后，劳动者的权益意识开始加强，这更给企业提了个醒。在熟悉法律法规的同时，管理者需要帮助企业避免用工法律责任。

在《劳动合同法》中，对劳动者权益最直接的保障，便是对社会保险有了明确规定。社会保险是国家通过法律法规，强制用人单位为劳动者提供的保障，是指劳动者在因年老、疾病、工伤、失业及生育等原因暂时或永久退出生产劳动过程、失去生活来源时，按照国家规定从社会获得物质帮助的一种社会保障制度。

社会保险主要包括养老、失业、工伤、生育、医疗保险五项内容。《劳动法》规定用人单位和劳动者必须依法参加社会保险，《劳动合同法》更将社会保险列入劳

动合同的必备条款。同时，《劳动合同法》也为用人单位设置了强制性规定：用人单位不为员工办理社会保险，员工可单方解除劳动合同，并要求用人单位支付经济补偿金，同时还可主张用人单位补缴欠缴数额等。

《劳动合同法》的出台，保护了劳动者的利益。对于法律的各项规定，管理者应该选择遵守，这样可以避免因违法而增加更多的成本。不过，企业与劳动者从来都不是对立的双方，管理者更应该把握好这些法律规定，能够找出法律中留下的管理空间，有效管理员工，减少企业用人时的劳动争议。

第一，管理者要完善企业的规章制度。在法律规定的范围内，对企业的规章制度进行细化和完善；将员工违反规章制度的情况，进行明细列举，制订出衡量标准。对员工的行为规范进行明确的界定，一旦员工出现违规情况，企业单方解除劳动合同，就可不需要支付经济补偿金。企业还应通过制定详尽的招聘管理、试用期考核、绩效管理、薪酬管理、离职管理等各个阶段的制度，对员工进行有效管理。即便是企业在作出解聘或者终止合同时也能够有规可依。比如，用人单位想在试用期内与员工解除劳动合同，就必须证明员工不符合企业的用工要求，那么在企业的招聘管理中，就必须有清晰的用工标准。

第二，要注重公示和保留证据。在制定企业规章制度时，要保证内容合法，程序合法并对员工进行公示。这样一来，在出现用人争议时，企业的规章制度才能够成为仲裁委员会及人民法院审理案件的依据。因为如果企业主张员工严重违反规章制度，企业有举证责任。不仅劳动争议，任何法律诉讼，都需要有证据，否则都会面临败诉的风险。所以，管理者在日常管理时，对员工的违章行为应做好相应取证，用于证明企业履行了劳动法律法规中的义务。这样，在面对用人纠纷时，企业能够处于有利的位置。

第三，在管理过程中应谨慎处理好企业与员工的关系，避免员工与企业出现矛盾，引发劳动争议。管理者可以考虑设立工会或相关协调机构，通过工会或协调机构的参与，化解企业与劳动者之间的矛盾。用工矛盾一旦发生，应尽量与员工进行协商解决，避免事态扩大，引起更多员工的不满与不安。很多事情都是可以用人情来解决的，只要用人单位做事合乎人情，劳动者多数不会揪住一点小问题不放。

凡事以和为贵，企业与劳动者间的用工矛盾是双方都不愿意看到的。管理者也不愿意花费太多时间与精力在劳动争议之上，掌握以上法律规定，合理选择方法，避免用工法律责任的出现，才能保证企业长期稳定的发展。

105. 不要忽略每一个合同细节

合同是市场经济的产物，是企业进行市场交换时的法律表现形式。企业的经济来往，大多依托于合同形式进行，因而，合同管理是企业经营管理的重要内容之一，同时也是管理者的必备能力和重要工作之一。

2004年，甲公司利用加拿大政府贷款通过乙公司分批从该国丙公司引进了300万美元的化工设备，在商订合同时，甲公司为协调配套设备资金及建设情况，在合同装运条款中加列了"卖方在装运前内通知买方，并取得买方的同意，方可进行装运"的条款。卖方丙公司对此无异议，并如期签订了合同。合同签订后不久，卖方丙公司开始按合同要求进行备货，在首批货物中，40%为外购货，60%为自己生产的产品。完成备货后，丙公司向中间商乙公司发出装运通知，但是，甲公司以配套资金没有到位，附属设施没法开工为由，拒绝卖方发货。后经多次协商，甲公司同意在丙公司同意支付每年3万美元仓储费的前提下，接受第一批货物。鉴于当时当地化工市场的情况，为避免损失，甲公司不再同意接受后几批的货物。后来经过协商，合同得以和平解除。

这是一个典型的利用合同条款进行风险规避的案例。如果没有加列"卖方在装运前内通知买方，并取得买方的同意，方可进行装运"这一条款，甲公司将没有依据拒绝丙公司发货，从而为自己带来较大的风险和仓储压力。

合同管理，是指对合同依法进行订立、变更、转让、履行终止以及审查监督、控制等一系列行为的总称。合同管理是一项综合性的工作，涉及企业的各方面，能否实施有效管理把好合同关，是企业经营管理成败的重要因素。管理者应该避免法律上的风险，完善制度使企业能够依规行事，更好地促进企业健康发展。

合同管理的第一项重要内容是确保合同内容不超出经营范围。1999年最高人民法院《关于适用合同法若干问题的解释（一）》第十条规定，"当事人超越经营范围订立的合同，人民法院不因此认定合同无效，但违反国家限制经营、特许经营以及法律、行政法规禁止经营规定的除外。"因此，除国家明确规定需要履行特定手续或程序的业务或规定禁止经营的业务以外，企业可以不经任何审批直接从事所有项目的经营。

合同管理的第二项重要内容是确保签约主体具有签约能力。在签订合同前，必须审查对方的主体资格。根据我国法律规定，与无签约能力的主体签订的合同无效力。在市场合作中，企业的合同对手很多时候不是法人，而是其分支机构或职能部门，更要引起管理者的注意与重视。《合同法》中规定的有签约能力的合同主体只能是自然

人、法人或其他组织。

合同管理的第三项重要内容是要做好必要的资信能力审查。资信能力包括企业的注册资本、投资额、年检情况、商业信用、资产情况和审计报告等。如有必要，还可以到相关政府部门，比如企业所属的工商局了解更详细的情况。

合同管理的第四项重要内容是要了解对方代表的资格。《合同法》第49条规定，"行为人没有代理权、超越代理权或者代理权终止后以被代理人名义订立的合同，相对人有理由相信行为人有代理权的，该代理行为有效。"这种代理行为被称为"表见代理"。从表面上来看，善意相对人有理由相信行为人拥有被代理人的代理权，被代理人就应该对这个行为负责。表见代理对企业来说，是一个潜在的威胁。比如，某公司给业务员下发了一些盖有单位公章的空白授权书或空白合同。甲业务员后被公司解雇，公司没有及时收回空白授权书或空白合同。此后，甲业务员以公司员工的身份与客户签订合同，收取定金后逃走。这就是典型的表见代理行为，《合同法》会认定此行为有效，该公司仍对客户承担代理责任，同样承担违约责任。

合同管理的第五项重要内容是要了解合同的成立与生效。依法成立的合同，自成立时生效；法律、行政法规规定应当办理批准、登记等手续生效的，依照其规定；当事人对合同的效力可以约定附条件，附生效条件的合同，自条件成就时生效；附解除条件的合同，自条件成就时失效。当事人对合同的效力可以约定附期限，附生效期限的合同，自期限届至时生效；附终止期限的合同，自期限届满时失效。

企业的合同管理不是简单的约定、承诺、签约等内容，而是一种注重细节、全方位的科学管理方式。管理者只有依法实施规范的合同管理，对违反制度的行为进行坚决打击，才能实现高效的合同管理。合同管理的完善，可以维护企业良好的信誉，合理规避市场风险，保证企业能够顺利实现预定的经营计划，从而达到提升企业经济效益，不断发展壮大的目标。

为了避免出现表见代理情况，企业需要建立起完善的授权委托制度：

首先，制订企业的规章制度，除法定代表人外，任何个人以企业的名义对外签订合同必须持加盖公章和经法定代表人签字的授权委托书，且应该让企业的客户知道此规定。

其次，授权委托书应明确具体。授权委托书应写明具体的代理事项，有效期限等内容，否则就是授权不明。法律规定，授权不明的损失由被代理人承担。因此，如果授权委托书不明确，也会成为企业的隐患。

再次，如果企业解除原代理人的代理权，应尽快告知有业务往来的有关客户，避免出现损失。

最后，应建立严格的公章、合同管理制度。法律规定，如能证明公章、空白介绍信或合同是被盗的，企业不承担责任。

106. 别惹上税事缠身的麻烦

曾经有不少知名企业都遇到过"税事缠身"的麻烦，企业往往因此陷入尴尬境地。如何正确处理公司税务的相关法律问题，成为管理者必须认真对待的问题。

2009年7月，安徽省霍邱县人民法院审理了一起偷税案，一审判处被告人胡某犯偷税罪，判处有期徒刑一年，缓刑一年零六个月，罚金人民币30 000元。1996年，被告人胡某在霍邱县某街道独资经营某加油站，每月按售油收入到县国税局申报缴税。2007年12月24日，县国税局对胡某加油站2007年1月至11月份的销售情况进行税务检查时发现：加油站销售93号汽油、0号柴油不含税收总收入为51万元人民币，而胡某仅申报13万元人民币，偷漏税款6万元人民币。县国税局于2008年1月3日、9日，分别向胡某送达了《税务处理决定书》和《税务行政处罚决定书》，决定由胡某补缴税款6万元人民币和3万元人民币罚款，而胡某却拒绝执行。之后，县公安分局依法立案，对胡某进行刑事拘留。

法院审理后认为，被告人胡某作为纳税人，采取虚假的纳税申报手段，少缴应纳税款，数额较大并且占应缴纳税额的百分之十以上，其行为构成偷税罪，遂依法作出上述判决。

企业税务的法律问题，核心在于偷、逃税上，而在我国法律体系中，关于欠缴税款一般有以下几种情形：

第一，漏税，是指纳税人并非故意未缴或者少缴税款的行为；

第二，欠税，是指纳税人因故超过税务机关核定的纳税期限，未缴或者少缴税款的行为；

第三，偷税，是指纳税人使用欺骗、隐瞒等手段逃避纳税的行为；

第四，抗税，是指纳税人拒绝遵照税收法规履行纳税义务的行为。对于以上行为，国家又有不同的行政处罚手段。

要想避免法律风险，企业唯一的途径就是根据法律的要求进行诚信纳税。在发达国家中有这样一句名言："在我们这里，除享受阳光和空气外都要纳税。"这句话既反映了这些国家纳税范围之广，又反映了这些国家纳税人的积极纳税意识。

诚信是美德，纳税是责任。诚信纳税本身就能产生效益。对纳税信誉好的企业，税务部门充分满足其服务需求，信任其申报资料，企业可以享受最少的税收检查和稽

核频次。这无形中使企业减轻了负担，增强纳税信誉等级评定的内在"效益"，增强了企业效益。

另外，企业通过诚信纳税，能够铸就企业金字招牌，提升企业的可信赖度。在商业实践中，纳税指标成为商业信誉中的一项重要指标，越来越被重视。纳税人是否如实提供涉税信息就成为检验企业、个人诚信状况的重要参考标准。企业只有诚实纳税，才能更容易获得商业伙伴的信赖，才能赢得更为广阔的发展空间。

为了更好地对企业税收进行管理，减少不必要的成本，管理者在企业税收管理时，要注意以下几点问题：

①纳税人必须依照法律、行政法规规定或者税务机关依照法律、行政法规的规定确定的申报期限、申报内容如实办理纳税申报，报送纳税申报表、财务会计报表以及税务机关根据实际需要要求纳税人报送的其他纳税资料。

②扣缴义务人必须依照法律、行政法规规定或者税务机关依照法律、行政法规的规定确定的申报期限、申报内容如实报送代扣代缴、代收代缴税款报告表以及税务机关根据实际需要要求扣缴义务人报送的其他有关资料。

③纳税人、扣缴义务人按照法律、行政法规规定或者税务机关依照法律、行政法规的规定确定的期限，缴纳或者解缴税款。

④纳税人可以依照法律、行政法规的规定书面申请减税、免税。

⑤减税、免税的申请须经法律、行政法规规定的减税、免税审查批准机关审批。

⑥税务机关征收税款时，必须给纳税人开具完税凭证；扣缴义务人代扣、代收税款时，纳税人要求扣缴义务人开具代扣、代收税款凭证的，扣缴义务人应当开具。

107. 安全问题无小事

2009年7月，北京市劳动部门出台规定，为了保证劳动者的权益，将针对高温作业人员，发放高温补贴。根据规定，每年的6月至8月，对于在高温天气下露天作业的劳动者，用人单位需要支付高温补贴。

补贴分为两档：用人单位安排劳动者在高温天气下露天工作的，按每人每月不低于60元的标准发放；不能采取有效措施将室内工作场所温度降低到33℃以下的，按每人每月不低于45元的标准发放。此类补贴主要针对建筑工人、露天环卫工人等高温工作岗位人员，无空调的公交车司机、售票员等室内工作人员也包括在内。

这一规定的出台，足以说明国家对生产活动中劳动者权益的保护。在企业的生产过程中，劳动者的安全保护是任何企业都不能掉以轻心的。所谓的劳动安全保护，是指为了达到安全生产和文明生产，避免和减少伤亡事故，保障劳动者在劳动过程中获得适宜的劳动条件和安全而采取的各项保护措施。

劳动安全保护是公民劳动权的重要内容之一，劳动者在安全的条件下进行劳动是生存权利的基本要求。对于劳动者的保护，国际社会有统一的要求。

根据国际劳工组织1981年通过的155号公约《关于职业安全、健康和工作环境公约》，其中第十六条中明确规定：在合理和可行情况下，雇主必须保证：①其管理下的工作环境、机器、设备与工作流程是安全的，并且对健康没有危害；②当采取了适当的保护措施时，其管理下的化学、物理、生物物质和制品，对健康没有危害；③有需要时，雇主必须提供足够的防护服装和防护用品，以期在合理和可行的情况下，防止发生事故或对健康产生有害影响。

除国际公约外，我国《劳动法》第五十二条中也明确规定：用人单位必须建立、健全劳动安全卫生制度，严格执行国家劳动安全卫生规程和标准，对劳动者进行劳动安全卫生教育，防止劳动过程中的事故，减少职业危害。而在《安全生产法》第21条、第50条中又有对劳动安全保护问题的补充规定。

对安全生产的重视，主要体现在资金的投入上。虽然资金是企业发展的重要基础，不过，关于安全生产的投入企业不可忽视。只有确保对安全生产的投入，企业才能实现安全生产与经济利益的良性循环。

增加安全生产的投入，无疑会加大企业的资金压力。无论是从安全生产工作的组织、实施，还是安全生产的投入及违法行为责任的承担，企业对安全生产负有主要义务和重大责任。无数关于安全生产的事故早已证明，一旦企业遭遇安全生产问题，其损失都是巨大的。事实上，对于企业来说，安全生产不仅能保证其所属劳动者的安全，也能使自身成为最终受益者。

第一，企业抓好安全生产工作，能够有效降低事故发生的概率，减少损失，防止事故对企业造成大的冲击与破坏；第二，通过改善企业安全生产条件和活动，能够使企业生产经营活动稳健、持续地开展，避免因安全生产事故造成生产经营的中断，为企业的发展壮大提供了可能；第三，通过紧抓安全生产工作，可以在企业内部营造出安全、舒适的生产环境，从而建立起科学、人性的企业安全文化，增强企业员工的凝聚力，提升企业的文化氛围；第四，企业对安全生产的重视，能够促使员工自觉行动起来，全面提高企业的安全素质，使安全生产成为企业竞争力的核心，从而在市场竞争中获胜。

从短期投入来看，企业的经济效益与安全生产的投入会存在一定矛盾。不过，从企业的长远发展来看，安全生产和经济效益是相互促进、相辅相成的。忽视安全生

产，忽视生产活动中劳动权益的保护，企业的生产是很难持续、稳健地发展的，长期的经济效益更是无从谈起。

对于企业的管理者来说，安全生产和劳动权益的保护并不与企业经济效益相冲突。在企业安全生产中，管理者需要做到的是：保障劳动权益、安全生产优先的基础上，提高企业经济效益，实现经济效益最大化与安全保护的平衡，以实现经济利益可持续性发展的最终目标。

108. 小心构成不正当竞争

2008年年初，携程旅行网曾因在宣传中使用"规模最大""中国领先"等宣传用语，被同行北京某旅行社以不正当竞争等名义告上法庭，一下子成为业内的焦点事件。该旅行社称，携程在会员手册和公司网站中，宣称"行业内规模最大的统一机票预订系统""中国最大的电子旅游商务网站""中国领先的宾馆预订"等，这种"最大的""领先的"等夸大性宣传用语，形成了对同业竞争者的排挤，构成不正当竞争。因此要求法院判令携程停止不正当竞争，在媒体公开道歉，并赔偿损失1万元。

无独有偶。某彩电厂家甲生产的彩电性价比高，因而大受市场欢迎，很快便占据了市场大部分份额。其同城竞争对手乙厂家，由于彩电质量存在问题，销量很不好。为了打开销路开拓市场，乙厂家在报纸上发表了一篇"声明"，该声明称："最近市场上出现的甲厂家彩电，由于质量问题受到消费者投诉，不少消费者找到我厂要求退换。我厂郑重声明此彩电不是我厂产品，请消费者认准我厂商标，以免误购，遭受损失。"此声明刊登后，甲厂家的彩电销售量大幅下降，以前已销出的货也遭到退货。遭受不白之冤，甲厂家一怒之下将乙厂家告上法庭。最终法院判决乙厂家赔偿甲厂家损失3 000万元。

甲乙两厂家均为彩电生产商，势必会存在竞争。所谓的竞争，是指两个或两个以上的企业在特定的市场上通过提供相同或类似的商品和服务，为争夺市场地位和顾客而作的较量。在市场竞争中，有正当竞争，也有不正当竞争。乙厂家的"声明"就是一种不正当竞争。

正当竞争，是指经营者采用符合国家法律、遵守社会公认的商业道德、信守诚实信用原则的商业手段进行竞争的行为。不正当竞争是对正当竞争行为的违反和侵害，根据《中华人民共和国反不正当竞争法》第二条第二款的规定：不正当竞争是指经营者违反该法规定，损害其他经营者的合法权益，扰乱社会经济秩序的行为。

《中华人民共和国反不正当竞争法》第二章明确规定了十一种不正当竞争行为：

商品混同行为；公用企业限制竞争行为；滥用行政权力限制竞争行为；商业贿赂行为；虚假广告宣传行为；侵犯商业秘密行为；非法削价倾销行为；搭售或附加不合理条件销售行为；违法有奖销售行为；诽谤竞争对手行为；串通投标行为。

商业贿赂行为是指企业和其他经营者为了推销自己的产品向交易对方的采购人员、负责人、代理人等对经营有影响力的人员提供报酬和其他好处，以促成交易，排挤别的竞争者，进而占领市场的行为。法律规定，商业贿赂的不正当竞争行为，根据情节分别负担三种法律责任：刑事责任、行政责任和民事责任。

侵犯商业秘密，构成侵犯商业机密罪的，根据《刑法》规定，可处三年以下有期徒刑或者拘役，并处或者单处罚金；造成特别严重后果的，处三年以上七年以下有期徒刑，并处罚金；对不构成犯罪的，给予停止违法行为，以及1万元以上20万元以下罚款行政处罚。实施违法搭售和附加不合理条件的不正当竞争行为应承担的法律责任，主要为行政责任和民事责任。行政责任主要是由当地的工商行政管理机关给予责令停止违法行为、没收违法所得、罚款以及责令停业整顿、吊销执照的处罚；民事责任主要是：停止侵权，赔礼道歉，赔偿经济损失。

串通投标是指多个投标者互相串通，联合行动，获取非法利益的行为。根据《反不正当竞争法》的规定，串通投标和勾结投标的行为应承担行政和民事责任。行政责任主要体现为工商行政管理机关对行为人的行政处罚；对实施串通投标或者勾结投标给其他经营者造成损害的应当承担赔偿损失的民事责任。

商战中很多企业往往基于自己的利益考虑而采取各种不正当的手段进行竞争。因此，一个优秀的管理者必须充分利用法律所赋予的保护手段来制止和打击不正当竞争行为，才能使自己的合法权益得以顺利实现。防范不正当竞争行为的方法主要有以下三种：

①提起民事诉讼，以获得法律对自己正当经营行为和权益的保护。当发现其他企业实施不正当竞争行为时，应及时向人民法院提起诉讼，要求人民法院判令其停止不正当竞争行为，并对其行为给本企业所造成的损失予以经济赔偿。

②向有相关主管部门进行举报，要求主管部门启动行政执法程序，对该企业予以相应的行政处罚，以此来遏制对手不正当竞争行为的蔓延。

③如果对方的不正当行为已经涉嫌犯罪或构成犯罪，则应向司法机关举报并提出请求，请求司法机关对其犯罪行为予以刑事制裁。

第十四章
优化内部治理，让战斗力常青

109. 管理就是沟通、沟通、再沟通

什么是管理？美国著名管理学家赫伯特·西蒙说："决策是管理的心脏，管理是由一系列决策组成的，管理就是决策。"那么正确的决策来自哪里？杰克·韦尔奇的答案是："管理就是沟通、沟通、再沟通。"松下幸之助也认为："企业管理的过去是沟通，现在是沟通，未来还是沟通。"管理发展史上著名的霍桑试验证明了沟通的重要性。

制造电话交换机的霍桑工厂位于美国芝加哥郊外，这家工厂的医疗养老制度齐全，工作环境整洁舒适，还有很多娱乐设施。然而员工们仍不能愉快地工作，经常抱怨，工厂的生产效率也不理想。

工厂联合美国国家研究委员会组织了一个包括心理学家等各方面专家在内的研究小组来探求原因。研究小组的专家们用了两年多的时间找工人个别谈话两万余人次，耐心听取各种意见，不予反驳和训斥，结果使全厂产量大幅度提高。

以前员工们愤愤不平的原因是：他们长期以来对工厂的各项管理制度和方法有诸多不满，但无处反映和发泄，工厂当然也没有改进，造成员工们的情绪积压，影响了工作效率。长达两年的沟通使员工们的不满都发泄了出来，并且让工厂了解了员工们的想法，并对此进行了相应的改进，员工们从此心情舒畅，工作动力倍增。

沟通的一大作用是使员工感到自己得到了尊重，另外，"三个臭皮匠，顶个诸葛亮"，只有沟通才能发挥集体的智慧。世界著名的壳牌公司之所以经营成功，一个重要原因是部门拥有充分的自主权，公司的权力不是集中在某个人手中，而是分散于各个管理部门。各级管理部门可以根据结果和技术报告，自行作出决策以解决经营中所遇到的各种问题，而不必层层请示、逐级审批。这样，部门主管可以与当地顾客密切联系，迅速作出反应，以应对突如其来的外部事件。在重大问题决策管理方面，他们的做法是：公司里由6名执行董事组成董事会，一切重大决策必须一致通过，防止董事长一人独断专行。这样的组织管理手段使壳牌公司在20世纪80年代避免了盲目随潮流收购其他大石油公司所带来的风险，也避免了大举外债的风险。

壳牌公司这样的组织管理方法，使公司既可以发挥集体的作用，又可以发挥执行董事个人的作用。公司的每一位执行董事都来自基层，都至少主持过一个地方部门的业务，所以执行董事的决策意见富有见地、独到深刻。

壳牌公司的决策管理制度给人们这样的启迪：每个人的能力都是有限的。综观许多决策者的巨大成功，绝非单纯依靠其双手披荆斩棘而得来，他们的成功秘诀就在于能受益于集体的智慧。美国沃尔玛公司总裁山姆·沃尔顿也曾说过："如果你必须将沃尔玛管理体制浓缩成一种思想，那可能就是沟通。因为它是我们成功的真正关键之一。"

总之，在千变万化的商业环境中，一个成功决策的制定，不但需要决策者个人的智慧，更需要集思广益的智慧。同时，决策者还要善于对不同的决策意见进行比较与融合，取长补短，从而使群体智慧发挥最大限度的优势，保证决策的成功。

110．打破壁垒，群策群力

杰克·韦尔奇在任通用电气CEO期间，倡导"群策群力，沟通无边界"。下面是1990年他在家电业务部门参加一个Work-Out会议时的情景。

这次会议是在肯塔基州列克星敦的假日饭店举行的，参加会议的员工大概有30人。大家都在认真听一个工人做陈述，他认为可以对电冰箱门的生产工艺进行改进。突然，工厂的车间主任跳起来打断了他的讲话，认为他的意见不合理。

这位工人毫不留情地对车间主任说："你说的是狗屁不通……你都不知道你在说什么，你自己从来没有去过那里。"

接着他拿了一支水笔，开始在写字板上演示自己的改进意见。很快，他讲完了，并得出了自己的结论，同时，他的解决方案也被接受了。

看到工人师傅和车间主任为改进生产工艺进行争论，韦尔奇非常高兴。他说："想象一下，那些刚刚从大学出来的毕业生如果面对这条生产线的话，他们恐怕做不到这一点。而现在，这些富有经验的工人师傅们帮助他们把问题迅速解决了。"

渐渐地，人们开始敢于表达自己的看法，提出合理的意见，在通用电气公司里流传着千百个像上面这样的故事。

一位中年工人曾经对Work-Out这一计划评论说："25年来，你们为我的双手支付工资，同时，你们还拥有了我的大脑，并且不用支付任何工钱。"

这种情形在任何公司都可以发生，但需要员工有一点勇气。没有哪个领导站在员工面前接受批评、倾听一系列要求变革的建议会感到很舒服，同样，也没有哪个员工会在跟老板叫板时，感到理直气壮。

群策群力说的是每一项决策都要通过公司全体人员的商量讨论后才执行，这是通用团队精神的一种体现。通用公司通过这种形式打破了公司的重重壁垒，为与外界交流奠定了基础。

通用汽车公司的总裁艾弗雷德·斯隆更进一步，提出："在没有出现不同意见之

前，不作任何决策。"在斯隆主持的决策会议气氛一般都非常热烈，在一次会议中，斯隆发现所有的人都对一个重要决策持认同态度。他强调说："对于这个问题，所有的不同意见都可以提出。"大家都点了点头，表示知道有不同意见是可以提出来的。斯隆接着说："先生们，我想我们大家对这项决定都一致同意，是吗？"在场的人都点头表示同意。于是，斯隆说："那么，我建议推迟到下次会议再对这项决定做进一步的讨论，以便我们有时间来提出不同意见，并对与这项决定有关的各个方面有所了解。"经过事实证明，斯隆避免了一次错误的决策。

斯隆知道，只得到掌声的决策不一定是好决策。意见一致是因为每一个人都没有认真地做好自己的工作，没有完成自己的准备工作。他想要的是不同的意见，他也积极促进不同意见的产生。

在决策时，不同意见产生良好的决策。一项正确的决策，往往是通过听取不同意见，集思广益，反复比较而获得的结果。作为决策者，应该善于听取不同意见，反复论证，以求得出的决策具有科学性、可靠性和长远性。

111. 让管理流动起来

走动管理是世界上流行的一种创新管理方式，它主要是指企业领导身先士卒，深入基层，体察民意，了解情况，与部属打成一片，共创业绩。

雷·克拉克是麦当劳快餐店的创始人，他有个习惯，就是不喜欢在办公室办公，他的大部分时间用在了"走动管理"上，到所有的分公司和部门走走、看看、听听、问问，收集大家对工作的意见。

有一段时间麦当劳公司面临严重的亏损，克拉克用他的走动管理在各公司发现了一个很严重的问题——官僚作风盛行。公司的各部门经理都有一个很不好的习惯，喜欢靠在舒服的椅背上对员工指手画脚，把很多时间浪费在抽烟、喝咖啡和闲聊上。

克拉克为此十分生气，于是下令："把所有经理的椅背都锯掉，马上执行。"命令下得很快，执行得也很快，不出一个星期，每个经理的椅背都被锯掉了。

经理们对克拉克的做法很不理解，甚至还很气恼。椅背锯掉了就不能像以前那样舒服地靠着它抽烟、喝咖啡了，于是大家都走出办公室，学着老板的做法到各部门基层走走、看看、听听、问问，很快，他们就发现了管理当中出现的问题，顿悟了克拉克锯掉椅背的用意。于是，他们及时调整管理方案，现场解决存在的问题，终于使公司扭亏为盈。

走动管理体现了上级对下级或对客户的一种关怀。通过面对面的接触，管理者常常可以更好地对下级进行指导，同下级直接交换意见，特别是能够听取下级的建议，了解下级遇到的各种问题，从而能更有效、更及时地采取相应的措施。随着社会的发展，走动管理风格已日益显示出其优越性：

1. 能产生联动效应

联运效应即主管动，部属也跟着动，既然领导都已经作出表率了，那么下属自然会紧跟领导步伐，加强走动管理。

2. 投资小，收益大

当今世界，人们都在努力提高效率。走动式管理不需要太多的资金和技术，就可以提高企业的生产力。

3. 看得见的管理

最高主管能够到达生产第一线，与工人见面、交谈，期望员工能够对他提意见，能够认识他，甚至与他争辩是非。

4. 实现真正的现场管理

日本为何有世界上第一流的生产力呢？有人认为是建立在追根究底的现场管理基础上。其实，日本企业的主管及其幕僚们每天要洗三四次手，因为这些人的手在现场东摸摸、西碰碰弄脏了。主管每天马不停蹄地到现场走动，部属也只好"舍命陪君子了"！

5. 更能获得人心

优秀的企业领导要常到职位比他低几层的员工当中去多听一些"不对"，而不是只听"好"。不仅要关心员工的工作，叫得出他们的名字，还要关心他们的衣食住行。这样，员工觉得领导重视他们，工作自然十分卖力。一个企业有了员工的支持和努力，就会蒸蒸日上。

112. 点子最值钱，而架子让人厌恶

美国微软公司以充满活力闻名于世，中国的微软人同样充满活力。

一天，微软中国研究院院长李开复想为公司的新会议室命名，为了让公司员工都参与讨论，他马上让秘书通过电脑发出通知：现在征集会议室名称，截稿时间为明天下午6点。建议使用"中国最著名的发明家""中国最著名的发明"等来命名。

李开复提示说："我建议用'火药'作为命名之一。这样，当你走进会议室的时候，必会激发所有的力量，为你的思想而战。"想到他和同事的智慧将会以火药的力量爆发出来，李开复的心情十分愉快。

不一会儿，李开复的"建议"连同他的邮件在同一时刻被传给了研究院的所有人。"火药"的念头在众人的感情上立刻引起了共鸣。"当我们说'让我们去火药库讨论吧'的时候，那该多棒！"秘书小徐立即响应李开复的想法。

他在发出的电子邮件中，特地用中文补充了新的建议："试想一下别的名字，如火药库、司南车、造纸坊、印刷厂。"

毕业于浙江大学的博士小李提出了自己的想法，他说："应当把'司南车'变成'指南厅'。"

"我喜欢你们的想法。"李开复也加入了大家的讨论。他想起中国人在数字领域里发明了"零"的概念："这等于是半个计算机啊！"他又给所有研究员发出了一封电子邮件："我们应该把一个会议室叫做'Zero Room'。"接着又插科打诨地说："但是中文怎么说呢？零堂？那会让人联想到'灵堂'的。"

于是，这一大群熟悉英语也熟悉中文的年轻人，开始在中文和英文中间寻找合适的名字。小陈和小孙马上意识到，那就叫Zero Room：灵感屋。

2月3日下午，到了规定的时间。会议室的名称确定了方案：指南厅、火药库、造纸坊、灵感屋、印刷厂、算盘室。

在微软，他们一贯信奉：点子最值钱，而架子让人厌恶；智力最值钱，而权力最不值钱。

管理者在作决定时，应当敞开大门，广泛收集意见，这样才能够激发自己的想象力和创造力，开阔视野，深化思路，从而进一步把工作做好。

平时作决策的时候应该注意以下几点：

（1）要体现决策民主化

要体现决策民主化这一原则，不仅保证了中层领导决策的正确性、有效性，也是让下属参政、议政，发挥其积极性和创造性的重要途径。在社会活动高度群体化的今天，"多谋善断"不能只靠一个人去完成，而是要靠组织成员集思广益，专家"智·囊"参与来完成。

（2）让思维碰撞过程化

实践证明，任何决策，都不是在"众口一调"的求同思维中得到的，而是在众说纷纭的思维碰撞中作出的正确判断和选择。因此，凡是重大决策，应先建立决策对抗程序，有意寻找否定决策方案的材料，把潜在的矛盾充分揭示出来，使决策方案在作肯定证明的同时，也作否定证明。

113. 人心齐，泰山移

"人心齐，泰山移"，抓住员工的心是企业管理者的一项重要工作。给予下属必要的关怀，可以调动他们的工作积极性。所以，在实际的管理工作中，要随时注意员工的情绪变化，以便随时对其进行慰藉和援助。

注意员工心理的微妙变化，适时地说出适合当时状态的话或采取行动，就能抓住下属的心。例如，当下属情绪处于低潮时，就是抓住下属的心的最佳时机。

1. 工作不顺心时

因工作失误，或工作无法照计划进行而情绪低落时，就是抓住下属心的最佳时机。因为人在彷徨无助时，希望别人来安慰或鼓舞的心情比平常更加强烈。

2. 人事异动时

因人事异动而调来的人，通常都会夹杂着期待与不安的心情，应该帮助他早日去除这种不安。另外，由于工作岗位造成的人员变动，下属之间的关系通常会产生微妙的变化。不要忽视了这种变化。

3. 下属生病时

不管平常多么强壮的人，当身体不适时，心灵都会特别脆弱。

4. 为家人担心时

家中有人生病，或是为小孩的教育等烦恼时，心灵总是较为脆弱。应该学习把婚丧喜庆当作是一个巩固员工心理的良好机会。下属情绪低落时，应适时给予慰藉、忠告、援助等，会比平常更容易抓住下属的心。因此，平常要收集下属个人资料，然后熟记于心，还必须及早察觉下属的心理状态。

日本麦当劳公司认为仅仅关心员工本人还不够，对其家人的重视会给员工最大的满足。

"人是最宝贵的"这一思想，对广大从事麦当劳事业的人启发很大。在麦当劳，所有人都是经营者，员工具有"经营自己的工作对社会进步有所贡献"的态度，而不单纯是为了工资才来上班的。这一点在日本的麦当劳企业中体现得淋漓尽致，而且日本麦当劳的老板还不断地告诫员工："麦当劳的工作，在日本是最具有文化价值的工作。"

也许正因为如此，麦当劳除了付给员工合理的报酬之外，还很注重人文关怀。日本麦当劳为了鼓励员工，还提出了要"抓住员工太太的心"。他们的做法是在员工的太太过生日的时候，向花店定一束鲜花送给员工的太太。

一束鲜花并不贵，却成了无价之宝。经理经常会收到这样的感谢信："总经理能记得我的生日，真是感激不尽啊！"

日本麦当劳除了几个节日外，每5个月发一次奖金，这个奖金原则上并不发给员工本人，而是交给其太太。员工们称这种奖金为"太太奖金"，钱直接打在太太的账户上，为什么这么做呢？是为了赢得她们的支持。

在送上奖金之际，公司一般都给这些太太一封致函："今天公司之所以这样赚钱，都是太太您的福气。因此，现奉上的奖金乃归太太所有，不必交给你的先生。"真是怪招！这种奖金深得好评。日本麦当劳创始人和经营者曾说过这样的话："日本麦当劳成功的信条是，为员工多花一点钱'绝对值得'。"

为了保障员工及家属的健康，日本麦当劳公司每年共支付1 000万日元给医院作为医疗基金。当员工或其家属生病、发生意外时，可立即住院接受治疗或者手术。

有人可能要问：如果麦当劳的员工及其家属没有因病住院，那么1 000万日元的钱岂不是白花了？麦当劳不这么想，只要能让员工安心工作，对麦当劳来说就不会吃亏。

麦当劳所采用的方法是全体员工及其家属都能得到一张诊断卡，可随时凭卡住院。像这样处处为员工着想的企业机构，在日本算得上是绝无仅有的，可见麦当劳的口号"人是最宝贵的"是名副其实的。

资产只是一个数字，人才是真正的财富。拥有庞大资产的企业，他的实力一定非常雄厚，但如果该企业缺乏各种人才，那么它的兴盛也是短暂的。与此相反，拥有较少资产但注重人才的企业必定会拥有一个更好的发展前景。人才是一个企业成功与否的关键，这是国内外企业家所公认的。

人才乃取胜之本，谁获得了优秀人才，谁就拥有了最大的竞争力，其潜力是不可估算的。所以企业的经营者不要被庞大的资产所迷惑，一定要尊重和善待人才，人才是企业真正的财富。

114. 上帝的右手是温柔的，但他的左手是严厉的

跨国公司的人性化管理是国内企业的学习对象，在跨国公司中，惠普的人性化管理是很出名的。即使在处于美国企业最艰难的时刻，帕卡德还坚持管理者应当与雇员保持密切的联系，雇员们亲昵地称这位总经理为"MBRA"（闲不住的老板）。因为帕卡德尊重每一个员工，经常与他们在一起，所以惠普公司的人际关系十分融洽。

在惠普，不论哪一级领导都没有自己的独立办公室，只有少量的会议室供集体使

用。上下班见面时，都是直呼其名而不称职务。公司创始人休利特和帕卡德把惠普公司的全体员工都当作博士来看待，认为每个员工的尊严和价值都是惠普方式极其重要的组成部分，确信"不论男女大家都想有一个富有创造性的好工作，有一个好的工作环境，大家都会把工作做好"。正因为对每个员工都很看重，所以惠普公司有一条不成文的规定：每位员工一经聘用，绝不轻易辞退。这在美国其他公司是难以做到的。

但如果认为惠普只强调人性化，那就大错特错了。惠普宽松的工作氛围是建立在严明的纪律之上的。惠普具有一整套严格的纪律约束员工的行为，例如"科研记录本"制度，即技术人员所有的发明创造，包括思路、草图等原始素材必须写在专门的科研记录本上。科研记录本有点类似于发票，在科研记录本上每一页都有号码，就像发票一样是连号的，员工不可以撕掉其中的任何一页，否则就有麻烦了。惠普还通过内部审计来进行监督检查，通过每年一次的内部审计对科研人员的发明创造、产品开发过程、文献管理、技术管理等方面进行严格审查，一旦发现有人没把技术发明、产品设计（包括想法和草图）写在科研记录本上，就视情节轻重严肃处理。

另外，所有员工在加入惠普公司的时候，都要与公司签订职业发明协议。在这个协议里明确规定：员工在惠普公司工作期间，不管是上班时间还是业余时间，所发明的与公司业务相关的任何技术、产品，其知识产权都属于公司（因为公司允许员工将公司的任何元器件拿回家做研究）。如果有人没有履行承诺，把科研记录本复印后拿走了，公司就可以跟离职员工打官司。届时，公司会拿出两样东西作为证据：一个是员工签字的职业发明协议，另一个是科研记录本的原件，这样公司就可以100%胜诉了。有了这样一套保障体系，多年来，惠普基本上没有发生过技术人员离职带走技术或产品设计的事件。

如果员工违反了惠普的基本纪律，就会受到严厉的处罚。凡是破坏制度的员工必须马上辞退，这一点毫不含糊，无论他在惠普的位置有多重要。曾经，惠普有一个业务水平很高的技术人员，在报销出租车费的时候做了手脚，车票上原来的金额是40元钱，他把40元钱改成了140元钱。后来，公司财务人员看出了破绽，经过与出租汽车公司核对，证明该位员工的确是虚报发票。尽管他很优秀，对公司业务发展有重要作用，但惠普仍然开除了他。惠普中国区总裁孙振耀也说过："惠普公司做生意的框架和纪律是非常清楚的，从我们的价值观和企业精神来看，这是天条，如果有谁没有做好它的话，公司一旦知道，犯错误的人付出的代价是非常大的。"纪律就是纪律，这就是惠普。

惠普的管理好比印度诗人泰戈尔所说的："上帝的右手是温柔的，但他的左手是严厉的。"以人为本的企业不可忘记纪律是企业生命的保障。

115. 霹雳手段执行制度，菩萨心肠讲求情理

中国大酒店创业之初，发生了一件体现中外管理文化差异的小事，但小事中潜藏着大问题——一个关于纪律和情理的问题。

事情缘于一位外方部门经理检查客房，他不仅用眼睛检查地面、窗帘、浴室，还伸手四处摸摸，发现一切都打扫得干干净净，没有任何灰尘，床也铺得很整齐。正当他满意地点头之际，却发现了一个严重的问题：茶几上的茶杯朝向错了。

这里说朝向错，不是说茶杯放得不够整齐，而是茶杯上五个事关酒店品牌的字不见了，这五个字就是"中国大酒店"。按规定，杯子上的"中国大酒店"五个字应当向着门口，让客人一进门就看得见，以便传达酒店的品牌形象。另外，那盒小小的火柴，也没有放在烟灰缸后面，而是放在烟灰缸旁边。这使外方经理大为恼火，他当众斥责服务员小温，说她工作粗心大意、不负责任、不懂规矩。

小温是一位18岁的广州女孩，刚入职不久，她受不了被人当众斥责，便与经理顶撞起来。她说："这仅仅是一点儿小事，并不影响酒店的服务质量，客人也不会计较，你分明是鸡蛋里挑骨头，小题大做，欺人太甚。"

但是，摆错杯子是小事吗？

当天，受了顶撞的外方经理也很难过。他找到中方经理交换看法，中方经理诚恳地说："在我们中国的社会制度里，上级是人，下级也是人，大家的关系是平等的，唯有对员工满怀爱心，循循善诱，员工才能接受你的批评教育。她们不习惯生硬的训导，总以为只有资本主义国家才会这样对待工人。"

外方经理恍然大悟："原来我们在管理方法和思想观念上，存在着区别。我不了解中国国情，只是就事论事，见她粗心大意，根本没有品牌意识，情急之下没有注意工作的方式和方法。"

他反思了一夜，第二天，出现在小温正在清洁的客房。小温有点愕然，他们不约而同地望向茶几上的茶杯，这回，茶杯摆对了。那一瞬间，他们相视而笑，仿佛昨天的"恩怨"已一笔勾销。他是来向小温道歉的，他说："我昨天在众人面前大声斥责你，伤了你的自尊心，这是我的不对。但是，杯子的摆法非讲究不可。"

从品牌管理的角度看，将"中国大酒店"五个字摆在显眼位置，不是一件小事，而是通过细节传达酒店品牌形象的大事。品牌既是管理的起点，也是终点，酒店提供的一切优质服务过程都在品牌中凝结。

中国有句古语："通情才能达理。"外方经理寓理于情的态度令小温感动，在短短的几分钟里，这位外方经理又赢得了下属的尊敬。从此，小温格外注意这样的细节，认真中又多了一种自觉。

后来，酒店针对上级批评下级的态度和方式，以及如何做好督导，如何有效解决冲突等，设立了专门的培训课程。酒店自身的企业文化就在差异和冲突的调解中得到提炼，逐渐积淀下来。

一年多之后，小温被评为酒店的"服务大使"，她在介绍经验的时候讲到了这件事对她的启迪。不久，她还升职当上了主管，这下轮到她给新来的员工讲茶杯的故事了。

在工作中，管理也要兼顾情理，因为在两者之中，细小的环节也可能引发大问题，管理不细则可能导致企业形象的损坏，情理不通则会引发不满，从而影响管理的实施。所以，无论管理还是情理都要从细处着眼，这样才能树立企业的品牌形象。

116. 用试点改革来推进全面改革

管理者若是想对企业进行大改革，全面铺开、眉毛胡子一把抓恐怕很难成功，先做几个成功试点，然后把成功经验四处宣讲，其他人或部门就知道了几个重要信息：管理者改革的决心以及改革的方法和成效，接下来全公司的改革就会顺利铺开。杰克·韦尔奇对GE官僚主义作风的成功改革是典型案例。

杰克·韦尔奇接任通用电气时，公司并不是一个烂摊子，它有很多优势。那时GE是个总资产250亿美元的大公司，年利润额为15亿美元，拥有超过40万名雇员。它的产品和服务渗透到美国经济的方方面面：从烤面包机到发电厂，几乎无所不包。但表面光鲜的GE其实有许多隐患，官僚主义是最突出的表现。

例如，GE有太多没什么积极意义的会议。每年春天，公司管理层都要参加一个家用电器展评会。一群设计者和工程师带着硬纸板和塑料制作的模型赶来参加展评。他们向领导询问其对未来的冰箱、暖炉以及洗碗机模型的意见。杰克·韦尔奇很清楚这些模型中有一些是做过除尘处理、重新擦拭过的，因为它们在几年前的展会上就已经展出过了。他还知道，公司的领导层（包括他自己）所提的那些意见根本不会有什么参考价值，这种例行公事的展评浪费了每个人的时间。

杰克·韦尔奇上任后，到处投掷"手榴弹"，力争把那些阻碍公司前进的传统和无聊会议统统"炸掉"，爱尔梵协会就是典型例子。爱尔梵协会是GE公司的管理人员俱乐部，成为一名爱尔梵协会会员被认为是进入管理阶层的"通行仪式"。杰克·韦尔奇对爱尔梵协会的人没什么好感，因为这些人只不过是想在晚餐聚会的时候能够被

自己的上司或者上司的上司看上两眼。如果有主管本地业务的GE副总裁要出席晚宴的话，整个宴会大厅就会人满为患，热闹非凡，每个人都想在上司面前露露脸。如果来演讲的人不是那么位高权重，会场就会显得有点冷清。

1981年秋天，杰克·韦尔奇作为新任CEO被爱尔梵协会邀请发表演讲。人们认为这会是个不错的聚会，新官上任，照例都是要讲一些套近乎的场面话，因此有来自全美各地的数百名爱尔梵协会领导成员到场。杰克·韦尔奇说："非常感谢你们邀请我来这里讲话。今天晚上，我想对大家坦诚相告。首先我要告诉大家一个事实，并希望你们对此作一番深思。这个事实就是，我对你们这个组织存在的合理性持有严重的保留意见。我看不出你们现在做的这些事情有什么价值，你们现在是一个等级分明的社交政治俱乐部。不过，我并不打算告诉你们应该怎么做或者你们应该成为什么样子。爱尔梵协会未来应该扮演一个什么样的角色，这是你们自己的事情。怎样做对你们自己、对GE才真正有意义，由你们自己决定。"杰克·韦尔奇结束演讲的时候，底下是一片沉默。

一个月以后，爱尔梵协会的会长凯尔·内萨默给杰克·韦尔奇带来了关于爱尔梵协会未来发展的新构想：里根总统正鼓励人们多做些义务服务，以填补政府撤出某些社会领域所形成的空白，他们想把爱尔梵协会转变成一个GE社区的志愿者服务团体。凯尔的远见卓识让杰克·韦尔奇激动不已。如今，包括已经退休的员工在内，爱尔梵协会已经拥有42 000多名成员。在任何一个设有GE的工厂或者分支机构的社区，都有爱尔梵会员们为社区作贡献的身影。从修建公园、运动场、图书馆到为盲人修理录音机，他们什么都做。其中艾肯高级中学通过GE志愿者的义务辅导，学校毕业生中被大学录取的比率从最初的不到10%提高到了50%以上。

只要有机会，杰克·韦尔奇就把爱尔梵协会的成功改革以及其他类似的成功故事（如核能部门的成功改革）一遍又一遍地向每一个GE的听众讲述，他用这些故事向人们清楚地展示了他所希望的GE"感觉起来"究竟是什么样子。渐渐地，人们听进去了，理解了。杰克·韦尔奇最终彻底击败了GE的官僚主义作风。

可见，不断宣扬成功的试点改革，是可供有志于改革的管理者借鉴的博弈智慧。

117. 成长是一种疼痛的过程

老鹰是世界上公认寿命最长的鸟类，它的年龄可以达到70岁。然而要活那么长的时间，它必须在40岁时作出痛苦而重要的决定。

当老鹰活到40岁时，爪子开始老化，无法有效地抓住猎物；喙变得又长又弯，几乎碰到胸膛；翅膀也变得十分沉重，因为羽毛长得又浓又厚。这时，它只有两种选择：等死或是经过一个十分痛苦的更新过程——150天的脱胎换骨。

若选择脱胎换骨，它必须很努力地飞到山顶，在悬崖上筑巢，停留在那里，确保安全。老鹰首先用它的喙击打岩石，直到完全脱落，然后静静地等候新的喙长出来。接下来，它会用新长出的喙把指甲一根一根地拔掉。当新的指甲长出来后，它再把羽毛一根一根地拔掉。几个月后，新的羽毛长出来了，它便又能够自由翱翔，获得30年的岁月！

企业要想有长远的发展，有些时候就必须作出困难甚至是痛苦的决定。企业做大固然好，但问题也是如影随形的。正是因为"大"了，其"喙"其"爪"使得"执行力"衰退，其"毛"使"机体"日渐臃肿，"敏感度"也日益迟钝，对市场的反应能力大不如前，所以企业就面临着危机。这种时候企业就要痛下决心，革除弊端，重占市场。

在企业的经营管理过程中，我们所能做到的，也是必须去追求的，就是如何让企业的生命周期尽可能长久。在市场经济的大背景下，为了这一理想，我们不断探索和创新，寻求长寿企业运行的内在逻辑。

怎样成为长寿企业呢？世界上的许多学者对一些长寿企业调查研究后发现，长寿企业可持续发展主要有五个方面的原因：

①长期保持和处理好与各种利益相关者的关系。

②保持竞争力。长寿企业在发展中确定自身的优势，摒弃为发展而发展的浮华路线，将自身的特色与运营路线有机结合。

③着眼于企业长期发展运营。很多长寿企业的董事长在谈到生意经时都说短期为十年，中期为二十年，长期为三十年。短期十年是指培养接班人的时间，中期二十年是指自己的经营期，长期三十年是指未来的规划。

④重视企业的可持续发展，这是企业长寿的关键。为此，企业需要重视风险管理。安全性中也包括了维护企业的独立性，譬如要从外部引进资金的话，也许会使企业做大，但也会让企业受制于他人，所以考虑到自身的安全性，即使企业需要也不能轻易引入外部资金。长寿企业的领导者们深知独立的重要性。

⑤重视企业的长期稳定发展。短期的谋利是可贵的，但是必须考虑到长期稳定发展。所以，长寿企业是不会为了小利而放弃长远利益的。

总之，整合所有资源，追求事业的可持续性，方能造就长寿企业。

第十五章

得人才者，得天下

118. 感情留人人长留，事业留人人更多

国内知名民营企业正泰集团股份有限公司始创于1984年7月，现辖8大专业公司、超过2 000家国内销售中心和特约经销处，并在国外设有超过40家销售机构。产品覆盖高低压电器、输配电设备、仪器仪表、建筑电器、汽车电器、工业自动化和光伏电池及组件系统等几大产业，畅销世界超过70个国家和地区。正泰集团的快速发展引人关注：25%以上的经济增长率、80%以上的员工满意度和不到3%的员工流失率。正泰集团人力资源部经理汤彪认为，正泰集团的快速发展，关键在于其独特的用人之道。

2001年12月26日，浙江省学生联合会第六次代表大会"知名专家、企业家成才报告会"气氛异常热烈。一位学生代表问在台上作报告的正泰集团董事长南存辉："如果有两个大学生同时到贵公司求职，其中一人理论功底扎实，但属于一心苦读圣贤书之类；另一人专业知识并不出色，但他（她）是一个组织能力、协调能力都很强的学生干部，你会选择谁？"

南存辉没有直接回答。他讲了两个故事，一个故事说，造房的木匠师傅伐木，专选又直又大的树木，因为他要的是栋梁之材；而一个搞工艺美术的大师，则对那些奇形怪状的"歪脖子树"情有独钟，因为那正是做木雕、根雕艺术的理想材料。另一个故事讲的是，画家们要画出一个人的光辉形象，而被画的对象是一个少了一只眼、瘸了一条腿的人。很多人都被难住了，却有一个聪明的画家画了一个持枪打靶的姿势，令人拍案叫绝。由此说明，人才是多种多样的，社会的需求也是多种多样的。对于用人者，要尽可能用人之长，避人之短，使人尽其才，才尽其用。对于被用者，则要有种平常心态，正确认识自己，努力发挥优势，才能做出成绩。

最能系统体现南存辉用人之道的，是他发表在1998年1月11日《浙江日报》理论版的一篇署名文章。在这篇题为《制胜之道在人才》的文章中，南存辉谈了三个观点：

第一，用人求专不求全。金无足赤，人无完人，一个人很全面当然好，但现实中很难得到。在实际工作中，我们只能根据需要，选择在某一方面有专长的人，而非完人、全才。重要的是对有专长的人使用得当，即所谓好钢用在刀刃上。领导者必须根据不同岗位，选择不同类型、不同层次的人才。选择人才还有个德才兼备的问题，这不仅仅是对党政干部的要求，民营企业用人同样如此。正泰在选择人才时，除了考虑其应有的思想品德外，还把能否接受"争创世界名牌，实现产业报国"的企业理念作为一个重要条件，要求受聘的人必须具有"中国心、民族情"。

第二，用人宜尊不宜怠。如何用好人，首先不是方法问题，而是态度问题。这态度就是对人才的充分尊重和信任。人才受聘于企业，如果得不到应有的尊重与信任，他的才干是无法充分施展的。南顾辉对人才奉行八个字：尊重信任，宽容谅解。当人才在工作中遇到困难、挫折和过失时，还应给予充分的理解、宽容和安慰，使其有机会改进工作，做出成绩。

第三，留人在钱更在情。人才难觅，人才难留，是众多企业的同感。有人为此开出了许多药方，如"高薪留人"等。南顾辉认为，把人力当资本，给人才以高薪，这是理所当然的。人才既然进入市场，也如同商品，质量高的，价格自然也要高，这是符合价值规律的。然而，凡成为人才的，一般学历较高。知识分子有个特点，他们对人格的尊严比对金钱的满足更看重。另外，就是要给人才以大显身手的舞台，让他们有事业的成就感；要创造良好的生活环境、工作环境、人文环境，努力做到待遇留人、事业留人、感情留人、环境留人。

"有才有德是正品，有德无才是次品，无德无才是废品，有才无德是毒品！""感情留人人长留，事业留人人更多！"南存辉脱口而出的一些话，成了正泰人耳熟能详的"人才经"，而这也是正泰集团的用人规范，正泰集团正是靠着正确的人才观走上高速发展之路的。

著名的猎头公司万宝盛华日前对全国126家企业的人力资源经理进行了一项调查后发现，最流行的留人方式就是"事业留人"，其中有62%的人力资源经理选择了依靠事业留人；有23%的人力资源经理人选择了金钱留人；采用感情留人的比例仅为15%。在事业留人上，首选通过"帮助员工制定未来职业发展目标"方式的，占到了参与调查人员的52%，其次为提供个性化的学习和发展机会，如在职EMBA培训、工作轮岗等，占到了20%。

在调查中，之所以大多数企业选择通过"事业留人"，是因为有不少员工希望通过跳槽"升职"。调查结果显示，在参与调查的职场人士中，有28%把"升职"作为自己新一年事业的首选项，期望自己的职业发展上有新突破。而在首选升职的人群中，70后升职欲最为强烈，这部分年龄在30～39岁的人群占到了其中68%的比例。

对此，人力资源研究方面的专家表示，这反映出当前职场的就业观中，"成就感"已经成为了一个极为重要的因素，单纯的薪酬激励已经无法成为挽留员工的决定性因素，而感情因素在就职中的作用更是淡化。专家建议，企业应当提高员工参与企业经营活动的深入度，如参与企业决策，给予员工更多说出自己改进工作想法和建议的机会等，从而提高他们的归属感和成就感。

119. 找到那些条件稍差的人，发掘他们的能力即可

高精尖的一流人才不是到处都有的，每个单位都有一些条件稍差的员工，对于这样的"二流人才"，领导者千万不要把他们当成累赘，只要把他们放在适当的岗位，他们就是人才，就是财富。有一句话说得好：这个世界上任何东西都有它的用处，只是用处大小不一罢了。同样，即使是再无能的下属，只要遇上一个会用人的领导，同样也能发挥他的长处，而这正是一个领导优秀还是平庸的区别所在。

二流人才指的是一些在学历、技能、年龄、政治条件等方面相对处于劣势的人，如学历较低者；年龄大一些，45岁以上的人；手慢一点、脑子笨一些、劳动技能不如心灵手巧者的人；公司不爱要的女职员，等等。二流人才并非指那些主观不努力，工作态度很差的人。

国内外很多企业已摒弃了"尽可能用最好的人员"的原则，奉行"找到那些条件稍差的人，发掘他们的能力即可"的原则。每个单位都有大量简单的熟练工作、脏累工作，即使现代化的企业也如此。安排条件稍差的人去干，他们会全力以赴、专心致志地工作，创造出很高的工作效率，而不会有自卑感、沮丧感，不会感到大材小用，因为他们有"自知之明"，期望值并不高。像某些企业用解除劳教者当装卸工，他们感恩戴德地工作，因为起码企业解决了他们就业的问题。建筑行业招收大量农村临时工，这些工人活儿很累，收入也不太高，可干得很起劲，因为毕竟比农村强多了。

一位教师已经41岁了，刚从外地调回北京，一直没有找到合适的工作。一家私营公司在众多应聘者中录取了他。与许多人相比，他回京后一直受失业困扰，如果录取他，他会很珍惜这次机会。年龄大点，反而更踏实，来个研究生说不定哪天就"飞"了；学历虽不高，但他吃过苦，有实践经验，进步不会慢。后来，他果然成为公司的业务骨干。

从一定意义上讲，任何单位都离不开二流人才，全是高学历、高素质人员组成的公司人才结构，未必是最佳结构。

如果有人想，何必那么费事，干脆把他们全解除合同，改用优秀人才多好。实际上这样效果并不好，优秀人才不一定能做好那些工作。比如你需要一位录入员，每日向电脑录入各种数据做市场分析，把这份工作交给一位名牌大学毕业的软件工程师，要不了多长时间，他就会感到工作单调乏味，失去了工作兴趣，自然就会出差错。可如果你交给一位职业中专毕业的女孩来做，她会非常热爱这份工作的，会高兴得向同学们炫耀在铺着地毯的微机房工作是多么惬意。

二流人才中有很大一部分是值得领导者特别重视的，即那些工作潜能未被充分发挥出来的人。对于这些具有工作能力，却缺乏工作意愿的下属，即所谓"深藏不露"型，领导者应设法予其发挥潜能的机会。

对"深藏不露"型的下属，领导者可以将高难度的工作交付给他，让他享受一下"自我表现欲"的满足及喜悦感。那些工作勤勉却机运不佳的下属，可视为"面临瓶颈"型，可交付他们较富创意性的工作，来对其加以活用。

总之，当领导者面对能力较差的下属时，必须先有心理准备，因为，自己所投注的管理心力，可能有一大半得花费在这类下属的身上。

能力欠佳的下属虽然能力较低，但领导者也不可对其放任不顾，若加以锻炼，仍可使其为公司效力。

对于那些能力欠佳的二流人才，一种解决方法里领导者可以从基础开始对其进行锻炼。当然，想对不及水准程度的人重新加以教育，不仅困难重重，同时也极易造成领导者精神上的疲累。然而，若能设法在这种部属身上发掘其优点，且很有耐性地与之交往，则不但可对其加以活用，领导者本身亦将发觉自己的领导能力在无形中得到了提高。

另外一种解决方法就是把这些能力欠佳的下属视为代罪羔羊般，对其施以怒骂，来为自己所辖的单位注入活力的刺激。例如，曾经有一位因怒骂而出名的领导者，即经常怒骂特定的一个人。当被询及这种管理方法的效用时，他如此说道："我的确是只骂一个人，甚至连其他下属所犯的错误也全骂到这个人的身上。不过，如此所导致的结果经常是所有的人都会好好地认真工作。当然，我总是骂了他多少，便在私底下疼他多少。"或许，这也算是能力欠佳的下属的一种激励吧！

120. 辩证地"因人设事"和"因事设人"

柳传志认为因人设事是真正的以人为本，而传统意义上的因人设事多含贬义，但是他的理解是：人不到位，绝对不动，再热闹的行业也不进入。他进入投资领域后更强烈地感觉到，因人设事并非什么坏事。然而，因人设事却素来是中国式管理的一大忌讳，外界也曾因此质疑柳传志用人的术与道。

赵令欢正式加入联想控股是2003年年初，那之前的半年，他和朱立南商量好了再

开辟一个战场做并购投资，但一直没有合适人选。计划被搁置了两年之后，赵令欢才得以走到台前。

赵令欢在他正式加盟联想之前，已经拥有一定的知名度。第一次见面时，柳传志感觉他不是一般的人，复杂的事情他立刻就能抓住头绪。但是，柳传志并没有马上起用赵令欢。这期间，赵令欢用了两到三年的时间赢得柳传志的信任。因为柳传志认为，从猜疑到信任有个过程，一上来就深信不疑，是找死的行为。

房地产行业最热时，联想控股没有空降"职业经理人"贸然挺进，而是稳当地挑选时机将陈国栋推到台前，自领一班人马，树起商业地产的大旗。有人觉得柳传志决策迟缓，贻误了最佳时机。此外，掺杂私人情感的因人设事也是失误，其实，这说明别人对柳传志的用人法则还不够了解。

联想控股旗下的新业务柳传志更加倾向于让谙熟联想企业文化与基本管理理念的联想"老人"摸索着做。柳传志认为，用人的风险最大。柳传志不讳言，"联想控股系"下每一块业务的诞生，莫不遵循着他本人"因人设事"的风格。

融科智地的诞生也体现着这一投资原则。2002年6月，北京融科智地房地产开发公司成立，这是联想为进军房地产业而专门设立的全资子公司，公司的前身是联想科技园公司，主要承担物业的建设任务。柳传志曾表示，联想进军房地产的原因之一就是早期大规模建厂房时积累下一批建筑和房地产规划人才。而当房地产行业成为推动经济发展的支柱时，融科智地自然成为联想控股现金回流较好的子公司之一。

曾被杨元庆尊称为"老师"的程天纵坚决反对因人设事。他做过五年惠普中国公司总裁，现任德州仪器亚太区总裁。程天纵认为：因人设事很危险，因为这个事、这个职位是专为某个人所设计的，可能非常适合他干，如果这个人有一天不在了，就没法去找一模一样的人了。因事设人，是使学历、年龄、特长一致的一类人，可以很容易相互取代，职位不会空缺，工作不会停顿。

但是，柳传志的用人思维看似与现代管理哲学相悖，实则另有奥妙。按照中国式管理思维，人始终是核心要素。理实佳讯管理顾问公司咨询总监李福波则认为，通过人与事的优化配置与组合，实现人本管理、事得其人、人尽其用。以安置当事人为目的还是以公司未来利益为导向，这是评判因人设事、因事设人孰优孰劣的基本标准。

在柳传志看来，企业好比是舞台，人才是演员和主角。只要有才能的人能唱戏，愿意唱戏，他都会不遗余力地将台子搭起来，将舞台打造得得心应手。如果没有演艺超群的好演员，而是一群跑龙套的小角色，再好的台子也是白搭。所以有时候他愿意等待、守候，愿意去寻觅，直到等到中意的人，就会毫不犹豫地轰轰烈烈地大干起来。

《联想风云》一书作者凌志军认为，如果因人设事概念成立的话，实际上不少大型跨国公司也有类似的做法。当年他采访微软，得知比尔·盖茨经常在全球寻找出类拔萃的人才，争取过来，委以重任，盖茨甚至会专门为这个人设立具体的部门。不能完全否定因人设事，也不能说因事设人就多么符合现代潮流。不管因人设事还是因事设人，关键看人与事是否为企业所需，是否符合公司的长远发展。

121.　要想留住人才首先要尊重人才

一个企业要想寻求长期发展，就必须知道企业的核心优势在哪里，只有明确核心优势，才会加速企业的发展。可是，在教育培训行业，由于传统做法的影响根深蒂固，师资力量这一关键因素常常被企业所忽视，这必然使企业品牌效应不高，企业发展速度缓慢甚至倒闭。

新东方无疑是教育行业中响当当的品牌，它为什么会从众多的培训学校中脱颖而出呢？是因为新东方抓住了教育行业的核心问题，即师资问题。俞敏洪认为，在教育行业中，你的优势就在于你在某一方面做得更好。这个方面肯定不是教学设备，也不是楼有多好，而是老师。

在新东方尊师重教的气氛非常浓厚，而俞敏洪确实通过落实相关政策，切实地提高了老师的地位，这也成为新东方的一大亮点。

据了解，俞敏洪本人拥有公司31.18%的股权，其他骨干例如徐小平持有10%，包凡一占有4%，钱永强持股2.5%，他们的财富在新东方上市后都超过了亿万。除了以上几位，新东方还有超过400人持有公司股票。俞敏洪不仅让自己成为"中国最富有的老师"，也让他的创业伙伴和同事成为中国最令人羡慕和最受尊重的富有老师。

中国历来把老师和清贫画等号，俞敏洪却认为老师应该是全中国最富有的人，因为只有老师富有了，他们才能安心教书，传授知识、传授智慧，学生才能够更多地受益。如果老师为了生计而奔忙的话，很多老师就会扭曲自己的教学心态，所以他希望中国的老师富有，只有所有的老师都很富有，才会吸引更多更有智慧的人回到教育行业，而这样中国的教育也能真正地好起来。

在高校和外资培训机构之外，新东方是民办教育中最早的正规军。首先是领导团队的素质高。自俞敏洪以下，胡敏、江博、徐小平、包一凡个个都是深受学员景仰的"大师"，具有雄厚的个人品牌资本；其次是俞敏洪的眼光非常独到，他在讲授风格方面不以个人好恶为标准，而是最大限度地遵从学员的意见。在新东方，教员去留的重要指标是学员打的分数。新东方给教学成果优异、深受学员欢迎教员的报酬是相当

丰厚的，顶尖教师年收入达数十万元。

俞敏洪将自己比作"瓷器保管员"，他将新东方的老师比喻为"价值连城的瓷器"，如果这些"瓷器"摔碎了，就一文不值了。俞敏洪对他们非常珍惜和爱护，并让他们感受到：知识分子就应该受到尊重。

例如，一些老师是留学回来的，他们大量借鉴了欧美自由教学的方式。为了与中国教育的具体实际相结合，他们做了大量工作使它有可操作性，然后再教授给学生。通过生动活泼的讲解和互动式的教学方法，让学生的学习充满乐趣，受益匪浅。

俞敏洪认为新东方的成功，是团队的成功，他深有感触地表示：教育是一种氛围，而不是一栋楼或者是资产，新东方的上空笼罩着一股"气"，这是人才的积淀形成的。人散了，"气"也就散了，事业就不可能做大，这也是许多培训机构想要模仿新东方而无法做到的。所以连竞争对手也不得不承认，新东方是中国英语教育的第一品牌。

俞敏洪带着"老师应该是中国最富有的人"这样朴素的理念，尊重老师、珍视人才，将他们作为企业的核心元素。他用伯乐的慧眼给老师展示自己的机会，他用包容给老师用新颖甚至是离经叛道的方式教书育人的舞台，他用真诚和以德报怨的胸怀挽留曾经与自己对立的伙伴。他带领和他志同道合的战友们，毅然决然地走在教书育人的道路上。

从俞敏洪和他的新东方管理上不难看出，要想留住人才首先要尊重人才。

很多的企业家总是埋怨身边没有人才，找不到人才，或者总是叹息人才的流失，这是什么原因造成的呢？是否我们自身存在某种缺陷呢？其实，只有加强自身的修养，创建使他们满意的工作环境，才能使身边人才济济。而要做到这一点，管理者首先要从"尊重"开始，对人才做到尊重、尊重、再尊重。

一个成功的人一定是有修养的人，是值得别人交往和追随的人。"尊重"给企业带来的好处是多方面的：员工消极对待工作，寻找借口不工作，其实并非因为其他过多的原因，很重要的一点是工作氛围，特别是对于高素质人才，更需要创造一种相互理解、轻松和谐的气氛，而管理者就是这个气氛的缔造者。只有这样，下属们才会在你的领导下进行分工合作，你才会带领出一支优秀的团队。

122．明晰企业产权，期权激励一统人心

美的事业部改革的成功使美的深受启发："企业机制的弱化、退化，比一亿元投资失误更致命。"他明白，制约美的更快发展的还有一个重要因素，那就是企业的产

权问题。他曾经说过，企业的产权问题一直是他的一个"心病"，要花很多心思去研究如何让政府平稳地从企业退出，而不伤及美的的筋脉。

美的是顺德企业中改制得最早的一家企业，期间也吸收了各个方面的一些新思路，政府的支持也使得整个过程显得非常顺利。1999年，何享健开始筹备进行MBO；2000年年初，美的管理层成立顺德市美托投资管理公司，由管理层和工会共同出资组建。管理层超过20人，约占总股本的78%，何享健为美托第一大股东，当时持股25%。

此后，工会退出了美托，公司其他管理人员将股权分别委托何享健等人持有，何享健持股上升到55%，美托投资后来名称变更为"美的集团有限公司"。2000年5月，代表政府的第一大股东顺德市北滘投资发展有限公司（后来更名为顺德市美的控股有限公司）将所持部分"粤美的"3 518万股法人股转让给美托投资，每股2.95元，所占总股本比例为7.26%，美托投资成为"粤美的"的第三大股东。

2001年1月，美托投资再次以每股3元的价格协议收购北滘投资所持部分"粤美的"7 243万股，所占总股本比例为14.94%。美托投资成为第一大股东，所持股份上升到22.19%，而地方政府则退居第三大股东。

何享健说，通过MBO，政府退出来，而公司管理层成为公司第一大股东，这对实现股份公司的公司化运作在体制上很有好处，同时经理层的激励机制问题也迎刃而解。但是，何享健也意识到，纯粹的奖金激励过于注重短期绩效，导致部分经理人为了眼前目标而牺牲企业长期发展的后劲。股权分置改革后，他决定进一步打造美的的"金手铐"。

2006年11月25日，美的集团有限公司向高盛集团全资子公司增发7 559万股，募集7.17亿元资金，为美的电器的战略部署募集资金。在引入高盛的同时，美的电器公布了酝酿已久的股权激励草案，授予高管5 000万份股票期权，占总股本的7.93%，行权价格仅为10.80元。

该方案行权条件和方法规定：如果美的电器2006年净利润同比增长不小于15%，而且加权平均净资产收益率不小于12%，则授权日第二年，即2008年初行权20%，授权日第三年行权40%，第四年行权40%。股权激励的对象完全是职业经理人，并不包括何氏家族成员。虽然该方案最终未获监管部门通过，但被认为是A股市场有史以来最慷慨的高管激励方案。

美的电器期权方案的推出对于美的集团的二级平台和事业部具有示范意义。其中获得期权最多的是方洪波，拥有600万份。此外，包括公司董事、高级管理人员、主要业务负责人及控股公司主要负责人等18人也是此次期权激励的对象。

"期权激励是一件非常好的事，通过新的机制让经理人把做企业和做事业统一起

来，去除经理人心中可能存在的注重短期利益的心态，从更长远的视角出发去规划自己的工作。"这正是何老总的初衷和内心想法。

在中国企业的MBO案例中，何享健领导美的MBO获得成功，成为一个经典。

所谓MBO，是英文Management Buy-Outs的缩写，意思为"管理者收购"。公司经理层利用融资购买本公司股份，实现所有者和经营者合一，以激发内部人员的积极性，降低代理成本。在我国，乡镇企业实行MBO，其中一个重要原因就是为了解决所谓"红帽子"的历史遗留问题，以实现产权清晰。

美的在MBO过程中，政府、企业、管理层各方都受益，产权改革又加快了公司内部的体制改革。美的成为国内第一个实现了比较彻底的产权改革的上市公司，也为其他企业提供了可借鉴的经验。

123. 用人的至境：人得其位，位得其人

浙江民营企业的精明不仅体现在市场上，还体现在用人上。一位记者到雅戈尔参观，发现对方接送的司机都是女性，对此，雅戈尔的老总李如成解释说：女性一般比较细心，爱护车子，并且，女性开车小心，比较注意安全。尤其是高速公路车流量大，车子一开就是几个小时，安全是很重要的。再有一个原因就是，一些商务应酬活动会照顾女司机而尽早结束宴会，这样既起到了监督作用，又对大家的健康有好处。

雅戈尔任用女司机这个事件中蕴含着企业的用人哲学，体现出了人尽其才、物尽其用的高效管理方法。企业在用人方面要"选好人，育好人，用好人，留住人"，这已经是社会的一种共识。管理学上一条著名的定理是"没有平庸的人，只有平庸的管理"。传统的管理把人看成一个样子，仅仅依照工作的制度安排人的位置，结果许多讷于言辞的员工被安排去组织展销会，许多头脑里新点子迭出的员工被安排做财务……

作为一名成功的领导，应该知人善任，让自己的下属去做适合他们的事情，这样才能充分发挥他们的工作潜能，实现组织人力资源的有效利用。

霍建宁和周年茂，是李嘉诚手下的两员大将，针对两人的不同特点，李嘉诚对他们做了不同的安排。

李嘉诚发现霍建宁是一个策划奇才，却不是一个冲锋陷阵的闯将，于是在1985年任命他为长江集团董事，两年后提升他为董事总经理，让他在幕后工作。

不会闯荡不等于没有才干，外界媒体称霍建宁是一个"全身充满赚钱细胞的人"。长江的每一次重大投资安排、股票发行、银行贷款、债券兑换等，都是由霍建

宁策划或参与抉择的。

为了发挥霍建宁的长处，李嘉诚较少派他出面做谈判之类的工作，而是给了他一付新的担子，为李嘉诚当"太傅"，肩负培育李氏二子李泽钜、李泽楷的职责。

周年茂是长江元老周千和的儿子。周年茂还在学生时代时，李嘉诚就把其当作长江未来的专业人士培养，并把他和其父周千和一道送到英国学习法律。

周年茂学成回港后，顺理成章地就进入了长江集团。李嘉诚发现他做事干脆，口才很好，指定他为长实公司的代言人。

周年茂虽然看起来像一位文弱书生，却颇有大将风范，该进该弃，都能够把握好分寸，这一点正是李嘉诚最放心的。

周年茂走马上任后，负责具体策划，落实了茶果岭丽港、蓝田汇景花园、鸭利洲、海怡半岛等大型住宅屋村的发展规划，顺利实施了李嘉诚的计划，凭自己的能力赢得了李嘉诚的信任。李嘉诚将更多的重任托付于他。

李嘉诚善于识人，又能够把人才放在适当的位置上，这是他的高明之处，也是他管理好下属的一个良方。有许多领导者常感叹手下无人可用，其实在很多时候不是手下没人，而是没有把人放在正确的位置上。

让合适的人做合适的事，达到人事相宜，是领导者授权的一项重要原则。一个公司只有做到人尽其才，物尽其用，才能维持上下齐心、同舟共济、兴旺发达的局面。因此，作为一个领导者，一旦你对员工的才能、兴趣了如指掌，下一步要做的就是针对某项特定的工作选择适合的人来做，或者为特定的员工安排适当的工作，做到"人得其位，位得其人"，追求人与事的适应。

124. 赛马理论：人才是折腾出来的

千里马不是"相"出来的，而是"赛"出来的。

"二战"期间，美国的一位将军在战争开始前，需要找个能严格执行自己命令的人作为助手。他考察了很多人，迟迟没有定下来。一天，他将所有的候选人集合起来，给他们提出这样一个要求："伙计们，我需要在5千米外挖一条战壕，10米长，4米宽，5英寸深。"这个要求其实很简单，大伙纷纷带着工具赶到5千米外。

将军还派了一个秘书混杂在他们的队伍中，忠实地记录他们的一言一行。他们赶到指定地点，将领们把工具放好，准备先休息一会。趁这个时间，大家开始议论将军为什么要挖这么浅的战壕。有的说这么浅的战壕根本不能作为掩体，又有人说，这样的战壕太热或太冷。总之大家都纷纷猜测将军的用意，甚至有人开始抱怨他们不该

来干挖战壕这样普通的体力活。他们认为一定是将军喝酒喝多了，才会提出这种无聊的要求。谈论了半天，大家都没动手干。一直沉默不语的范甘迪突然站起身来，说："让我们把战壕挖好后离开这里，至于那个老家伙想用战壕干什么都没关系。"

看完了秘书的记录，将军选择了范甘迪。原因很简单，将军说："我必须挑选不找任何借口地完成任务的人。"后来的事实证明，范甘迪是一个很优秀的人，总是能把将军的战略意图执行到位，最大限度地确保了将军战略目标的实现。范甘迪就是千里马，挖战壕就是比赛场，站着说不如立即做，这匹千里马在别人打盹的时候率先奔跑，自然成为领导最受重用的人。

世界知名通用电气公司一直就是把领导人的选拔当作是一场漫长的、马拉松式的比赛过程。这个过程很苛刻，胜利永远属于那些韧劲很足、速度很快的千里马。尽管通用公司这种拉锯战一样的领导人选拔制度受到争议，但是，任何一届的电气公司领导人都把它看作是保证通用电气长盛不衰的重要法宝。选拔继任者已经成为领导人的一种责任。据悉，通用电气前首席执行官杰克·韦尔奇的前任提前七年（自1974年开始）就开始选拔接班人，在经过了重重考验和评估后，韦尔奇最终从96人（全部是公司内部员工）的最初候选名单中胜出。而且，韦尔奇也是在经过了六年多的筛选后，最终确定44岁的伊梅尔为自己的接班人。通用不断被刷新的业绩纪录证明了韦尔奇和伊梅尔是难得的千里马。

作为中国房地产行业的龙头老大，万科是同行人才的"黄埔军校"。是什么原因使得万科在如此高速的发展中，职业的管理者源源不断地涌现？万科的秘诀可以用"50"和"500"两个数字来概括。每年，在集团人力资源部的牵头下，根据员工的业绩和上级主管的推荐和人力资源部的审核，万科会从一线挑选出一个具有上升潜质的管理后备队伍，这个队伍包括两部分，一部分是从基层上升到中层的大概500人，另一部分是从中层上升到高层的大概50人。

选拔的过程就是员工之间比赛的过程。员工用工作业绩来向公司的领导层表达他是否是千里马。对于500人，万科采取问卷评估与反馈、职业发展对话等方式，对员工的能力有一定的了解。对于50人，万科通过360度访谈、领导力发展中心以及其他培养方式等，在对其能力加以了解的同时，也发展了其能力。更为重要的是，在这些潜力人员晋升到更高的岗位之前，公司有较多的时间来考察他们，因此，公司很容易找出那些一贯业绩优异，且确有管理能力的人选。50和500，这两个数字确保了万科管理人才梯队的延续和扩张。

通用电气公司和万科的案例告诉我们，管理人员选拔最可信赖的方式，或许就是在实践中发现、培养未来的管理者，在比赛中相马。这种方法或许没有像招聘面试中的那样需要当机立断，也没有什么神来之笔，相反，它需要漫长、持续、稳定、艰苦的努力，但是由于它依赖的是一贯的业绩和可靠的行为，因此是最值得信赖的。正是因为过程的漫长和艰苦，胜出的才是真才实学的千里马。

125. 企业办学：为企业做强储备人才库

1999年，全国第三次教育工作会议召开，民办教育被推到舞台上。李书福组成了一个"教育考察团"，到美国哈佛、MIT、斯坦福等世界名校考察，还调查了世界上近百家长盛不衰的公司，发现它们无一例外拥有自己的培训基地、学院或技校。回头再看中国的企业，许多企业眼见得发展十分迅速，但更多的是昙花一现，究其根本原因，问题还出在人才上。

李书福决定吉利集团自己投资办大学，这所大学除了给本集团输送人才外，还将为社会输送合格人才。就这样，罗晓明带着李书福拨给的3 000万元资金，在吉利集团划拨的271亩土地上开始创办吉利集团自己的大学。

中科院院士闻邦椿先生被吉利的办学热情所感召，也为民办大学的大好前景所吸引，欣然应邀担任这所特殊高校的院长，院士蒋民华则被聘为学院顾问。如今，这所民办高校已成为培养高级技师的摇篮。

2000年，应北京市教委的盛情邀请，李书福又派罗晓明到北京创办第二所吉利大学。当时他和罗晓明约定为"二十年，二十强"。"汽车疯子"李书福在办学上同样是个"疯子"，他要在20年内把吉利大学的水平提升到中国大学20强之内。

罗晓明接受采访时说，在两所学校的创办过程中，李书福出手极其大方。尤其是在北京吉利大学的建设中，吉利集团已经投入了数亿元巨资。如今，两所吉利大学都已初具规模。校区内，多幢教学楼和行政楼巍然耸立，阶梯教室、阅览室、图书馆、实验楼、多功能活动室、音乐广场等错落有序；在实验区域，人们会看到计算机实验室、CAD实验中心、理化实验室、钳工实验室、电子电工实验室、金工实验室、摩托车实验室、汽车实验室等十几个实验室；图书馆藏书已达40万册，各类报刊数百种。

李书福和罗晓明除了硬件设施投入巨大，在师资力量上，吉利大学有专职教职工500余人，其中两院院士3人，博士生导师15人，教授、副教授超过300人，他们大部分来自北京大学、清华大学、中国人民大学等国内一流高校。在吉利大学的教师队伍中，副教授以上职称的占72.8%。吉利大学还聘请了包括原世界生物技术协会主席、荷兰莱顿大学教授格鲁特博士在内的15个国家的18位著名学者、教授为客座教授，又从各地聘请了上百名专家、学者到校讲学。

在吉利大学的设施中，超过4 000平方米的"吉利武术馆"值得一提。2003年11月，全国第一个专业性武术学院获得有关部门批准成立，第二年秋季即开始招生。李书福表示，吉利大学建立武术学院，既可以培养人才，又可以在学校里倡导武术精神和民族精神。

在人才培养上，李书福认为，社会需要怎样的人才，吉利大学就培养怎样的人才。为此，吉利大学提出了"理论够用、实践为重、科技创新、人格本位"的16字全新教育理念。罗晓明对这一理念的诠释是：营造良好的育人环境，培养既有一定理论知识，又有扎实基本功，综合素质好，创新意识强，能适应未来社会发展需要的复合型人才。

在一次高校校长论坛上，罗晓明就16字办学理念作了详尽的诠释。与会的校长和教育专家对此给予了肯定。专家表示，近年来，高校毕业生面临"就业难"的新问题，吉利大学的16字办学理念是这一难题的解决方法。在创办吉利大学的过程中，李书福和罗晓明接待了多所外国大学的来宾。他们逐渐达成的共识是，吉利大学要实现"二十年，二十强"的目标，必须尽快与国际一流大学合作，共享一流大学的资源，加速进入一流大学的行列，为吉利大学的学生创造更多的出国留学机会。

"二十年，二十强"这句话一语道破天机，也许在未来它还可以解释吉利大学成为二十强的原因。李书福的多元化策略，是经过深思熟虑的，他看准了中国民办教育的大好前景，看准了吉利办大学的绝佳机遇。所以，他又一次成功了。可以想见，企业拥有人才就能拥有未来，注重人才的培养，就等于为企业创造未来。

126. 要求忠诚，但拒绝愚忠

改革开放的春光温暖了中国大地，也照亮了广东家电行业的前景道路。但是，与世界品牌相比，我们又有几家企业敢公然叫板，傲视群雄？

其中一个重要的原因，就是技术自主创新的力度不够。但格力却不这样。在科技人才培养方面，格力从来不请"空降兵"，中高层管理人才全部自己培养，通过建立健全的机制来保障人才的有效供给。格力电器不仅有专门的技术开发部门，而且成立了三个理论性基础研究院，这些研究院只从事基础性理论研究，研究空调业3～5年后甚至10年后的技术。让董明珠引以为豪的是，格力已走出国门，走向世界。

格力有一套完善的人力资源体系，并且非常注重团队精神建设，提出了8个字：忠诚友善、勤奋进取，将忠诚放在首位。每个企业都谈员工的忠诚度，但每个企业都有不同的诠释。这个要求有一个重要前提是：企业能否对员工负责任。

董明珠认为，格力提忠诚是因为企业有能力承担起对员工的责任，所以才提出员工的忠诚。忠诚不仅仅是指员工对企业的忠诚，还有对整个社会的忠诚，而且不仅仅指这个员工，还指所有的人都应该忠诚。

比如说，格力对员工的行为标准是：要求格力的产品对消费者负责任，需要讲忠诚。这就要求企业要创造效益，要对股民负责，也需要讲忠诚。对企业来讲，不能靠偷税漏税来减少对国家的贡献以发展企业，这也要讲忠诚。所以忠诚的意义不是指企业要求员工，而是要求每一个人。对企业忠诚不是让人做一个奴隶，而是要创新。通过共同的努力，通过创新，做到忠诚。忠诚是一个责任，而不仅仅是某一件事。

然而，很多人将忠诚理解为一种服从，比如要服从上司、上级安排的任务要按时完成等。董明珠反对这样的做法，她认为这是对忠诚狭义的理解。并不是说某个人听话他就忠诚，一个老总在繁杂的事务处理当中，很难说每件事都是正确的，这就需要企业培养的员工要有更多的创新，有这种自我意识，更多的是展示出自己的能力。

因此，格力为所有的大学生都提供了一个条件，就是对所有的大学生都一视同仁，没有名牌与普通大学之分。在格力，很多勤奋的、努力的、进取的、有责任心的大学生很快就脱颖而出。企业很多的管理层面都需要不同的管理干部，这就要因人而异来培养他们。当然，在这个过程当中，有的大学生不合适，一样也会退下去。格力曾经就有个大学生是三上三下，最终成为一名很优秀的管理人才。

对于营销方面，董明珠更是心得颇多。她认为营销队伍的建设是否成功，最重要的在于营销队伍的管理，而不在于营销人员的素质。在销售渠道中要培养忠实于企业的人才，他们才能投入大量的精力用于扩大市场。在人员素质的培养方面，最重要的是品德教育，其次才是能力。因此，在这个基础上，只要能畅通销售产品的渠道就是好的渠道。如何建设起畅通的销售渠道，关键就是在人才的培养，培养出忠于企业的销售队伍，这个渠道才可能畅通，这就是说，渠道的管理更重要一些。

人们普遍认为董明珠是一个善于控制的人，总是掌握主动。但董明珠认为，控制力不是让员工听话，而是给员工自我发挥和创造的空间。企业需要的不是一个事事任摆布的木偶，而是一个能够用他的聪明才智给企业带来更大利益的人。董明珠可以容许和原谅员工犯错误，前提是这个错误是全新的、从没发生过的，并且事前谁也不能肯定它是错误的。对于那些在前期已经看到苗头的错误，她会马上制止，而对于已经发生过的错误，她绝对不允许它发生第二次。在企业经营的十余年间，她几乎没有什么失误，这也证明了她对市场的控制力是比较强的。

尽管董明珠总是主动做到忠诚，并且要求员工忠于企业，服从命令，但她要的不是愚忠的木偶，而是能为企业、为社会负责的大胸怀、大格局的创新人才。

对企业的忠诚，"愚忠"不是一种好方法。在市场经济背景下，传统意义的"忠诚"已经不能使企业发展，也不能让员工成就自己的事业。在"发展才是硬道理"的今天，那些只有忠心、没有业绩的员工，最终会被企业无情地抛弃，而那些能力出众的人才，才会被企业真正重视。精明的管理者，大都倾向于选择能力出众的人才。

第十六章

千里放权一线牵：管得少就是管得好

127. 放权是有约束的放，不是放任自流

唐太宗问大臣魏征："君主怎样叫明，怎样叫暗？"魏征答："兼听则明，偏信则暗。"魏征是这样说的，也是这样做的，他经常批评唐太宗，给唐太宗提建议，唐太宗对魏征的评价很高。魏征病逝后，唐太宗亲临吊唁，痛哭失声："夫以铜为镜，可以正衣冠；以古为镜，可以知兴替；以人为镜，可以知得失。我常保此三镜，以防己过。今魏征殂逝，遂亡一镜矣。"他将批评自己、督促自己进步的人视为明镜，视为自己前进的动力。

企业管理也要做到"兼听则明，偏信则暗"。如果一个企业希望有效地实施放权，就要先找到放任与信任之间的险要地带。美的是用一个系统化的制度来保障对分权的推动力和引导力的，这样可以让决策不会偏离正确的方向。同时，保障管理者能够做个耳聪目明的旁观者，把保持各事业部头脑清醒的警醒能力留在总部，并针对现状不断调整权力的边界。

早在1996年办公室只有几台电脑的时候，美的就投入信息系统的建设，还成为甲骨文软件在中国的第一个客户，是国内最早上马ERP项目的企业之一。这个信息系统为美的提供了一个数字化系统，实时地反映出组织的运行状态，以在发现隐患后及时调整和控制。但何享健并不依赖信息系统，他自己还有另一个多年经营留下的老习惯：定期到国内国外的市场去逛逛。虽然不直接插手一线的经营，但在市场考察时，只要发现了一些异常的信息，他回来就会安排相关的高层一起研讨，布置课题，寻找答案。这显示了美的分权制度的另一面，重要决策权还是留在了集团总部里，因为何享健需要总部始终保持头脑清晰。

随着美的业务规模的不断扩大，事业部总经理手里的资金审批权也不断放开，但是，在一些事业部没有权限的方面，再小的事总经理也不能擅自决定。比如说，美的的投资由集团统一管理，事业部的任何重大投资项目都要向集团申报，事业部总经理可以决定1 000万营销计划，但是200万元以上的投资项目都要经过集团审批或审查备案，因为美的关于投资管理方面的权限在《分权手册》当中规定得十分清晰明确，大致可分为：生产性项目、基建项目、非生产性项目、IT项目，并且实行四级管理体系。

美的的战略决策分三个层面：集团负责最高层的集团战略，比如，美的未来5～10年内的业务发展方向，是否专注于做家电，还是去发展其他的产业等。二级平台负责企业战略，在产业层面如何竞争，比如，制冷集团会考虑如何在未来提高冰洗产品的竞争力。三级单位则负责竞争战略，例如，具体产品的竞争策略、市场定价等。

所有的投资决策权都是总部集中控制，由战略管理部门负责。这个部门会综合审批美的的各种投资项目，考虑项目的适当性和回报能力。之后，他们会把整个分析报告提交给决策层定夺。

对于何享健来说，他所关注的只是集团战略、企业的大方向。他也有过多次力排众议做了很多关键性决策的前例，但何享健一直都保持着"兼听则明"的态度，从不会绕过战略管理部贸然行事。

有时候，一些老员工也会通过"热线"，与何老总私下交流，提出一些项目，当时何老总也饶有兴趣，会头脑一热答应下来。但事后他并不一定施行，因为他曾经预先明确告诉战略管理部，即使是他说可以做的项目，没有经过集体的论证，也不意味着公司真的要投入这个项目。通常战略管理部与美的决策层开会时，所有参与项目的人都会到场，而且无论职位高低，即使坐在第二排列席会议的中层干部，何享健都会逐个询问他们的意见。

对于美的而言，感觉敏锐，视野清晰，思维冷静，是一切决策的必要前提，也是一切组织设计的出发点。

何享健既要当教练，又要做裁判。他既要充分放权，给年轻人施展才华的舞台，又要"兼听则明"，对各项议题进行判断。放权是有约束的放，不是放任自流，否则将适得其反，只会前功尽弃。

放权是一门艺术，最佳的放权艺术就是放风筝。光牵不放，飞不起来；光放不牵，风筝或是飞不起来，或是飞上天失控，并最终栽到地上。只有倚风顺势，边放边牵，放牵得当，才能放得高，放得久。

所以，管理者在下放权利的过程中一定要有足够的控制力，不要超出了自己力所能及的控制范围。万科集团的老总王石，不是在东方登山，就是在西方飞伞，不是在南方踢球，就是在北方滑雪。但谁又能说万科集团没有在他的掌控之中呢？列宁说"信任固然好，监控更重要。"放权管理的本质就是监控、监督和跟踪。授权管理是否成功，跟授权者的放风筝水平是成正比的。

128. 带动"发动机"，然后提供舞台

关于联想的"发动机理论"，柳传志认为：作为一家制造业公司，获得成功的关键是充分调动核心管理层和公司骨干的积极性。联想在做业务、做事的时候，特别注意"带人"，事业要做出来，人也要培养出来。这种做事风格逐渐成为一种理论文

化，被联想称为"发动机理论"。作为联想的一把手，柳传志是一台大发动机，他把他的副手们（各个子公司和主要部门的负责人）都培养成同步的小发动机，而不是齿轮，因为齿轮没有动力，无论他的发动机马力有多强大，齿轮本身多润滑，组合到一起所提供的总能量是有限的；如果副手是同步运行的小发动机的话，大家一起联动的力量将非常强大。

那么如何实施"发动机理论"呢？柳传志表示：首先要提供舞台。他的副手们都是有特殊追求的人。对他们来说，物质激励远不如精神激励重要，而这个精神激励主要是给他们一个宽广的舞台。联想就是在制定了总公司的目标和战略之后，接着确定各子公司的目标和责任，和子公司的领导们讨论要实现目标他们有哪些权利，并明确奖惩标准。目标制定以后，具体怎么去实现，是由子公司负责人或者部门负责人及他的团队设计的，在做之前各个部门负责人要把方案向总部汇报，以保持同步。

柳传志敢把这么一个舞台放心地交给下属，当然是需要培养的。联想把公司的管理方式由最初的指令式，发展成其后的指导式，到最后形成参与式。2001年联想分拆后，当时很多媒体担心，联想把大摊子交给了年轻人，可能会做不好。但后来的事实证明，他们做得非常出色，因为早在分拆的前两年，具体的采购、供应、销售等业务已经由这些年轻人负责了。

在"发动机理论"中，联想强调"三心"。其一就是责任心，任何一名联想员工都必须有责任心。对中层干部而言，除了责任心，还要有野心登上更大的舞台，去管更多的事，挣更多的钱。只有努力进取，他们才可能成为"发动机"。对于核心位置上的核心员工，要有事业心，就是要把联想的事业当成自己的事业来做，一代一代传下去。

最能印证柳传志"发动机理论"的例子就是联想的一分为二，也被称为"郭杨分拆"。2001年，兼任董事长和CEO的柳传志，从联想CEO的位置上退下来，然后把公司一分为二：一部分是联想集团，专做自有品牌的研发、生产和销售；另一部分是神州数码，专做国外大产品品牌的代理业务和软件业务。这两家都是上市公司，他自己退到了这两家公司的母公司——联想控股。柳传志在联想控股的位置上同时建了三家子公司：专门从事高科技领域风险投资的联想投资、房地产公司融科智地和专事并购投资管理的弘毅投资。联想控股对它们只是投资控股而已，不进行具体的管理。后来，两家投资公司管理了11亿美元的基金，回报相当不错。房地产公司也做得不错，2006年已经有30亿元的营业额。

为了留住一个人才，甘愿将自己亲手缔造的公司一分为二，在信奉"UPOROUT"的欧美商业社会中看起来不太可能发生。柳传志之所以这样做，是因为他知道杰出人才在公司具有举足轻重的作用，他们的任何变动都可能造成与他们存在间接或直接关系的大量人员的动荡，从而使公司的生存受到严重威胁。

分拆联想，这在当时被认为是创造性的交接班方式，到后来联想和神州数码业绩均不理想时，曾被一些人拿来作为柳传志犯下错误的证据，因为在拆分后，两家都曾经试图进入对方所擅长的领域，但结果都不理想。而如果它们不拆分，"联想过冬"或许不会这么困难。但至今柳传志仍然认为自己的选择是对的。2005年联想集团因收购IBM的PC业务销售额达近千亿元，神州数码的销售额也超过了200亿元。这样的经营业绩让2002年再次成为联想CEO的柳传志感到非常欣慰，这样的成就正得益于他的"发动机理论"。

可想而知，企业要想得到发展，管理者就应该带动起自己的员工，让他们成为企业发展的"发动机"，给他们一个舞台，让他们充分发挥自己的能力为企业创造更大的价值。

129. 只管战略，执行的事百分百放权

顺驰，作为1999年12月成立的"中城房网"（中国城市房地产开发商协作网络，由全国各城市的主流开发商组成）成员单位之一，在1995年7月的时候，开发了顺驰第一个项目香榭里小区。随后，在11月的时候顺驰第一次开发成片地产项目——14万平方米的顺驰名都。与房地产开发同步，顺驰销售代理公司除了销售自己的楼盘外，从1996年开始，福东北里和华苑居华里小区都由顺驰独家代理销售，顺驰置业终于坐上了天津销售代理的第一把交椅。这个过程，顺驰采取的是开发、代理两条腿走路的政策，开发公司为代理销售公司提供一定的产品，代理销售公司就成为开发公司的"耳目"，哪个地方的楼盘好卖他们都一清二楚。孙宏斌作为顺驰集团董事长，在这个时候仍然是完全放权，他只管经营战略的事情，不管管理的事情。

早些年前，顺驰销售代理公司和中科联想房地产开发有限公司涉及几个项目，那时候的孙宏斌就已经开始完全放权了。他自己笑言道："我自己不太会做事，从一开始的时候都是靠大家去做事。这个公司从成立到现在我从来没有签过字，当然，除了自己向财务借钱。我是一个优柔寡断的人，我自己做事往往做不成。"

到了1998年11月，孙宏斌意识到是理清产权的时候了，按照创业时定下的规则，中科联想房地产改组为天津顺驰投资有限公司。1999年9月，天津顺驰投资集团有限公司正式注册成立，中科集团和联想集团将股份转让给了孙宏斌，在股份完全"独裁"、管理充分"放权"、战略可以"合作"、决不放弃"话语权"的指导思想下，

顺驰终于成了孙氏一家所有。

孙宏斌在2003年创建了融创集团，顺驰中国也在2004年完成了95亿的销售额，同时顺驰置业在全国拥有近千家连锁店，初步完成顺驰置业网的战略布局。但这时的孙宏斌依旧躲在幕后，只在战略上把关，不参与各个集团的实际管理。"我们有完善的制度，一切都是透明的，所以，我是百分百的放权。当然，我们也有零容忍：公司的价值观是不能破坏的，一旦发现有员工破坏公司价值观的行为，这人就会马上被清除出去。公司业务飞速发展，我觉得我自己并没有起到多大的作用，具体活我干得特别少。我一直不怎么上班，所有的项目都交给我的手下，只是我有什么想法就会和他们说，他们不给我打电话，很少主动找我，除非是我主动找他们，他们没有什么做不了主的。"孙宏斌一脸"你得认"的表情。

可见，真正的领导者不必事必躬亲，只需管理战略方向，将执行的事百分之百放权，把舞台给自己的员工，让他们充分发挥自己的能力，就可以全面把握企业的发展。

130. 不必迷信股权，永恒的是真诚和共同使命

中国许多创业者或者企业家，在企业形成规模之后，基本都要求绝对的控股，通过控股来把握企业的发展方向和经营模式，通过控股来巩固自己的地位增加自己的财富，理由成千上万，目的只有一个——控股。马云却说他从第一天开始，就没想过用控股的方式控制，也不想以自己一个人去控制别人，这个公司需要把股权分散，这样，其他股东和员工才更有信心和干劲。就他手中的股份，他是不足以驾驭的，因为他并没有控股，他拥有的股份也只有10%左右的比例。

自己的企业自己不控股，那不是放任自流，不珍惜自己的心血和劳动成果了？但是马云有自己的见解，从第一天起，他就不想控股，一个CEO、一个公司的"头"绝对不能用自己的股份来控制这家企业，而是应该用智慧、胸怀、眼光来管理和领导企业，如果发现所有的人是因为自己控股而跟随自己，那是没有意义的，因为这只是一批乌合之众。所以在公司的建设过程中，马云不让任何一个人、任何一个机构、任何一个投资者来控制这个公司，而是以科学合理的方法管理。

马云不仅没有控股，他其实还是一个IT外行，因此在技术上他也没有控制阿里巴巴。然而阿里巴巴依然能取得巨大的成功，连续五次被《福布斯》评为"全球最佳B2B网站"，经营事迹也被写入哈佛MBA案例，这自然有马云经营的独到之处。

事实上，马云并非一帆风顺，他也曾有过关于控股方面的教训。与大多中国企业

一样，他也曾有过因为强调控股权与控制权，最终陷入利益争斗，影响了公司发展的经历。在创立阿里巴巴之前，马云曾创立过一家中国黄页公司。其中，杭州电信控股70%，以马云为首的创始人团队持股30%。由于他在股权上的弱势，他们在董事会上的意见总是会被另一方反对，但对方又总提不出可执行的意见，结果马云什么也干不成。因此，中国黄页总是停留在原来的层面上得不到发展，最后被竞争对手超越。

为避免重蹈覆辙，创立阿里巴巴后，马云在第一次全体员工大会上就强调自己不控股，不控制企业的理念。他和所有的同事第一天就讲好给他们签股票证书的事，他让各股东把证书签回去交给各自的外婆，然后忘了它。如果脑子里老是记着这些东西的话，事业就不会成功，人也不会开心，老是想上市，老是想股票，这时各人就问问这样对自己的工作开不开心，对自己的成长开不开心。但三五年、五六年、七八年以后，如果上市了，各人就可以去向外婆要交给她的那张东西。

许多著名的企业家在公司的控股权都非常低，然而领导地位丝毫没有被动摇。例如比尔·盖茨，他在微软的持股约为10%；华为的任正非，在华为持股不到1%；雅虎的杨致远，在雅虎持股不到5%。他们都是依靠自己的智慧进行管理，而并非靠控股权来掌控企业。

为了获得更大的发展，阿里巴巴创立不到半年，马云选择了融资，软银、高盛等5家风险投资公司共携2 500万美元入股，其中软银投资2 000万美元，持有阿里巴巴30%的股份。虽然马云与他的创业团队仍处于控股地位，但其股份被进一步稀释。

2005年8月，雅虎中国被阿里巴巴收购。雅虎投入10亿美元巨资，持有阿里巴巴40%权益，成为阿里巴巴第一大股东。马云等创业者的股份再一次被稀释，但阿里巴巴因此获得了雅虎所有新技术的使用权。

马云说，一个CEO最后要取得决定权的关键不是人，是他的理念思想、战略战术是不是确实有理。所有人都觉得有理，他们就会跟着干。马云不希望手下的所有员工是奴隶，因为他控制了51%以上的股权，所以员工都得听他的，这没有意义。

在公司管理的过程中，马云认为要想真正领导这个团队就必须要有独到的眼光，必须比人家看得远、胸怀比别人宽广。所以他花很多时间参加各种论坛，全世界四处跑，看硅谷的变化、看欧洲的变化、看日本的变化，看竞争者、看投资者、看客户。读万卷书还要行万里路，一个企业家老是窝在一个地方，就会自大，就会狭隘，这对他的事业发展是十分不利的。一个没有智慧的控股者，其实并不能"管"住他的企业。

马云曾一直称自己是丐帮帮主。那时阿里巴巴还没有上市，当百度等互联网上市公司员工以百万论身家时，阿里巴巴的员工只有羡慕的份。当时阿里巴巴的客户也都

是中小企业，在百度上买搜索服务都觉得贵，更别说打广告了。马云说，阿里巴巴是穷人为穷人服务。

2007年，阿里巴巴在香港联交所挂牌上市。根据公司招股说明书，阿里巴巴集团4 900名也就是70%左右的员工，持有阿里巴巴上市公司4.435亿股股份，平均每人持股9.05万股，平均身价已经超过300万港币，一个中国规模最大的富人帮由此诞生。

在上市公司中，马云持有1.89亿股股份，拥有股票价值22.68亿港元。据悉，他在B2B上市公司中只是象征性持股。除马云外，上市后在阿里巴巴财富榜上名列前四的还有与马云一同创办阿里巴巴的蔡崇信、阿里巴巴B2B的CEO卫哲、CFO武卫。

此前，盛大、百度上市也曾发生过两轮造富运动，但由于陈天桥持股75%，李彦宏持股25%，徐勇持股19%，两家公司的其余员工持股比例并不高。百度上市，创造了8位亿万富翁（包括李彦宏、刘建国、徐勇、梁冬、朱洪波等），50位千万富翁，240位百万富翁，而盛大内部员工持股不多，因为盛大董事长陈天桥及其弟弟和妻子的持股比例高达75%，上市后整个陈氏家族身价接近50亿元人民币。

与盛大同年上市的腾讯也没有大规模产出超级富翁。当腾讯在香港IPO发行4.2亿股公众股后，主要有12位股东成为超级富翁，一共拥有至少17.5亿港币的账面资产。马化腾、张志东、曾李青、许晨晔、陈一丹5位公司高层共拥有至少14亿港币账面资产，创造了5位亿万富翁和7位千万富翁。上述三家公司上市后身家超过百万的员工数目，都远低于阿里巴巴。

马云就是凭着不靠控股管理公司的理论，不管是在创业还是后来的发展过程中，留住了当初的"十八罗汉"，也留住了许多跟他一起打拼的精英。他有着宽广的胸怀，没有依靠股权来管理，而是靠真诚和共同的使命来带领大家，取得一次又一次飞跃。真诚是万能的，无论在什么领域它都是取得别人信赖的砝码，而共同的使命是取得成功的强大动力，与值得信赖的人追求共同的使命，才能取得成功，获得发展。

131. 是猴子就给座山折腾，是条龙就给条大江扑腾

做一个轻松的管理者，这是北生药业董事局主席何玉良追求的目标。1998年，何玉良作出一个重大的决策：全面整合业务，出售非主业资产，进军生物制药行业。这一决策在行业内外顿时掀起轩然大波。行外人认为，如此折腾如日中天的事业，放

着手边的钱不赚，拿着金饭碗去讨饭真让人想不明白；行内人认为，企业转行虽然正常，但从建筑房地产行业突然转向制药行业确实有点离谱，毕竟隔行如隔山，做企业不是秀才上战场。

即使是这样，在北海拼搏五年完成了两亿元资本积累的何玉良还是坚持自己的决策，今天的北生药业在中国医药界的快速成长，已经可以表明当时的选择没有错。何玉良并不赞成一些人用灵机一动、突发奇想、时运到来之类的词语来形容他当初所作的决策和企业的快速成长。何玉良认为，超前思维就像一张网，而机遇就像是鱼，没有网就无法捕到鱼。而"运气"只是那些本来可以做到，最后却没有做到的人给自己的安慰托词。

经过多次磨炼和思考，何玉良发现最好的管理工具就在身边。作为本土企业，在管理上也应当注重本土文化的导入。中华民族几千年的文化底蕴是劳动人民智慧的结晶，这足以证明我们的思想和西方人一样先进，没有必要克隆西方的管理模式。何玉良说："最适合本土企业的管理就是员工从内心最愿意接受的管理。"

现在不少人都有满腔抱负却又心理浮躁，一心只想干大事，小事情不愿意做，苦日子不愿意过，无法积累社会资本和财富资本，缺乏创业基础条件，最终抱憾终生。在北生药业，何玉良的要求是，先做好眼前的事，再考虑下一步应该做的事，在做事过程中，还要分轻重缓急，做到"在规划中行动，在行动中规划"。

他要求全体员工不能生搬硬套书本上的模式和观点，理论与实践需要有机结合，很多经验和教训是从实践中得来的，只有自己亲手操作，才能深刻体会和感悟到书本上的知识，达到学以致用的目的，如果只知道纸上谈兵，这不符合企业实际。因此，何玉良主张"习大于学"，并通过"逐步加压""提供平台"和"老人引路"等加以落实。

大胆重用人才，不唯学历，不讲资历，不论出身，能为企业作贡献就能得到重用，北生药业采取因人设岗和因事设岗结合的方法，只要是人才就会有安排。

作为民营企业，企业与员工是雇佣关系的观点比较普遍，要扭转这种观点，双方都需要有一个磨合的过程，关键是企业能否以真诚的态度并拿出实际的行动，保护员工的根本利益，这不仅是对员工劳动、能力的肯定，更是对员工的尊重。北生药业要求每一位员工参与工作目标计划的修订，并说明自己所担负的工作任务和指标，在工作中自我管理、自我约束、自觉行动。何玉良在管理上坚决反对研究人、琢磨人的"思维怪圈"，力求让管理行为变成"阳光操作"。同时，积极寻求建设扁平化组织机构和团队式的管理模式，由严格和完备的规章制度转向以共同愿景来凝聚企业的向心力。管理也逐步由监管型转向授权型，集权与分权则按"集权有道、分权有序、授

权有章、用权有度"的法则进行。

在北生干事业，三个关键的顺序不能颠倒，即"先谋势，后谋利；先求强，后求大；先做人，后做事"。特别是人才观上，是猴子就给座山折腾折腾，是条龙就给条大江扑腾扑腾。对于缺乏挑战精神的人，他们只能放弃。就像何玉良说，没有人天生就是出色的营销人、广告人、管理者，更没有人能随随便便就成为一名合格的北生人。可见，一个出色的管理者应该有一个科学的人才观，能够大胆地给员工发展的机会，因为员工发展的同时企业也会得到更大的发展。

132. 将所有权放在一个口袋里，可以避免内耗

在美国，有80%的企业都是私人所有，欧洲为52%～80%。在世界500强企业中，有1/3的企业都是家族企业，这些家族企业中有3/10的企业能够传承到第二代，有1/10的企业传承到第三代，算下来平均寿命是24年。这是为什么呢？

有一次，宁波方太厨具有限公司董事长茅理翔，到浙江大学经济学院MBA高级研修班演讲，他说，这些数据表明家族企业其实具有旺盛的生命力，但是如果在传承过程中出现问题，就很容易导致企业分崩离析。

茅理翔曾经在企业做了10年会计，后来承包慈溪无线电九厂后，又做了16年乡镇企业厂长，企业从小到大，历尽艰辛。他创业做点火枪成功后，周围几十家点火枪厂蜂拥而起，激烈的竞争使产品价格从1.2美元一支迅速跌到0.35美元。这时，他的儿子茅忠群刚好上海交通大学研究生毕业，正准备去美国读博士。

为了让儿子留下，茅理翔着实费了一番口舌。后来，他的儿子同意留下，但是提出了三个要求：一，把企业从小镇搬到开发区；二，原来集团的人得由他亲自来挑选；三，新项目都由他决策。

茅理翔同意了他儿子的三个要求，最终将儿子留了下来。二人经过充分的市场调研，把第二次创业的项目定到了抽油烟机上。"作一项重大战略决策往往就是在下赌注。方太二次创业投资了3 000万元，我和我儿子足足调查了6个月，思考了3个月，痛苦了3个月。经常会关起门来想，一坐就是几天。"

1995年，方太厨具有限公司成立，茅理翔任董事长，妻子张招娣任监事会主席，除此之外再没有一个高层是自己的家庭成员。说起他儿子的贡献，茅理翔总是很激动："我儿子为了方太的事业，放弃了出国留学深造的机会，为了什么？就是因为我和儿子有着共同的理想、共同的利益，而且能相互理解，共同承担风险。归结到一点，我们有无法割舍的血缘关系。这就是为什么家族制成为绝大多数非公有制企业初

期首选的企业模式，而且往往是唯一的选择。"

家族企业创业初期，都是一个人说了算，直线指挥、决策快、机制活、执行力强，但是随着市场竞争的加剧，企业规模逐渐扩大，家族企业的弊端也就越来越明显：管理粗放、人才得不到重用。在茅理翔弟弟失业后，曾经想到方太做一个部长的职位，但是被茅理翔果断地拒绝了，于是他弟弟到他母亲那告状。母亲指着茅理翔骂他没良心。茅理翔差点也落了泪："我是村里出了名的孝子，看母亲这么伤心，我真想答应下来。后来冷静一想，还是不行，我宁可给弟弟一笔钱让他自己开个小公司，也不能坏了规矩。"

"在保证所有权的情况下，经营层面要尽可能地淡化家族制。除茅忠群之外，经营团队全部采用经理人制度，总经理以下排除所有家族成员介入。"茅理翔表示。虽然他的女儿拥有方太14%的股权，但不参与任何经营。

茅理翔说，排除女儿参与企业管理，并不是传统的男尊女卑思想，而是自己坚持的"口袋理论"：在第一代创业家面前，企业家与子女只有一个口袋的利益；等儿子、女儿结婚了，就存在两个口袋，每个口袋包含儿媳、女婿等家族人员，由此可能引发权利、利益的斗争。因此，始终将企业的所有权放在一个口袋里，可以避免不必要的内耗。"让女儿淡出管理我很心痛，但为了企业我不得不这么做。"

目前，方太的董事长为茅理翔，主要负责品牌；经营团队由总经理茅忠群负责，既保持家族绝对控股90%，又适当拿出10%的股权，给予由茅忠群领导的博士、硕士组成的管理团队。"这些股份我不可惜，他们干得安心，方太才有未来。"

可以了解到，对于家族企业，茅理翔的"口袋理论"是值得借鉴的，因为只有将拳头握紧，才能暴发出更大的力量，这是企业得以长久生存和发展的必然选择。

133．从距离中寻求接近

如今，"从距离中寻求接近"，成了红蜻蜓集团的企业理念。经过7年多不断接近的过程，红蜻蜓成长为一个年产近900万双鞋、总资产近5亿元的精干企业，并成为温州最年轻的"中国名牌"。

温州的民营企业多是家族企业，老板下放财权的并不多。钱金波认为，老板和钱还是离得远些好。如果天天和钱打交道，就会把钱看得很重，这样就可能给一些判断和决策造成负累。钱金波坦言，自己和温州其他企业家比起来算是比较轻松的。但是轻松不是偷懒，是敢于大胆地放权。在他创业3年之后，精力、体力明显不支，还有一些挥之不去的人情因素对企业发展的限制。于是他下定决心把财务外包出去，并且是

交给一个诚实可信的"外人"。这个"外人"就是现在红蜻蜓集团的李总，原来是当地物资局局长。

请人管钱就会产生责任，而责任的基础就是信任。除此以外，管理过程也应当用制度去制约和监督。"我的信任也好，他的责任也好，都要根据并符合企业的规章制度办事。财务总监的权力范围，是在董事会预算前提和审计额度内、在董事会决定的财务制度下进行审批。"在企业发展到第二个三年之后，钱金波再次主动拉大了自己与金钱、权力和企业的距离。

后来，钱金波毅然辞去了总裁的职务，将此重任交给另一个"外人"——原乡镇企业局局长钟普明。对于普通人来说，这实在是一个气度非凡的举措，在当地引起了很大的震动。但钱金波非常冷静，因为在此之前他已经是深思熟虑了。他说，集团事业越来越大，虽然他是创立者，但未必是最好的管理者。在他周围的许多企业家，亲手创业又亲手败业。他们拿出所有的精力和财力做企业，真可谓是鞠躬尽瘁，企业反而越做越差。所以钱金波认识到，做企业重要的是要企业永远年轻，越来越有竞争力，而不是个人在什么位置上。

红蜻蜓率先在温州民营企业中突破家族式管理，建立健全了现代企业管理制度。而在与金钱和权力拉大距离的过程中，钱金波也无限接近了企业最宝贵的资源——人。

那么，如何才能缩小距离、寻求接近呢？红蜻蜓的战略是：品牌开路，文化兴业，文化决胜未来。在钱金波的经营哲学中，文化就是生产力，企业文化就是核心竞争力。在企业管理中，有些是要靠制度保证的，还有些则是靠制度不能完全解决的，比如员工的归属感和忠诚度。能够弥补制度缺陷的，唯有企业文化。在钱金波看来，企业文化的力量主要体现在两个方面：一是监督力，一是止滑力。文化就是一种认同，如果每个员工都有自己的文化板块，板块与板块之间的摩擦和冲突就会很多。假如一个企业已经形成一种良好的风气，新来的员工行为与企业的习惯不符，有人就会提醒他，告诉他该怎么做。这种提醒就是一种融入日常生活中的监督，更及时、也更容易被接受。至于止滑力，也就是企业的抗风险能力。有着优秀企业文化的企业，员工不会在企业处于困境时拍拍屁股走人，他们会因为热爱这个企业而与企业同舟共济、共渡难关。企业文化可以把合同契约发展成心理契约。

在商言商，钱金波对此从不避讳。很多人说他像个文化人而不是商人，钱金波总是矢口否认："不！我是个商人，但我一直致力于拉近文化和商业的距离。"不得不说钱金波的这种从距离中寻求接近的管理理念是成功的，也不得不说，拉近文化和商业的距离对于任何企业的发展都具有重要意义。

134. 万科最宝贵的财富就是万科的员工

　　10多年前，王石逐步放下了万科的日常事务，仅保留董事长一职，把更多的时间安排到了个人活动上。这个曾经被医生预言过可能会坐轮椅度过下半生的人，用3年的时间，爬了11座雪山，登顶过珠穆朗玛峰，创造了6 100米中国滑翔伞最高纪录，他的这些壮举在中国的企业家中是绝无仅有的。在从事种种挑战生命极限的运动的同时，王石还为摩托罗拉做代言，为公益事业做广告。

　　在万科团队中，80后已经成为一支非常重要的力量，总数占公司全体员工的80%左右，同时，王石表示会给管理层更大的权限。

　　1999年始，王石就已辞去万科总经理的职务。自此开始，王石主要以董事长之职管不确定的事情；而总经理主要负责确定的事情。所谓确定的事情，就是董事会已经作出决议的事情。

　　王石逐步把权力放给管理层。"实际上到现在，万科的管理团队不仅在管确定的事情，也已经在管不确定的事情。就是说现在我分内的工作，他们已经切入，但他们的事情，我绝对不会切入。"

　　王石说，现在是年轻人的天下，所以万科现在80后的员工非常多。"房地产开发、销售、设计等大约3 000人，在这3 000人的队伍中，80后占到58%，如果把万科物业管理公司的15 000人再算进去，大约占80%。"

　　对于用人，王石一直想得很多。他计划之中，万科以后的办公大楼人力资源部要占最大的地方，因为"万科最宝贵的财富就是万科的员工"。

　　作为管理者来讲，他始终把握三个原则。第一个决策，这是王石来决定的，否则当董事长、总经理就失职。第二个，要谁去做，就是用人的问题。第三个，他一旦做错了，得承担责任，无论他是什么原因做错了，都得承担责任。这是他作为管理者的原则。一向自信的王石在万科的实践之中一直是这么做的。能够把万科从无到有、从小到大这样做起来，不能不说王石的用人之道确实是成功的，因为对于每一个企业来讲，员工是企业得以发展的必要条件，什么样的员工对企业的发展有利，培养什么样的员工能够满足企业的需要，是每一个企业管理者必须掌握的，所以，王石的用人之道值得其他企业管理者学习和借鉴。

135. 不拘一格降人才

一个人要成就一番事业，就必须有得力的人才辅佐。要得到人心，就必须有广阔胸怀，承认他人的长处，得到他人的帮助。李嘉诚善于用人，特别是借助"外人"，让他们成为自己的亲信或挚友。

20世纪80年代中期，李嘉诚的长实（长江实业）集团的管理层基本上实现了新老交替，各部门负责人，大都是30～40岁的少壮派。其中最引人注目的要数霍建宁。此人擅长理财，负责长实全系的财务策划。他处世较为低调，认为自己不是冲锋陷阵的干将，而是专业管理人士。李嘉诚很赏识他的才学，长实全系的重大投资安排、股票发行、银行贷款、债券兑换等，都由霍建宁亲自策划或参与决策。这些项目动辄涉及数十亿资金，亏与盈都取决于最终决策。从李嘉诚对他如此器重和信任来看，可知盈多亏少。霍建宁本人的收入也很可观，他的年薪和董事基金，再加上非经常性收入如优惠股等，年收入可能在1 000万港元以上。1985年李嘉诚委任他为长实董事，两年后又提升他为董事副总经理。此时，霍建宁才35岁。

同样出色的还有一位女将洪小莲。她全面负责楼宇销售时，还不到40岁。在长实上市之初，洪小莲就作为李嘉诚的秘书随其左右，后来又出任长实董事。她不仅人长得漂亮，风度好，而且待人热情，做事泼辣果敢。在地产界，在中环各公司，只要提起洪小莲，可谓无人不知无人不晓，她被业界称为"洪姑娘"。长江总部虽不到200人，却是个超级商业帝国。每年为它工作与服务的人，数以万计。资产市值在高峰期达2 000多亿港元，业务往来跨越大半个地球。日常的大小事务，千头万绪，都要到洪小莲这里汇总。她的工作作风颇似李嘉诚，不但勤奋，还是个彻底的务实派。就连面试一名员工、会议所需的饮料、境外客户下榻的酒店房间等琐事，她都亲自过问。

李嘉诚不拘一格重用年轻人，同时借用"外脑"，广采博纳，融合众智。他曾郑重地让记者不要老提他的贡献，他算不上超人，他的成就是大家同心协力的结果。他身边有300员虎将，其中100人是外国人，200人是年富力强的中国香港人。300员虎将，除李嘉诚的左膀右臂外，便是总部与分公司的负责人，以及在长江系挂职或未挂职的"客卿"。其中，李业广的影响力最大。

李业广不仅是胡关李罗律师行合伙人之一，还持有英国的会计师执照，属于两栖专业人士，在业界有着很高的声誉。李嘉诚之所以重用李业广，是因为敬重李业广的博识韬略。长实的不少扩张计划，就是两李"合谋"的杰作。李业广做事一贯甘处幕后，保持低调。直到1991年，李业广出任香港证券联合交易所董事局主席后，才转至台前，一鸣惊人。因为香港证交所董事局主席的位子可不是人人都能坐的，在他之前任联所主席的个个都是名满商界、首屈一指的风云人物。

所谓"家有梧桐树，引得凤凰来"。李嘉诚不仅给年轻人和"外脑"广阔的发展空间，也"举贤不避亲"，努力将亲信培养成贤人。

周年茂，长实的元老周千和的儿子。此人颇有大将风范，指挥若定，调度有方，临危不乱，进退得宜，能较好地把握分寸，收放自如，这一点最让李嘉诚放心。当周年茂还在上学时，李嘉诚就把他当做长实未来的专业人才培养，并把他和其父周千和一道送往英国专修法律。周年茂学成回港后，李嘉诚指定他为长实公司的代言人。1983年，回港两年的周年茂被任为长实董事，1985年后与父亲周千和一道升为董事副总经理。当时，周年茂才30岁。有人说周年茂一帆风顺，飞黄腾达，是得其父的荫庇，这话虽有一定的道理，但并不尽然。据长实的职员说，说周年茂依靠父亲关系取得成就的人，实在是不了解李嘉诚。对碌碌无为之人，管他三亲六戚，李嘉诚一个都不要，周年茂年纪虽轻，可是个有本事的青年人。周年茂不负众望，努力扎实地工作，得到了公司上下的一致好评。长实参与土地的拍卖，原本由李嘉诚一手包揽，后来几乎由周年茂主持，只有出现资金庞大的项目时，大家才见得到李嘉诚的尊容。

任何事业要想后继有人，不断发扬光大，都需要大力培养人才，尤其是培养接班人。像培养重臣周千和的儿子周年茂一样，李嘉诚在接班人培养上，可谓煞费苦心。

在李泽钜、李泽楷兄弟俩不满10岁时，李嘉诚就在长实会议室配有"专席"，让他的两个儿子出席董事会议，接受最早的商业训练。其实李嘉诚并不在意他们听懂了什么，重要的是让他们在商业氛围中受到熏陶。同时，李嘉诚还让长实的智囊霍建宁充当"太傅"的角色，肩负着培育李氏两个儿子的职责。李泽钜坐镇全系大本营长实集团，李泽楷任全系主力舰和黄集团的舵手。李嘉诚安排儿子接班的趋势已十分明朗。此时，李泽楷27岁。

李嘉诚任用亲信和贤人的平衡统一，让他在揽尽天下英才的同时又保持了团队的稳定与团结，还结交了无数的商界朋友，赢得了广大股东和职员的信赖和支持。他不仅让公司发展更加稳固强大，也获得了无数的财富。可见，一个出色的管理者之所以能够取得事业的成功，不仅仅是因为其具有多么强的能力，更重要的是因为他能够不拘一格降人才，善于团结和指挥一个精锐的团队发挥出更强的力量。

136. 做足人情味：让全员持有期股

直到今天，约翰·钱伯斯仍以成长过程中培养的家庭价值观为荣。他和他的父亲

是好朋友，而他为了参加女儿的生日晚会取消了与克林顿的会面。在思科，约翰·钱伯斯同样善于营造一种和谐、平等、与人分享的企业文化氛围。约翰·钱伯斯之所以受到所有员工的喜爱，更多的是他的个人魅力和管理制度上的因素。

"如果在其他公司我也会是一名CEO，但因为钱伯斯我留下来了。"霍华德·查尔尼说，他现在是思科公司的高级副总裁。查尔尼曾是一家著名公司的创始人，后来其公司被思科收购。查尔尼说："这里有很多人可以去建立自己的公司，也有很多人曾经有自己的公司，约翰与我们完全平等。假如他像对待下属一样对待我们，我们可能早就离开了。他听取我们的意见，给我们权力和资源，然后给我们一个高得难以置信的销售目标，使我们始终面临挑战。他有一种不可思议的力量，使我们团结在一起。"

人情味的确是约翰·钱伯斯的管理绝招。浓厚的家庭亲情和困难的经历，养成了约翰·钱伯斯细腻、敏感的性格，他让员工感到真诚，值得信赖。他的管理心得是：提供一份不至让人心灰意冷的薪水和一个令人快乐的工作环境。在现实基础上，把工作目标定得尽可能高一些，因为这也是让人树立信心、改变世界的基础。作为一个企业的领导人，必须创造一个积极向上的人际关系。他经常会带一些可口的糖果去思科的各个部门联络与员工的感情。"我发现这真的是一个有效的办法。如果是为了薪水和晋升，即便人没有去看他们，他们也会同样努力，但那样的话员工会认为自己只是受雇佣者，而不是企业的参与者。在思科，任何一名员工都可以直呼我的名字。"

在一个固定资产几乎可以忽略不计的公司，员工才是最有价值的资产。思科股票从上市到现在上涨了1 000倍，于是他们建立了狂热的期权文化。思科的一般工资水平并不是很高，约翰·钱伯斯和其他最高层管理人员的年工资大约是30多万美元。但是加上期权的话，约翰·钱伯斯的年收入就会超过1亿美元，在美国1999年十大收入最高的CEO中排名第五。而思科前500名的高级经理每人的年总收入在1 000万～4 000万美元之间。

思科采用的全员持有期股是其他公司很少采用的模式。这是一个将公司的目标与员工的目标合为一体，并让员工分享和分担公司的成功和挑战的非常独特的方式，这种方式非常有效。而大多数公司不喜欢将期权分配给所有员工，他们只会给公司的最高层发放期权。"如果我愿意，我可以获得比目前多10倍的期权，也可以不与我的员工分享。但这不是我们的做法。"约翰·钱伯斯说。

思科期权方案的设计与其他公司极为不同。思科的期权一般需要4～5年的执行期，这是为了避免那些只想工作一两年的人所带来的麻烦。另外，思科的员工几乎每年都能以期权的形式获得差不多5%的公司股份。思科每年都会发放期权，只要员工抱着长期的预期，短期市场波动并不重要，重要的是股价在3年、5年甚至10年后的表现。

约翰·钱伯斯总是说互联网改变了思科，最终会改变整个商业世界。约翰·钱伯斯认为，互联网就是商业世界里的平衡器。正是因为思科在所有方面利用了互联网，所以它能从众多的竞争对手中脱颖而出，并与它们成为合作伙伴。

互联网不但改变了思科的一切，它也使虚拟制造、降低库存等成为可能。思科的客户82%的订单通过网上下达，85%的客户支持通过网络进行；思科每月都会收到2万份通过网络发来求职书；思科能在24小时内做出财务结算，等等。所有的这些都是通过互联网进行的，互联网的应用给思科每年节约6亿美元，这比许多竞争对手的研发预算还要多。更重要的是，由于思科充分应用互联网，这就使得全球范围内每个竞争领域的成本、赢利及数据信息变得透明，从而思科能够充分授权，员工可以快速决策，而这些决策在以前只有CEO或是财务总监才能作出。一线经理能够在每个季度结束后的第一个星期就知道，为什么原订目标未能达到，是因为网络问题、零部件问题还是因为竞争加剧，极大地增进了效率。结果思科每个员工平均所创造的收入高达70万美元，而传统公司的员工只有22万美元。

互联网的秘密就在于授权，而思科的秘密也是在于授权，这正是约翰·钱伯斯所说的：互联网改变了思科的所有方面。而这种充满人情味的授权策略，是所有企业管理者学习的榜样。

第十七章

用脚去做梦，用心去执行

137. 制造规模扩张神话，将体验消费快感传遍全世界

星巴克以其独特的营销手段开拓了一个原本没有的市场。目前，星巴克的销售额以每3年翻一番的速度递增。星巴克已在全球37个国家设立了大约1 1000家分店，并且以每天5家的速度在不断地开新店。这令创始人舒尔茨也感到意外："老实说，这个速度我自己都难以相信。"

的确，在美国的大街小巷随处都可见星巴克的招牌，他们这样做也是为了减少人们排队等候的时间。据统计，星巴克每天要煮大约2 270万加仑咖啡才能满足顾客的需求，每周光顾他们店的人数在4 000万名以上。

位于西雅图郊外的一个星巴克烘烤工厂里，工厂每天都要处理来自28个国家数量惊人的生咖啡豆，每周要烘烤咖啡豆数量在200万磅，而且只是在西雅图这样的工厂就有4家。毫不夸张地说，星巴克文化已经深深植入了美国人的日常生活中。在风靡全美的奥普拉脱口秀节目中，在创美国收视率新高的《辛普森一家》里，在深受大众喜欢的益智游戏节目《冒险》里，各种电视节目中你都能看到星巴克的影子。

自2004年以来，星巴克的年财政收入持续增长保持在20%左右。早在2004年，星巴克股票就比2003年上涨了56%，与1992年星巴克首次发股上市的市值相比，增长了30.28%，达到历史新高。

2003年，星巴克收购了以出售低价咖啡而闻名美国的西雅图咖啡公司，而后又努力把它发展成了年收入达10亿美元的新公司。从2004年1月份开始，星巴克在法国陆续开设了多家分店，并在美国开设了更多方便驾驶人士途经购买的窗口式分店。据统计，星巴克仅2004年就在全球增设了1 300家分店，并在这之后一直没有停止扩张的步伐。

为了实现全球化的战略目标，舒尔茨一直在想办法全力打造这个咖啡王国，包括组建一支新的管理团队，构建大型的咖啡烘焙厂，帮助咖啡种植者改良咖啡豆的品种，使其更符合星巴克执行的标准以及不断增加的需求量。

你会相信每天有几百万美国人排着队购买4美元一杯的咖啡吗？你能想象美国人会走很远去一家咖啡店点一大杯浮着香草的焦糖玛奇哈朵咖啡吗？但舒尔茨真的做到了这些，身为星巴克的老板，他总是不断地有许多大胆的念头闪现。可能从他还是纽约布鲁克林区的一个靠卖血才能交上学费的穷孩子开始，舒尔茨就是一个有着超级想象力的人。

在美国，咖啡只是一种普普通通的饮料，一种吃早餐或者汉堡包时能更好地把食物咽下去的东西，一般价格非常便宜，几毛钱就能买一杯。但星巴克的出现改变了日常生活中人们对咖啡的印象，他们将"美式咖啡"消费习惯时尚化、精品化，创造出了都市男女人手一杯的全新形象。2006年，一部由星巴克参与联合发行的电影《阿克雅与填字游戏》在美国隆重上映，这样，在北美地区的星巴克咖啡店里，顾客会饶有兴趣地发现原来一成不变的咖啡"菜单"上多了这部电影的DVD和相关音乐。这就是一直以来喜欢创新的星巴克的又一个不一样的尝试。

这个价值290亿美元的咖啡帝国的领导者舒尔茨不仅是一位优秀的推销者，还是一位演艺高超的表演者。他创造的是一种咖啡文化，全世界的潮流随之而动。

有人称赞说舒尔茨真会"变戏法"，他就像花样百出的魔术师一样将美国最平凡、最普通的饮料变成一种充满魔力和神秘感的东西。

在星巴克的总部西雅图，他们的员工从来没有把咖啡当成一种解渴的饮料，所有这里的人都被称为"咖啡大师"，他们交谈的话题常常是怎样才能在咖啡中发现浪漫和激情。舒尔茨说："很久以前，我们的员工就创造了这样一个口号：'我们的事业不仅是为了填饱肚子，更是为了丰富自己的灵魂'。我们的营销手段就是独特与不同，不是更好而只是不同。"

舒尔茨始终没有停止孕育新的咖啡文化。舒尔茨会仔细品味每一种咖啡，不断地从中发现新的秘密。他说："你尝出里面特有的泥土气息了吗？就像波尔多红酒一样，这简直是太美妙了。"

舒尔茨曾经这样对大家说，星巴克只是一家简单朴实的咖啡公司。但在精心点缀的门面背后，我们看到了星巴克耗资巨大的实验室，在这里，第二年将要投放市场的饮料配方早早地就被研究出来了。舒尔茨认为，饮品是可以被创造出来的，它们的外观首先要符合时代潮流，需要关注当今什么颜色最时髦。比如星巴克认为绿色很有潜力，于是就创造出了"绿茶卡布其诺冰咖啡"，据说在星巴克的实验室里很快就调制出超过5万种这样的混合型咖啡饮料。用舒尔茨的话来说，有趣味的东西才能吸引人，"当你走进一家店面，你希望看到一些令你兴奋和觉得有趣的东西，这样你才会经常光顾那里"。

对于消费者来说，产品的实用性是重要的，但是产品的文化内涵更加重要。一个好的产品不仅能够给消费者带来外在感官上的满足，也要给消费者以内在精神上的愉悦。能够让消费者由内而外地喜欢你的产品，企业才能有发展，才能有更大的成功。

138. "不计代价，使命必达"

弗雷德·史密斯给联邦快递设立的口号是"不计代价，使命必达"，就是无论面临怎样的困难，都要想尽一切办法，排除万难，不计代价地完成任务。因为联邦快递人运送的不仅仅是包裹，更是对顾客的承诺。弗雷德·史密斯说："货物本身对寄件者和收件者而言是极具时间价值的，他们愿意为节省时间付出额外费用。我们说服客户把货物交给我们，就必须做到使命必达，并保证货物在运抵前绝不会离开我们的手。"我们来看联邦快递发展史上的一个经典故事。

一天下午，联邦快递印第安纳州分公司的包裹跟踪员黛比，接到了一位小姐的电话。

"我想知道我的结婚礼服在哪，"一位自称是琳达的小姐伤心地说，"昨天它在佛罗里达州，今天中午你们就应该把它送到我的手中。可现在还没有送到，都下午三点了。我不知道联邦快递是做什么的，我只知道明天我就要结婚了。我们的镇子比较小，我的婚礼是镇上的一件大事，更是我一生中的大事，你能帮我吗？"

放下电话，黛比立刻利用公司的跟踪系统查找，挨个给取送站打电话，询问是否有错放的包裹。终于，第六个电话打通后，她找到了那个包裹，它在300里之外的底特律。

在黛比看来，公司既然承诺了，就必须在当天下午把包裹送到琳达小姐手中。当时，底特律及其附近所有的运输机都在运货途中，无法调借。于是，黛比租用了塞斯纳公司的一架飞机和一名飞行员，把包裹空运到琳达所在的印第安纳州的小镇。

租专机和飞行员运送一个包裹，黛比真是敢想敢做！但黛比清楚送达这个包裹对琳达意味着什么，而且这也完全符合联邦快递"使命必达"的服务理念。客户遇到问题，公司一定要尽力解决，虽然当时公司处于艰难的境地，但为了兑现对客户的承诺，仍可以不计代价。

周五傍晚，飞机的轰鸣声响起，一架塞斯纳公司的飞机降落在印第安纳州的一个小镇的草坪上。不明就里的村民拥过来，七嘴八舌地议论着这位不速之客。这时，身穿紫色制服的黛比走下机来，手中拎着带有联邦快递标志的邮包，高声询问琳达小姐是否在人群中。琳达小姐惊讶道："天哪，莫非你就是来给我送结婚礼服的？"黛比笑着点头，把包裹递到她的手中。直到飞机离开，琳达小姐一直在惊叹："上帝啊，竟然坐飞机专程给我送礼服！"

黛比租飞机运送包裹的事情还没有结束。两天以后，琳达小姐打来电话对黛比表示衷心的感谢，她不厌其烦地向黛比描述婚礼的盛况以及接到结婚礼服时的惊愕。最后，她说道："我很高兴你提供的服务，但是，高兴的同时也有坏消息。"

听到"坏消息"三字，黛比心里一紧。"我的婚礼都被这件事破坏了。"琳达小姐继续说道，"在婚礼聚会上，我把飞机专程送结婚礼服的故事告诉了几位朋友，没想到这个故事立刻就传开了。大家都在纷纷议论这家荒唐的公司如何用专机运送每件包裹，以至于把我这个新娘子都给忽略了。"说到这儿，她禁不住笑起来。

放下电话，黛比感到很高兴，为自己帮助顾客解决了困难，为自己做到了"使命必达"。然而，让她更高兴的事还在后头。两周之后，小镇上的RCA工厂开始使用联邦快递的服务，每天都有20件包裹需要邮递。原来，RCA工厂的几位领导也参加了琳达的婚礼，听到这个故事后，其中一位领导直截了当地告诉他们的运输经理，不妨试用一下联邦快递公司的服务，运输经理照做了。他们对联邦快递的服务也感到满意，此后，RCA工厂开始经常使用联邦快递的服务。

企业经营要想成功，市场策略与执行力缺一不可。许多企业虽有好的策略，却因缺少执行力，最终导致失败。市场竞争日益激烈，在大多数情况下，企业与竞争对手的策略相似，主要差别就在于双方的执行能力。谁在执行方面做得更好，谁就会在各方面领先。调查表明：成功的企业，20%靠策略，60%靠企业管理层与普通员工的执行力，其余是一些运气因素等。弗雷德·史密斯创办的联邦快递公司是企业执行力的典范。

139. 激发企图心，然后去行动

受改革开放春风的影响，我国经济被迅速激活，企业如雨后春笋般速度发展。成长中的企业对管理、营销、人力资源等方面知识的需求日益迫切，加速了培训机构的疯长，培训行业日益成形。

任何渴望成功的人，对陈安之的名字都不会陌生。他的经历充满传奇色彩，12岁随亲戚到美国读书，开始边工作边读书。他曾经做过18份工作，卖过菜刀，卖过汽车，卖过巧克力，当过餐厅服务员……可是他的存款还是为零。

21岁时，陈安之的人生发生改变，他遇到人生中的第一位恩师——世界潜能激励大师安东尼·罗宾。老师的一句话改变了陈安之的命运："这个世界上赚钱的行业很多，但是没有哪一个行业可以比帮助别人成功和帮助别人改变命运更加有价值、有意义。"从此，陈安之立下了"以最短的时间帮助最多人成功"的志向，他的个人特长、优势和强烈的事业心也由此得到充分的展示。

陈安之回国了，他决定把自己在海外学到的所有成功学知识毫无保留地告诉每一个中国人，希望更多人掌握先进的成功学知识。一时间，陈安之的著作、录音、培训课程都引起了人们的极大关注，他也迅速红遍大江南北。在销售人员口中，在中小学生的故事中，在企业员工的文章中，都可以感受到陈安之带来的激励，他成了家喻户晓的人物。

陈安之时常教导学生要"听话照做""成功者做什么，你也做什么"。陈安之认为，模仿成功者，是成功最重要的方法。向成功人士学习成功经验一定会比自己一个人慢慢摸索成功得更快。

听话照做的意思就是别人说什么，你就做什么；别人怎么说，你就怎么做，这其实就是强调模仿的重要性。模仿是一个人从小就在使用的本领，小时候学说话是模仿大人，学走路也是模仿大人；学游泳需要模仿，学开车需要模仿，学做销售需要模仿，学做生意也需要模仿。任何动作，你要想做好，最快的方法、最重要的方法，就是去模仿，而且是模仿成功者。你一定要做得和对方一样好，你才有可能成功。

陈安之认为，成功学的核心原理是复制成功。成功是一种客观现象，有规律可循，有方法可依。找到已经获得成功结果的实例，分析成功的过程、机制，总结出这一实例的方法，那么这个方法就有普遍意义，只要重复这个方法，必然有特定的成功结果出现。这就是复制成功。成功一定有方法，我们生活在实在的世界里，周围所见所闻的成功事例是实在的事例，我们的世界是客观的、可解释的，所以必然存在确实的过程，导致我们所看到的结果。这也是聚成一直坚持"听话照做"的合理性所在，它不是扼杀个性，而是在初涉某一领域时，达到一定目标的前提。同时，指挥者一定指明了要达到目标的手段和步骤。

一般人觉得"成功"是一种神秘现象，把别人的成功归结于一种偶然机遇，却不去认真总结他成功的规律，甚至归于宿命，觉得成功的人就是成功。事实上，成功者都有方法，只不过他的方法不一定被别人知道。我们都知道，学习有学习方法，工作有工作方法，做生意有生意经。许多人把成功看得那么神秘不可测，是因为成功过程涉及的因素实在太多，范围太广，好像"摸不到"规律。当重现构成成功结果的每一必要因素时，成功就必然出现。成功者之所以成功，是因为他在适当的时候、适当的地点具备了成功的必要因素。

陈安之是成功学的权威，他本人就是不断模仿、学习其他权威人士的经验而成功的典型。

陈安之在讲课的时候，时常告诉学员："成功有三个条件，请立刻把它写下来。"陈安之说，有史以来，所有成功都具备这三个条件，任何一个领域都一样。

"成功第一个条件就是拥有强烈的企图心。"陈安之严肃地说。

学员们觉得很有道理，纷纷表示："是的，企图心。对！对！对！写下来！"

陈安之说："你看看你周围的人，当他比你更成功的时候，他的企图心是不是比你更强烈？"

学员说："是的。那么，陈老师，第二点是什么？"

陈安之回答："第二点，一个人他之所以会成功，因为他拥有强烈的企图心。"

结果学员都愣住了："陈老师，你刚才不也是这样讲吗？"

陈安之说："是的，成功的第二点就是要有强烈的企图心。"

当陈安之说道"你们猜猜看，成功的第三个条件是什么"的时候，学员们自觉地高声回答："拥有强烈的企图心！"

很多事情看起来几乎不可能，但只要下定决心，立刻变得简单。当有人决定一定要做到的时候，他的潜能就真正被激发出来了。企图心是迈向成功的关键之一，尤其在推销的促成上面。

140. 巧妙解决速度经营与组织架构的问题

强调"速度经营"的三星，有着等级森严、纷繁复杂的组织架构，从部长、次长、课长、常务、专务到会长、社长等，有十几个层级，这两者似乎有些自相矛盾，而三星以其独特的亚洲模式解决了这一矛盾。

早前韩国两位管理学教授发表了一份关于韩国企业竞争力的报告，其中指出，三星的管理之道是日式和美式管理方法的结合，既有日本公司人员划一、忠诚度高和流程优化的特点，也融合了CEO战略规划能力强、决策组织化和迅速决策的美式风格。因此，尽管三星像大多数韩国企业一样仍然由财阀控制，但是其决策的流程，尤其是在面临风险时的决策速度要高于韩国国内甚至国外的大多数同行。三星电子制造一座新的半导体工厂通常只需要18个月，而一个日本企业却往往要用36个月。

很多三星员工认为，三星的组织架构有点类似准军事化组织，虽然等级森严，但是令行禁止，执行的速度非常快。加上韩国人大部分都要服兵役，更给这种组织文化增加了军事色彩。事实上，三星海外分部掌握实权的基本上都是韩国人，即使在中国，大部分生产、销售等重要职位都是韩国人把持，外人很难理解这种独特的DNA。

成吉思汗正是这种快速执行文化的老师，因为成吉思汗所拥有的快速机动能力和三星电子推崇的"速度经营"不谋而合，曾经还被三星电子前任中国总裁李相铉极力推崇。在三星内部员工看来，三星电子的执行文化和成吉思汗这类军事组织的确有不

少共通之处。

（1）业绩导向。

业绩为王的理念使得三星的进攻非常简单，业绩不只是销售部门考虑的事情，从研发、生产、制造、市场等环节都会进行相应的控制和激励。尹钟龙建立了员工奖金直接和本公司效益挂钩的制度，并向高层主管配发期权，迄今，三星已将4%的股份配发给集团内的900名主管，尹钟龙则持有价值4 000万美元的股票期权。

（2）网络化的能力。

13世纪，蒙古军队曾经用命令传达、灯火、烟雾、旗帜等网络手段保持信息通畅。三星则通过复杂的网络如供应链管理系统（SCM）、ERP系统等简化信息流，提高决策速度。在三星（中国），中高层经理人可以通过一个特殊的系统，实时看到当天的营业数据——哪款产品好卖、哪个地区热销、哪里库存严重——从而快速处理。

（3）赏罚分明。

成吉思汗很认真地确保士兵得到应有的份额，三星电子也非常强调赏罚分明，员工只要业绩优良，提升就会非常快。三星的人力资源管理中有一条："不惩罚员工的失败，只有缺乏道德、不公正、不诚实或拖了别人后腿的员工才会受到惩罚。"但是如果业绩不好，会有相应的降职处理。

对于这种执行文化，三星电子数码打印事业部常务李长宰表示："这种等级不仅存在于三星，在其他公司也是有等级的。问题在于每一个等级升迁是按照什么样的标准，是不是参考不同的年限、年龄来给员工升职。像三星电子，你只要有能力，当然也要有一个基本的年限，而且被公司认可的话，可以破格升职。在这种情况下，就能很好地提高员工的积极性，也就有助于实现 速度经营。"

有一个细节很鲜明地体现了三星的准军事化组织风格：三星员工有一种游戏叫喝"忠心酒"。下属为了表示对上级的忠心，把袜子、皮鞋等放入酒缸中，然后当着上级的面喝了这个"忠心酒"。这种文化使三星电子的执行异常坚决和快速，但一些管理界人士对此表示质疑，认为这种文化存在一些弊端：一是认为其中掺杂了太多的集体主义精神，会使权、责、利的关系搞不清楚；二是认为讲究一种服从和忠诚，不利于员工发挥创造性；三是浓重的韩国色彩阻碍其真正走向世界的国际化步伐。

《蓝海战略》作者钱·金曾经将三星电子作为"蓝海"案例的典型。对于三星电子这种做法——"蓝海"战略+"红海"执行，钱·金在接受采访时表示，三星的未来，除了继续产品创新，如何能在流程和人员上有所改变也很重要。可见，速度经营是重要的，组织架构问题也同样重要，企业要想又快又好地发展，就必须给予这两方面问题同样的重视。

141. 高效能的"午餐会报"制度

对于台塑集团所有的成员来说，要想彻底领教王永庆追根究底的工作作风，最好就是亲身体会一次王永庆创造的台塑"午餐会报"。这个会报是由台塑总管理处总经理室定期安排的，为的是追踪、考核台塑的有关事业单位，来了解集团命令的贯彻执行情况，并考验各单位主管与幕僚人员的能力，同时也给了行政主管与幕僚人员重要的沟通场所，每一个事业单位都有轮到的机会。只要王永庆在台湾，几乎每天中午都会有吃便当式的"午餐会报"。

台塑的"午餐会报"充分体现了王永庆在整个台塑集团的君主地位。与其他的企业集团不同，王永庆在台塑集团中有绝对的权威，掌握着整个台塑集团的"生死予夺"大权。在台塑集团，企业中的重大决策都是在"午餐会报"中解决，一般都由王永庆亲自主持，他经常是正襟危坐，会议的气氛也十分严肃，大有君主听政的架势，对于参加报告的单位来说，压力也是非常大的。

"午餐会报"的内容通常以各事业单位的经营状况或遇到的管理难题为主。轮到报告的单位，总管理处会在一个月前就通知他们进行积极的准备，随后再上报总管理拟定报告的主题和议程。而一些有关企业的重大决策，如一些新的制度的建立、投资案或一些经营改善的提案，也经常在"午餐会报"中进行讨论。在"午餐会报"上，王永庆十分认真地听取报告单位的报告，一旦听到有疑问的地方，他就会立刻将报表折一个小角，等报告告一段落时再发问，有时也直接打断报告者的报告，以其惯有的"追根究底"的方式不断发问。如果报告者准备不够充分，随时都有可能被问得哑口无言，这种情况对其以后的发展就会有很大的影响，所以参加会报的报告者都感到很紧张，唯恐准备不周，当场出丑。所以"午餐会报"上的竞争与淘汰的激烈程序，给参加报告人员的压力是可想而知的。

这种"午餐会报"制度，对于台塑集团以外的人员，或者是刚刚踏入台塑集团的员工来说很难适应，他们觉得在台塑没有人情味，没有安全感。但王永庆认为，人情用在努力、有贡献的人身上是一种爱，是一种鼓励；用在不用功、不努力的人身上，则是一种包庇，是一种纵容，对他、对企业只会有害，不会有利。这是一种任人唯亲的行为，这样做是只顾情、不讲理的，王永庆对这种做法完全反对。在追求点点滴滴合理化的王永庆眼中，不讲理的人情简直是一件不可思议的事情。

诚然，参加"午餐会报"会给参加会报的人很大的压力，使人提心吊胆。然而，"午餐会报"又是一把双刃剑，机会与风险并存，它是一个良好的优胜劣汰的机制，

能力不济或是准备不充分的人，会在追根究底的王永庆面前露出马脚；而能力很强和准备充分的人，在王永庆一连串的提问面前，反而可以充分展现自己的能力和才华，为自己赢得一个破格提升的机会。所以，一切都是"事在人为"，关键是要有真本领，这样的真金在烈火中才会越炼越精。

正是由于"午餐会报"给人以莫大的压力，才使台塑的员工对自己的工作兢兢业业，在会报前要做十分充分的准备，从而使台塑集团企业许多管理上的难题，都经由这一场主管们提心吊胆的"午餐会报"迎刃而解。各种经营改善提案也点点滴滴，积少成多，由小而大，最终成为台塑追求合理化的主要推动力。可见，适当的压力可以产生有效的动力，严格的管理造就精英，一个优秀企业管理者不仅应该让自己的员工忠诚于自己，还应该把自己的员工训练成精英，从而为企业创造更稳定更顺畅的未来。

142. 力保流程和文件不走样、不打折、不缩水

即使拥有优秀的流程和优秀的人，即使拥有卓越的核心竞争力，如果缺少了严谨的执行力，也无法造就卓越的组织。依靠执行力才能将核心竞争力体现在最终的组织绩效上。

作为房地产界的老大万科的执行力首先来自高层对执行的态度。在进行流程讨论过程中，无论是深圳万科还是北京、沈阳万科，公司的总经理、副总经理几乎每次都亲自参加并亲自对流程和文件进行确认，各部门经理对每个相关的流程需要亲自讲解和说明。几位总经理还全程参加了一些主要的课程并参加考试。在深圳万科，当第一次审核发现有一些操作未按照文件要求执行时，总经理会迅速要求对文件的所有相关内容再次组织进行培训，组织对所有人员相关文件和执行要求的考试并逐一过关，公司包括总经理在内的所有高层都与员工一起参加考试。在万科，如果有人不按照文件执行，任何人都可以拒绝后续的工作。一位总经理曾经事先口头同意某材料的采购，但由于没有执行采购流程中需要进行评估的要求，因而工程总监拒绝在采购审批单上签字。深圳万科设立了专门的品质管理岗，持续地对管理体系的执行情况进行审核，管理体系文件已经修改了多次，在日常执行过程中，一旦体系出现问题就进行改进，而在其他公司，很多体系只是一个摆饰，根本没有人维护。

万科对项目的管理监控能力也确保了执行的深度。每个项目及非项目部门都需要制定月度工作计划并将计划按照重要程度划分成两类，按照目标管理的方法制定一级和二级管理目标，对计划的执行过程和效果由工程部门进行跟踪和监控，其执行效果

与部门及员工的绩效挂钩，按计划、目标、执行、跟踪、检查、评估、改进、循环改进并与激励体系挂钩的管理模式使执行的目标清晰、过程有序、结果受控。

员工对执行的理解要到位，即严格高效地按照流程和文件的要求执行，并达到目标的要求。每项工作都要达到最好的结果。在万科经常是提出哪怕很小的改进建议，很快就能够得到实质性的改进。有人曾经不经意地提出一份关于工程检查表和设计评审表的建议，第二天相关人员就重新设计了表格并作出了评价。

万科的执行不是抛弃创新。在万科，让人体会很深的是员工对新技术、新事物的接受和运用，包括管理方面，只要他们觉得有用就会积极地采纳。在IT方面，深圳万科几乎每项管理活动都采用了相关软件，如成本管理、顾客投诉、资产管理、人力资源管理、文件控制、内部审核等，这些软件虽然投入不多，但对提高运作效率和质量产生了重要作用，而且这些软件的使用都达到了预期的效果。像文件控制、内部审核软件是技术性较高的软件，很多公司都没有使用完整，但深圳万科不但使用得非常好，而且向软件公司提供了更多有用的修改建议。

严密和完整的执行流程就是这样，在每一个小小的细节上都不会轻易放过，万科就是坚持这样的全方位保证流程和文件不走样原则，才让今日的万科在房地产业更加辉煌。

执行力是一流企业和不入流企业的显著区别。一个企业的成功，三分之一靠策略，三分之二靠执行。正如日本软银公司董事长孙正义所说的那样："三流的点子加一流的执行力，永远比一流的点子加三流的执行力更好。"一流企业的执行力就像军队一样说一不二，这样有纪律的正规军打那些拖三拉四的杂牌军，想不胜利都是不可能的。所以企业家一定要注重培养团队的执行力，将战略战术都落到实处。

143．全员就绪：用自我承诺导引结果

摩托罗拉公司的"自我承诺"在业界是出了名的，曾经有一位在摩托罗拉公司工作过三年的员工说过他刚进摩托罗拉的一件事。他当时几乎有两个星期没事干，于是找到了他的美国老板，很直接地说："我觉得摩托罗拉很没有效率。"

"为什么？"老板不解地问这个员工。

"因为我来了两星期，几乎没事做，摩托罗拉花这么多钱雇我来，就让我白白坐着？"

谁知这个美国老板又反问他："你从第一次面试到进公司，差不多花了三个月，你了解你的职位所要求的工作内容吗？"

"了解呀。"员工回答。

"那你了解你要做哪些工作才能为公司作出贡献吗？"

"知道呀。"

"那为什么你会两星期没事干呢？"

听了老板这席话，这个员工顿时明白了，这次对话也成了他对管理理解的开始。每年年底，摩托罗拉都会要求员工与经理一起，讨论第二年的业务规划与个人规划，讨论的结果被称为"自我承诺"。这个结果并不纳入考核，但每个季度经理都会与自己的员工一起讨论这个"自我承诺"的完成情况，看看有哪些可以改进，然后把结果呈报给人力资源部。

后来，这个员工离开了摩托罗拉，到哥伦比亚商学院专门研究那些世界级优秀公司的核心竞争力。他发现摩托罗拉这种管理方式和很多优秀公司都是共同的——并不特别强调权力，而是强调以"自我承诺"来实现共同目标。这使他深思到：什么是管理？从字面上理解，"管"是控制，是行为的规范；而"理"是"自然之律"。但对比"管理"所真正表达的意思，他觉得"管理"这个词应当叫"理管"才对。因为他认为，没有一定的"理"，又如何"管"呢？就像治水一样，水往低处流是理，是自然规律，所以治水作为一种"管"，最好的办法是遵循水流规律，采取的措施就是"疏理"。

而我国把"Manage"译成"管理"也是有自己的道理的，这主要表现出了中西文化对组织行为的不同处理方式。几千年来，我国是一种人治型的管理，"管"在前，"理"在后，而近现代西方却是一种法制型的"理管"，"理"在前，"管"在后。

这两种不同的方式，直到今天仍然有明显区别。比如国内很多公司，如果一个部门需要其他部门员工的帮助，要不就是动用"熟人关系"，要不就找这个部门的领导，以命令的形式让他的下属帮忙。但那些世界级的优秀公司却不是这样做。他们通常是寻求帮助的员工自己去找能够帮忙的部门的员工，如果那个部门的员工愿帮忙，就会答应；如果不愿，即使找他的老板也没有用。

为什么会这样？这些世界级优秀公司有一个基本的逻辑：在文化理念上，非常强调公司利益、客户利益的至高无上，强调要通过沟通与合作来实现这一目标。所以，如果真想让别人帮助你，就需要把事情的价值搞清楚再去。如果你的价值很清楚，而对方不帮，那你可以向对方的老板投诉，而不是去要求对方老板下命令。

在世界级的优秀公司，有很多员工主动地为公司创造价值。这些公司的成功，绝不仅仅靠某项伟大的战略，也不仅仅是靠某个伟大企业家指挥而获得的。

我们可以想一想，当摩托罗拉有十多万员工时，作为十多万分之一，每个员工哪里能知道总裁的思想或批示是什么？因此，摩托罗拉强调的是，每个员工只需要对自己的工作负责，对摩托罗拉的利益负责，就会得到相应的回报。

在摩托罗拉，不会有人成天揣摩首席执行官的批示是什么。同样，在摩托罗拉没有人会向公司借钱，也没有人会要求公司为他解决个人困难，大家都是积极努力地为公司创造价值，而不是消耗公司的价值。

事实上，这种现象就是"管在前，理在后"起的作用。因为在权力第一的"人治"管理下，老板会利用这些小恩小惠背后的特权来获取"额外价值"：既然他可以把公司的钱借给你，既然他为你解决了个人困难，那你就要成为他的亲信，就要以他为准则而不是以事为准则，哪怕他错了你也要支持他。

所以，对目前一些"正红"的"中国特色的管理"，我国企业总是抱有某种程度的警惕。当加入世贸组织已经使我国成为世界经济一部分，我国企业的大环境已经进入法制化的时候，我们的企业家需要注意一个基本的逻辑，那就是"理在前，管在后"。"全球经济一体化"是目前我国企业需要遵循的第一个"理"，也许在遵循这个"理"之下，才会有真正的中国模式。

第十八章
砍掉的都是成本，节约

144. 节约每一分钱，把钱花在刀刃上

管理大师德鲁克说：管理的领域限于内部的假设意味着管理者只关心成本或者努力工作。因为工作是存在于一个组织内部唯一的事物，同样，组织内部的一切都是成本中心。但是，任何机构的成果只存在于外部。所以对企业而言，控制企业的内部消耗，省钱就是挣钱。

洛克菲勒是美国的石油大王，他拥有的财富无人可比，但他深深懂得节约的重要性。洛克菲勒经常到公司的几个单位悄悄查看，有时他会突然出现在年轻簿记员面前，熟练地翻阅他们经营的分类账，指出浪费的问题。又如在视察美孚的一个包装出口工厂后，他确定用39滴焊料封5加仑油罐（而不是原先的40滴）的标准规格，也是很著名的事例。

正是由于洛克菲勒这种始终如一地注意节约，美孚公司才取得了辉煌的成功。节约使成本降低，既增加了利润，也提高了企业竞争能力。美国钢铁大王卡内基就曾说过："密切注意成本，你就不用担心利润。"在他的一生中，从未为利润担心过，因为他最注重的就是节约成本，省却每一笔不必要的开支。卡内基在商海中纵横一生，他从来没有忘记节约，一辈子坚持最低成本原则。

19世纪50年代，成本会计制开始在美国铁路公司中最大的宾夕法尼亚公司中实行。这种会计制度能保持准确的记录以便在经营、投资及人事等方面作出决策，核算成本耗费和收入情况，以便判明是否赢利。卡内基是一个有心人，他认识到这一方法是做生意的一条最基本的要诀，于是，在宾夕法尼亚的7年中，他学习并熟练掌握了成本核算知识。

在他后来从事钢铁业时，成本会计知识得到了最大限度的运用，他也因此获得了大量的利润。在生产中，他灵活地运用成本会计知识，处处以最低成本衡量，使卡内基钢铁厂获得了不菲的利润，生产效率也得到了大大提高。他的工厂生产第一吨钢的成本是56美元，到1990年时降为11.5美元（这年年利润为4 000万美元）。这一切都归功于"密切注意成本，就不用担心利润"的经营哲学。

李·艾柯卡曾在自传中写道："多挣钱的方法只有两个：不是多卖，就是降低管理费。"节约成本开支、降低产品售价，这是提高竞争力、改善经营效益的关键所在。艾柯卡在福特公司和克莱斯勒公司都非常重视降低成本。减少开支成为他成功的法宝。

艾柯卡刚到福特公司担任总经理时，所办的第一件事就是召开高级经理会议，确定降低成本的计划。他提出了"四个5 000万"和"不赔钱"计划。

"四个5 000万"就是艾柯卡要求在设计、生产、销售等四个方面各减少费用5 000万元。4个5 000就是2个亿。艾柯卡希望在产值不变的情况下，通过企业运作费用的降低，实现2个亿的净利润。

以转产管理一事为例。以前转产周期需要两周的时间，转产造成工人和设备的闲置，浪费很多资金。艾柯卡通过周密的设计和电脑管理，使转产周期由两星期变为一星期。3年后，一个周末的时间就可以完成转产的准备工作。这种速度在汽车史上都是没有先例的。仅此一项，就为公司每年节约了几百万元的成本支出。

3年后，艾柯卡实现了"四个5 000万"的目标，公司利润增加2亿元，也就是在不多卖一辆车的情况下，就增加了40%的利润。

福特公司是一个大企业，一个大系统，分工合作既宏大又精细。一般的大公司，都有几十项业务是赔钱的，或者说是赚钱很少，福特公司也是如此。在众多的项目和门类中，总会优劣共有，长短不一。这在整体上就影响了企业的实力和竞争。

艾柯卡对汽车公司的每项业务都是用利润率来衡量的。他认为每个厂的经理都应该心中有数：工厂是否赚钱？造的部件成本是否比外购贵？所以，他宣布：给每个经理3年时间，要是该部门还不能赚钱，那就只好把它卖出去算了。

这就是艾柯卡的"不赔钱计划"。在执行这个计划过程中，艾柯卡砍掉了近20个赔钱部门。他通过这种办法尽量减少公司负担，节约原材料、劳动力和机器设备，公司的相对利润急剧上升。企业变得精悍，富有竞争力。艾柯卡也因此得到了众多员工们的一致好评。

在克莱斯勒公司，艾柯卡还在减少开支上双管齐下：改善库存管理，改变采购办法。

克莱斯勒公司一直采用的是"以防万一"大量库存的制度，库存成本很大，艾柯卡决心对此进行改革。他大胆地引进日本"本田无库存生产"的库存管理技术，采用"基本部件一体化，车型品种多样化"的产品策略，将产品零配件由7万多种减少为不到1万种，进一步减少了进货与库存，节约了大量管理费用。

与此同时，他还废止了将产品存放在公司的待机而售制度，实行与销售商订货生产的新制度，改变了产品库存的局面。经过上述改革，克莱斯勒公司的年度库存额由21亿美元下降至12亿美元，管理费用也大大下降，为公司节约了一大笔资金。

在采购上，艾柯卡采用了灵活的采购办法：自产零部件如果比外购贵，就依靠外购；进口零部件较贵的，就不依赖进口而自己生产；各工厂的成本预算，必须与同行业中的最低成本作比较，而不能"按需编制"。艾柯卡要求经理们勤俭持厂，节约

每一分钱，把钱花在刀刃上，他说："只要你能控制好成本，你压根就无需担心利润。"

可见，节约能直接提高企业的经济效益。企业成本管理是对企业成本的发生所进行的计划、组织、控制、考核和分析等一系列工作。加强企业成本管理有利于控制无效成本的发生，是建设节约型企业的重要手段。加强企业成本管理应采取以下主要措施：

1. 实施全过程成本管理

全过程成本管理是指针对企业经济业务发生过程中成本发生的每一个环节进行严格的管理。如在采购过程中要实施比质比价采购方式，力争降低采购成本；在材料的验收入库环节上，要确保所采购材料的数量、质量均符合合同的规定；在生产环节上，要确保领用的材料不被浪费，并保证产品质量，避免产生废品而发生废品成本；在销售环节上，要根据成本效益原则，控制销售费用，特别是广告费用的发生。

2. 实施全员成本管理

全员成本管理是指把成本控制的指标在落实到各个部门的基础上，再落实到部门里的每个人，让每个人都有成本控制的任务。

3. 针对成本项目制定管理方法

企业中不同的成本项目具有不同的特点，如采购成本、生产成本、广告费、利息成本、水费、电费、油费、业务招待费等，因此应分别制定不同的管理方法，这样才能提高管理的效率。

145. 从采购环节下手，降低成本支出

从当今全球化物流的实践来看，物流正朝着三个方向迅猛发展。

第一，作为在全球范围内进行生产运作的企业，在世界范围内寻找原材料、零部件来源，在获得原材料以及分配新产品时使用当地现有的物流网络，并推广其先进的物流技术与方法，同时选择一个适应全球分销的物流中心以及关键供应物资的集散仓库。

第二，专业第三方物流企业伴随着生产企业的同步全球化，即随着生产企业全球化的进程，将以前所形成的完善的第三方物流网络也带入全球市场。例如，日本的物流企业就是在伊藤洋华堂打入中国市场后跟随而至的，并承担了其配送活动。

第三，为了充分应对全球化的经营，国际运输企业之间开始形成一种覆盖多种航线，面向长远利益的战略联盟，相互之间以资源、经营的互补为纽带，这不仅使全球

范围内的物流设施得到了极大的利用，使全球物流能更便捷地进行，而且有效地降低了运输成本。

例如，起始于20世纪90年代中后期的国际航空业的大联盟正是适应全球化经营的一种形式。所以，随着信息技术、物流技术的发展，国际范围内的采购将成为带动全球经济的一个重要的利益点，而不仅仅只是一种形势的需要。

全球化战略下的统一采购，通过联合多家公司的购买力量，从而将触角伸向国际市场的每个角落，并得到更有竞争力的采购合同。降低采购成本，提高整体竞争力是这种采购模式的最大优势所在。同时，可以避免传统的分散采购中存在的物料灰色价格和交易回扣等现象。

全球性的采购最初是在面临各大竞争对手进行激烈争夺的情况下，为降低生产成本而进行的尝试。全球采购现在已从最初的降低成本的出发点转变成为获得产品、技术、交货提前期、劳动力和质量而实施的战略手段。

一般而言，对于年销售额超过1 000万美元的公司都有一个标准的全球采购流程。在全球采购项目中最突出的是采购服务的少数公司。调查表明，被调查的公司中69%～81%的公司采购的是原材料、零部件和设备，只有16%的公司购买服务。

对于全球采购，如果运用得当，它能成为一个强有力的竞争武器。全球采购要求稳定的生产、简单的设计、卓越的质量等，而且全球采购还促进了制造、市场营销和采购人员的国际合作。西门子就是在全球采购方面的一个非常好的例子。西门子移动通信的供应商分布在全球的各个角落，实施全球集约化采购，是西门子进行供应链管理、节约采购成本的关键。

西门子在实施全球采购之前的很长一段时间里，其各个产业部门如通讯、能源、交通、医疗、照明、自动化与控制等在采购方面完全自主。随着西门子公司的逐渐扩大和发展，采购部门发现不少的元部件需求是重叠的。同时，由于购买数额的差异，使得选择的供应商、产品质量、产品价格与服务有着极大的差异。

西门子公司很快发现采购当中的巨大浪费，它们设立了一个全球采购委员会，委员会直接管理全球各材料经理，而每位材料经理只负责特定领域的全球性采购。同时，它还对全球的采购需求进行协调，把六大产业部门所有公司的采购需求汇总起来，这样，西门子可以用一个声音同供应商进行沟通。经过对采购流程的变革，使得西门子公司能吸引全球的供应商进行角逐。

这种变革不仅对西门子来说好处多多，对于供应商来说，这也是一件好事情。以前的供应商需要与西门子的各个产业部门打交道，时间、资金各方面浪费很大，现在他们只需要与一个"全球大老板"谈判，只要产品、价格和服务过硬，就可以拿到全

球的订单，当然他们也极为欢迎西门子对其采购流程进行变革。

西门子公司的采购系统还有一个特色是，在采购部门和研发设计部门之间设立了一个"高级采购工程部门"（APE），其作用是在研发设计阶段就用采购部门的眼光来看问题，充分考虑到未来采购的需求和生产成本上的限制。作为一座架在采购部和研发部之间的桥梁，西门子的高级采购工程部门能够从设计源头上就开始采取措施压缩采购成本。如果设计原型中价格与目标价格有差距，那么设计就要做相应的修改：用更少的元部件或用更加集成的元部件。有的时候，用目标价格倒推成本价格成为高级采购工程部门的任务。

有了这些充分集权的中央型采购，还需要反应灵活的地区性采购部门与之相配合来进行实际操作。由于供应链分布在各个国家，西门子公司在各地区采购部门的角色很不一样。像日本西门子移动采购部门的角色类似于一个协调者。在日本的供应商如东芝和松下由于掌握着核心技术，所以它们直接参与了西门子手机的早期开发。

对于日本西门子移动而言，它必须知道哪些需求在技术上是可行的，哪些是不可行的，而东芝和松下等企业也要知道西门子想要得到什么产品。那么，与日本供应商的研发中心进行研发技术方面的协调、沟通和同步运作就成为日本西门子移动采购部门的主要工作。而中国西门子移动采购部门的角色重心就是利用中国市场的廉价材料，降低生产成本，提高西门子手机的全球竞争力。

西门子公司经过对采购流程进行这样的变革，创造出一种充分竞争和协调的环境，从而实现高效率地管理自己的供应链，节约采购成本。这是非常值得企业管理者学习和借鉴的。

146. 提升效率是节约之本

美国西南航空公司是一家令人称道的航空公司，在美国航空行业中，它以自己鲜明的特色傲视群雄，成了美国最赚钱的航空公司。

美国西南航空公司有一句名言，那就是飞机只有在天上才能赚钱。为此他们专门计算过，如果每个航班节省地面时间5分钟，那么每架飞机每天就能增加一个小时的飞行时间。三十多年来，美国西南航空公司使用各种办法让他们的飞机尽可能地在天上长时间飞行。

在美国西南航空公司的飞机上，从来都没有头等舱和公务舱，也从来不实行"对号入座"，在他们的意识中，飞机就是公共汽车，鼓励乘客先到先坐，这使得西南航空的登机等候时间要比其他各大航空公司短半个小时左右，而等候领取托运行李的时间也要快10分钟。这样，美国西南航空公司的飞机日利用率30年来一直名列全美航空公司之首，每架飞机一天平均有12个小时在天上飞。

为了节省顾客等候领取托运行李的时间，公司将飞行员都用上了，人们常常可以看见西南航空公司的飞行员在满头大汗地帮助乘客装卸行李，这样做的结果是，顾客从中体会到了更快捷的服务。

为了配合公司"国内线、短航程"的市场定位，美国西南航空公司全部采用波音737客机。这样做有一个最大的好处，就是任何一名空乘人员都熟悉飞机上的设备，这使得机组的出勤率和配备率都处于最佳状态。这一点也让很多大型的航空公司难以模仿，因为它们的飞机型号非常齐全，长短途兼营，没有办法和西南航空公司一样享受机型一致所带来的优势。

在美国西南航空公司的宣传画册上打着这样醒目的文字——我们有全美国最出色的驾驶员。的确是这样，西南航空为他们的驾驶员感到十分自豪，他们用自己的智慧，为公司节省了大量的成本。

西南航空公司一年内在汽油上的花销大概是3.5亿美元，管理者想尽办法，都无法使这个成本降低。但是西南航空公司的驾驶员们却在不影响服务质量的前提下，使这一成本缩减了10%。因为西南航空公司的每一位驾驶员都知道在机场内如何走近路，他们十分清楚走哪一条滑行跑道最节省时间，正因为每一位驾驶员在飞行时都能有意识地主动节省时间，而节省1分钟，就意味着节省8美元，这样算下来，这个数字是相当惊人的。

同时，西南航空公司也不忘给顾客节省成本。为了节省顾客的成本，西南航空公司还将飞机上该省或者能省的地方都省去了，最大限度地降低飞机运行成本，并将这一结果转移给顾客，为顾客节省更多的费用。

西南航空公司并没有满足于成本的降低，它们把顾客当作自己的上帝，所有的成本降低措施最终都是为了降低顾客的使用成本，并在提供优质的服务中不断为乘客创造温馨的氛围，让乘客觉得自己的花费物超所值，因为他们确实买到了货真价实的好"产品"。西南航空公司的低成本战略，曾经被同行嘲笑为"斤斤计较"，而现在已经成为全球各大航空公司研究和学习的对象。

西南航空公司之所以能够在亏损严重的航空业中一枝独秀，不仅是因为他们大张旗鼓地实施了低成本战略，更重要的是他们能够把市场吃透，只提供对顾客来说基本的、必需的产品和服务。

目前，美国西南航空公司的市值已超过157亿美元，比美利坚、联合、大陆、达美等大型航空公司的市值总和还要高，也因此西南航空公司被《财富》杂志称为"有史

以来最成功的航空公司"。

可见，节省时间就意味着节省成本，正如俗话所说"一寸光阴一寸金"，但时间远不是金钱所能衡量的，它更能提高效率，为企业创造更大的价值。在实际的管理工作中，企业可以采取工作抽样的方法，来提高企业的生产经营效率。工作抽样是对工厂内或公司内不同工位的活动频率和效率进行抽样，能明显地反映出工人和机器两者的生产率及低效率的程度。

进行工作抽样能为企业管理者提供三个方面的宝贵信息：雇员工作时间百分比；雇员工作速率；机器利用率。通过工作抽样，企业就能对机器和人员的利用率做出评估，可以确定企业的哪些工作点的人太多。通过以上三个步骤，企业可以找出薄弱环节，及时加以改进，这样就可以帮助降低人员费用10%～20%，节约企业成本，最终实现利润的最大化了。

147. 真正的成本控制，应该重视资源和成果的比率

完全将资源集中于成果是最好的、最有效的成本控制。成本不是孤立存在的，它始终是为了取得某种成果而发生的。所以，重要的不是绝对的成本控制，而是资源和成果的比率。一种资源，如果失去了成果，那么不管它是多么廉价、多么有效率，也是浪费，而不是成本。

营销学上有个聚焦战略。聚焦战略是指公司把优势资源集中于某一个特定的细分市场，在该特定市场建立起比较竞争优势，比竞争对手更好地服务于这一特定市场的顾客，并以此获取高的收益率。聚焦战略体现的核心思想就是"完全将资源集中于成果"。

在英国《星期日泰晤士报》公布的2002年富豪排行榜上，美国零售公司沃尔玛主席罗伯逊·沃尔顿力挫微软公司董事长比尔·盖茨，荣登全球首富宝座。当年出炉的全美财富500强排名中，沃尔玛成为全美（同时也是全球）最大的企业。沃尔玛成功的秘诀何在？答案就是"聚焦战略"和"不作任何浪费"。

沃尔玛独特的聚焦战略在它建立之初就已经完全展现了。他们将精力集中于整体市场中最狭窄也是最具挑战力的乡村。除了因为这样的目标市场并不是同行业中主要竞争对手的重点聚焦对象，甚至被它们所忽视，还因为那个时候的美国乡村小镇的居民已经有了足够的购买力，而生活条件和基础设施都不够完善，沃尔玛的出现，甚至

吸引了来自周围几十到上百公里范围内的居民前来购买商品。

　　他们所聚焦的这一原本在别人看来无利可图的市场区域却给沃尔玛带来了生存和扩展的机会，也是沃尔玛实施"农村包围城市"战略的前提。在后来的十几年间，沃尔玛继续占领小城镇这个被其他零售商店所遗忘的细分市场，逐渐形成了星火燎原之势，避开了激烈的竞争，在悄无声息中占领了美国的零售市场。

　　与聚焦战略相比，沃尔玛在"不作任何浪费"上近乎苛刻。沃尔玛从来没有专门用来复印的纸，用的都是废报告背面。打印纸也是一样，除非非常重要的文件，否则一律用背面纸。一般来讲，每家沃尔玛店都会有两间工作站，一个属于非食品部门，另一个属于食品部门。工作站往往一专多能：它是部门经理和主管处理文字工作的地方，还是所有人到系统里查看相关数据、打印标签的地方，也是摆放商品的地方，包括散货、需要索赔的商品、临时撤下的商品、贵重商品、赠品等统统都放在这里。所以工作站可能经常拥挤不堪，杂乱不堪。另外，工作站还是召开部门会议和人力资源进行培训的地方——人力资源只有一个培训室，如果有几个培训一同发生，就只有安排到工作站进行。

　　沃尔玛和别的超市一样，每逢节日，也会进行促销活动，但是，与别的商家不同的是，他们喜欢空手套白狼。他们用自己的员工或者员工的子女充当彩页上的模特，并对彩页的印制数量进行精确计算。事实上，无论在美国还是在世界上任何地方，沃尔玛都很少做广告。一般同行的广告宣传占到了总运营费用的10.6%，沃尔玛则只占到0.4%。平常，沃尔玛的宣传广告仅仅是黑白两色的几张纸而已，远不比同行的制作精美和发送频繁。沃尔玛的促销部经常会组织艺术字体等促销技术的培训，为的就是尽可能让一切宣传活动都在本部门内部得到解决。因为，节约人手就是节约成本。

　　在中国，沃尔玛为员工准备了免费的纯净水，但不会准备纸杯；有的店在员工餐厅配有电话——当然是投币电话。专供员工使用的洗手间根本没有卷纸，更不会有香皂。很多情况下，员工们用来洗手的都是部门不能销售的洗手液、沐浴露，甚至洗衣粉。

　　连沃尔玛主席外出时都经常和别人同住一个房间，沃尔玛的员工自然不但不能例外，还要把这种优良传统发扬光大。2001年沃尔玛中国年会召开的时候，来自全国各地经理级以上的代表所住的，只不过是某某招待所而已。每次开新店之前，沃尔玛总部总是派人来指导，据说这些人住的只不过是三星级的宾馆，而且开店第二天立刻就走人，因为沃尔玛只承担因工作而产生的费用。

　　在沃尔玛中国店，经常要进行诸如最佳团队的评比，获胜团队将得到流动锦旗，因为全店只有一面。在沃尔玛某店举行的一次趣味运动会上，第一名得到的奖杯竟然

是用塑料泡沫制作的模型，沃尔玛的节省程度可见一斑。

德鲁克说，为产生经济成果而使用的资源，是成本；不能产生经济成果的任何支出，都不是成本，而是浪费。沃尔玛的苛刻不是针对成本的苛刻，而是绝对要杜绝浪费。

完全将资源集中于成果，简而言之，就是集中兵力。依靠集中兵力的战法，毛泽东指挥红军屡战屡胜，连续粉碎国民党军的多次进攻，毛泽东得出结论："我们的经验，分兵几乎没有一次不失败，集中兵力以击小于我或等于我或稍大于我之敌，则往往胜利。"毛泽东把集中兵力这一教科书中的原则神奇般地转化为制敌韬略，成为红军扭转战局，转危为安的法宝。同样，将资源集中于成果，是最有效的控制，也是许多成功企业获得非凡成就的法宝。

148. 用新的信息技术为企业加速

随着信息时代的到来，一切都讲究速度。对企业来说，速度就意味着效益的提高和成本的降低，如果企业能通过互联网实现库存、订购管理的自动化和科学化，就能最大限度地减少人为因素的干预，实现较高效率的采购，而且可以节省大量人力，降低成本，从而提高企业的生存和竞争能力。

实施电子采购系统是郭士纳拯救陷入困境的IBM的重要举措。对于出现巨额亏损的IBM来说，在寻求新的发展方向之前，降低成本才是当务之急。在清算各种运营成本的过程中，采购成本成为公司的主要检讨目标，因为它已大大影响了IBM在快速变革的同行中的竞争地位。

像所有的传统采购方式一样，当时IBM的采购也是采用一种各部门各自为政的方式，重复采购现象非常严重，采购流程各不相同，合同形式也是五花八门。这种采购方式不仅效率低下，而且无法获得大批量采购的价格优势。

IBM采购战略和流程改革副总裁说："这是一个价值取向的战略，我们承担不起通过纸面做生意的成本。在1998年决定通过电子化方式来做生意时，供应商就必须选择要么按照我们这种方式，要么去找其他的用户。"

成本其实只是问题的一个方面，真正的问题是IBM必须利用信息技术的解决方案来提高自身的反应速度，加强其综合竞争能力。

郭士纳表示："一开始，我们就把电子商务定位得很清楚，就是利用互联网提高企业的竞争能力。企业资源规划、客户关系管理和供应链管理是电子商务最基本的应用。"

郭士纳认为，电子交易就是"在网上进行买卖交易"，其内涵是：企业以电子技术为手段，改善经营模式，提高企业运营效率，进而增加企业收入。如此一来将极大地降低企业的经营成本，并能帮助企业与客户以及合作伙伴建立更为密切的合作关系。

　　于是，公司决定通过集成信息技术和其他流程以统一的姿态出现在供应商面前。基于这样一种考虑，IBM的专用交易平台诞生了。作为拥有3.3万个供应商的专用交易平台，其业务可以是简单地开发票或订单，也可以是复杂的产品推介功能。

　　通过降低管理成本，缩短订单周期，更好地进行业务控制，以及实施电子化采购来使其他方面效率提高，IBM的竞争优势得到显著提高。IBM全球服务部门的采购副总裁说："自动化采购带来的最基本价值在于，我们可以从耗费大量时间的事务性工作中脱身。以前，采购人员每天需要花大约5个小时在电话中回答别人的问题，他们的订单在哪里，为什么没有发货，而现在采购不再是一个服务性的部门。"

　　20世纪90年代中期，IBM开始其无纸化采购的进程。1998年，IBM经过详细的规划，包括重新定义和设计采购流程，推出了电子采购计划。至2001年年底，IBM采购量的95%，即400亿美元是通过电子采购方式完成的，节省的成本从2000年的3.77亿美元上升到4.05亿美元。在2001年，IBM在全球共有33 000个供应商通过电子采购的方式与IBM完成交易。

　　无论用何种尺度来衡量互联网的力量都是巨大的，而且这种力量还在呈几何级数增长。在美国，每天有近30亿份电子邮件在网上飞来飞去。作为通讯业的一种工具，它的作用已经超过了电话。对于互联网潜入产业内部后对经济发展的推动力，我们不能全部臆断，但显而易见的一点是，它将推动企业运作速度持续加快和社会产品交易成本的持续降低。

　　总的来说，企业组织结构系统的网络化在三个方面极大地促进了企业经济效益实现质的飞跃：一是减少了内部管理成本；二是实现了企业全世界范围内供应链与销售环节的整合；三是实现了企业充分授权式的管理。因此，用新的信息技术为企业加速是现代企业有效实现发展的重要手段。

149. 既要花得少，又要赢得多

　　从成本对竞争结果的影响这个角度来看待成本问题，就会发现，商战的规则是成本越低越容易赢。降低成本是企业管理者的心头大事。低成本和高效益之间并非是矛盾的，优秀的企业管理者总是能够凭借低成本获得高效益。

参观丰田工厂的人可以看到，它和其他工厂一样，机器一行一行地排列着。但有的在运转，有的都没有启动，很显眼。于是有的参观者疑惑不解："丰田公司让机器这样停着也赚钱？"没错，机器停着也能赚钱！这是由于丰田汽车公司创造了这样的工作方法：必须做的工作要在必要的时间去做，以避免生产过量的浪费，避免库存的浪费。

原来，不当的生产方式会造成各种各样的浪费，而浪费又是涉及提高效能增加利润的大事。丰田公司对浪费做了严格区分，将浪费现象分为以下七种：

①生产过量的浪费；②窝工造成的浪费；③搬运上的浪费；④加工本身的浪费；⑤库存的浪费；⑥操作上的浪费；⑦制成次品的浪费。

丰田公司又是怎样避免和杜绝库存浪费的呢？许多企业的管理人员都认为，库存比以前减少一半左右就无法再减了，但丰田公司就是要将库存率降为零。为了达到这一目的，丰田公司采用了一种"防范体系"。就以作业的再分配来说，几个人为一组干活，一定会存在有人"等活"之类的窝工现象存在。所以，有人就认为，对作业进行再分配，减少人员以杜绝浪费并不难。

但实际情况并非完全如此，多数浪费是隐藏着的，尤其是丰田人称之为"最凶恶敌人"的生产过量的浪费。丰田人意识到，在推进提高效率缩短工时以及降低库存的活动中，关键在于设法消灭这种过量生产的浪费。为了消除这种浪费，丰田公司采取了很多措施。

以自动化设备为例，该工序的"标准手头存活量"规定是5件，如果现在手头只剩3件，那么，前一道工序便自动开始加工，加到5件为止。到了规定的5件，前一道工序便依次停止生产，制止超出需求量的加工。后一道工序的标准手头存活量是4件，如减少1件，前一道工序便开始加工，送到后一道工序。后一道工序一旦达到规定的数量，前一工序便停止加工。像这样，为了使各道工序经常保持标准手头存活量，各道工序在联动状态下开动设备。这种体系就叫作"防范体系"。

在必要的时刻，一件一件地生产所需要的东西，就可以避免生产过量的浪费。

在丰田生产方式中，不使用"运转率"一词，全部使用"开动率"，而"开动率"和"可动率"又是严格区分的。所谓开动率就是：在一天的规定作业时间内（假设为8小时），有几小时使用机器制造产品的比率。假设有台机器只使用4小时，那么这台机器的开动率就是50%。开动率这个名词是表示为了干活而转动的意思，倘若机器单是处于转动状态即空转，即使整天开动，开动率也是零。

"可动率"是指在想要开动机器和设备时，机器能按时正常转动的比率。最理想的可动率是保持在100%。为此，必须按期进行保养维修，事先排除故障。

由于汽车的产量因每月销售情况不同而有所变动，开动率当然也会随之而发生变化。如果销售情况不佳，开动率就下降；反之，如果订货很多，就要长时间加班或倒班，有时开动率为100%，有时甚至会达120%或130%。丰田完全按照订货来调配机器的"开动率"，将过量生产的浪费情况减少到最低，才出现了即使机器不转动也能赚钱的局面。

防范体系使丰田实现了零库存管理，这使丰田的产品成本降到了最低。控制成本是企业管理者素质之一，赢利能力也是素质之一，企业管理者一定要时刻紧绷成本这根弦，一定要想方设法"既要花的少，又要赢得多"。

150. 奇特的"变形虫管理"

在市场经济环境下，企业的一切管理活动都需要以市场为导向，企业成本管理也不例外。如果企业只是一味地追求降低成本，而不顾产品质量，大量偷工减料，这也有悖于节约的初衷。另外还应看到在经济体制向市场经济转化的今天，作为企业来说，应着眼于市场需求，向消费者提供质量更优、功能更全的产品和服务，以满足人们提高生活水平的要求。

在市场经济环境下，企业应转变成本管理的思维，建立以市场为导向，服务于企业内部经营管理成本管理体系。成本代表企业的生产经营效率，它只体现企业内部投入与产出的对比关系。在市场经济环境下，成本所体现的效率只有通过市场的检验，才能转化为效益。

京都制陶公司曾向松下电子供应U性绝缘体，但松下公司每年都提出降价要求，有一次松下竟然提出了比成本要低很多的交易价格，令京都制陶公司的总经理稻盛和夫大为震惊。经过多方面的考察后，他决心尽一切可能降低成本。

为了强化员工的成本意识，京都制陶公司确立了一套被称作"变形虫管理"的方式。这种变型虫式管理是在不改变原来科层制的前提下设立的，这使得京都制陶不仅与一般现代公司一样，也有部、课、系、班等层级设置，同时还组织了一套以"变形虫"小组为单位的独立核算体制。

京都制陶共有1 000个变形虫小组，员工共有1.3万人，每人都从属于自己的"变形虫"小组，每个"变形虫"小组平均由十二三人组成，根据情况的不同，有的小组五十人左右，有的只有两三个人。

每个小组都要核算出原料的采购费、设备折旧费、消耗费、房租等各项费用，然后根据营业额和利润，计算出京都制陶独有的概念——单位时间的附加价值。从作业

中的前一个小组买入材料，扣除其中所耗费用，再根据把加工后的产品卖给下一个小组的销售额计算出利润，就可以得出每个员工在每个单位时间内创造的附加值——这就是"变形虫"小组的构成方式。

每个小组采购半成品的费用都按照一般的市场价格，向下一个小组卖出时也是按照市场价格。这样，公司按月公布各小组每单位时间内的附加价值，各小组当月的经营状况、每个组员及小组所创造的利润及其所占公司总利润的百分比等，所有数字都一目了然。

员工们对这种管理方式感到既新鲜又实用。大家都在制订每天的目标，并为达到这一目标而动脑筋想办法，每个人对自己的工作都有自主权。

通过这种"变形虫"管理公司，可以直接对比生产活动与产值，通过数字把握内部日常活动状况或生产动态，如原材料、经费的上升，库存的增加，每个小组负责人的经营能力等。不论哪个部门效益下降，都能立即判明，以便迅速采取对策。

这一管理体制使京都制陶总成本和单位成本大大降低，市场竞争力大增，从而为获得有利的市场地位奠定了坚实的基础。企业在经营中要根据市场需求，以效益为中心进行生产，要运用科技手段不断降低成本，减少能耗，提高效率，提升效益，最终实现企业的经济目标。

以市场为导向进行成本管理，需要注意两个方面的问题：产品的市场化和目标成本控制法。由于成本只是代表效率，而效率只有接受市场检验才能转化为效益。成本承担的客体是产品。因此，要使企业内部的高效率转化为企业的高效益，企业必须保证产品具有良好的市场性。不符合市场需求的产品根本不应该生产，市场不需要的产品，企业效率越高损失越大。

在市场经济环境下，企业的成本低于市场的价格，成本才能转化为效益。因此企业应以竞争性的市场价格为基础，根据企业的目标利润，确定产品应达到的目标成本，以此对产品成本水平进行事前控制。目标成本法是以市场为导向的成本管理思维，它以具有竞争性市场价格和企业目标利润倒推出目标成本，这为企业提供了对产品成本的事前控制的标尺。

151. 利润是挤出来的

你能想到吗？一家在全球行业领先的公司，接待贵宾客人的咖啡杯居然是普通的粗瓷碗？对，就是丰田公司。外界都说丰田人吝啬，是的，丰田公司拒绝浪费，他们大方承认："干毛巾也能拧出水"就是丰田的"吝啬精神"。

企业如何才能创造更大的利润？很多管理者认为：企业创造利润的方式就是销售额的提升，却忽视了在经营管理中，还有一个被忽视的利润来源：降低成本。在微利时代，降低成本成为企业面临的一种必然选择，很多世界顶级公司的管理者都深刻了解成本的降低对于企业的意义，他们说：节俭是一种永不过时的品质。

　　在市场竞争日益激烈的今天，节俭所代表的不仅仅是一种美德，更是一种成功的资本，一种企业的竞争力。不断地追求低成本，做到物美价廉，是王永庆的经营信念。他曾说过："经营管理，成本分析，要追根究底，分析到最后一点，我们台塑就靠这一点吃饭。"

　　有一次，公司开会讨论南亚做的一个塑胶椅子。做报告的人把接合管多少钱、椅垫多少钱、尼龙布和贴纸多少钱、工资多少钱，都算得很清楚，合计550元（新台币）。而且，把每个项目的花费在成本分析上统统列出来了。

　　但王永庆看过之后又马上追问："椅垫用的PVC泡棉1公斤56元，品质和其他的比较起来怎么样？价格如何？有没有竞争的条件？"

　　对此种问题，报告人显然没有研究过，因此他答不出来。

　　王永庆再问："这PVC泡棉用什么做原材料？"

　　"用废料，1公斤40元。"

　　"那么大量做的话，废料来源有没有问题呢？"报告人又不知道。

　　"南亚卖给别人裁剪组合，在裁剪后收回来的塑胶废料1公斤多少钱？"

　　"20元。"

　　"那么成本1公斤只能算20元，不能算40元。使塑胶发泡的发泡机用什么样的？什么技术？原料多少？工资多少？消耗能不能控制？能不能使工资合理化？生产效率能不能再提高？"

　　结果报告人也不知道，他根本没有分析。这么一大堆工作没有做，在王永庆看来，是绝对不行的。

　　所以王永庆一再强调，要谋求成本的有效降低，无论如何必须分析在影响成本的各种因素中最本质的东西，也就是说要做到单元成本的分析，只有这样彻底地将有关问题一一列举出来检讨改善，才能建立一个确定的标准成本。

　　王永庆不仅要求员工在公司产品上降低成本，即便是对待日常的办公用品，他也要求员工要尽量降低成本。一次，他发现本公司生产的公文夹的成本是1.2元，而美国产的同样的产品成本只有0.5元，于是他要求南亚公司研发中心就这一问题进行研究，务必将成本降至美国同等水平甚至更低。为此，研发中心以近两年的研究，将公文夹的成本降至0.5元的水准，为整个集团每年减少了许多支出。

王永庆就是这样从一点一滴做起，力争最大限度地节约成本，不多花一分钱，达到降低成本的理想目标，实现企业的合理化经营。

管理大师彼得·德鲁克说："在企业内部，只有成本。"企业管理者的一个根本任务，就是不断降低成本。不要等到开支超过赢利的时候才想到要降低成本，其实，公司各方面的开支都有节省的余地。其中节省开支最多的是以下几个方面：

①建立产品成本控制目标和生产责任制，并直接落实到个人。力求大大减少了废、次品，在大大提高了产品质量同时，也降低了成本。

②杜绝"凑整"。看到以整千、整万数字形式出现的支出账目，作为一位精明的管理者，一定要对之再核查一遍。因为很多时候相关人是为了"凑整"，才把费用提高。

③把公司的经费缩小到合理费用的最低限度，并进一步要求作出更好的成绩来。

④培养职工养成节省的好习惯。随手关水关灯等看起来是小事，但对于千万个员工来说，就是一笔不小的财富。

⑤管理者在必要时要进行督导和训练员工，久而久之，公司的节省就成为一种习惯。

152. 将成本概念纳入每一项决策考量中

皮洛士生于亚历山大大帝死后分裂的古希腊，是小国伊庇鲁斯的王子。皮洛士一生醉心于亚历山大的"伟业"，企图在地中海地区建立起一个大国。

公元前281年，皮洛士率领大批军队进攻罗马。在阿普里亚境内的奥斯库伦城附近，双方展开激战。在这次战斗中，皮洛士的损失极其惨重。虽然最终皮洛士赢得了胜利，却损失了大批有生力量。战斗结束后，大家向他表示祝贺，而皮洛士眺望着堆满战士尸首的战场，叹息道："要是再来一次这样的胜利，我就彻底垮了。"

这是著名的"皮洛士的胜利"，经济学中，将其引申为成本太高而收益过少的经济行为。

在市场经济中，利润最大化与成本最小化是企业永恒的主题。一个企业要达到利润最大化，就必须对投入要素进行最优组成以使成本最小。"守株待兔"的故事，在经济学家的眼里可以用来阐述成本最小化原则——付出最小的成本获取更多的"兔子"。

故事里的农夫其实并不傻，他知道比较自己的收益和成本。而且知道在树下等撞死的兔子，比一年年地种地要来得轻松，付出的成本也小很多，显然，守株待兔是农夫成本最小化的重要途径。

只不过，农夫混淆了成本最小化与不付出成本的界线。成本最小化不是不付出成本，事实上，企业每获得一笔收入，都需要付出相应的成本。而考验管理者水准的，就在于如何让成本尽可能最小化，让每一笔成本都能做到"物有所值"。

没有人愿意做赔本的买卖，企业都也不希望重蹈"皮洛士的胜利"。企业总是对成本斤斤计较，希望通过不断地缩减成本，从而追求利润的最大化。优秀的管理者必须是一位精明的会计师，我们可以学习各大企业在成本问题上的"精打细算"。

2008年，全球经济遭遇金融风暴的袭击。在经济不景气的大背景下，许多行业巨头通过各种方式缩减成本，以确保在金融危机中"独善其身"。

宝马公司在2008年8月为了确保赢利不会继续下降，实施了包括出售部门分公司和缩减圣诞节津贴等在内的措施以降低成本。而在2009年2月份更是在全球范围内裁员8 100人，此次裁员计划为宝马公司节约了近5亿欧元成本。

而全球最大的网络公司Google，在其一年一度的员工大会上也明确了缩减成本的理念。2008年的Google员工大会，选在度假胜地海南岛举办。北京办公室超过500位员工及港台的员工，全部都飞到海南岛。而2009年，Google再没有如此大手笔，出于对成本的考虑，这次的员工大会选在了北京近郊，省下了不少交通费用。

从上面的这些实例中可以看出，企业在计算成本时，不仅仅将生产所投入的物质原材料作为成本，企业的人力资源成本、能源成本、管理成本以及广告成本等，都将作为影响企业利润收成的关键性因素。

管理者在面对企业成本问题时，往往会对支出中的巨大数字感到困惑与无奈。各领域的企业都在为成本缩减而不断探索和努力，每一个想要做大做强的企业都必须严格控制成本。优秀的管理者必须是个精明的会计师，无时无刻不将成本概念纳入每一项决策考量中，让每一笔投资都能"物超所值"。

管理者要懂得为企业控制成本，达到成本最小化，需要做好以下几个方面的工作：

第一，加强控制措施，减少无效消耗。无效消耗是指获得产品不应发生的消耗，是控制的对象，要通过一系列措施对这一消耗进行控制，使其降低到最低点。

第二，加强企业管理，促进管理水平和技术水平的统一。成本控制是从管理方面对技术工作提出要求，如新产品开发、质量提高等，因而能够促进科学技术转化为企业效益。同时又通过技术进步对经营管理水平提出更高的要求，从而达到了管理水平和技术水平的统一。

第三，加强内涵控制，推动外延控制。企业的成本控制工作，分为两大阶段：内

涵成本控制阶段和外延成本控制阶段。内涵控制是对企业内部因素的控制。外延控制是对外部因素变化的应对。

　　随着原材料价格上涨、企业增支减利因素不断增加，外延控制成为成本控制的重点。因此，企业必须由以内涵控制为主转向以外延控制为主，并逐步形成外延控制体系，从而极大地提高企业的应变能力、消化能力和发展能力，逐步使成本达到最小化。

第十九章
行走在政商关系的边缘

153．官员也是"空降兵"

1998年3月，四川成都的民营企业方舟集团在全国率先进行"民招官"，公开招聘政府工作人员到企业工作。此举一时轰动全国。

1998年3月11日，四川方舟集团在四川省各主要媒体上刊登大幅广告称"欢迎在机构改革中分流的政府行政干部前来方舟大展宏图"，首批28个高级管理职位虚席以待。结果首批招进9名机关分流干部，后来又陆续从全国奔赴成都的"官"中招了超过10名。

方舟集团首批招进的9名"官"，大多数是四川省经委、省计生委、省广播电视厅、省劳动局、省地震局等省级机关的干部，全部被安排到企业内部的行政职位上工作。但是，当年首批9名被"民"招去的"官"们竟然在短短一年内，一个不留地全部离开了！

2000年，成都另一家民营企业红日集团又站了出来，再举"民招官"大旗。令人吃惊的是，这家并不算太有名的红日集团此次为虚位以待的未来总裁开价竟是：年薪100万元人民币！

其实，红日集团此次"民招官"行动惊人之处绝不仅是抛出一个100万元的总裁年薪。红日集团的董事长李海泉告诉记者，该集团"民招官"的目标是：从四川省此次机关人事改革中分流出来的机关干部里招聘超过70名企业中高级管理人员和专业技术人员，这里面包括总裁、副总裁、公司总经理、总审计师、各分公司业务部长等。

当记者对百万年薪提出质疑时，李董事长一脸严肃地表示，集团目前已确定2001年的赢利目标是1 000万。新总裁实行年薪制，只要完成目标任务，就可获得经营股份的10%，即100万元。这会在双方的聘用合同上体现出来。而这样的高薪对于应聘者来说，真的是叫人动心。

有一名记者到红日集团采访，遇到了几名应聘者，应聘者对记者这样说，这次人员分流，他属于可以分出来，也可以留在机关的那一批。他已经在政府部门工作了十多年。目前他的月工资也就一千多元。他希望能有一种转变，便来这里应聘中层管理人员。"毕竟，一千多元的工资与十多万元的收入根本无法相比！"这位处长直言不讳地说出了他来红日应聘的真实原因。

对红日集团兴致勃勃的筹划，政府有关部门表现出十分冷静的态度。市委组织部一位负责人认为，很多企业在最初招聘"官员"时，把注意力集中在了这些"官员"的社会背景上，希望通过他们的关系网为企业今后的发展创造好的空间。但是，没有了干部身份，关系是否还管用？还管多大用？这都值得推敲。况且，今后的社会发展，需要的是什么样的关系？现在尚未可知。这位人士还认为，有一些机关干部已习惯于整日揣摩领导的意图，失去了独立思考的能力。目前政府中"高级秘书"太多，具有管理才能的人太少，而后者不仅企业需要，政府也需要。

与政府的提醒相呼应的是业界对于红日集团此次进行的"民招官"并不热衷。当记者就此事向成都市几家民营和合资企业采访时，一些人认为这是红日的一种炒作行为。至于1000万元的总裁年薪，他们也一笑置之："要是他有能力创造1 000万元的利润，他何不自己干？非要到你这里来？"

由社会各界的反响来看，民招官这一创举，也许这些人里真的有一些能人志士，但是还需要招聘单位慧眼识珠，不要指望着"官"能为之带来社会关系。要看中真才干，这样才是永久的经营之道。

154. 合理盘活政府的无形资源

一个企业要想做强做大，必须与社会各界搞好关系，并且在各种关系中找到有利于公司发展的因素，进而将这种因素扩大为一种机遇。TCL总裁李东生就是这样一个人，搞政府公关是他"特有的天分"。

李东生是这样一个人，他很少公开自己的计划，但是当他开口宣布的时候，这些计划已接近实现。例如2002年4月，TCL突然宣布推出名为阿波罗的集团改制计划。在人们纷纷追踪其改制动机时，李东生的集团整体上市方案已经是箭在弦上，从宣布集团改制，到集团整体上市方案获得批准，中间仅一年多。

TCL从1996年进行股权改革，到2002年的集团上市，一直采取渐进式路线，不但成功回避了很多敏感的问题，企业和当地政府都得到了回报，集团总资产每年增长都超过30%。其中，惠州市政府在TCL集团跃龙门的过程中作用举足轻重。1995年，38岁的李东生进入TCL集团，9年多时间，TCL集团从生产电话机到成为国内彩电行业大户，再杀入PC市场，涉足互联网服务，近两年又在手机制造领域风生水起，创造多个奇迹。TCL的这些发展都得益于遇到"开明政府"的支持。

自从李东生1995年接手经营TCL集团，就跟政府保持亲密的关系。9年中，惠州市政府从未干预过TCL，李东生更没有遭遇过长虹倪润峰、美菱张巨声等人的换帅风波。

"在中国做企业要适应中国的形势"，李东生并不回避政府公关的话题。实际上，李东生与惠州市甚至广州、深圳以及广东省的一些官员都有很好的私人关系。2003年8月，广州市政府从负债累累、苟延残喘的广东乐华身上抽出品牌，与TCL重

组，使TCL不仅获得乐华的品牌和仅存于惠州的有效产能，还不用负担原乐华的重重债务和不良资产。这笔交易，无疑是TCL获得的免费午餐。

与法国汤姆逊集团合资建全球最大家电企业时，李东生更顺利搭上国家主席胡锦涛出访法国的机会，在法国总统府举行的合资仪式有两国首脑见证，足见其因势就势的水准之高。

从1996年开始，李东生开始操作改善公司所有权结构，而当时100%持股TCL集团的惠州市政府也力挺他。经过近5年的运作，TCL集团从国有企业改制为多元投资成分的股份制企业，惠州市政府的股权被一再稀释，TCL吸纳了包括南太、东芝、金山等在内的5家海外战略投资者以及管理层持股股东，原来绝对控股的大股东——惠州市政府股权减持至40.97%。新增的五家战略投资者持股18.38%，TCL管理层持股25%。

长虹的倪润峰就没有李东生幸运。当年倪润峰也颇有"民营化"的雄心，但由于利益冲突，激怒绵阳市政府而受到压制，豪言壮语不了了之。可见，合理盘活政府的无形资源，充分利用各种关系对于企业的发展有着不可忽视的重要作用，企业管理者应该充分把握这一点才能更加有利于企业的发展。

155. 冯仑的"色戒说"

民营企业发展的20年中，背景复杂，刚一开始，民营企业家都是在摸索中逐步前进的，而在这过程中会碰到许多带有诱惑性的东西，且这种诱惑往往能够体现人的本性，如人的征服欲、虚荣心、创造欲等。素有"地产思想家"的冯仑将这与电影《色戒》联系到了一起。

2008年5月，万通地产董事长冯仑在东莞与数百企业家以及他的网友们进行了一场面对面的交流。作为万通地产的董事长，冯仑没有谈关于目前消费者所关注的地产行业，而是与企业家们大谈"色戒"，谈女人在民营企业中的作用。

冯仑说，如果要投资就得用女人的思维，因为女人目标坚定执著，表达方式灵活多变，富有感染力，完全像是男人的领袖；男人目标游离，立场动摇，表达方式简单笨拙，完全像一个听众。

女性在民营企业发展的第一阶段起到的是支配作用，第二阶段是控制作用，第三阶段是从属与补充作用，第四阶段是合伙合作作用。

《色戒》中的背景特别像民营企业转型时期的状态。民营企业家在转型每个阶段面临的冲突，就是金钱、欲望、道德和伦理。这是一个野蛮生长的过程，而上述因素在这个过程中不断搅和——因为社会的伦理、道理也在变，法律规范也在变，然后致富的冲动、创造的欲望，包括人性的欲望，都在里面搅和，搅得有时候已经很难分得清楚。

　　冯仑在《野蛮生长》中讲到民营企业二十多年的心路历程。民营企业在创业和发展中遇到的问题，包括原罪问题、政商关系，也包括企业公民责任，以及一系列的组织内部管理等问题，简单说来实际上也是一个"色"和"戒"的问题，即追求金钱的欲望这个"色"和社会伦理及政策法规这个"戒"的冲突。在这二十多年民营企业的发展过程中，如果没有欲望，而仅仅只有伦理道德和规范，我们的经济就不可能有任何活力；反之，如果只有追逐财富和金钱的欲望，而没有"戒"，没有社会的道德、责任和法律规范来加以约束，金钱的欲望也会成为社会的一大灾难。所以这二十多年的民营企业发展史，实际上也充满了欲望和体制、欲望和伦理、欲望和法律规范的冲突与调适。欲望本身在冲破旧的规范的同时必然会创造一个新的"戒"——新的规范，而新的规范又要保证和约束追逐金钱的行为，使欲望能有一个合理的发展方向。这就是民营经济和社会进步的历史逻辑。

　　事实上，民营企业的发展过程，是一种非常痛苦的情感与伦理之间的冲突，更是正义和财富之间的平衡的复杂过程。作为一个民营企业的创业者，《色戒》让冯仑对民营企业自身的反省又有了一个新的视角和新的感动。

　　在中国，不懂政治的企业家是不合格的企业家，企业家与政治家的关系随时都考验着企业家的智慧。太远，把不住时代的脉搏；太近，很容易被拉下水。所以企业家对政治一定要清醒。离开了政治，想很好很快地发展是不可能的事情。但企业家驾驭不了政治资源，驾驭不了形势的变化。如果不对自己的企业家角色进行准确的定位，很可能会造成各方面的困扰以及企业支持力量的真空。对企业家来说，处理好政商关系最根本的一条就是如何让企业获得最大可能的资源和社会支持，而不是凭着自己的想法随便冲闯，破坏社会规则。

156．企业家要懂点政治

　　2005年4月8日下午，中共中央政治局常委、中央政法委书记罗干视察美的。在美的荣誉墙前，罗干指着墙上的荣誉奖状笑着对美的董事长何享健说："工会的、工商联的、省人民政府的……老何啊，你把全国的、全省的、市里的奖都拿完了！"

　　的确，美的拿了很多的荣誉，获得很多的称赞，但是何享健并没有将这些归结为自己一个人的功劳。首先，他在对外宣传上以企业品牌为核心，将个人隐于企业之后；其次，他能良好地驾驭政企关系，始终与政治保有一步之遥。何享健说过，企业

家要懂政治，但不要搞政治，更不能热衷于成为一个政治或明星人物。

在佛山，有"佛山劫"的说法，比如著名企业如健力宝、科龙都倒下了，有的是两代企业家倒在了同一个地方。有人说顺德的环境不太好，美的却越来越壮大，这又是为何？

何享健说，这是一个很复杂的事情。我们是做企业，不依赖政府。但政府提供的有利条件要利用起来，不要受不利因素的影响。每个企业家都要掌握这一点。过去、现在、将来，企业都要运筹好和政府的关系，这是不能回避的。在经济发展的每一个时期，我们都要重视企业如何与外部环境结合，做到抢先、主动、超前地抓住时机。我们抓住80年代改革开放，引进技术和设备。1985年，获得自营进出口权利，这在当时的乡镇企业是非常困难的。90年代一开始，我们还不懂什么叫股份制改革，但我有关注、有研究、有听专家的。我们超前进行了产权改革。2002年，我们进行内部股份制改造，是全国乡镇企业、集体企业的第一家。在中国做企业，离政府远了不行，近了也不行。因为中国还不是完全的市场经济，不够规范。但就算是在真正的市场经济国家，企业也要处理好和政府的关系。美的给政府贡献了很多利润、税收，但企业创利的时候，政府没有拿出一分钱，只是挂了个红帽子。但是那个时候就是因为挂着公有制，有了这块招牌，企业就能发展得更好。所以要辩证地去看。

相比轰轰烈烈的四通改制，大张旗鼓的春兰MBO，美的也是实行MBO比较早也比较成功的企业，成功的秘诀又在何处？何享健说，这跟美的出身有关。美的在成立过程中实际上政府没投钱，但不可否认，政府给了很多支持，包括在信贷方面做担保，在退出美的股份时政府不但没背包袱而且获得了数亿元的股权转让收益。假设美的最早的资本是政府财政投资，那么，我想改造可能没那么顺利。

在20世纪六七十年代，民营企业是没办法生存的，美的产权制度的变迁整整走了一个圆圈，2001年回到起点。美的从来就不是国家股，国家资源的法人股转让是受证监会严格监管的。美的一直低调，没到处宣传，这也与出身有关。美的不是国有企业，不想获得政治荣誉，不想树典型、标榜，也不想要虚名。这不光是顺德人的性格，真正的企业家，以赢利为导向的企业，他关心的是赚钱。美的很务实。

何享健回忆说："60年代创业的企业家，全国同时代的，现在只有我和浙江万向集团的鲁冠球了。我对政治关心，但我清楚自己。一个人，不能又想搞经济，又想搞政治，商场同官场不同，我要认清自己。中央有位领导问我什么文化程度？我说小学毕业。他说，你都是博士后了。"

2004年12月21日，胡锦涛总书记视察美的；2005年4月8日，罗干视察美的；2005年9月11日，温家宝总理也视察了美的。在短短不到十个月的时间里，党和国家重要领导人相继视察美的。

何享健说："这充分体现了党和国家领导人对民营企业的极大关怀，这不仅仅是美的集团的光荣，同时也是顺德、佛山和广东企业的光荣。美的从1968年创业的小厂，到成长成为销售收入超320亿元的中国著名家电企业，这一切都离不开党的改革开放和富民强国政策的指引。"他还表示：一定要按照美的集团"十一五"的发展规划，努力落实完成胡总书记勉励美的要"放眼全球、走向世界"的嘱托，争取早日给温总理汇报"实现销售收入1 000亿元"的好消息。

企业也好，个人也好，都要把握住、处理好目前的荣誉和地位。何享健表示，在享受荣誉地位的同时，更要处理好各级关系、公共关系、行业关系等，要务实地做好企业。这种地位和荣誉也是推动美的进一步发展的压力和动力。美的要用正确、理性、平和的心态对待现在所得到的荣誉，要戒骄戒躁、谦虚谨慎，要摆正位置，从我做起，明确我们是应该这样做的，不能翘尾巴。

何享健很清楚自己的目标，也定位好了自己扮演的角色，所以政治与企业，他能处理得恰如其分，游刃有余。

在今天的中国，绝大多数企业正在懵懵懂懂地走着两个极端：要么是"远离政治"，两耳不闻窗外事，一心只做企业，结果总是走入经营的死胡同；要么就是与政府官员"亲密接触"，总想从政府手里捞点好处，结果不是成为权力更迭的牺牲品，就是"东窗事发"，鸡飞蛋打。少数企业家对政治极为敏感，但只是他自己"心中嘹亮"，却没有将之形成企业上下整体一致的行为理念。随时随地保持高度的政治觉悟，才能使企业在任何时候都能襟怀坦荡。

157. 做敢吃螃蟹第一人

李书福到美国考察时，发现美国汽车比中国要多得多，所以认为在中国做汽车行业肯定可以做得很大，所以他要造车。

李书福和三个造汽车出身的追随者在临海秘密造车，当时公司买下了800亩的土地，对外声称是用来做摩托车的，对钣金生产汽车也采取了极度的保密措施。因为李书福异地造车这一违规做法，使他在豪情下线时差一点找不到嘉宾来捧场。

在豪情下线的那一天，李书福几乎处于绝望状态。可以理解的是，汽车不像他以前生产的摩托车和冰箱，因为管的部门太多，交通、运管可管，公安也可管，任何一个环节出问题，刚出生的"婴儿"就会被活活掐死。

李书福想起了时任浙江省副省长的叶荣宝。他只是听朋友说过叶省长曾提出浙江

要有自己的汽车整车厂，便试着给叶荣宝发了传真。传真发出不到1小时，叶荣宝就给李书福打来电话，表示将参加仪式。之后很多市里、县里的领导也赶了过来，而李书福之前从未跟叶荣宝见过面说过话打过交道。

其实，也难怪台州当地的政府官员和媒体不给李书福捧场。李书福造车可以说是与中央政府的汽车产业政策背道而驰的。就在李书福开始其造车行动的两年前，国家刚刚出台了新的汽车产业政策和目录，以国家产业政策的形式确定了"3＋6"的产业格局，规定了国内汽车业以三大汽车公司和六家中型汽车公司垄断经营的格局。所以此时，作为地级市一级的台州，自然不会有人敢于出头为李书福这辆违法的民营汽车来捧场了。

汽车不像他以前生产的摩托车和冰箱，因为涉及太多的管理部门，无论是交通、运管还是公安部门，任何一个环节的彻底否定，都会置刚刚下线的豪情汽车于死地。如果完全没有政府的支持的话，吉利汽车很难找到经销商。以前李书福做摩托车，他可以设法绕过政府的管制，但是在汽车这个行业，尤其是在吉利汽车有异地生产这个致命问题的情况下，李书福需要地方政府的支持。

进入90年代，随着地方政府权力的扩大和对经济增长的追求，争夺产业分布进而赢得其背后的税收增加成了地方政府之间竞争的要点。浙江的国家投资较少，客观上造成了浙江民营企业发达、经济繁荣的景象。但汽车业却是一个很大的弱项，这导致了大量在生产汽车配件领域有很大优势的民营企业在行业竞争的过程中，面临着其他地方政府干涉的问题。

如果说1996年李书福造车是一个执拗的商人在追逐利润梦想的话，那么到1998年豪情下线时，李书福明白，汽车作为一个产业是有国界的，没有政府的支持，李书福无法独自完成造车的梦想。在中国，汽车产业首先表现为地方性，然后表现为民族性。"中国不能没有自己造的汽车"和"浙江不能没有整车厂"是两句异曲同工的话，都是中国需要具有自主知识产权的汽车。而正是在这样的环境之下，李书福才有可能抓到这个炮仗，而在他点这个炮仗的时候，得到了环境的支持。导火索终于被点着了。

可见，在商场上，要想把握住先机，就必须靠敏锐的眼光发现机会、抓住机会！换句话讲，就是在全新的领域你要成为第一个敢于"吃螃蟹"的人！

158. 政府也是你的大客户

1989年，我国政府公布《会计核算管理办法》，鼓励财务软件向商品化的方向发展，在正确的指导思想与政策导向的引导下，国内财务软件市场向着健康、有序的方向发展。用友为了推广其ERP软件，花费了大量财力、精力与全国各地政府联合举办各种ERP培训班，承办"中国企业信息化神州万里行"以及各行业信息化研讨会，并主动邀请政府官员参加，帮助当地提高人才素质。

用友的创业团队中很多人都有在政府部门工作的背景，这种背景对用友早期的发展起到了一定的作用。创始人王文京和苏启强曾在国务院机关事务管理局工作，较早接触了会计电算化，从而具备了一定的经验。同时他们也熟悉政府的需求，帮助用友获得了珍贵的关系客户。因此，用友很早就顺利通过财政部评审，取得全国性牌照，从而具备了先天优势，在全国铺开摊子。而主导财务软件市场，与另两位创业元老吴铁和郭新平曾经在财政部工作的背景也不无关系。

2003年9月19日，2003中国企业信息化神州万里行——国家行业标准ERP规范宣传活动湖北站，在武汉丰颐大酒店成功召开。这次盛会是由中国生产力促进中心协会、湖北省科技厅主办，湖北省生产力促进中心、武汉用友软件有限公司承办，来自湖北省各大企业信息中心领导近200人出席了这次会议。

此项以"ERP规范宣贯"为主题的活动，湖北省科技厅高新处刘立诚副处长亲临会场并致辞，中国信息技术标准委员会讲师何昭君先生对企业信息技术ERP规范标准作了宣贯，整个会议由湖北省生产力促进中心主任黄科舫先生主持。

"以信息化带动工业化"，是我国"十五"规划中的重要战略，在这一战略的指导下，政府对企业信息化的推动力度加大。为了更好地帮助企业选择信息化产品，规范市场发展，信息产业部与科技部展开密切合作，由中国生产力促进中心协会组织制定《企业信息化标准规范》，其中《企业资源规划系统（ERP）规范》将于2003年10月1日开始实施。为认真宣传、推广、贯彻该标准，积极扩大标准的影响力，信息产业部决定由中国生产力促进中心协会在全国重要城市开展该标准的推广宣贯活动。

据用友公司活动负责人介绍，作为第一个通过符合性标准测试的ERP产品，用友将作为此次活动的产品代表全程参与。这样将更有利于企业对《ERP规范》有一个更直观、形象的了解，对推动《ERP规范》的宣传和贯彻起到积极作用。

作为此次会议的承办方之一，用友集团副总裁高少义先生发表了《让ERP为企业创造价值》的精彩演讲。该演讲给湖北省信息化工作带来了新的思路，给企业带来了实时管理的最新管理理念，同时也为《ERP规范》提供了切实的ERP产品支持。其精彩的演讲获得了在场嘉宾经久不息的掌声，与会来宾为产品"成熟、完善、敏捷、高效"的特点所折服。

湖北省作为全国重要的制造生产基地，也是全国制造业信息化的重点示范城市之一，对企业信息化的推广工作需求迫切。在此次会议中，武汉美能达办公机器有限公

司作为湖北制造行业的先锋，由公司生产计划主任金文红女士介绍了自身企业信息化成功的经验，与湖北省广大企业分享ERP实施的成功经验。

《企业资源规划系统（ERP）规范》这一国家电子行业标准的出台、发布和即将的实施，标志着我国的信息化建设进入了理性的发展阶段。标准的颁布实施规范信息化市场，促进有序竞争，推动信息化健康发展，推动ERP行业标准在企业中的应用，促进我国企业信息化的进一步深入。这对于相关企业来说，无不是一个发展的好机遇。可见，政府其实也是一个大的客户，把握好这个客户，对于企业来说就是把握发展的机遇。

159. 聪明的企业善于向政府自我推销

一个新兴的企业要想被重视，必须要学会智慧的生存之道。聪明的企业懂得时时刻刻营销自己，就像联想。当年联想也是一个名不见经传的小厂，谁也不知道个人电脑未来的路，而现在联想已经是业界翘楚。联想之所以有今天，是因为其善于在政府面前推销自己。

1995年初电子工业部选择"政府重点支持的公司"时，有六家企业名列其中。前面五家——熊猫、上广电、长虹、彩虹和华录，都是当时中国最著名的家用电器制造商，也是信息产业部所属的国有企业，所以一点也不让人奇怪。但是第六家联想，在整个计算机业引起波澜，因为这家公司在财产关系和组织关系方面都不属于电子工业部，就在几年以前，它还是个计划外的"私生子"。把长城和浪潮这样的老牌国有计算机制造厂商排除在外，把联想当作"亲儿子"，胡启立部长当时面临着极大压力。胡启立召开会议做了一个长篇讲话，给政府中那些还在犹豫的官员解释联想为什么能够后来居上。

柳传志向胡启立和一群政府高级官员请求："一是为我们叫好，二是给我们优惠。""叫好的方式"就是希望政府检查联想的产品，把检查结果登到报纸上。他这一说，还真得到了这群政府高级官员的回应。打算就在1995年里的某个时间突击检查联想微机。至于他要求在政府采购中拥有优先权，也得到回应。

那一天国家信息中心的官员到公司来，讨论以日元分期贷款建设国家通讯系统的问题。商谈的结果是，把政府的微机采购单独打包招标，并且指令用户优先采用国产计算机，后来联想果然中得其中最大的一标。

1995年2月，柳传志有机会成为北京市市长李其炎的客人，在座的还有胡昭广副市长和科委主任。当时留下的会议记录淋漓尽致地表现了联想和政府之间的亲密关系。市长问他，联想到底能办多大。他说"16亿美元"。市长显然想要听到更大的决心，笑着说："造一个楼能抗八级地震就可以了，你是不是要抗十二级地震呀？是不是太坚固了？"柳传志也笑着说："没把握的话我们绝对不能说。要是能做得更好，那时候再来见您。"这话说得既有无穷意味，又滴水不漏。市长表示政府将"在物质方面尽量给予支持"。柳传志等的就是这句话，赶紧说："能不能给我们一块地，让我们盖房子，解决员工宿舍。"市长点头允诺，又问他还有什么要求。柳传志进一步请求："希望北京市成人教育局能促成'家庭电脑'的普及。"这可是个很大的要求，倘若实现，将为联想的"家用电脑"战略开辟广阔的市场。柳传志说完了就看着胡昭广副市长，他知道这位副市长是教育局的顶头上司。"好吧，"胡昭广副市长回答，"我们一起同成人教育局局长谈。"这是什么意思呢？副市长继续解释：今后政府公务员如果不会使用计算机就不称职。"要会用就要买来放在家里，"柳传志笑道，"买什么牌子的呢？最好买联想的。当然这后一句话只能让我来说。"

现在回忆起来，1994年和1995年相交的那几个月，是联想和政府的蜜月期。政府不仅把联想当成自己"亲儿子"一样看待，而且邀请柳传志出席一些重大的会议。比如中央政府忽然发现，全国的工业产值中，只有8%来自高科技。1 000亿美元出口货物中，只有不到5%是高科技产品，其余95%的东西，用当时国家科委主任宋健的话来描述，"都是大路货"。所以政府决定成立一个调查小组"超级863软课题工作小组"，打算在未来5年投资100亿元来推动高科技产业。

联想在发展的过程中就非常善于向中科院和政府主管部门反映企业的要求，寻求政府支持，为企业发展创造良好的外部环境。1994年9月13日，柳传志率领公司总裁室的全体成员到电子工业部去拜访部长胡启立，到会的还有电子工业部的两位副部长和至少四位司长。柳传志利用这一难得的机会，重点汇报了"坚持国产微机品牌的可能性"。他先是大谈当时生产整机的几个大厂家为形势所迫，纷纷放弃原有品牌与外国公司合作，从而使中国面临可能失去国产品牌的严峻形势；然后再谈联想如何改变公司的机构，如何再造微机生产和销售的流程，让与会的官员们又感到了希望和转机；最后获得了胡启立对支持国产微机品牌的表态："绝对不可以放弃，一定要占领，要有自己的品牌，这是一个发展战略问题。"接下来柳传志提出了要求，希望政府关注联想，希望国家制定有利于民族工业发展的行业采购政策，在性价比相同的情况下，优先购买国产商品。

这就是联想，一个善于推销自己，善于利用条件发展自己的民营企业。酒香也怕巷子深，企业要懂得向政府推销。在具体推销上，把握的原则是：懂得政府人员也是人，具有人的优缺点。如果厂家、商家或其负责人具有社会公益性，或产品具有利益民生的特点，可突出这些特点。具体推销上，注意在国家政策、国计民生上的发挥。

160. 本土公关秘籍：感情牌的充分利用＋彻底的舆论导向

在崇洋媚外意识的作用下，国际公关公司在中国公关界一直扮演着"领导者"的角色。然而，一场"达能与宗庆后"的媒体公关战却改变了本土公关公司和国际公关公司的命运。在长达三个月的媒体公关战中，我们看到了本土公关的胜利，看到了更加深蕴于中国国情的本土公关公司的胜利，看到了宗庆后的胜利。

"达能"品牌形象在中国人的心目中已滑落千丈，在中国市场亦渐行渐远。加上不久前，卖得比牛奶还贵的依云矿泉水出现细菌超标的丑闻，成为达能掠夺财富，又不对中国消费者负责的又一罪证。显然，达能欲在中国争取更多利益的同时，失去了更多，所以，即使达能赢了官司，也无疑是自掘坟墓、丢了市场，更何况官司的输赢还没有定。

从达能的媒体公关来看，达能在错误的时间，采用了错误的策略，聘请了错误的公关公司，最终导致彻头彻尾的失败。

首先，"出手"时机不当。如果等宗庆后再老几岁，等达能准备得再充分一些，又何来今日"强行并购"的恶名。所以，达能一败败在时机选择不当。

其次，采用了错误的策略。在1996年签署的合同中明确规定："中方将来可以使用（娃哈哈）商标在其他产品的生产和销售上，而这些产品项目已提交给娃哈哈与其合营企业的董事会进行考虑……"这一条款简单说，就是娃哈哈要使用自己的商标生产和销售产品，需要经过达能同意或者与其合资。显然，在这场情与理的博弈中，虽然达能握有对其十分有利的合同，但是，在这起并购案中，达能并没有将这有利的合同转变为媒体公关对决中有利的武器。所以，达能在这起并购案中应该采取"以退为进"的策略，首先自动将娃哈哈合资企业的股份降为49%，然后再提出49%收购娃哈哈非合资企业股份的要求，此举不仅能保障娃哈哈作为民族品牌的"身份"，又能给宗庆后缓和一个台阶。另外，在宗庆后拒绝并购之后，达能显得很不理智，意图通过国际仲裁，完成这次强行并购。这种错上加错的做法，无疑让达能身陷失败的深渊，这也是达能二败的败因。

最后，达能的"溃败"，作为其公关代理公司难辞其咎。公关如同企业的对外窗口，身系企业形象、品牌形象塑造与传播的重责，作为国际企业选择国际公关公司代理看起来好像更理所当然，但忽略了中国国情，忽视了本土化的力量，势必遭到本土人士的淘汰。正是认识到了这一点，宗庆后不论是从外资企业恶性并购、中国本土品牌岌岌可危的角度赢得了民众的支持，宗庆后自身的领导魅力赢得了娃哈哈员工、高层，甚至经销商的支持。健力宝、农夫山泉、光明小股东也都纷纷站出来为娃哈哈、为宗庆后摇旗呐喊。虽然，在合同法规上，在法律仲裁中，娃哈哈与达能还未分出胜负，但在民意上娃哈哈已然是个"大赢家"。

国际公关公司在"名头"是比本土公关公司要强，但从这次某国际公关公司的"达能公关手段"来看，似乎让本土公关公司更加看到了崛起的希望，看到了与国际公关公司叫板的希望，看到了赶超的希望。国际公关公司也只是如此，TOP1也只会让达能依云采取"鸵鸟政策"，也只会对对手进行人身攻击，除了这两个手段，我们似乎没再看到别的了。所以，从媒体公关来看，达能败了，败在了自以为是的国际公关上，败在了不符合中国国情的跨国公关上。

在这场媒体公关战中，我们看到了本土公关公司在策略应用和媒体执行力双重方面的胜利。感情牌的充分利用+彻底的舆论导向，让达能成为全民公敌，宗庆后成了民族英雄（抗击外资入侵的英雄）。事实上，当欧洲贸易大棒肆意砸向中国纺织工业的时候，中国民族企业就愤怒了，中国民众也愤怒了。为什么廉价的中国商品到欧洲就受到限制，为什么国际品牌在中国就可以享受特权？为什么不允许中国企业到欧洲赚钱，为什么外资企业在中国就可以任意掠夺财富？

传播集团星子源认为，当欧洲贸易壁垒限制中国商品的时候，国际品牌在中国的特权就应该被终止。我们绝对不允许外资企业肆意在中国掠夺财富，在民族品牌面临被吞噬的情况下，本土公关公司有责任肩扛起保卫民族品牌的重任，而不是在金元诱惑下，为外资企业为虎作伥。

由此可见，企业在面对类似的情况时，感情牌的充分利用+彻底的舆论导向是最好的策略组合。

161. 行走在政商关系的边缘

鲁冠球被称为中国企业家中的常青树。他带领万向集团从一个小乡镇企业发展成国内最大民营企业。鲁冠球是土生土长的中国企业家的代表。

自1978年至今，不少民营企业家获得光环与桂冠，但多数昙花一现。在此大背景下，鲁冠球握着万向集团的方向盘，稳步向前。这或者与他天生的精明有关，也或者与他的政治敏感紧密相连。著名财经记者吴晓波就指出，鲁冠球是一个政治参与热情

十分高昂的企业家，算得上是中国政治色彩最浓重的企业家之一。

初中都没毕业的鲁冠球，似乎拥有着与生俱来的朴素的产权意识。起初，万向节厂是镇政府主办的企业，镇政府既是所有者又是主管单位。1983年，鲁冠球实施了产权改革，改革方案规定：万向节厂所有固定资产和流动资金50%企业所有，50%镇政府所有；镇政府不参加企业利润分配，企业以销售额的20%作为管理费上缴乡政府，并作为销售费用计入成本。这可能是中国乡镇企业最早的产权制度改革。鲁冠球没有为自己争取股份，他绕开了最敏感的地带。通过产权改革，他获得了企业绝对控制权，企业也没丧失"集体经济"的地位。

1991年，在搞好国有企业成为新一轮改革主方向的时候，鲁冠球提出"老虎出山好，猴子照样跳"，为乡镇企业打气；1992年，他提出"花钱买不管"，通过资产清晰的方式剪断乡镇企业与当地乡镇政府模糊不清的产权关系。之后数年，鲁冠球对乡镇企业的公司化改造、《乡镇企业法》的修正等，都提出过许多富有建设性的观点和意见。但这一切基本上与他和他所经营企业的具体利益无关。随着改革的推进，鲁冠球为体制所接纳，并成为体制内的"红人"。

鲁冠球始终是一位讲政治的企业家，但又与政治保持着一种若即若离的关系。他的社会观察一直是以乡镇企业为圆心、以中国改革的现实阶段为半径、以自身的企业实践为基础而展开的，他提出的诸多观点在不同的改革阶段产生了不同的社会效应，却基本上与他所经营企业的具体利益无关。鲁冠球因此成为各方均乐于接受的企业家代表人物。

鲁冠球的政治生活十分稳健，火候、分寸拿捏得非常到位，既不疏远政府，又能获得政府资源。比如在政企关系上，过去老讲"政企分开"，结果企业与乡政府的关系都搞不好。万向要征块地、办点事都很麻烦。鲁冠球意识到，现在强调政企分开还不现实，还做不到。后来他就不太提"政企分开"了，只讲"政资分开"，也就是"花钱买不管"。现在，政府很支持万向的发展，企业有什么事找当地政府，他们总是热情相助，说："万向无小事。"

商人、政治，从来就是分不开的两个矛盾体。对中国企业家来说，"财商"的高低有两个参数——对市场的敏锐，对政策的敏感。古有胡雪岩被尊称为"红顶商人"，今有荣智健、鲁冠球贵为全国人大代表。关注政治，使他们成为成功的商人。相反，不关注政治，有可能遭到破产甚至牢狱之灾。

第二十章
"富不过三代"并非咒语

162. 职业经理人是未来的主要依靠

正如新希望集团总裁刘永行所说："家族企业最大的弊病就在于社会精英进不来。企业的最高位置都是自家人，外面有才能的人进不来，而且一家人的思维方式多少有些类似，没有一个突破点。大家各有各的想法，要决策某件事就很难，容易耽误商机。"而家族企业要克服这些弊端，则必须通过吸纳与使用职业经理人，推行规范化管理两个途径，逐步实现职业化的管理，最终突破家族企业封闭式管理模式。

家族式企业深深植根于中国以家庭和血亲为核心的文化传统之中，当代中国社会经济环境中有很多适合家族企业生存的特点，所以，经过近30年的迅速发展，家族式管理成为中国近70%的民营企业的主要管理方式。

然而，随着市场经济体系逐步发达和经济日益全球化，纯粹的家族企业的生存与成长空间慢慢变得狭窄甚至没有了出路，当市场变革速度越来越快、竞争越来越激烈时，完全由家族成员掌控的封闭式家族管理的弊端越来越明显。那么，该继续家族化管理，还是转向职业化道路？成为大多数靠家族起家的创业者头疼的问题。

中国的家族企业可谓是源远流长，最早可以追溯到春秋吴越时的范蠡。他协助越王勾践灭了吴国之后，"乘扁舟浮于江湖"，与儿子一起经商，成为巨商，史称"陶朱公"。而后来，晋商、徽商等中国商人，无不是家族式企业的代表，为中国模式的家族企业积淀下一脉相承的历史渊源。

改革开放后，中国民营企业得到了空前的发展与壮大。然而，随着经济的全球化，国内外企业的竞争加剧，家族企业的弊端也越来越明显。就目前来看，家族企业的"硬伤"主要有以下几点：

首先，随着家族企业的成长，其内部会形成各类利益集团，由于夹杂复杂的感情关系，使得领导者在处理利益关系时会处于两难的境地。管理者很难像处理普通员工那样处理犯错的亲属和家人，这给企业内部管理留下了隐患。

其次，家族式企业对外来的资源和活力有排斥心理。由于难以吸收外界的优秀人才，企业更高层次的发展会受到限制。

最后，家族企业缺乏科学的决策程序，从而经常会导致决策失误。随着企业的发展，竞争环境的改变，企业以往的成功经验开始失效，投资的风险越来越大，如果没有民主、科学的决策，企业将会非常危险。

如何克服这些弊端，挣脱家族企业管理的桎梏？这是当前众多家族企业头痛的问题，也成了决定家族企业下一步走向何处的关键一点。

美国汽车巨头福特公司是典型的成功的家族企业，但在2006年，福特公司出人意料地宣布，波音前副总裁艾伦·穆拉利从福特家族传人比尔·福特手中接过"帅印"，出任福特总裁兼首席执行官。这也意味着，在49岁的比尔·福特执掌这家由其曾祖父创办的企业5年之后，福特家族又一次把CEO的位置让给了职业经理人。

比尔·福特"让贤"的理由是即将"空降"的职业经理人穆拉利比自己更有能力将福特做好，他在管理以及扭转复杂制造业务方面拥有丰富的经验。这是最吸引福特的地方。后者在给员工的信中指出："很显然，波音最近几年面临的很多挑战与我们的处境相似。"他说，福特公司必须认识到"要想实现振兴，领导人必须有带领大型制造企业应对类似挑战的经历"。

福特的经验告诉我们，解决家族企业管理难题的方法很简单，就是任人唯贤，大胆地引入职业经理人，建立完善的管理制度。当然，企业不必刻意地清除家族成员，也无需非要把所有位置都换成职业经理人，只要能够把握一个用人标准：放一个人在这个位置完全是因为他的才干。

163．培养接班人：带三年、帮三年、看三年

家族企业的决策制定和冲突解决往往更加有效，然而内部治理取决于家规而并非外部纪律的现实，往往导致其职业化水平偏低。

香港丽新集团的创始人林百欣从学徒做起，最终拥有5个上市公司。他以工作努力而闻名，却曾长期为继承问题而苦恼。由于林百欣对二儿子林建岳比较疼爱，所以林建岳大学毕业后就直接出任公司副总裁，但紧接着就为此付出了惨痛的代价。1987年，在林建岳的建议下，丽新集团买下了亚洲电视大部分股份，结果亏损高达30亿港币。

1997年，在林百欣不知情的情况下，林建岳又投资70亿港币收购富丽华酒店。几个月之后，亚洲金融危机爆发，房价暴跌，丽新损失惨重，在此之后的7年时间里，丽新陷入倒闭危机。

很明显，大多数家族企业获得成功之后，纨绔子弟们无法有效继承。在训练继承人这一环节上，绝大多数企业彻底失败，这样的例了在中国比比皆是。

子承父业模式就是企业创始人退位后把权力和财富传承给儿女。这是家族企业中创始人最主要的退位模式。但从对接班人的培养角度来说，子承父业模式又有体内和体外两种培养方式。

在"传子不传贤"的传统下，企业的非家族员工缺乏向心力，而决策者近亲繁殖

的结果使其决策品质相对低下，往往使家族企业走向衰败。但这一根深蒂固的传统至少在短期内难以改变。方太董事长茅理翔向他的儿子交班时说："要走过三代，首先就是培养接班人的问题，没有合格的接班人就是企业最大的损失。"他坦承，只有在子女都不行的情况下，才考虑采用经理人全权经营的思路，而且要保证家族所有权，强化董事会的职能。

方太集团是典型的体内培养方式，创始人茅理翔成功把权力棒交接给儿子茅忠群。茅理翔的做法是，带三年、帮三年、看三年，交班前就把儿子培养成能独当一面。

1995年，茅理翔就有意识地让茅忠群逐渐走入家族企业的核心。第一个三年是将产品的开发权下放给儿子，让他熟悉企业的运作，并组建自己的小团队；第二个三年是经销权的下放，获得圈内的认可和市场的认可；第三个三年则是管理权的下放，让他更好地掌管企业。为顺利把权力传承给接班人，茅理翔说："创始人要开明、开放，要相信第二代。第一阶段可以把经营权彻底下放，第二阶段可以把决策权下放。不这样做，孩子成长不了。"

而美的集团创始人何享健对儿子何剑锋则采取了体外培养方式。1994年，何剑锋自己创业，创办现代实业公司，2002年升级为盈峰集团。为了顺利交接，何享健2001年就开始铺路，美的换班不是硬换，而是逐步过渡。

一般在交接班过程中，创始人都会面临如何平衡与自己一起创业的精英职业经理人的利益问题，以及家族内部成员的利益平衡问题。因此，在传承的时候，首先应考虑的是企业所处的阶段。当核心竞争力还没有形成，信任就很重要，传给自己的孩子，你的信任度会比较高，风险也会比较低。当企业做得很好的时候，传承时，可以考虑职业经理人进来帮你经营。其实，不管是职业经理人还是自己的后代，一个企业的创始人，只要本着能够把企业传承下去，对企业和自身有益的理念，任何一种途径都是可取的。

164. 明晰产权，别埋下"定时炸弹"

在私营企业尤其是家族企业，要想得到真正的长远发展，必须有明晰的产权。俗话说"共患难易，共享福难"，当企业发展到一定规模时，家族成员就会开始关注自身待遇问题。如果处理得不好，就会使整个企业处于管理的混乱状态，进而影响公司的整体运作。管理成本加大，企业效益下滑，最终企业会逐步失去活力甚至倒闭。

私营企业要想活得久，就要"亲兄弟明算账"，明晰产权，在这一方面，正泰集团是一个绝好的例子。

1990年，正泰集团创办人南存辉通过合资及引入股东完成了正泰大厦至为关键的基础构建工作。其中合资人是南存辉的妻舅黄李益，股东有胞弟南存飞，外甥朱信敏，妹夫吴炳池，及远房亲戚林黎明，南存辉的股权占60%，其余四人分享剩余的40%，黄李益以合资后转贷的形式。正泰集团通过第一次股权改造，构筑公司核心创业管理团队，明晰产权关系。从1991~1993年，南存辉以股权为资本，将30多家外姓企业纳入正泰麾下。至1994年2月正泰集团组建时，成员企业已达38家，股东近40名。

但是，集团化仅在产品配套、资源共享、资金流动方面给了正泰以帮助，真正的科学决策则根本无法做到。因为48个出资人使集团凭空多出了48个管家，人人都想占山为王，人人都对正泰集团有支配权，集团化更是形散神也散，才引出了正泰集团从1996年开始的集团股份制重组。

1996年正泰集团提出了"产权多元化"的口号，当时如何在一个家族企业内部建立所谓的现代企业制度并没有先例，稍有迟疑，将会使企业"失血过多"。

最重要的问题是，如何让家族人心甘情愿地被稀释，而且稀释到什么程度是极限。南存辉提出两点要求：第一，必须弱化家族持股的绝对数量，以便使新的股东进入；第二，保证恰当的股权级差，变家族企业的相对控股为创业者的相对控股，以保障决策顺畅和未来上市后的权益。

确定了产权改革的基本原则，接下来还要清晰产权的现状。在细致的清产核资之后，正泰集团在四个层次上进行产权调整。

在集团内部，以全资子公司温州正泰电器为主体，以清产核资为基础，淘汰破旧、损坏、质量低下的生产资料和不合格的人员，对债务进行剥离，将有效的资产以等价股份的收购或兼并入集团本部，并严格遵守消灭其法人资格的原则。这部分占集团资产的大头，大概60%以上。

对非低压电器生产但有很好发展前景的企业投资项目，按照清产后的结果进行同业的横向合并，并由集团投入大量资金控股，支持发展，遂形成了"正泰仪表仪器有限公司"等非低压电器生产的知名企业。这一部分占集团公司资产的20%。

对于资产规模较小，没有资格进入正泰集团和控股子公司经营范围的子公司，正泰以少量资金参股但不经营，并允许这些企业使用正泰的品牌和销售网络。而一些与正泰主业无关的子公司，则被劝退。

经过这番出人意料的调整后，正泰形成了有序、多元的组织结构，不仅有利于管理和生产效益最大化，而且便于日后根据公司环境、外部环境变化及时作出进一步调整。

温州正泰集团现在是中国低压电器行业最大产销的家族式民营企业。企业年销售收入达到60多亿，员工13 000名，从20世纪90年代初开始，该企业坚持以产权制度改革为核心进行企业创新，先后经历了股份合作、公司制、集团制、（控股）集团公司四个发展阶段；形成了以集团公司为投资中心，以专业总公司为利润中心，以基层生产公司为成本中心的母子公司管理体制；建立了真正意义上的现代企业制度，实现了"家族企业"向"企业家族"的跨越。

正泰在企业解决了结构体制问题的基础上，从人才结构和人才资本进一步优化，建立起健康、良性的激励机制，吸引并留住大批优秀技术和管理人才。同时聘请国内外专家、学者为集团的独立董事和高级顾问，形成自己智囊团和决策委员会，以更强的发展后劲和更大的气魄参与到新一轮的国际化竞争中。

正泰集团由一家小规模的家族式企业发展为低压电器世界知名的企业，走的是一条体制创新、管理创新、产业报国、艰苦创业的成功道路。对于私营企业尤其是家族企业来说，很多关于产权的企业诟病是不可避免的，如果处理不好就会将企业送到末路之上，而南存辉的管理思想是民营企业家学习的榜样。明晰产权，不断创新体制，将企业的发展目标始终变成最终追求，才能使企业像正泰集团那样走上成功的道路并越走越远。

165. 并不是每一个家族企业都必须走出家族的控制

2004年1月，陈天桥对盛大管理团队进行了一番调整。除陈天桥自己任董事长兼CEO没有改变外，陈大年、雒芊芊、王静颖、凌海、瞿海滨、朱威廉、李曙君、谭群钊等8人仍然出任盛大高级副总裁。

其中，惹人注意的是，在盛大的团队里，有不少是陈天桥的家人。在大家的印象中，似乎家族式管理与现代管理格格不入，但是陈天桥偏偏反其道而行。比如，陈大年是陈天桥的弟弟、雒芊芊是陈天桥的妻子，下属副总裁全是跟着陈天桥一起打拼的创业员工。

在每年年底的公司员工大会上，陈天桥的第一杯酒都是敬给妻子雒芊芊的，感谢她对公司的贡献。陈天桥说："太太的支持是盛大发展的最大动力。"他的妻子雒芊芊从来不接受媒体采访，在公司中甘为幕后英雄，熟悉她的人都知道，她是陈天桥事业中最重要的伙伴。她具有过硬的金融知识和缜密的思维,婚后与陈天桥一起创业,平时负责盛大公司的内部管理,曾经在公司融资方面立下大功。

据说,陈天桥经常"点名表扬"自己的夫人雒芊芊工作出色,所以,时常有人戏称陈天桥和雒芊芊是一对"黄金搭档"。

于是,有关专家对此评论道:"至少从管理布局上用一般的眼光可以判断,仍然是家族成员掌控着这个企业。"

有一次,陈天桥在面对记者对盛大家族化的质疑时,非常直率地回答道:"家族式管理是全社会最先进的管理方式……我不认为家族企业的形象需要淡化。我们的创业团队发展至今能够始终保持稳定,一个重要的原因是大家一直在坚持理想,一直在不断学习,不断充实。"实际上,很多著名的企业都采用家族式企业管理模式,包括世界500强之首的沃尔玛,还有位居第二的福特,以及摩托罗拉、惠普等国际知名企业。

其实,在商界,陈天桥对家族式管理的高度认可是一个公开的秘密,无论是《世界经理人》和《福布斯》财富排行榜,关于陈天桥的财富都以陈天桥家族而不是个人为单位计算。直到今天,陈天桥也没有想过要淡化家族式管理色彩:"我不认为家族企业有什么不好,当初软银4 000万美金投资盛大时,还觉得盛大这种家族企业团结、效率高。"

面对家族式管理经常出现的弊病——创业元老不能与时俱进时,意气风发的陈天桥语气十分坚定:"如果有人掉队,我们会毫不犹豫地淘汰他!没有下不了手的。"

在企业高速发展过程中,如何解决掉队的创业元老,这恐怕是让很多企业家头疼的问题。

陈天桥回答说:"幸运的是,盛大的管理团队至今还没有发现掉队的。但我不能够保证在未来都不掉队,包括我自己在内。"

如果未来某一天盛大有人掉队怎么办?陈天桥强调说:"那我会毫不犹豫地淘汰他。一个企业可能会出现'关、停、并、转'现象,一个人也会'关、停、并、转'。"人们继续问:"淘汰说说容易,能否真下得了手?"陈天桥回答道:"你以为我不过是嘴上说说而已,到时却下不了手?不会的!韩国的上游公司曾是盛大100%的利润来源,但是它不符合合同规定时,盛大也依法提出诉讼。因为我们相信,结果一定有利于盛大。你想,我们连自己利润来源100%的上游公司都可以诉讼,何况是一个创业者?只要你坦诚以对,没有什么下得了手和下不了手之说。"

不过,与其他家族式企业不大相同的是,在盛大公司,真正的决策权牢牢掌握在陈天桥手中。

陈天桥坦言："盛大的决策，一般是通过每周五的高层会议。每个部门副总以上级别的都要参加，有时一些重要部门的总监会列席，遵循的是'少数服从多数'原则，我会尊重大多数人的观点，但最后作决策的就我一个人。"

曾经很多人认为手机游戏是最大的发展领域，但陈天桥坚持面对家庭电视。当时，除了雒芊芊和他弟弟比较赞同他以外，其他的管理人员都反对。最后，陈天桥用了3个月才说服他们。为此，陈天桥有几分得意："我看到一个消息，说IBM都宣布不做PC机了，要做游戏机，并把它放到电视中去，这证明我当时的决定是正确的。"

毫无疑问，学经济出身的陈天桥对家族式管理模式无比认同，可能在这一点上，也包含对权力的迷恋成分。但无论怎样，就是这种完全的家族式管理模式，带领着盛大迅速前进，并且走向国际。

家族制企业不一定就不能够采取现代制度的管理方法，因为每一个企业有每一个企业的做法。家族成员间有着无法割舍的特定血缘关系，彼此有共同的利益、共同的理想，其整体利益的一致性是一种强力凝聚剂，兴则共荣，衰则俱损。成员对家族的忠诚，彼此间的信任和了解的程度远胜于非家族企业的成员。

并不是每一个家族企业都必须走出家族的控制，决定企业真正走出家族制的决定因素是来自市场的竞争压力。企业何时走出家族制不是由人们的主观意志决定的，更多的是在一定市场环境下的企业自主选择行为。

166. 改变家族企业融资现状

改革开放以来，我国涌现出一大批家族企业，经过30余年的蓬勃发展，现已成为国民经济的重要支柱。据统计，我国中小企业中有80%是家族企业。但从资本结构来看，家族企业资金严重依赖内源融资，融资困难成为当前家族企业发展面临的最重要的问题之一，其原因在于我国家族企业信贷融资存在严重的市场失灵，主要表现为以下几点：

1. 家族企业缺乏信用

由于绝大多数家族企业固定资产少，经营规模小，流动资金少，流动资产变化快，无形资产难以量化，难以形成较大的、稳定的现金流量，因而当需要靠融资补充流动资金时，家族企业只能以自有资产担保来向银行借款。由于家族企业可作抵押的资产少，其偿债能力有限，银行往往缺乏投资热情。

2. 家族企业的经营风险较大，财务管理薄弱

家族企业通常不像大企业那样具有严格、完备的财务管理制度，甚至有一些家族

企业为了短期利益不惜做假账，以达到逃税、漏税的目的，这严重影响了家族企业的整体信用形象。

3. 家族企业产权结构不明晰

我国家族企业产权结构比较单一封闭，这种模式使得许多家族企业意识不到外部融资的重要性，仍主要依靠自身的积累和家族成员的再投入来发展，这就限制了企业的扩张。另外，外部投资者对家族企业领导者的能力和企业未来的业绩缺乏信心，一般不愿投资。

4. 金融机构对家族企业的偏见

由于家族企业融资主要以交易性融资为主，其交易频繁、额度小，加之家族企业的信息透明度低，缺乏有效的抵押和担保，风险大，因此金融机构不愿向家族企业贷款，也没有开发出适合中小企业的金融服务。已有的金融服务，出于对家族企业偿债能力的怀疑，尽量限制其贷款额度，贷款手续繁杂，抵押条件苛刻，对抵押品要求过严，抵押率过低，降低了家族企业贷款的获取率，而这对家族企业为主的中小企业显然很不公平。

家族企业融资的市场失灵归根到底是体制和制度方面的问题，所以，家族企业自身应致力于提高内部管理水平和开展产权制度创新，采用正确的融资策略，具体包括：

1. 提高管理水平

家族企业必须认识到，要想提高管理水平，必须从根本上解决人才短缺、管理水平低的问题。管理水平上去了，才能使所筹募的资金得到有效利用。

2. 家族产权创新

为了获得进一步发展所需的资金和降低企业风险，对具有一定规模的家族企业进行产权制度创新已成为当务之急，应按照贡献原则、效率原则、公平原则理顺家族成员的产权关系，界定企业产权，明确企业的性质，优化产权结构。家族企业在明晰内部产权关系的基础上要努力实现产权多元化，调动员工的积极性，有条件的家族可以通过上市吸引社会公众投资。

3. 建立完整的家族企业诚信体系

市场经济是一种信用经济，而企业融资与信用文化有着密切的关系。企业信用制度重建是改善企业融资环境、提高企业融资效率、建立新型企业融资机制的重要前提和条件。重建企业信用制度要在企业文化的核心价值观中突出信用要素的重要地位，形成企业信用的内在约束机制，完善家族企业的财务制度和信息披露制度，建立完整的家族企业诚信体系，提高家族企业的信用水平。

我国家族企业融资市场失灵是由金融机构和企业两方面造成的。要改变这种现状，必须从供需两方同时着手。金融机构应进行体制创新和服务创新，增加信贷供给；家族企业应提高经营管理水平，减少不确定性的预期，增强市场实力。

167. 打破制约家族企业发展的怪圈

在中国从计划经济体制向市场经济体制转轨的过程中，一个显著的特征就是民营企业的壮大，而在中国的民营企业中，绝大多数都是家族企业，然而中国的家族企业往往给人以管理方式落后、任人唯亲、弊端丛生等负面印象。慧聪国际总裁郭凡生表示，家族企业完全可以办好，关键问题在于如何提高自身的社会化水平。

家族企业是全球具有普遍性的一种企业组织形态，并不是低效率、落后的代名词，其活力和生命力更是一点不比非家族型企业差。与非家族型企业相比，家族企业中存在的血缘关系，能有效地解决管理层的约束和激励问题，使监督难度和交易成本降低，而天然的家族文化还能增强企业的凝聚力。

然而我们必须看到，家族企业在发展壮大的过程中仍然会面临许多问题。由于家族企业的股权高度集中于家族内部，从而导致其他人才对企业的忠诚度无法提高，最终引发"企业一做大就分裂"的怪圈，严重制约了家族企业的长期发展。

在解决上述问题的方法上，郭凡生认为，简单的职业化无助于问题的解决，而家族企业发展壮大的真正出路在于社会化。

福特汽车公司作为一家典型的家族企业，从1903年创办至今，斗转星移，百年沧桑，却保持了强大的竞争力和生命力，它的一些做法就值得我们关注和借鉴。

福特公司的创始人亨利·福特不仅以其发明和制造汽车本身而流芳百世，更以其"大众化"的价值观而彪炳史册。"要让芸芸众生都能买得起、用得上汽车，并将它作为日常交通工具。"这是老福特在20世纪初制造第一辆车时的出发点和根本宗旨。

1956年，福特公司股市首次上市，这标志着福特走上了新的历程。既然上市集资，公司就成为公众公司，就不再是纯粹的家族企业，所有权发生了变化，福特已为家族和公众共同拥有，这是股份制企业的基本概念。把公司办好、办强，保护广大股东的利益，是福特公司的基本原则。

福特公司现任董事长比尔·福特在2001年股东大会指出，汽车是全球性的复杂行业，但复杂的事情中包含简单的道理，这就是要有最好的产品，有了最好的产品就能获胜。2006年，福特公司利润达54亿美元。福特股票的回报率在过去45年里始终高于美国三大股票指数。2007年以来福特分红为4%，是市场平均分红的3倍。

一般来说，随着家族企业规模的不断扩大，家族成员的智慧和能力都会深感不足，必须向社会广招贤士能人，才能进一步发展。家族企业只有社会化才能适应现代化发展的需要。福特公司于1903年成立至20世纪30年代，福特汽车占世界产量的一半。这样的发展速度和规模，不搞社会化、专业化、区域化乃至全球化显然是不行的。

比尔·福特董事长称，分布在全球各地的35万名员工是"福特家族的扩展"。在亨利·福特二世掌管时，公司起用了数百名专业人士，这些人在企业管理、财务会计、人事制度、发展规划、运营战略和市场销售上都表现出良好的素质和业绩，被誉为"亨利的副官们"。公司的管理从此走上了专业化、制度化、社会化的轨道。福特公司的董事长至少有6年是由家族以外的人担任的，福特家族在董事会成员中的比例也在不断下降。福特董事会除了3名家族成员和聘任一位CEO外，其余10名成员是从社会各界聘请的著名企业家、金融家、科学家等专家学者担任独立董事。发达国家的家族企业并非封闭、人治的企业，而是开放、法治的企业。比尔·福特说，公司的经营和重要决策由CEO全权负责，他协助管理公司的长远规划和发展方向。家族企业的社会化也是一种信誉，信誉是企业管理中最为宝贵的资产。

家族企业向现代企业制度迈进，其适用的企业制度因时、因地而异，不同行业、不同规模、不同发展阶段和不同背景的企业各有适合自己情况的企业制度，没有普遍适用的标准模式。福特家族企业公众化、社会化和市民化的做法为我们提供了一些有益的启示。

168. 思利及人的经营观成就百年老店

家文化体现了中国传统文化的突出特征，是中国家族企业文化的核心。家文化对中国人的社会、经济、政治等各方面的活动影响极大，同时也对家族企业文化的形成产生了重大影响。但是，随着中国企业管理与世界接轨，以中国传统文化为基础的家文化正受到来自现代企业管理文化的挑战。在商业竞争中如何化解文化差异冲突，融合先进理念，保持家族企业文化活力，已经受到越来越多的关注。

百年民族企业李锦记，经历117年的风雨历程与艰辛创业，成为一家世界的民族企业、一个民族的世界品牌，在"富不过三代"的亚洲商界，这已经是一个奇迹。但是，1992年成立的广东南方李锦记营养保健品有限公司，开始了李锦记集团新的辉煌。

短短十余年，南方李锦记的销售与利润连年成倍增长，组织规模快速扩张，知名

度、美誉度急剧上升。产品获得"中国保健品行业名牌",并连续三年荣获"十佳保健品",2005年"中国500最具价值品牌"排行第62位,品牌价值80.83亿元等,勾画出一条卓越企业高速增长的轨迹。

是什么推动着南方李锦记这个家族企业持续快速地发展的?其实就是缔造百年品牌的观念。

提炼南方李锦记企业文化就是两个东西:"思利及人"和"自动波领导模式"。"思利及人"的渊源:在中国的传统对联中,充满着待人接物、教育子女、工作生活以及理想追求等方面的道理。其中一句"修身岂为名传世,做事唯思利及人"让李锦记集团主席李文达深有感触,他认为"做事唯思利及人"这句话与家族的经商之道非常契合,因此便将"思利及人"四字单独装裱起来挂在了办公室。从此,"思利及人"就成为表述李锦记价值观念的核心词汇,也成为南方李锦记文化的精髓。

今天,思利及人,已经成为南方李锦记全体员工、伙伴和顾客的共识,也是社会最为认同的焦点。2005年,一本百家企业文化丛书中的《南方李锦记思利及人》用故事的形式,生动演绎了思利及人的智慧,引起很好的反响。思利及人,这是中国人的智慧,也是南方李锦记人的智慧。李锦记无论是在流程、服务、策划还是执行的过程中,都能够让人强烈地感受到思利及人的光芒在闪耀。

从思利及人出发,南方李锦记人坚持思利及人的价值观,坚持科技领先的产品观,坚持顾客第一的操作观,坚持三个专心的策略观,坚持客企一体的决策观,坚持造福社会的发展观。

南方李锦记文化的具体实施体系是它独创的"自动波领导模式"。源于老子的道家学说,建构在"道天地将法"的思维平台,强调高度信任的氛围和共同目标的积极作用,注重运用教练的心态和技巧,透过OPERA充分授权,让这个年轻的团队释放无限潜能。顾客、员工的满意度不断攀升,公司效益也连年翻番。

南方李锦记的文化,源于中华悠久文化,带着浓浓的时代气息,提炼于长时间的认真实践,经过百年探索,尤其是近十年的"狂风暴雨",显现出巨大的成效,这不仅是一家企业的骄傲,更是我们民族的骄傲,因为它是根于中国。

家族企业持续发展,优秀的企业文化不可或缺,福特、杜邦这样的百年老店,正是具有强大的企业文化而屹立不倒,让我们也一同期待中国家族企业所展现的以中国现代传统文明为主的文化内涵,能够让他们保持长久的生命力,使得家族企业基业长青。

169. 巧妙"剥夺"元老的权力

早在20世纪90年代初,跟其他企业一样,美的在发展的过程中,也遇到过创业元老隐退这一非常头痛的问题。

为了解决这一问题,何享健提出了"能者上,庸者下"的口号。这一转变立刻在企业内部掀起不小的波澜,有些被"剥夺"了岗位的"元老"找到当家人何老总,说他"喜新厌旧""过河拆桥"……

这些人都是当年一起创业的伙伴,曾经摸爬滚打的战友,从内心来讲,何享健当然不希望他们离开,但是企业要发展,就必须作出一些艰难的选择,承受变革的阵痛。面对前来质问的人,何享健不怒不恼地让秘书搬来一台电脑,对气势汹汹的来者们说:"试试看,你们谁能玩得转它?谁行,明天就官复原职!"这些只有小学、初中文化的元老你看我、我看你,无言以对。这就是在美的流传甚广的"杯酒释兵权"的故事。

关于这个故事,美的创业元老之一的陈序强解释说:这个事情并没有外界传得那么离奇,有点故事化了。那二十几位老员工实质上不能说是退出,虽然大家共同凑了5000元办企业,但性质是街办企业,是集体的,他们都没有所谓的股份制,就是大家齐心合力在街道办了一家小企业,每个人都在里面就业,就好像是一名员工。大家想的就是一起办好厂,不会有现在的股份意识。当时要办一家企业,街区没有钱,只好大家出钱集资,有单有据,后来企业发展,再把钱还给他们。

第一批入厂的员工到"北滘塑料生产组"这家街道办的企业打工,并不是拿着股份的原始股东概念,不是像现在10个、20个人,大家成立一家公司,自己有可能是股东,而那时每个人心里的想法只是员工而已,不过是第一批员工罢了。

所以,不论是第一批员工,第二批、第三批、第四批、第五批也好,都属于员工性质,企业发展了,自然阶梯轮换接替。美的的创业元老大部分是自然退休,这样的老员工占绝大多数,中途走的也有,是个别因为身体原因或者个人发展理由而离开的,是自己走的,不是何享健让走的。后来美的风扇搬迁到中山,就有很多老员工说,离家太远不方便,不愿去。他们大多数现在每月还有工资,你可以一次性把全部工资领走,也可以逐月领取一直到你退休。

2005年11月7日,"退休高层异地生产基地考察团"考察归来,这些随着美的一起成长、"大半辈子奉献给了美的事业"的美的元勋,目睹了美的飞速发展的奇迹后,兴奋不已。作为美的老领导,在退下来近两年后,重新考察了美的异地生产基地后,

对美的现在的发展深有感触，特别是武汉基地从建厂到投产仅用了半年。何享健对自己一直从事的空调生产充满了信心："1985年的时候我们还只是小规模、'作坊式'生产空调，现在已经发展到四大基地，生产能力超过1 000万台，再过几年，超过2 000万台是完全有可能的。"

通过这次对美的异地基地考察，他们看到美的在不断发展壮大，看到后继有人，个个都很开心。"美的随着规模的扩大，也培养了大批年轻有为的经理人。美的现在在何享健的正确领导下，再加上一批年轻、有文化、有责任感的人担当要职，有望突破500个亿，这充分证明了美的的实力。

"1986～1987年的时候，我们财务统计每天销售收入能有一万元就很不错了，今天，美的每天的销售额都远远超过一个亿。"一直从事财务工作的静姐回想当时的情景，她说完不禁笑了，那笑声中饱含着喜悦。

由此可见，元老隐退并不一定是件头痛的事，就像美的"杯酒释兵权"的故事并没有人们传说的那么不近人情，而更多的是美的对元老的尊重、感激、不离不弃，只有给企业的元老充分的尊重和感激，并能不离不弃，任何一个为企业利益着想的元老都会欣然退去，把职位留给那些更有能力的人。

170. 甘当"老二"的理性竞争选择

面对激烈的市场竞争，许多企业热衷于把自己定位于行业"龙头"、销量"第一"，很少有企业不愿意当"第一"的。然而，国内厨具知名品牌"方太"当家人茅理翔却在一次峰会上说："方太不争第一，甘当老二。"他的观点是，老大是行业的首领，何必一定要去争老大呢？更何况第一也好，第二也罢，关键在于谁是强势品牌，能永远立于不败之地才是长寿企业。

1996年，方太涉足吸油烟机行业，当时已有帅康、老板、玉立等捷足先登，但全国几大生产厂家的总产量与市场预测需求量相比仍处于上升期。方太通过广东、上海等地市场调研发现，吸油烟机正处于从薄型向深型过渡的时期，而普遍存在的六大缺点令消费者十分头痛。方太对症下药地进行了科技攻关，使之转化为"造型别致、运转宁静、绝不滴油、易拆洗、吸排彻底、安全节电"等几大优点，问世仅一年半的时间即跻身同行业前两名。

同行业老二的地位，方太已经保持好几年了，为什么方太不想冲上第一名的宝座呢？方太总经理茅忠群认为，"甘当老二"的战略是一种理性选择。他认为，企业要先把定位搞清楚，其他工作才不会犯糊涂。现在厨具行业一直存在价格战误区，一些厂家急功近利，经常采取降价手段实现销量上的突破。每次方太开季度例会，四五十个销售员为价格而发急，抱怨公司"东西贵了卖不动"，某某又降价打折了，某某又出了一台低价机，严重影响了方太的销量。方太高层此时总是提醒大家沉住气，紧紧把握住两点：

第一，市场一开始就有自然的产品定位与价格定位，顾客群分解得比较清楚，方太是中高档定位，降低价格就等于降低产品定位。

第二，我们要对用户负责。价格战必然导致全行业的亏损，一个企业不可能长期亏损，这样就失去了三个功能：失去了优质服务的支撑力，最终还是用户受害；失去了支撑高品质的能力，会走上偷工减料的路子；失去了进一步开发新品的能力，不能满足忠诚用户的新需求。所以方太从长远利益考虑，始终不参与价格战，坚持否定降价政策，冷静地处理价格与销量的关系，熬过了一次又一次的价格风波。随着消费心理的日益成熟，方太中高档定位已被用户广泛接受，并达到相当高的认同度。方太的利润年年增长，始终保持健康的发展趋势。

这样的说法，公众有理由认可，因为定位于"老二"有助于减少浮躁情绪，稳下心来精耕细作。茅理翔认为："当第一太累了，会成为众矢之的，天天战战兢兢怕掉下来。事实上，当老二也不是件简单的事，而甘当老二，更难能可贵。现在有很多大企业，扩张太快，几年后立即倒下去了。有的图个盛名，内部是千疮百孔，不堪一击；有的是泡沫，一有风吹草动，就会破灭。所以，关键还得修炼内功，这样才能真正成为长寿企业。"

甘当第二，还有一个理由：方太的市场定位是中高档，而中高消费阶层不可能占大多数，从市场占有率来讲，市场份额就相对比较小。所以，我们要老老实实甘当老二，扎扎实实打造顶尖品牌。能长久当老二，就是一个成功者、胜利者。

茅理翔还认为，一个企业的定位问题关系到这个企业战略经营哲学，从某种意义上来讲，也是企业的核心竞争力。作为掌门人，必须要有一个比较远大的目标；必须对自己的目标有科学明确的定位；必须用好手下的人；必须密切注意市场动态，根据变化经常调整。这四点做到了，其他就都能迎刃而解。

长寿企业均有一个相似之处，即均是强势品牌企业、稳健发展企业。甘当老二，这其实是一种策略。

第二十一章
榜样模式，撬动利润区

171. 皇明模式：找准独特位置，为后来者设置门槛

联合国在第十四次可持续发展大会上，皇明太阳能董事长黄鸣的关于可持续能源替代的发言震撼了与会各国政府和专家，全球能源产业第一次倾听来自中国的声音，"皇明模式"成为世界可再生资源、可持续发展的典型。

自从进入工业化以来，人类对环境的危害就是无休止的，但是"皇明模式"开拓了一条能源的可持续发展之路，实现了环境与工业、市场的共赢。

值得一提的是，皇明在进入太阳能产业之时，无论国内、国外都无先例可循，但是，皇明集团不仅将产业做强、做大，还把太阳能做成了一个巨大的产业。追寻皇明模式，要从以下三方面说起。

1. 零市场启蒙

皇明集团在进入太阳能领域时，整个行业内无参照、外无引进，更没有政府的大力扶持，面对如此困境，首先要解决的就是市场问题，当时公众对太阳能产品几乎就是零认知，皇明的首要任务就是培育市场、培育客户，将前期投入都用到了太阳能科普教育上。

皇明的宣传队伍是地毯式的，已经发放了超过9 000万份《太阳能科普报》，建立了超过10 000个营销网点，此种形式也为皇明太阳能赢得了众多的忠实客户。产品靠着科普越卖越多，而企业赚取的利润也越来越丰厚，而利润有一部分又可以继续支持科普，承担了更多社会启蒙的社会责任。此举让企业品牌地位得到巩固的同时，也促进了太阳能行业的发展，形成了良性循环，确定了自己的战略定位。

2. 获得行业核心技术

太阳能作为可再生能源的主要代表，在解决能源危机和如何利用可再生能源等方面有着重要的战略意义。皇明集团的ODIC技术战略，整合了全球先进的太阳能应用技术，实现先进技术与市场应用的良性转换。

皇明掌握了太阳能光热利用的核心技术，在太阳能相关产业的技术研发上，如太阳能一体化建筑、节能玻璃、太阳能高温发电、太阳能灯具、太阳能海水淡化、太阳能空调制冷方面都走在了行业前列。

3. 明确行业定位

太阳能行业的竞争早期，国内有超过3 000家的太阳能制造企业，其中大多是区域性的小品牌，产品价格低，规模小。并且，企业为了占领市场，纷纷降低价格，导致品牌定位不明晰，企业缺乏信誉，产品质量不过关。

皇明面对太阳能热水器的行业现状从一开始就拒绝了价格战的诱惑，确定了自己的战略定位：高端的、提供大型太阳能热水器的太阳能生产商。皇明逐渐舍弃低端的产品线，集中精力做高端产品，这样皇明就占据了行业高端，有效地巩固了自己的竞争优势。在销售方面，皇明把自己原来良莠不齐的代理店全部转换成了集销售、服务、形象展示于一体的5S店，这样大大提升了皇明的品牌形象。

皇明在取得技术、规模与品牌优势后，在行业企业产品价格下滑的情况下，其新品的价格反而在升高。皇明找到了自己独特的位置，没有一个品牌可以模仿。

许多企业在新产品上市中都曾有过这样的体验，产品上市之后，为了使消费者能早日接受自己独特的产品概念，企业往往付出很大投入来培育市场，但是一旦市场局面打开，还没来得及进行收割，就会遭遇"跟风者"一哄而上——近似的产品外观，相近的产品名称，更低的价格冲击，使得企业既恼怒又无奈，好不容易培育出的市场，却被他人坐享其成。情况更糟的是，在很多情况下，恶性竞争的结果是不仅没有把整个市场蛋糕做大，反而使得先入者黯然离场，由先驱变成先烈。如果要避免这种悲剧，可以从皇明的成功上吸取一些经验，找到自己的独特位置，为后来者设定门槛，让其他品牌无法模仿。

172.　盛大模式：垄断上游资源，整合下游终端

盛大，从游戏代理商起家，在国内率先使用点卡计费解决虚拟经济的收费问题，成长之后通过国际平台的系列融资，以巨大的中国本土市场为筹码反向收购拥有技术核心及产品所有权的韩国母公司，垄断游戏开发的上游资源，并大力整合下游网吧销售终端，从而成为现今中国新经济的代表企业之一。

在其开创网游行业的"盛大模式"仍被网易、九城等主流企业所坚持的同时，盛大却率先"革掉了自己的命"，通过CSP模式突破盈收上限。盛大之于网游行业，已不仅仅是一个强有力的竞争者那么简单，而是通过它自己开创而又不断自我否定、自我更新的商业模式，成为业内对手效仿的对象，也不断定义着行业的未来。

1998年起步的中国网游市场首尝了第一波网络泡沫：网络概念股沦为垃圾股，赢利模式不够清晰、投资人对网络概念丧失信心，如何将概念变为赢利让无数的ICP大伤脑筋。

行业的第一缕曙光在盛大呈现，也自此开始了盛大模式1.0时代。游戏软件免费、按游戏时长预付费，最后通过E-sales系统、游戏经销商队伍的搭建完成完整的商业模式，这构成了"盛大模式1.0"的核心要素。在这种模式下，《传奇》如日中天，开创了中国网游市场，也树立了后来者学习的模板。盛大模式1.0影响了后续上市的新游戏。

陈天桥曾说盛大的模式转型是"乐定思痛"。在业绩最好的时期主动转型，并且承受住了业绩下滑和市场落后的压力，最终证明自己。这被认为是盛大备受业内推崇的主要原因。

2005年年末，盛大在1.0模式创造了历史最高收入之后，宣布放弃预付费模式开始走向CSP，即游戏时长免费、按增值服务收费。盛大因此有一年的时间失去了市场第一的位置。2006年一季度财报显示，盛大不仅创造了行业和历史的最好业绩，并且创下了互联网行业单季度利润的最高纪录。

CSP模式的成功，同样引来大批企业的跟风。易观国际最新报告显示，已经有100多款游戏采用了CSP模式，成为行业主流。在盛大模式1.0仍然产生着持续影响的同时，盛大模式2.0已经开始大行其道。

当其他同行开始学习盛大模式的时候，盛大却不断地摒弃自己赖以起家的模式，并进行富有远见的探索。而这种方式也有助于它在这一竞争的创新市场取得持续的领先优势，始终走在行业的前列。可见，创新才是企业得以长治久新的决定性发展战略，只有不断奔跑并敢于探索的人，才会领略到更新更独特的风景。

173. 触动传媒模式：不创新，毋宁死

世界著名的投资风向杂志《红鲱鱼》揭开了万众瞩目的2008年度"全球百强"重量级榜单，以表彰全球具有"科技创新"卓越成就的潜力企业。国内最大的出租车内互动媒体公司——触动传媒首次荣登该榜单！

由美国次贷危机引起的全球金融危机席卷而来，不少行业都受到了或多或少的影响，在这样的背景下，基础薄弱的中小企业纷纷面临倒闭的危险，而触动传媒的广告销售业绩在2008年增长了1 000%。尽管在"后奥运时代"，整体经济出现滑坡，广告业遭受了一定程度的冲击，然而在2008年的最后一个季度，触动传媒的销售业绩仍然增长了100%。触动传媒之所以成功，在于两个字——创新。

触动传媒的创新互动技术荧屏是其制胜的法宝，这些安装在出租车副驾驶座头枕后方的小屏幕并不播放传统意义上的液晶电视广告，而更像一个PDA，可以为出租车

乘客提供娱乐和信息资讯的互动式触摸屏。

10年前，触动传媒公司的创始人兼CEO冯晖中在拉斯维加斯的出租车内第一次看到广告屏幕，虽然这个机器在启动两分钟后就变成了黑屏，但冯晖中从中看到了商机，也看到了传统液晶屏的软肋。在获得两轮风投1.5亿元资金后，他开始了自己的创业之路。

冯晖中花了7年的时间，投入3 000多万美元用以技术研发。触动传媒是目前国内唯一从事移动触摸式交互设备研发的企业，在国际上它也是此技术的领跑者。正是这项技术，让它成功地在出租车广告领域跑马圈地，并从新媒体中脱颖而出。不到3年，触动传媒就在上海、北京、广州、深圳安装了1.5万多部互动荧屏，并与10个城市的多家出租车企业签订了合同，仅在京沪两地，签约的出租车数量占市场总量的70%和95%。

触动传媒首席运营官杨宇时说过：2030年的街道不光只有出租车，但是我们应该先把一件事情做好，其他的先不考虑。我们在这里累积的经验也都是有意义的。虽然现在的网站数以亿计，但是真正有创意，做得好的网站并不是很多。在这里不是仅靠科技就可以了，还包括以后的案例、人的创意摸索出你该如何组织自己团队磨合的作战力量。我们最核心的竞争力，就是科技和创意。

新技术的互动功能通过观众的触摸来完成广告传播，这种模式比强迫性的视频广告更具亲和力，还能测量、记录下所有观众观看广告后的活动和反馈，甚至包括他们提供的电话号码、电子邮箱地址。广告主们可以清楚地了解自己所花的每一块钱的投资回报率，也能获得消费者的有效信息。星巴克曾经举办过一次票务推广活动，倘若消费者想要赢取门票，首先必须登陆星巴克的网站并注册加入其会员俱乐部。门店宣传后，仅有200张门票被领走。而通过触动传媒，4周内剩余门票全部被领走，并收集了43 000个消费者电子邮件地址，其中过半都是有效信息。

触动传媒与其他传统媒体的不同之处是具有极大的互动性，出租车的多媒体广告不仅可以看还可以听，而且可以互动查询，乘客可以主动获得最新的资讯，并且广告主可以得到及时的反馈信息。

冯晖中分析道："许多人都把中国视为世界工厂，许多在别处被发明、设计的产品总是日复一日地在这里被制造。然而，我们触动传媒的却是立足于中国本土，创造出了自己的硬件设备和所有的软件程序。这也充分显示了，上海乃至整个中国都足以有能力引领世界科技创新的潮流。"

业界专家评论认为：触动传媒作为一家国内本土传媒企业有能力突破处于产业链附加值最低一环的"中国制造"的陈旧模式，而一跃成长为拥有自主产权、能够自主设计研发的创新型媒体企业，完成从"中国制造"，到"中国研发"及"中国设计"

等一系列成长蜕变！这无疑给中国本土企业注入一剂强心针，也为中国企业在创新发展道路上提供了风向标。

174. 阿拉丁模式：在服务盲区找到生存空间

杭州阿拉丁信息科技公司从2004年11月起率先推出全球首个大规模三维仿真城市——"E都市杭州"，阿拉丁是第一个推出全球三维仿真地图的公司，而且已经成为全球最大的三维地图制造商。

和仿真城市的巨大构想相比，杭州阿拉丁信息科技有限公司（下称"阿拉丁公司"）开发的E都市目前看起来更像是一个可以实时查找的三维地图。当用户在E都市的"本地搜索"长框中敲入"徐家汇"时，大到商厦、银行，小到公交车站、地铁出口，徐家汇商圈内的各项地理信息都会详细地罗列出来。不过，这听起来并不稀奇，图行天下、图易网、我要地图网等都能提供类似的服务。

E都市真正吸引人眼球的是它提供的三维地图查找功能，当一幢幢熟悉的高楼大厦，以仿真方式呈现出来，给人一种新奇的感受。一名杭州用户在E都市的论坛上留言说："当我妈妈看到地图上的'家'时，第二天就将这个网站推荐给了全办公室的同事。"而且，用户可以直接用鼠标拖移和放大地图，周边小餐馆，甚至街头面包店的信息都能一一检索到。

在制作上，和Google Earth采用航拍和卫星地图，然后用激光扫描建筑物的高度和宽度不同，"土枪土炮"的E都市使用的是地理信息系统（GIS）平面地图，然后通过人工采集方式拍照，建模和上网。

为了在地图上清楚地标注出每一栋楼的准确信息，阿拉丁公司的素材部不得不每天奔波在各条道路上。通常，每一个经过专业训练的工作人员，要拍摄到楼宇3个面以上的照片，并尽可能获得楼宇的真实名称，而不是"马马虎虎地将楼顶上的广告牌名等同为楼宇名"。之后，制作部将采集回的数据、表格和照片，还原到一个模型的环境，再利用技术部开发的后台管理软件，将各个孤立的单视角3D模型无缝集成在一起后，移植到IE浏览器里面，用户就可以进行交互式的访问了。

地图搜索只是E都市的基本功能，它真正的特点在于商业模式上具有很大的开放性，几乎任何行业或者领域都可以在它搭建的平台上找到合作机会。但是，要想维持公司的运营，仅靠"地图标注"这项业务显然是不够的。"现在我们已经开发了杭州、上海、温州等网上城市，但是每建一个城市都要提前投入大笔的资金，我们现在最缺的就是钱。"阿拉丁创始人孙海涛苦恼地说。

在资金吃紧的情况下，阿拉丁公司决定采取"你付费，我造城"的方式，向一些暂时无法涉足的二级城市"卖工程"。当合作方付费之后，将得到E都市的软件和做城市模型的技术标准，之后的运营由合作方自行承担。

2005年10月，E都市开放了自己的API（Application Programming Interface，应用程序接口），鼓励更多的技术专业人士以及合作网站将自己的商业设想与E都市结合起来，创造更加多样化的应用。

对刚起步的创业公司来说，激情固然可贵，不过阿拉丁公司更看重的是你是否能获得大量有"黏性"的用户，以及是否能创新性地满足用户的需求。

易观国际咨询公司高级分析师孙立林认为，地图服务要跨四道槛。

第一，数据采集机构不够。更新数据和维护数据的成本非常高，这对于资金不太雄厚的公司来说，是非常大的瓶颈。第二，实时性不够。在中国，由于政府部门之间的信息孤岛的存在，影响了数据共享，也影响了用户实时性的体验。第三，广泛化的地图服务。矢量图一定要叠加影像图，才会有价值。因为地图一定要和服务行业的商家合作，提供他们的信息，这就需要有很直观的影像图，而目前这一点在国内很难做到。第四，中国的用户习惯为娱乐服务付费，却不习惯为应用服务付费。

目前不管是E都市，还是其他的地图网站，现在都在演化期间，每一步都充满了变数。关键要在不同的细分市场找到机会，找到生存的空间。对于中国的企业来说，在市场竞争日益激烈的今天，要学会在细分的市场找到发展的空间，要有把控宏观市场的能力，也要有发展微观市场的眼光，只有这样，才能不断地扩展企业的发展空间，获取永续的生命力。

175.　网盛模式：小门户+联盟

2006年12月15日，网盛科技在深圳中小板挂牌交易，成为A股市场上第一只网络股，受到证券市场的热烈追捧；2007年，网盛科技推出"小门户＋联盟"模式，改写了国内B2B电子商务格局。

在电子商务时代，网站的不断细分诞生出许多行业小门户，仅仅B2B领域，就已形成了3 000多家。但由于它们之间相互联系不够紧密，难以由此及彼，逐渐形成一个个"信息孤岛"。行业的过于细分既不利于行业网站自身的做大做强，也不利于电子商务产业链的打通与行业之间内部资源的整合。而网盛科技通过上市而崛起，将众多中小网站拉来组成一个联盟，不但给这些孤军奋战的小网站提供了壮大的契机，更为挑战综合B2B行业网站，改变行业格局提供了另一种可能。

网盛科技上市后，虽然宣称要坚持资本运作、收购B2B专业网站，但更强调"坚持原则、注意方法"的行为准则。2007年5月13日宣布斥资5 000万元，打造"联盟网站——生意宝"。"生意宝"是基于行业网站联盟的电子商务门户与商业搜索平台，目的是平等地将各领域行业网站的内容、流量、广告，乃至资本等资源有效地整合，形成了独特的"小门户+联盟"的模式。

"小门户+联盟"模式以网盛科技的"生意宝"服务最为典型。该模式来源于"垂直搜索"，是一种信息资源聚集和搜索的方式。甚至业内有人分析，网盛科技此举不只是在挑战阿里巴巴的霸主地位，而是在细分市场占领百度等传统搜索引擎的短板领域。

网盛科技为此专门制定了"小门户+联盟"的发展战略，就是：由自己经营化工、纺织、医药、机械等领域的行业门户网站，而其他行业则是采用网站联盟的形式。迄2008年为止，网盛科技推出的行业网站联盟已经有数百家行业网站加盟，初步形成"B2B细分产业链生态圈"。

行业网站联盟不是简单的业务互补，目的是真正做到行业间乃至产品间有机结合基础上的融合，不是简单求大、求广，而是要让每个网站都在市场细分的领域里做强。通过生意宝这个电子商务平台，行业网站联盟成员能够得到巨额的增值服务利润，迅速提升自身在行业内的核心地位，并间接增加对自身客户的回报与效益。

由于联盟与小门户的关系是彼此独立的，因此专业网站既可以继续保持专业化水平，为所在产业的企业提供个性化的行业B2B服务；也可以借助"联盟"的平台打通整个行业的产业链，提供标准化的综合性B2B服务。这不仅节约了运营成本，还可以为企业创造更多服务与更高价值，从而形成所谓的"竞合关系"，使得电子商务网站保持一定的适度竞争。

总体来看，"小门户+联盟"会对综合性的B2B电子商务平台带来压力。而"小门户+联盟"模式如果能够转变为"行业领先门户+紧密合作联盟"模式，则对综合性B2B电子商务平台更具威胁。

在这种商业模式之下，网盛科技以微小的成本，团结了B2B领域的各路"诸侯"，形成了强大的力量，足以撼动"天子"的霸位。网盛科技自己却处于一个进可攻、退可守的绝佳位置。B2B领域的过气明星和"当朝天子"，都已经感受到了网盛科技的咄咄逼人之势。

从行业角度而言，网盛科技的成功是不可复制的，行业局势提供的契机，很难会有第二个网盛科技的诞生；而从新兴经济层面来看，网盛科技的商业模式却是可以复制的，任何新兴行业经历蓬勃发展面临困局之际，都需要一个旧资源的整合者和新规

Header: 第二十一章 榜样模式，撬动利润区

则的制定者。

专家评论，和阿里巴巴一体化的电子商务平台相比，"小门户+联盟"体系中的一个小门户可能会对应阿里巴巴的一个频道。和阿里巴巴管理一个频道的经理人相比，经营一个小门户的团队同时也是所有者，相对来说具有更强的事业心和"企业家精神"，一些"小门户主"可能还有在行业内的特殊资源，这都是相对于阿里巴巴模式的优势所在。

176．龙的模式：逆向打通价值链

"龙的"这个品牌进入人们视线的时间并不长，但是在全国各地的家电连锁卖场，"龙的"已经成为国内精品小家电产品中唯一和飞利浦、松下等国际品牌同等定位、同等陈列的产品。2006年，龙的集团销售收入突破25亿元，坐上了国内精品小家电的头把交椅。

为什么"龙的"能在国内家电行业竞争空前激烈，并且在大企业早已经布好局，各占一方的情况下，成功进入这一行业，并成为某一细分市场的霸主呢？

龙的集团前身新东方集团，曾经是国内代理商"一哥"。先后成为美国惠而浦洗衣机、荷兰飞利浦小家电、日本松下小家电、德国好运达小家电、韩国LG洗衣机等国外知名品牌的中国总代理，年销售额近20亿元。

在代理经销产品的过程中，"龙的"掌门人张矩标发现，虽然国外品牌的小家电产品价格远远高于国内产品，但是消费者对其认可度仍然非常高。同样的产品，国际品牌的人性化设计更受消费者欢迎。

但是，当时的国外品牌，并不能完全洞察中国市场，很多国内市场急需的用品，都是一片空白。新东方集团作为市场终端，深刻了解了消费需求。当时，很多消费者提议新东方自己也制造一些产品。至此，张矩标已隐约看到一个庞大的新市场。庞大的市场需求，促使张矩标考虑转型：顺应消费者的需求，建立自己的制造系统。

1999年，"龙的"自创品牌，而其选择的产品，既是飞利浦等国外知名品牌的市场盲点，也为国内消费者所普遍需求，其核心产品主要在电水壶、吸尘器、榨汁机等领域。而此时，很多传统小家电企业，正陷于混战之中，没有看到精品家电的巨大潜力，进入者比较少，竞争的激烈程度较低，给了"龙的"充分的成长空间。

经过几年的努力，"龙的"在精品小家电行业占据着绝对的主导地位，"龙的"已是国内精品家电领袖型品牌。据市场统计数据显示，"龙的"电水壶连续3年市场销量第一，电熨斗、榨汁机、电吹风等诸多产品均进入行业前三名。在精品小家电领

域，"龙的"赫然已成为与国外品牌相抗衡的标志性企业。

精品小家电产品更加凸显了消费者的个性需求，具有浓郁的个性化特征。工业的规模化与个性化需求之间相差较大，"龙的"把握了其中的平衡点，既非完全意义的订单式生产，同时又整合了消费者意见的产品改善，尽可能贴近终端消费者。

"龙的"的商业模式，在于"逆向打通价值链"，目前的中国家电企业，都是先造产品，再寻求渠道，即传统的先工厂后市场。很多企业或者自建渠道，或者依赖于大卖场，最后造成如"格美之争"的种种矛盾，在与商家的博弈中处于尴尬境地。而"龙的"借助经销商出身的禀赋，却是先拥有渠道，以终端为驱动力量，从而打通渠道、品牌、产品的脉络，为公司价值曲线注入更强的终端因素，带动整个品牌对市场赢利能力的全面占有。"龙的"销售方面负责人冯兴平将其策略总结为22个字："优秀的终端形象，持续的终端演示，抓住关键销售时段。"

先控制终端，再进行制造，正是暗合现代商业中的顾客驱动模式，相对于中国传统家电企业的先工厂后市场模式，"龙的"逆向打通价值链的模式，无疑具有极大的典型意义，可谓家电企业发展模式的"第三条道路"。

177. 佳美模式：轻资产方式经营，赚足风投眼球

说起星巴克，大家都不陌生，其"轻资产模式"的连锁经营方式为投资界所推崇。同样被大家所熟知的佳美，也因"轻资产模式"，而被誉为"牙科的星巴克"。而当初佳美是怎样进军连锁经营的呢？

佳美口腔当初是按传统业态发展的。当时国内尚无成功的口腔服务连锁案例，更让人困惑的是，在连锁业态极为发达的国家也鲜有连锁服务的口腔诊所。就是在这种环境下，佳美创始人刘佳毅然做了"第一个吃螃蟹的人"。在对麦当劳、肯德基商业模式深入研究后，佳美毅然决定试水口腔连锁经营。至2005年，佳美仅在北京已经开出25家诊所，连锁规模稳居行业的龙头地位。

佳美的资产规模很小，净资产收益率极高。除了连锁经营之外，佳美还创造性地引入分期付款、刷卡支付、保险等金融手段为患者提供更全面的服务。

从商业角度分析：牙科需求属于就近、就便消费，而且门诊不需要庞大的诊疗设备也不需要专家会诊，连锁无疑是最优的模式。与其他连锁企业相同，口腔连锁机构尽享规模化原材料采购、后台资源共享、广告营销费用均摊等优势。还有一个重要因素：牙齿虽小但关乎大众身心健康，在个人信用体系极不健全的情况下，连锁机构的品牌成为对医疗质量的最好保障。

在计划经济下，国营医院积累了较多的资源优势，并且公众对国营医院崇拜心理相当普遍，新兴的民营医院怎能不惶惑：凭什么与国营医院分庭抗礼？

首先，国家鼓励民营资本进入医疗领域的政策为佳美口腔带来了机遇；其次，人们健康意识的提升和收入的增加迅速形成了追求高品质、差异化服务的市场需求；最后，佳美口腔高效的管理和利益分配机制保障了高素质人才、设备的引进。正是这些利好刺激，使佳美口腔有了和国营医院分庭抗礼的底气。

佳美保证与国营医院错位竞争的策略：医疗水平丝毫不打折扣，价格较后者有10%以内的升幅却提供细致入微的服务。就这样，年轻的佳美消除了面对国营医院的惶惑。

2005年7月15日全面生效的萨班斯法，令GE、IBM这样的老牌企业都为之头疼，美国资本市场似乎已经不是理想上市地。当关心佳美的投行人士问及萨班斯法对在美上市前景的影响时，刘佳已然胸有成竹。

作为医疗服务提供者佳美口腔早有完整的内控管理机制；另外，佳美口腔将借鉴世界银行的内控措施，进一步提高管理水平。

萨班斯法是针对所有上市公司的，医疗服务机构管理之严谨远在一般公司之上。严格和管制将大幅提高上市公司质量、加强投资者信心，优秀公司在这样的市场获得更高的市盈率。

越是成功者面对的诱惑就越多。2006年，对佳美口腔来说诱惑来自于投资机构。花旗银行投行团队拜访刘佳，建议佳美海外上市并愿负责承销。优厚的融资条件、市盈率超过50倍的上市前途……面对如此诱惑，换了谁也难免有片刻的眩晕。

但刘佳迅速排除诱惑。凭佳美的素质和业绩加上运作，上市不成问题，IPO市盈率飙到百倍以上的可能性也很大。但那样的话泡沫成本太多，短短几个月，刘佳做了大量研究分析，异常清醒地确定了佳美私募融资的几大原则：一是私募融资不以主动权为代价，佳美不会成为投机者"赚快钱"的道具；二是私募不仅解决融资，更要考虑合作伙伴对佳美管理水平和企业形象的提升及日后资本运营的能力。

不惑是一种至高的境界，众多优秀企业尚不可企及。TCL大手笔并购引至巨额亏损，人们难免对其实现国际化的战略方式感到疑惑；网易曾经困惑于找不到赢利模式险被摘牌；UT斯达康业绩连年下滑，曾经因迟交年报被停牌，后来竟然又被同一块石头绊倒……这样一比较来看，四十出头的刘佳带领佳美口腔达至不惑境界的确难能可贵，堪为其他企业管理者学习的典范。

178. 价值中国网模式：和用户分享一切

2005年3月10日，价值中国网宣布将向博客作者赠送股权，在成立一周年之际，其股权期权和股份收益开放计划正式运营，邀请作者一起参与创业并分享财富。

这条新闻在IT业界引起了巨大争议，尤其是当时某些博客网站正在盘算着向其作者收费的情况下，更是极具"颠覆性"。于是，有人说他这是在作秀，有人质疑他是在给博客们"画饼充饥"，即在没有任何烙饼的情况下，便给大家讲怎么分饼。而管理着中国目前最大的专业财经博客网——价值中国网创始人林永青的回答则是："我们的博客有几百位教授、博士，对于他们的劳动成果我们必须要尊重。"这也是价值中国网走高端专业路线所决定的。

当年，他在英特尔公司工作时，他曾业余做过一家起点网，主要是通过翻译和摘录国外IT媒体如《Upside》《Business2.0》《Wired》，向中国读者介绍最新的互联网商业模式和理念。

后来，博客成为中国互联网风尚，但大多只是娱乐化，这与林永青在国外所看到的博客风气完全不一样。在国外的大多数博客都是严肃、专业而又理性的，他们严谨地传播新闻和思想。

林永青记得在美国硅谷有一个风险投资家们的博客网站，这个网站的博客大都是硅谷的投资家。资本家专门写文章向前来融资的企业家介绍，如果某个企业家要向他融资，必须注意哪些问题，包括，自己怎么去评估一个企业的价值。而到目前为止，中国还没有这样的一个博客网站。

一次，他与中国互联网文化的启蒙人之一的胡泳聊天，谈到了中国博客的问题。胡泳认为：如果按未来博客的发展方向，大众化博客的商业价值不会太大，而专业化的博客网站则具有极大的商业潜力，他提议林永青可以尝试着建立一个专业化的博客网站。

这个提议让林永青甚为兴奋，他在接受采访时，时不时地提到纽约时报集团以4.1亿美元的资金从出版商Primedia手中买下搜索门户About.com的案例。可以说，这桩并购案例对林永青带去了极大的灵感。他坚持地认为，这类网站一定会有巨大的商业前景，主要是因为它的专业性。

"为什么纽约时报要花4个多亿美元去买它，是因为它专业，只要你的东西专业，便一定会有很大的空间。"林永青所定义的"专业性"是指，"只要在专业领域工作的人，都可以称为专业人士"。而价值中国网未来的走向一定是一个"知识型、经验性的商业评论网站"。为了强调专业性，他甚至做了一些限制，即每位博客每天不能超过5篇文章。最好，每篇文章都能带有某种经验性，让人看了之后具有借鉴意义。果然，在胡泳加盟的情况下，价值中国网在短短一年间，便已吸引了上千名作者。与其他博客网站不同的是，价值中国网采用的是实名制，这意味所有的博客作者在发表金融、投资、经济、管理等专业文章时，得为自己的言论负责。

在林永青看来，目前博客网站的价值并没有被真正发掘，若自己的网站以股权创新作为经营方式，根据与作者之间的一个法律规范，以不同程度的贡献来按比例分配利润成果，不是两全其美的事吗？

"价值中国网"在成立的一年多时间里，达到了目前已拥有几千名专业人士（作者）和几百万名固定读者量，这是一个可观的数字。据统计，目前网站的作者群是由大学教授，研究人员，财经领域管理者、从业人员、财经记者等专业人士构成。

这很符合林永青的战略构思，因为他创立"价值中国网"的主题是"为中国经济而思考"，其最终目的是"做中国专业人士最权威网络媒体与知识服务提供商"。而林永青的成功主要是在于他的变通哲学。他认为，世上之事，只有变才有生机。这是值得其他企业借鉴的。

179．雅昌模式：既有开放的外延，也要有兼容的内涵

2009年1月20日晚，2008 CCTV中国经济年度人物评选揭晓。雅昌企业集团有限公司董事长万捷获2008央视经济年度人物奖。而雅昌现在正朝着世界最优秀的艺术印刷公司的目标大步迈进。

雅昌自主开发经营的"雅昌艺术网"，首创了中国艺术品拍卖市场行情发布系统，建立了目前世界上独一无二的"中国艺术品数据库"，并以此为基础，通过科学计算和概率统计方法生成雅昌艺术市场指数（AMI）。雅昌指数，一定程度上相当于艺术市场的风向标。它从传统印刷向文化产业的创新型发展，给全国印刷行业及文化产业的发展提供了一个值得研究与借鉴的参照体。

雅昌成立于1993年，一起步就定位于高端的彩色艺术印刷。但当时业内同质化竞争激烈，传统上比拼的技术、设备现在都相差不大，怎样才能迅速崛起呢？

在激烈的市场竞争中，谁为客户提供出色优异的服务，谁就能占领市场的制高

点，从而在竞争中获胜。1995年，雅昌董事长万捷提出"印刷业是服务业"的经营理念，要求员工做到："客户想不到的我们也要想到做到；不仅让客户满意，而且让客户感动。"这一理念让雅昌在同行中很快脱颖而出。

2000年，雅昌在"印刷业是服务业"的基础上进一步提出"为客户提供增值服务"的经营理念。万捷认为："印刷行业除了为客户提供精美的印刷产品服务外，还必须充分利用企业资源，为客户提供印刷产品之外的更多服务，帮助客户获得成功。这就是增值服务的内容和目的。"

2000年9月，雅昌在"中国艺术品数据库"的基础上创办了国内最大的艺术品门户网站——雅昌艺术网。

这是一次有效整合企业资源的成功之举。因为有了传统行业积累下的数据资源，雅昌建立艺术网至少比别人创建一个同类型网站少投入几千万元。而这个网站的建立，使得雅昌在为客户提供更多增值服务的同时，也得到客户的信任和支持，从而为艺术印刷以及衍生业务带来更多的商机。艺术网的建立，是雅昌服务模式的巨大创新。实践证明是非常成功的。

雅昌艺术网拥有自1993年国内首场中国艺术品拍卖会至今将近2 000个专场、70万件中国珍贵艺术品的交易资料，包括图片、尺寸、估价、成交价、拍卖公司、拍卖日期和印鉴题识等详细资料。而且正以每年近10万件拍品的速度递增图片和成交数据。

传统印刷+现代IT技术+文化艺术，雅昌模式创造出基于网络平台的多种增值拓展业务，成为连接艺术家、文化界、学术界、艺术机构和收藏机构的一个平台。

雅昌为艺术家建设个人作品数字档案馆，艺术家可以随时随地上网查询自己作品的市场信息以及保存情况。这些数据资料不仅可以为艺术家建设个人网站、网上画廊，艺术家还可以委托雅昌提供作品版权代理、画集策划代理、作品精图光盘设计制作等服务。雅昌还可以为各出版社提供图片库专业化分类管理，出版社可随时访问，并根据书籍出版需要提取图片。

雅昌艺术网管理着近4万名艺术家的详尽图片数据，雅昌艺术家数字资产管理系统计划在2010年前，实现至少5 000位知名艺术家资料的录入，成为中国最大、资料最全面的艺术家数字资产管理系统。

雅昌与多位艺术大师结成合作伙伴，帮助他们策划各种展览活动。在与拍卖行、画商和画家的长期接触中，雅昌有计划地进行艺术品收藏，到现在收藏了几百幅画作。2006年5月，占地1万平方米的雅昌艺术馆在深圳开馆。艺术品收藏、展览是雅昌潜心打造的又一个赢利点。

数码相机、专业摄影棚和设备，雅昌的摄影服务已经获得了美术界和艺术界人士的广泛认可。雅昌正在继续加大在摄影和图片方面的投资，进一步开发CD–ROM、电子书和视频等更多相关产品。

从雅昌商业模式的成功中，我们首先应该说它是一种战略的成功，企业的领军人物不断深入和定义了自己原先所从事的"印刷业"的行业内涵和外延，比如将印刷业定义为服务业，继而延伸到增值服务，进而定义为信息业这样一个不断渐进的思维逻辑，并以此来整合企业的资源和业务模式。

另外一点，战略的定义过程也必须与技术的发展相平衡，超越则成为天方夜谭，落后则会给企业带来灭顶之灾。在雅昌的战略转变过程中，他们与网络进行结合，利用一个虚拟平台实现了制造（印刷业）——研发（艺术品创作、策划）——销售（艺术品销售）三者的有效互动与整合，大大丰富了单一商业模式赢利点的局限。

所以，对于一个企业管理者来说，看待一个企业的商业模式，首先要关注它是否能够具有开放的外延，不断兼容和扩大自己的赢利区域和利润点，其次要考虑系统之间的有效整合以及资源的可控性，这就是雅昌模式的意义所在。

180. 经仕模式：化废为宝，坚持可持续开发

传统的化工企业是一个高污染、高投入的行业，随时可能面临能源和原材料危机。可是经仕集团却披上了环保的绿色外衣，而且还把废水、废渣变成赚钱的宝贝。

1998年，经仕集团创立之时，只是一个炼铟的化工厂。炼铟的原材料是生产硫酸锌后的工业废渣，炼铟厂从中提炼5‰的金属铟。当时金属铟价格不菲，由于原材料是从工业废渣中提炼，成本几乎为零，而产品卖价高，所以经仕集团利润很高。

不过，提炼铟产生大量的含有锌、铅、镉等重金属的废水和废渣的直接排放，对周边居民的生活造成了影响，居民请求政府关闭这个冶炼厂。

此时董事长唐锡中面临着两个严峻的问题：首先是炼铟废水污染环境，居民意见很大；其次是单纯的炼铟技术并不复杂，很易被模仿，这不是长久的生意。前者是工艺问题，后者是后续赢利问题，两者都关系着经仕未来的发展。

经仕集团用三个月突破了技术难题，简单地说，经仕先用生产硫酸锌的废渣提炼粗铟，再利用辅料加工成精铟。提炼铟产生废水和废渣，这些废水返回上一道工序用于加工硫酸锌，而废渣再进入下一道工序提取金属铅。炼铅过程又产生两种废渣：一种是冰铜渣，外卖给冶炼厂再次回收铜。另一种是含锌的水淬渣，可用来做氧化锌，氧化锌又可生产硫酸锌……各个环节循环往复，最终实现排放物零污染。一条全国首创的"锌—铟—铅生产的循环产业模式"也打造完成。

此外，经仕集团把循环和节能捆绑在一起。2005年经仕建成"锌—铟—铅循环经济产业链"废水循环处理系统，日处理水量1 400吨，年节水30万吨，因此节省50多万元。建起7 000立方米的雨水收集存储池，把工厂产生的废水又用到生产中去，达到循环利用，而金属全部变成产品回收。这大大降低了工业用水的消耗量，达到了环保和节约资源的目的。

此外，在节能降耗上，引进世界先进的多效蒸发器，且全部实现动力变频，采用燃气增氧等各种手段实现大幅度降能减排效果。

仔细观察这条产业链，会发现所有金属原料都是从废弃物中提炼，这条产业链最吸引人的地方就在于：废弃物不需要成本。

这些垃圾经过提炼后，生产出利润高的金属产品。经仕一年处理这些工业垃圾60万吨，从中提炼硫酸锌5万吨，铅1.5万吨，铟锭100吨。目前中国铟锭总产量是300吨，经仕占了1/3。此外经仕还提炼出10万克的金子，10万吨的铁。

唐锡中说："传统的化工行业，竞争的根本就是降低成本。企业的成本越低，获得的利润越高。我们深加工制成的精铟，除去辅料和加工成本，卖出去的价格几乎等于纯利润；粗铅方面，成本也很低。我们的氧化锌项目已建成投产，生产的氧化锌作为硫酸锌生产原料。经仕打造的循环链，每个环节的成本都很低，而每个环节的产品都可卖钱。这是经仕最核心的竞争力。"

在金融海啸下，唐锡中认为，现代化工企业仅仅靠某一个环节来降低成本已不太具有竞争优势，竞争已上升到产业链与产业链的竞争。"经仕各环节产生的利润完全可以支撑该环节的投资和日常运营支出，并获取足够的利润让企业继续做大做强，形成了一个纵贯首尾、成本较低、产能巨大、内部循环相互支撑的资源深加工产业链。"他表示，"这给竞争对手设置了难以跨越的进入壁垒。"

北大纵横管理咨询集团合伙人张丽红指出，这是一个"点石成金、变废为宝"的商业模式。在这个商业模式的发展过程中，也面临着环境和政策的倒逼，被逼无奈不得不一次次地创新。她认为，技术创新是这个"点石成金"模式的核心，再一次证明了"技术解决了人和自然的关系"，让物质变为资源，否则那些破烂不可能带来超值的回报。传统的化工企业是一个高污染高投入的行业，随时可能面临能源及原材料危机。企业要从循环经济的3R原则（减量化、再使用和再循环）入手，摸索出自己独特的发展模式。

中国现在成为世界的工厂，所带来的工业垃圾与日俱增，生活水平的提高，民用的垃圾也在增多，各种不同的生活用品、生产用品在不断地更新换代，怎么变废为宝，怎么在这里寻找新一轮的商机，这是当代每一位企业家都要考虑的问题。